LES
LOIS SOCIALES

EUGÈNE ARDANT & Cie
ÉDITEURS

LES

LOIS SOCIALES

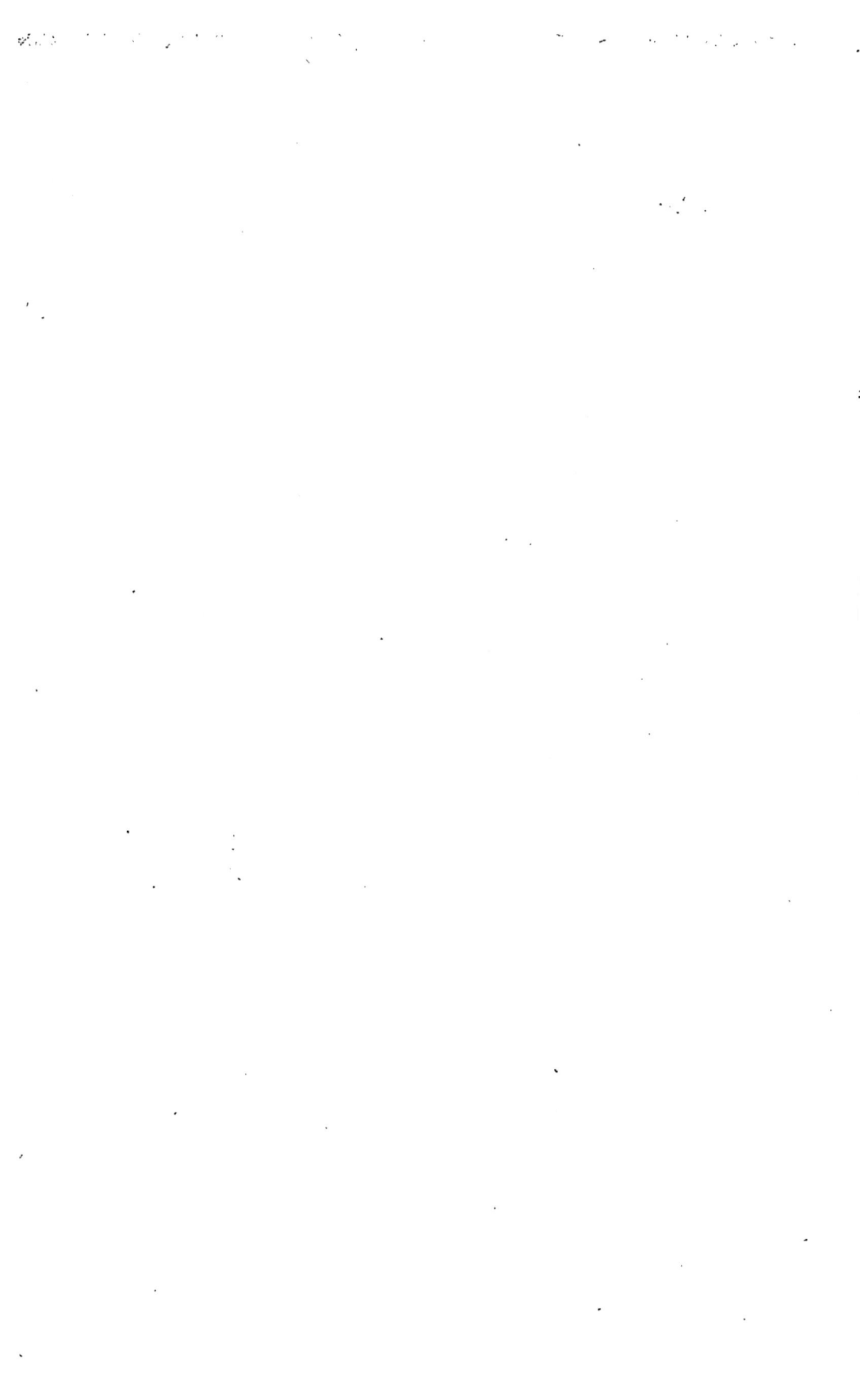

LES
LOIS SOCIALES

RECUEIL CONTENANT

LES LOIS, DÉCRETS ET TEXTES LÉGISLATIFS

RELATIFS A L'ORGANISATION DE LA SOCIÉTÉ DÉMOCRATIQUE :

PROTECTION ET RÉGLEMENTATION DU TRAVAIL

SOLIDARITÉ, MUTUALITÉ ET CONCILIATION

PRÉVOYANCE, ASSURANCES ET ASSISTANCE

ÉPARGNE, PETITE PROPRIÉTÉ

CRÉDIT ET SOCIÉTÉS AGRICOLES

HABITATIONS A BON MARCHÉ

LIMOGES

EUGÈNE ARDANT & Cie, ÉDITEURS

—

1910

AVERTISSEMENT

Les Codes Français datent d'un siècle ; depuis, de nombreux changements sont survenus, de nouveaux besoins sont nés, faisant apparaître des questions dont le législateur n'avait pas eu à se préoccuper.

En conséquence, une nouvelle législation s'est créée, dont une grande partie concerne la question sociale ; il s'agissait de remédier, dans la mesure du possible, aux maux dont se plaint la société, qui réclame plus de justice, plus de bien-être, plus de bonheur. De nombreux textes législatifs ont vu le jour : il en a été édicté pour améliorer le sort des travailleurs, pour résoudre les conflits entre employeurs et employés, pour provoquer et régulariser la formation de groupes qui s'occupent des intérêts matériels ou moraux de leurs membres ; d'autres visent à venir en aide aux victimes de l'accident, de l'infirmité et du malheur ou à enseigner au peuple les moyens de s'assurer une existence meilleure au moyen de l'épargne, du crédit et de la petite propriété.

Ce sont ces textes législatifs, lois et décrets, que nous avons assemblés et qui forment, répartis en sept livres, notre petit Code de Lois Sociales. Il intéressera tous ceux que passionnent le mouvement social actuel, ou qui cherchent à connaître les moyens utiles à l'amélioration de leur sort.

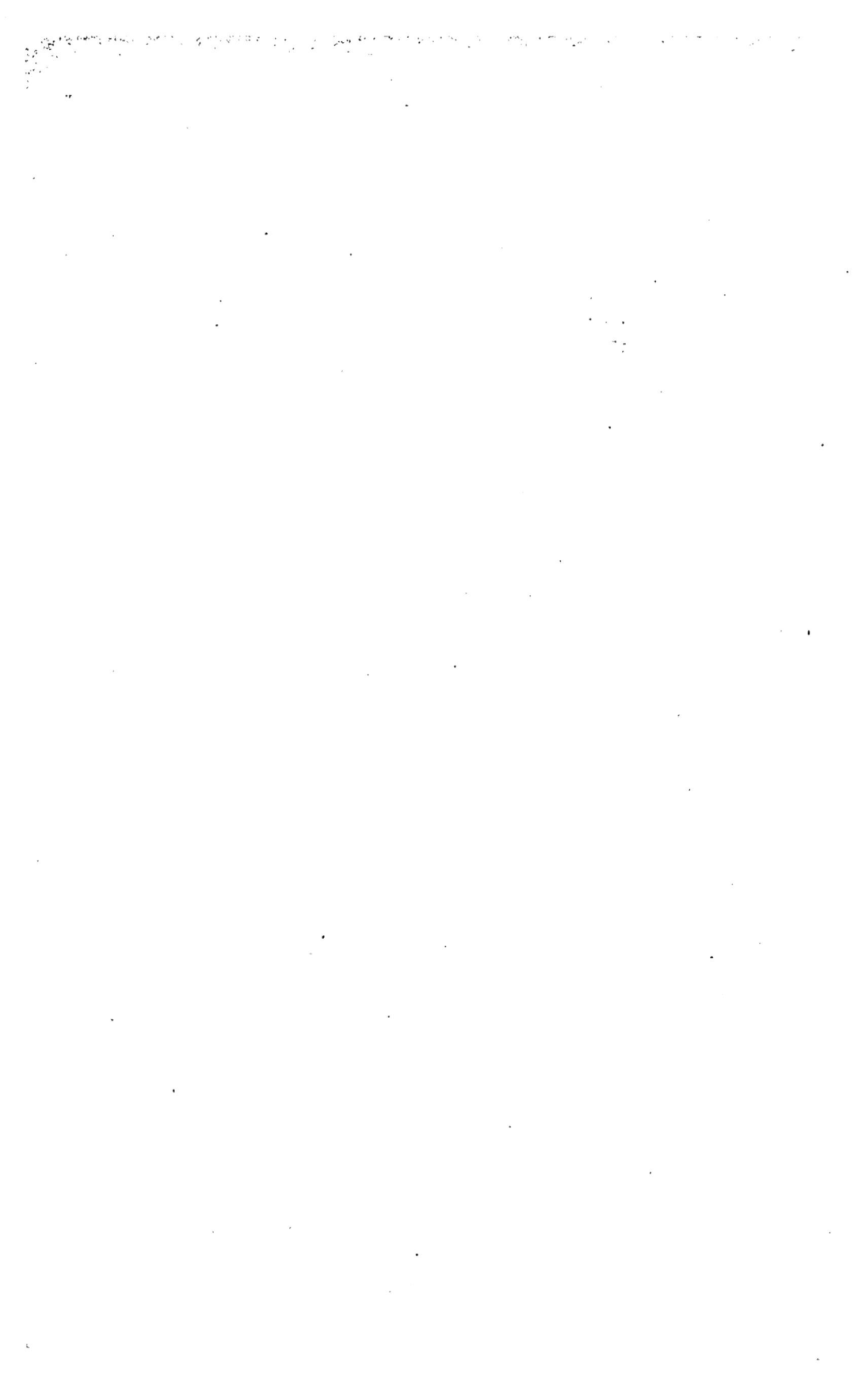

CODE

DE LOIS SOCIALES

LIVRE PREMIER

PROTECTION : CONDITIONS ET RÉGLEMENTATION DU TRAVAIL

PREMIÈRE PARTIE

LOIS

Saisie-arrêt.

LOI du 12 janvier 1895, relative à la saisie-arrêt sur les salaires et petits traitements des ouvriers ou employés.

TITRE Iᵉʳ. — SAISIE-ARRÊT

Art. 1ᵉʳ. Les salaires des ouvriers et gens de service ne sont saisissables que jusqu'à concurrence du dixième, quel que soit le montant de ces salaires. — Les appointements ou traitements des employés ou commis et des fonctionnaires ne sont également saisissables que jusqu'à concurrence du dixième lorsqu'ils ne dépassent pas 2,000 francs par an.

2. Les salaires, appointements et traitements visés par l'article 1ᵉʳ ne pourront être cédés que jusqu'à concurrence d'un autre dixième.

3. Les cessions et saisies faites pour le payement des dettes alimentaires prévues par les articles 203, 205, 206, 207, 214 et 349 du Code civil ne sont pas soumises aux restrictions qui précèdent.

4. Aucune compensation ne s'opère au profit des patrons entre le montant des salaires dus par eux à leurs ouvriers et les sommes

qui leur seraient dues à eux-mêmes pour fournitures diverses, quelle qu'en soit la nature, à l'exception toutefois : — 1º Des outils ou instruments nécessaires au travail ; — 2º Des matières et matériaux dont l'ouvrier a la charge et l'usage ; — 3º Des sommes avancées pour l'acquisition de ces mêmes objets.

5. Tout patron qui fait une avance en espèces, en dehors du cas prévu par le paragraphe 3 de l'article 4 qui précède, ne peut se rembourser qu'au moyen de retenues successives, ne dépassant pas le dixième du montant des salaires ou appointements exigibles. — La retenue opérée de ce chef ne se confond ni avec la partie saisissable ni avec la partie cessible portée en l'article 2. — Les acomptes sur un travail en cours ne sont pas considérés comme avances.

TITRE II. — PROCÉDURE DE SAISIE-ARRÊT SUR LES SALAIRES ET PETITS TRAITEMENTS

6. La saisie-arrêt sur les salaires et les appointements ou traitements ne dépassant pas annuellement 2,000 francs, dont il s'agit à l'article 1er de la présente loi, ne pourra être pratiquée, s'il y a titre, que sur le visa du greffier de la justice de paix du domicile du débiteur saisi. — S'il n'y a point de titre, la saisie-arrêt ne pourra être pratiquée qu'en vertu de l'autorisation du juge de paix du domicile du débiteur saisi. Toutefois, avant d'accorder l'autorisation, le juge de paix pourra, si les parties n'ont déjà été appelées en conciliation, convoquer devant lui, par simple avertissement, le créancier et le débiteur; s'il intervient un arrangement, il en sera tenu note par le greffier sur un registre spécial exigé par l'article 14. — L'exploit de saisie-arrêt contiendra en tête l'extrait du titre s'il y en a un, ainsi que la copie du visa, et, à défaut de titre, copie de l'autorisation du juge. L'exploit sera signifié au tiers saisi ou à son représentant préposé au payement des salaires ou traitements, dans le lieu où travaille le débiteur saisi.

7. L'autorisation accordée par le juge évaluera ou énoncera la somme pour laquelle la saisie-arrêt sera formée. — Le débiteur pourra toucher du tiers saisi la portion non saisissable de ses salaires, gages ou appointements. — Une seule saisie-arrêt doit être autorisée par le juge. S'il survient d'autres créanciers, leur déclaration signée et déclarée sincère par eux et contenant toutes les pièces de nature à mettre le juge à même de faire l'évaluation de la créance, sera inscrite par le greffier sur le registre exigé par l'article 14. Le greffier se bornera à en donner avis dans les quarante-huit heures au débiteur saisi et au tiers saisi, par lettre recommandée qui vaudra opposition.

8. L'huissier saisissant sera tenu de faire parvenir au juge de paix, dans le délai de huit jours à dater de la saisie, l'original de

l'exploit, sous peine d'une amende de 10 francs, qui sera prononcée par le juge de paix en audience publique.

9. Tout créancier saisissant, le débiteur et le tiers saisi pourront requérir la convocation des intéressés devant le juge de paix du débiteur saisi, par une déclaration consignée sur le registre spécial prévu en l'article 14. — Dans les quarante-huit heures de cette réquisition, le greffier adressera : 1° au saisi ; 2° au tiers saisi ; 3° à tous autres créanciers opposants, un avertissement recommandé à comparaître devant le juge de paix à l'audience que celui-ci aura fixée. — A cette audience ou à toute autre fixée par lui, le juge de paix, prononçant sans appel dans la limite de sa compétence et à charge d'appel à quelque valeur que la demande puisse s'élever, statuera sur la validité, la nullité ou la mainlevée de la saisie, ainsi que sur la déclaration affirmative que le tiers saisi sera tenu de faire audience tenante — Le tiers saisi qui ne comparaîtra pas, ou qui ne fera pas sa déclaration ainsi qu'il est dit ci-dessus, sera déclaré débiteur pur et simple des retenues non opérées et condamné aux frais par lui occasionnés.

10 Si le jugement est rendu par défaut, avis de ses dispositions sera transmis par le greffier à la partie défaillante, par lettre recommandée, dans les cinq jours du prononcé. — L'opposition, qui ne sera recevable que dans les huit jours de la date de la lettre, consistera dans une déclaration à faire au greffe de la justice de paix, sur le registre prescrit par l'article 14. — Toutes parties intéressées seront prévenues, par lettre recommandée du greffier, pour la plus prochaine audience utile. Le jugement qui interviendra sera réputé contradictoire. L'appel relevé contre le jugement contradictoire sera formé dans les dix jours du prononcé du jugement, et, dans le cas où il aurait été rendu par défaut, du jour de l'expiration des délais d'opposition, sans que, dans le cas du jugement contradictoire, il soit besoin de le signifier.

11. Après l'expiration des délais de recours, le juge de paix pourra surseoir à la convocation des parties intéressées tant que la somme à distribuer n'atteindra pas, d'après la déclaration du tiers saisi, et déduction faite des frais à prélever et des créances privilégiées, un chiffre suffisant pour distribuer aux créanciers connus un dividende de 20 p. 100 au moins. S'il y a somme suffisante, et si les parties ne se sont pas amiablement entendues pour la répartition, le juge procédera à la distribution entre les ayants droit. Il établira son état de répartition sur le registre prescrit par l'article 14. Une copie de cet état, signée du juge et du greffier, indiquant le montant des frais à prélever, le montant des créances privilégiées, s'il en existe, et le montant des sommes attribuées dans la répartition à chaque ayant droit, sera transmise par le greffier, par lettre recommandée, au débiteur saisi ou au tiers saisi, et à chaque créancier colloqué. — Ces derniers auront une action directe contre le tiers saisi en payement de leur collo-

cation. Les ayants droit aux frais et aux collocations utiles donneront quittance en marge de l'état de répartition remis au tiers saisi, qui se trouvera libéré d'autant.

12. Les effets de la saisie-arrêt et les oppositions consignées par le greffier sur le registre spécial subsisteront jusqu'à complète libération du débiteur.

13. Les frais de saisie-arrêt et de distribution seront à la charge du débiteur saisi. Ils seront prélevés sur la somme à distribuer — Tous frais de contestation jugée mal fondée seront mis à la charge de la partie qui aura succombé.

14. Pour l'exécution de la présente loi, il sera tenu au greffe de chaque justice de paix un registre sur papier non timbré, qui sera coté et parafé par le juge de paix, et sur lequel seront inscrits : — 1º Les visas ou ordonnances autorisant la saisie-arrêt, — 2º Le dépôt de l'exploit ; — 3º La réquisition de la convocation des parties ; — 4º Les arrangements intervenus ; — 5º Les interventions des autres créanciers ; — 6º La déclaration faite par le tiers saisi ; — 7º La mention des avertissements ou lettres recommandées transmises aux parties ; — 8º Les décisions du juge de paix ; — 9º La répartition établie entre les ayants droit.

15. Tous les exploits, autorisations, jugements, décisions, procès-verbaux et états de répartition qui pourront intervenir en exécution de la présente loi, seront rédigés sur papier non timbré et enregistrés gratis. Les avertissements et lettres recommandées et les copies d'état de répartition sont exempts de tout droit de timbre et d'enregistrement.

16. Un décret déterminera les émoluments à allouer aux greffiers pour l'envoi des lettres recommandées et pour dressé de tous extraits et copies d'état de répartition.

17. Les lois et décrets antérieurs sont abrogés en ce qu'ils ont de contraire à la présente loi.

18. La présente loi est applicable à l'Algérie et aux colonies.

Travail des Réservistes et territoriaux.

LOI du 18 juillet 1901, garantissant leur travail et leur emploi aux réservistes et aux territoriaux appelés à faire leur période d'instruction militaire.

Art. 1er. En matière de louage de services, si un patron, un employé ou un ouvrier est appelé sous les drapeaux comme réserviste ou territorial pour une période obligatoire d'instruction militaire, le contrat de travail ne peut être rompu à cause de ce fait.

2. Alors même que, pour une autre cause légitime, le contrat serait dénoncé par l'une des parties, la durée de la période militaire est exclue des délais impartis par l'usage pour la validité de la dénonciation, sauf toutefois dans le cas où le contrat de louage a pour objet une entreprise temporaire prenant fin pendant la période d'instruction militaire.

3. En cas de violation des articles précédents par l'une des parties, la partie lésée aura droit à des dommages-intérêts, qui seront arbitrés par le juge conformément aux indications de l'article 1780 du Code civil.

4. Toute stipulation contraire aux dispositions qui précèdent est nulle de plein droit.

Salaire de la femme mariée. — Charges des époux.

LOI du 15 juillet 1907, relative au libre salaire de la femme mariée et à la contribution des époux aux charges du ménage.

Art. 1ᵉʳ. Sous tous les régimes, et à peine de nullité de toute clause contraire portée au contrat de mariage, la femme a, sur les produits de son travail personnel et les économies en provenant, les mêmes droits d'administration que l'article 1449 du Code civil donne à la femme séparée de biens. — Elle peut en faire emploi en acquisitions de valeurs mobilières ou immobilières. — Elle peut, sans l'autorisation de son mari, aliéner, à titre onéreux, les biens ainsi acquis. — La validité des actes faits par la femme sera subordonnée à la seule justification, faite par un acte de notoriété, ou par tout autre moyen mentionné dans la convention, qu'elle exerce personnellement une profession distincte de celle de son mari ; la responsabilité des tiers, avec lesquels elle a traité en leur fournissant cette justification, n'est pas engagée. — Les dispositions, qui précèdent, ne sont pas applicables aux gains résultant du travail commun des époux.

2. En cas d'abus par la femme des pouvoirs qui lui sont conférés dans l'intérêt du ménage, par l'article précédent, notamment en cas de dissipation, d'imprudence ou de mauvaise gestion, le mari pourra en faire prononcer le retrait soit en tout, soit en partie, par le tribunal civil du domicile des époux, statuant en Chambre du conseil en présence de la femme, ou elle dûment appelée, le ministère public entendu. — En cas d'urgence, le président de ce tribunal peut, par ordonnance de référé, lui donner l'autorisation de s'opposer aux actes que la femme se propose de passer avec un tiers.

3. Les biens réservés à l'administration de la femme pourront être saisis par ses créanciers. — Ils pourront l'être aussi par les créanciers du mari qui ont contracté avec lui dans l'intérêt du ménage, alors que, d'après le régime adopté, ils auraient dû, antérieurement à la présente loi, se trouver entre les mains du mari. — La preuve que la dette a été contractée par le mari dans l'intérêt du ménage incombe au créancier. — Le mari n'est responsable ni sur les biens ordinaires de la communauté, ni sur les

siens, des dettes et obligations contractées autrement que dans l'intérêt du ménage par la femme, même lorsqu'elle a agi dans la limite des droits que lui confère l'article 1er, mais sans autorisation maritale.

4. En cas de contestation, la femme pourra, tant vis-à-vis de son mari que vis-à-vis des tiers, établir par toutes preuves de droit, même par témoins, mais non par la commune renommée, la consistance et la provenance des biens réservés.

5. S'il y a communauté ou société d'acquêts, les biens réservés entreront dans le partage du fonds commun. — Si la femme renonce à la communauté, elle les gardera francs et quittes de toutes dettes autres que celles dont elles étaient antérieurement le gage, en vertu de l'article 3 de la présente loi. — Cette faculté appartiendra à ses héritiers en ligne directe. — Sous tous les régimes qui ne comportent ni communauté ni société d'acquêts, ces biens sont propres à la femme.

6. La femme pourra ester en justice sans autorisation, dans toutes les contestations relatives aux droits qui lui sont reconnus par la présente loi.

7. Faute par l'un des époux de subvenir spontanément, dans la mesure de ses facultés, aux charges du ménage, l'autre époux pourra obtenir du juge de paix du domicile du mari, l'autorisation de saisir-arrêter et de toucher des salaires ou du produit du travail de son conjoint une part en proportion de ses besoins.

8. Le mari et la femme seront appelés devant le juge de paix par un simple avertissement du greffier, en la forme d'une lettre missive recommandée à la poste, indiquant la nature de la demande. — Ils devront comparaître en personne, sauf les cas d'empêchement absolu et dûment justifié.

9. La signification du jugement rendu en conformité de l'article 7 qui précède, faite au conjoint et aux tiers débiteurs à la requête de l'époux qui en bénéficie, lui vaut attribution des sommes dont la saisie a été autorisée, sans autre procédure.

10. Les jugements rendus en vertu des articles 2 et 7 de la présente loi seront exécutoires par provision, nonobstant opposition ou appel et sans caution. Ils pourront même lorsqu'ils seront devenus définitifs, être modifiés, si la situation respective le justifie.

11. Les dispositions de la présente loi pourront être invoquées même par les femmes mariées avant sa promulgation.

Placement des Travailleurs.

LOI du 14 mars 1904, relative au placement des employés et ouvriers des deux sexes et de toutes professions.

ART. 1ᵉʳ. A partir de la promulgation de la présente loi, les bureaux de placement payants pourront être supprimés moyennant une juste indemnité. — Tout bureau nouveau, créé en vertu d'une autorisation postérieure à la promulgation de la présente loi, n'aura droit, en cas de suppression, à aucune indemnité. — Le bureau devenu vacant par le décès du titulaire ou pour toute autre cause avant l'arrêté de suppression, pourra être transmis ou cédé.

2. Les bureaux de placement gratuit créés par les municipalités, par les syndicats professionnels ouvriers, patronaux ou mixtes, les bourses du travail, les compagnonnages, les sociétés de secours mutuels et toutes autres associations légalement constituées, ne sont soumis à aucune autorisation.

3. Les bureaux de placement énumérés à l'article précédent, sauf ceux qui sont créés par les municipalités, sont astreints au dépôt d'une déclaration préalable effectuée à la mairie de la commune où ils sont établis. La déclaration devra être renouvelée à tout changement de local du bureau.

4. Dans chaque commune, un registre constatant les offres et demandes de travail et d'emplois, devra être ouvert à la mairie et mis gratuitement à la disposition du public. A ce registre sera joint un répertoire où seront classées les notices individuelles que les demandeurs de travail pourront librement joindre à leur demande. Les communes comptant plus de 10,000 habitants seront tenues de créer un bureau municipal.

5. Sont exemptées du droit de timbre les affiches, imprimées ou non, concernant exclusivement les offres et demandes de travail et d'emplois, et apposées par les bureaux de placement gratuits énumérés dans l'article 3.

6. Tout gérant ou employé d'un bureau de placement gratuit, qui aura perçu une rétribution quelconque à l'occasion du placement d'un ouvrier ou employé, sera puni des peines prévues à l'article 9 ci-dessous.

7. L'autorité municipale surveille les bureaux de placement pour y assurer le maintien de l'ordre, les prescriptions de l'hygiène et la loyauté de la gestion. Elle prend les arrêtés nécessaires à cet effet.

8. Aucun hôtelier, logeur, restaurateur ou débitant de boissons ne peut joindre à son établissement la tenue d'un bureau de placement.

9. Toute infraction, soit aux règlements faits en vertu de l'article 7, soit à l'article 8, sera punie d'une amende de seize francs (16 fr.) à cent francs (100 fr.) et d'un emprisonnement de six jours à un mois, ou de l'une de ces deux peines seulement. Le maximum des deux peines sera appliqué au délinquant lorsqu'il aura été prononcé contre lui, dans les douze mois précédents, une première condamnation pour infraction aux articles 6 et 8 de la présente loi. — Tout tenancier, gérant, employé d'un bureau clandestin, sera puni des peines portées à cet article. — Ces peines sont indépendantes des restitutions et dommages-intérêts auxquels pourront donner lieu les faits incriminés. — L'article 463 du Code pénal, ainsi que la loi du 26 mars 1891, sont applicables aux infractions indiquées ci-dessus.

10. Les pouvoirs ci-dessus conférés à l'autorité municipale seront exercés par le préfet de police pour Paris et le ressort de la préfecture, et par le préfet du Rhône pour Lyon et les autres communes dans lesquelles il remplit les fonctions qui lui sont attribuées par la loi du 24 juin 1851.

11. 1° A partir de la promulgation de la présente loi, un arrêté pris à la suite d'une délibération du conseil municipal pourra, à charge d'une indemnité représentant le prix de vente de l'office et qui, à défaut d'entente, sera fixée par le conseil de préfecture, rapporter les autorisations données en vertu du décret du 25 mars 1852 ; — 2° Les indemnités dues aux bureaux de placement payants supprimés dans le délai de cinq années seront fixées, d'après l'état de ces bureaux, à l'époque de la promulgation de la présente loi ; — 3° Les bureaux faisant le placement pour une même profession déterminée, devront être supprimés tous à la fois, par un même arrêté municipal ; — 4° Les indemnités aux tenanciers des bureaux de placement seront à la charge des communes seules ; — 6° En cas de décès du titulaire avant l'arrêté de suppression, l'indemnité sera due aux ayants droit et leur sera payée lorsque l'arrêté aura été pris. — A partir de la promulgation de la présente loi les frais de placement touchés dans les bureaux maintenus à titre payant seront entièrement supportés par les employeurs, sans qu'aucune rétribution puisse être reçue des employés. — Toute infraction à cette prescription sera punie des peines édictées à l'article 9 de la présente loi.

12. Sont et demeurent abrogées toutes les dispositions contraires à la présente loi. — Les bureaux de nourrices ne sont pas visés par la présente loi et restent soumis aux dispositions de la loi du 23 décembre 1874, relative à la protection des enfants du premier âge. — Les agences théâtrales, les agences lyriques et les agences pour cirques et music-halls, ne sont pas soumises aux prescriptions de la présente loi.

13. La présente loi est applicable à l'Algérie.

Professions Ambulantes.

LOI du 7 décembre 1874, relative à la protection des enfants employés dans les professions ambulantes.

ART. 1ᵉʳ. Tout individu qui fera exécuter par des enfants de moins de seize ans des tours de force périlleux ou des exercices de dislocation ; — Tout individu, autre que les père et mère, pratiquant les professions d'acrobate, saltimbanque, charlatan, montreur d'animaux ou directeur de cirque, qui emploiera, dans ses représentations, des enfants âgés de moins de seize ans. — Sera puni d'un emprisonnement de six mois à deux ans et d'une amende de seize à deux cents francs. — La même peine sera applicable aux père et mère exerçant les professions ci-dessus désignées qui emploieraient dans leurs représentations leurs enfants âgés de moins de douze ans. (*V. L. 24 juillet 1889, art. 2.*)

2. (*Ainsi modifié, L. 19 avril 1898.*) Les pères, mères, tuteurs ou patrons, et généralement toutes personnes ayant autorité sur un enfant ou en ayant la garde, qui auront livré, soit gratuitement, soit à prix d'argent, leurs enfants, pupilles ou apprentis âgés de moins de seize ans aux individus exerçant les professions ci-dessus spécifiées, ou qui les auront placés sous la conduite de vagabonds, de gens sans aveu ou faisant métier de la mendicité, seront punis des peines portées en l'article 1ᵉʳ. — La même peine sera applicable aux intermédiaires ou agents qui auront livré ou fait livrer lesdits enfants et à quiconque aura déterminé des enfants, âgés de moins de seize ans, à quitter le domicile de leurs parents ou tuteurs pour suivre des individus des professions sus-désignées. — La condamnation entraînera de plein droit, pour les tuteurs, la destitution de la tutelle. Les pères et mères pourront être privés des droits de la puissance paternelle.

3. Quiconque emploiera des enfants âgés de moins de seize ans à la mendicité habituelle, soit ouvertement, soit sous l'apparence d'une profession, sera considéré comme auteur ou complice du délit de mendicité en réunion, prévu par l'article 276 du Code pénal, et sera puni des peines portées au dit article — Dans le cas où le délit aurait été commis par les pères, mères ou tuteurs, ils pourront être privés des droits de la puissance paternelle ou être destitués de la tutelle. (*V. L. 24 juillet 1889, art. 2.*)

4. Tout individu exerçant l'une des professions spécifiées à l'article 1ᵉʳ de la présente loi, devra être porteur de l'extrait des actes

de naissance des enfants placés sous sa conduite, et justifier de leur origine et de leur identité par la production d'un livret ou d'un passeport. — Toute infraction à cette disposition sera punie d'un emprisonnement de un mois à six mois et d'une amende de seize à cinquante francs.

5. En cas d'infraction à l'une des dispositions de la présente loi, les autorités municipales seront tenues d'interdire toutes représentations aux individus désignés en l'article 1er. — Ces dites autorités seront également tenues de requérir la justification, conformément aux dispositions de l'article 4, de l'origine et de l'identité de tous les enfants placés sous la conduite des individus susdésignés. A défaut de cette justification, il en sera donné avis immédiat au parquet. — Toute infraction à la présente loi commise à l'étranger à l'égard de Français devra être dénoncée, dans le plus bref délai, par nos agents consulaires aux autorités françaises, ou aux autorités locales, si les lois du pays en assurent la répression. — Ces agents devront, en outre, prendre les mesures nécessaires pour assurer le rapatriement en France des enfants d'origine française.

6. L'article 463 du Code pénal est applicable aux délits prévus et punis par la présente loi.

———————

Travail des adultes.

DÉCRET-LOI du 9 septembre 1848, relatif aux heures de travail dans les manufactures et usines, complété par la loi du 30 mars 1900.

ART. 1er. La journée de l'ouvrier dans les manufactures et usines ne pourra pas excéder douze heures de travail effectif. — (Loi du 30 mars 1900). Toutefois, dans les établissements énumérés dans l'article 1er de la loi du 2 novembre 1892 qui emploient dans les mêmes locaux des hommes adultes et des personnes visées par ladite loi, la journée des ouvriers ne pourra excéder onze heures de travail effectif. — Dans le cas du paragraphe précédent, au bout de deux ans à partir de la promulgation de la présente loi, la journée sera réduite à dix heures et demie et, au bout d'une nouvelle période de deux ans, à dix heures.

2. Des règlements d'administration publique détermineront les exceptions qu'il sera nécessaire d'apporter à cette disposition générale, à raison de la nature des industries ou des causes de force majeure.

3. Il n'est porté aucune atteinte aux usages et aux conventions qui, antérieurement au 2 mars, fixaient pour certaines industries la journée de travail à un nombre d'heures inférieur à douze.

4. Tout chef de manufacture ou usine qui contreviendra au présent décret et aux règlements d'administration publique promulgués en exécution de l'article 2, sera puni d'une amende de cinq francs à cent francs. — Les contraventions donneront lieu à autant d'amendes qu'il y aura d'ouvriers indûment employés, sans que ces amendes réunies puissent s'élever au-dessus de mille francs. — Le présent article ne s'applique pas aux usages locaux et conventions indiquées dans la présente loi.

5. L'article 463 du Code pénal pourra toujours être appliqué.

6. Le décret du 2 mars, en ce qui concerne la limitation des heures de travail, est abrogé.

Voir Décret du 28 mars 1902.

Travail des enfants, des filles mineures et des femmes.

LOI du 2 novembre 1892, sur le travail des enfants, des filles mineures et des femmes, dans les établissements industriels, modifiée par la loi du 30 mars 1900.

SECTION I. — DISPOSITIONS GÉNÉRALES. — AGES D'ADMISSION. — DURÉE DU TRAVAIL

ART. 1er. Le travail des enfants, des filles mineures et des femmes dans les usines, manufactures, mines, minières et carrières, chantiers, ateliers et leurs dépendances, de quelque nature que ce soit, publics ou privés, laïques ou religieux, même lorsque ces établissements ont un caractère d'enseignement professionnel ou de bienfaisance, est soumis aux obligations déterminées par la présente loi. — Toutes les dispositions de la présente loi s'appliquent aux étrangers travaillant dans les établissements ci-dessus désignés. — Sont exceptés les travaux effectués dans les établissements où ne sont employés que les membres de la famille sous l'autorité soit du père, soit de la mère, soit du tuteur. — Néanmoins, si le travail s'y fait à l'aide de chaudière à vapeur ou de moteur mécanique, ou si l'industrie exercée est classée au nombre des établissements dangereux ou insalubres, l'inspecteur aura le droit de prescrire les mesures de sécurité et de salubrité à prendre, conformément aux articles 12, 13 et 14.

2. Les enfants ne peuvent être employés par les patrons, ni être admis dans les établissements énumérés dans l'article 1er avant l'âge de treize ans révolus. — Toutefois, les enfants munis du certificat d'études primaires institué par la loi du 28 mars 1892, peuvent être employés à partir de l'âge de douze ans. — Aucun enfant de moins de treize ans ne pourra être admis au travail dans les établissements ci-dessus visés, s'il n'est muni d'un certificat d'aptitude physique délivré, à titre gratuit, par l'un des médecins chargés de la surveillance du premier âge ou d'un des médecins inspecteurs des écoles, ou tout autre médecin chargé d'un service public, désigné par le préfet. Cet examen sera contradictoire, si les parents le réclament. — Les inspecteurs du travail pourront toujours requérir un examen médical de tous les enfants au-dessous de seize ans, déjà admis dans les établissements susvisés, à l'effet de constater si le travail dont ils sont chargés

excède leurs forces. — Dans ce cas, les inspecteurs auront le droit d'exiger leur renvoi de l'établissement sur l'avis conforme de l'un des médecins désignés au paragraphe 3 du présent article, et après examen contradictoire si les parents le réclament. — Dans les orphelinats et institutions de bienfaisance visés à l'article 1er, et dans lesquels l'instruction primaire est donnée, l'enseignement manuel ou professionnel, pour les enfants âgés de moins de treize ans, sauf pour les enfants âgés de douze ans munis du certificat d'études primaires, ne pourra pas dépasser trois heures par jour.

3. (*Décret* 30 *mars* 1900.) Les jeunes ouvriers et ouvrières jusqu'à l'âge de dix-huit ans et les femmes ne peuvent être employés à un travail effectif de plus de onze heures par jour, coupées par un ou plusieurs repos, dont la durée totale ne pourra être inférieure à une heure et pendant lesquels le travail sera interdit. — Au bout de deux ans à partir de la promulgation de la présente loi, la durée du travail sera réduite a dix heures et demie, et, au bout d'une nouvelle période de deux années, à dix heures. — Dans chaque établissement, sauf les usines à feu continu et les mines, minières ou carrières, les repos auront lieu aux mêmes heures pour toutes les personnes protégées par la présente loi.

SECTION II. — TRAVAIL DE NUIT. — REPOS HEBDOMADAIRE

4. Les enfants âgés de moins de dix-huit ans, les filles mineures et les femmes ne peuvent être employés à aucun travail de nuit dans les établissements énumérés à l'article 1er. — Tout travail entre neuf heures du soir et cinq heures du matin est considéré comme travail de nuit ; toutefois, le travail sera autorisé de quatre heures du matin à dix heures du soir quand il sera réparti entre deux postes d'ouvriers ne travaillant pas plus de neuf heures chacun. — Le travail de chaque équipe sera coupé par un repos d'une heure au moins. — Il sera accordé, pour les femmes et les filles âgées de plus de dix-huit ans, à certaines industries qui seront déterminées par un règlement d'administration publique et dans les conditions d'application qui seront précisées dans ledit règlement, la faculté de prolonger le travail jusqu'à onze heures du soir, à certaines époques de l'année, pendant une durée totale qui ne dépassera pas soixante jours. En aucun cas, la journée de travail effectif ne pourra être prolongée au delà de douze heures. — Il sera accordé à certaines industries, déterminées par un règlement d'administration publique, l'autorisation de déroger d'une façon permanente aux dispositions des paragraphes 1 et 2 du présent article, mais sans que le travail puisse, en aucun cas, dépasser sept heures par vingt-quatre heures. — Le même règlement pourra autoriser, pour certaines industries, une dérogation temporaire aux dispositions précitées. — En outre, en cas de chômage résultant d'une interruption accidentelle ou de force

majeure, l'interdiction ci-dessus peut, dans n'importe quelle industrie, être temporairement levée par l'inspecteur pour un délai déterminé. (*Décret* 30 *mars* 1900.) A l'expiration d'un délai de deux ans à partir de la promulgation de la présente loi, les dispositions exceptionnelles concernant le travail de nuit, prévues aux paragraphes 2 et 3 du présent article, cesseront d'être en vigueur, sauf pour les travaux souterrains des mines, minières et carrières.

5. Les enfants âgés de moins de dix-huit ans et les femmes de tout âge ne peuvent être employés dans les établissements énumérés à l'article 1er plus de six jours par semaine, ni les jours de fêtes reconnus par la loi, même pour rangement d'atelier. — Une affiche apposée dans les ateliers indiquera le jour adopté pour le repos hebdomadaire.

6. Néanmoins, dans les usines à feu continu, les femmes majeures et les enfants du sexe masculin peuvent être employés tous les jours de la semaine, la nuit, aux travaux indispensables, sous la condition qu'ils auront au moins un jour de repos par semaine. — Les travaux tolérés et le laps de temps pendant lequel ils peuvent être exécutés, seront déterminés par un règlement d'administration publique.

7. L'obligation du repos hebdomadaire et les restrictions relatives à la durée du travail peuvent être temporairement levées par l'inspecteur divisionnaire, pour les travailleurs visés à l'article 5, pour certaines industries à désigner par le susdit règlement d'administration publique.

8. Les enfants des deux sexes, âgés de moins de treize ans, ne peuvent être employés comme acteurs, figurants, etc., aux représentations données dans les théâtres et cafés-concerts sédentaires. — Le ministre de l'instruction publique et des beaux-arts, à Paris, et les préfets, dans les départements, pourront exceptionnellement autoriser l'emploi d'un ou plusieurs enfants dans les théâtres pour la représentation de pièces déterminées.

SECTION III. — TRAVAUX SOUTERRAINS

9. Les filles et les femmes ne peuvent être admises dans les travaux souterrains des mines, minières et carrières. — Des règlements d'administration publique détermineront les conditions spéciales du travail des enfants de treize à dix-huit ans du sexe masculin dans les travaux souterrains ci-dessus visés. — Dans les mines spécialement désignées par des règlements d'administration publique, comme exigeant, en raison de leurs conditions naturelles, une dérogation aux prescriptions du paragraphe 2 de l'article 4, ces règlements pourront permettre le travail des enfants à partir de quatre heures du matin et jusqu'à minuit, sous la condition expresse que les enfants ne soient pas assujettis à

plus de huit heures de travail effectif ni à plus de dix heures de présence dans la mine, par vingt-quatre heures.

SECTION IV. — SURVEILLANCE DES ENFANTS

10. Les maires sont tenus de délivrer gratuitement aux père, mère, tuteur ou patron, un livret sur lequel sont portés les noms et prénoms des enfants des deux sexes âgés de moins de dix-huit ans, la date, le lieu de leur naissance et leur domicile. — Si l'enfant a moins de treize ans, le livret devra mentionner qu'il est muni du certificat d'études primaires institué par la loi du 28 mars 1882. — Les chefs d'industrie ou patrons inscriront sur le livret la date de l'entrée dans l'atelier et celle de la sortie. Ils devront également tenir un registre sur lequel seront mentionnées toutes les indications insérées au présent article.

11. (*Décret* 30 *mars* 1900). Les patrons ou chefs d'industrie et loueurs de force motrice sont tenus de faire afficher dans chaque atelier les dispositions de la présente loi, les règlements d'administration publique relatifs à son exécution et concernant plus spécialement leur industrie, ainsi que les adresses et les noms des inspecteurs de la circonscription. — Ils afficheront également les heures auxquelles commencera et finira le travail, ainsi que les heures et la durée des repos. Un duplicata de cette affiche sera envoyé à l'inspecteur, un autre sera déposé à la mairie. — Dans les établissements visés par la présente loi autres que les usines à feu continu et les établissements qui seront déterminés par un règlement d'administration publique, l'organisation du travail par relais, sauf ce qui est prévu aux paragraphes 2 et 3 de l'article 4, sera interdit pour les personnes protégées par les articles précédents, dans un délai de trois mois à partir de la promulgation de la présente loi. — En cas d'organisation du travail par postes ou équipes successives, le travail de chaque équipe sera continu, sauf l'interruption pour le repos. — L'organisation de relais, qui aurait pour effet de prolonger au delà de la limite légale la durée de la journée de travail, est interdite pour les personnes protégées par la présente loi. — Dans toutes les salles de travail des ouvroirs, orphelinats, ateliers de charité ou de bienfaisance dépendant des établissements religieux ou laïques, sera placé d'une façon permanente un tableau indiquant, en caractères facilement lisibles, les conditions du travail des enfants telles qu'elles résultent des articles 2, 3, 4 et 5, et déterminant l'emploi de la journée, c'est-à-dire les heures du travail manuel, du repos, de l'étude et des repas. Ce tableau sera visé par l'inspecteur et revêtu de sa signature. — Un état nominatif complet des enfants élevés dans les établissements ci-dessus désignés, indiquant leurs noms et prénoms, la date et le lieu de leur naissance, et certifié conforme par les directeurs de ces établissements, sera remis tous les trois mois à

l'inspecteur et fera mention de toutes les mutations survenues depuis la production du dernier état.

Section V. — Hygiène et sécurité des travailleurs

12. Les différents genres de travail présentant des causes de danger, ou excédant les forces, ou dangereux pour la moralité, qui seront interdits aux femmes, filles et enfants, seront déterminés par des règlements d'administration publique.

13. Les femmes, filles et enfants ne peuvent être employés dans des établissements insalubres ou dangereux, où l'ouvrier est exposé à des manipulations ou à des émanations préjudiciables à sa santé, que sous les conditions spéciales déterminées par des règlements d'administration publique pour chacune de ces catégories de travailleurs.

14. Les établissements visés dans l'article 1er et leurs dépendances doivent être tenus dans un état constant de propreté, convenablement éclairés et ventilés. Ils doivent présenter toutes les conditions de sécurité et de salubrité nécessaires à la santé du personnel. — Dans tout établissement contenant des appareils mécaniques, les roues, les courroies, les engrenages ou tout autre organe pouvant offrir une cause de danger, seront séparés des ouvriers de telle manière que l'approche n'en soit possible que pour les besoins du service. — Les puits, trappes et ouvertures de descente doivent être clôturés.

15. Tout accident ayant occasionné une blessure à un ou plusieurs ouvriers, survenu dans un des établissements mentionnés à l'article 1er, sera l'objet d'une déclaration par le chef de l'entreprise ou, à son défaut et en son absence, par son préposé. — Cette déclaration contiendra le nom et l'adresse des témoins de l'accident ; elle sera faite dans les quarante-huit heures au maire de la commune, qui en dressera procès-verbal dans la forme à déterminer par un règlement d'administration publique. A cette déclaration sera joint produit par le patron, un certificat du médecin indiquant l'état du blessé, les suites probables de l'accident et l'époque à laquelle il sera possible d'en connaître le résultat définitif. — Récépissé de la déclaration et du certificat médical sera remis, séance tenante, au déposant. — Avis de l'accident est donné immédiatement par le maire à l'inspecteur divisionnaire ou départemental.

16. Les patrons ou chefs d'établissements doivent, en outre, veiller au maintien des bonnes mœurs et à l'observation de la décence publique.

Section VI. — Inspection

17. Les inspecteurs du travail sont chargés d'assurer l'exécution de la présente loi et de la loi du 9 septembre 1848. — Ils sont chargés, en outre, concurremment avec les commissa.res

de police, de l'exécution de la loi du 7 décembre 1874 relative à la protection des enfants employés dans les professions ambulantes. — Toutefois, en ce qui concerne les exploitations de mines, minières et carrières, l'exécution de la loi est exclusivement confiée aux ingénieurs et contrôleurs des mines, qui, pour ce service, sont placés sous l'autorité du ministre du commerce et de l'industrie.

18. Les inspecteurs du travail sont nommés par le ministre du commerce et de l'industrie. — Ce service comprendra : — 1º Des inspecteurs divisionnaires ; — 2º Des inspecteurs ou inspectrices départementaux. — Un décret rendu après avis du comité des arts et manufactures et de la commission supérieure du travail ci-dessous instituée déterminera les départements dans lesquels il y aura lieu de créer des inspecteurs départementaux. Il fixera le nombre, le traitement et les frais de tournée de ces inspecteurs. — Les inspecteurs ou inspectrices départementaux sont placés sous l'autorité de l'inspecteur divisionnaire. — Les inspecteurs du travail prêtent serment de ne pas révéler les secrets de fabrication et, en général, les procédés d'exploitation dont ils pourraient prendre connaissance dans l'exercice de leurs fonctions. — Toute violation de ce serment sera punie conformément à l'article 378 du Code pénal.

19. Désormais ne seront admissibles aux fonctions d'inspecteur divisionnaire ou départemental que les candidats ayant satisfait aux conditions et aux concours visés par l'article 22. — La nomination au poste d'inspecteur titulaire ne sera définitive qu'après un stage d'un an.

20. Les inspecteurs et inspectrices ont entrée dans tous les établissements visés par l'article 1er ; ils peuvent se faire représenter le registre prescrit par l'article 10, les livrets, les règlements intérieurs, et, s'il y a lieu, le certificat d'aptitude physique mentionné à l'article 2. — Les contraventions sont constatées par les procès-verbaux des inspecteurs et inspectrices, qui font foi jusqu'à preuve contraire. — Ces procès-verbaux sont dressés en double exemplaire, dont l'un est envoyé au préfet du département et l'autre déposé au parquet. — Les dispositions ci-dessus ne dérogent point aux règles du droit commun, quant à la constatation et à la poursuite des infractions à la présente loi.

21. Les inspecteurs ont pour mission, en dehors de la surveillance qui leur est confiée, d'établir la statistique des conditions du travail industriel dans la région qu'ils sont chargés de surveiller. — Un rapport d'ensemble résumant ces communications sera publié tous les ans par les soins du ministre du commerce et de l'industrie.

Section VII. — Commissions supérieures et départementales

22. Une commission supérieure composée de neuf membres,

dont les fonctions sont gratuites, est établie auprès du ministre du commerce et de l'industrie. Cette commission comprend deux sénateurs, deux députés élus par leurs collègues et cinq membres nommés pour une période de quatre ans, par le président de la République. Elle est chargée : — 1° De veiller à l'application uniforme et vigilante de la présente loi ; — 2° De donner son avis sur les règlements à faire et généralement sur les diverses questions intéressant les travailleurs protégés ; — 3° Enfin d'arrêter les conditions d'admissibilité des candidats à l'inspection divisionnaire et départementale, et le programme du concours qu'ils devront subir.

23. Chaque année, le président de la commission supérieure adresse au Président de la République un rapport général sur les résultats de l'inspection et sur les faits relatifs à l'exécution de la présente loi. — Ce rapport doit être, dans le mois de son dépôt, publié au *Journal officiel.*

24. Les conseils généraux devront instituer une ou plusieurs commissions chargées de présenter, sur l'exécution de la loi et les améliorations dont elle serait susceptible, des rapports qui seront transmis au ministre et communiqués à la commission supérieure. — Les inspecteurs divisionnaires et départementaux, les président et vice-présidents du conseil de prud'hommes du chef-lieu ou du principal centre industriel du département et, s'il y a lieu, l'ingénieur des mines, font partie de droit de ces commissions dans leurs circonscriptions respectives. — Les commissions locales instituées par les articles 20, 21 et 22 de la loi du 19 mai 1874 sont abolies.

25. Il sera institué dans chaque département des comités de patronage ayant pour objet : — 1° La protection des apprentis et des enfants employés dans l'industrie ; — 2° Le développement de leur instruction professionelle. — Le conseil général, dans chaque département, déterminera le nombre et la circonscription des comités de patronage, dont les statuts seront approuvés dans le département de la Seine par le ministre de l'intérieur et le ministre du commerce et de l'industrie, et par les préfets dans les autres départements. — Les comités de patronage seront administrés par une commission composée de sept membres, dont quatre seront nommés par le conseil général et trois par le préfet. — Ils sont renouvelables tous les trois ans. Les membres sortants pourront être appelés de nouveau à en faire partie. — Leurs fonctions sont gratuites.

Section VIII. — Pénalités.

26. Les manufacturiers, directeurs ou gérants d'établissements visés dans la présente loi, qui auront contrevenu aux prescriptions de ladite loi et des règlements d'administration publique relatifs à son exécution, seront poursuivis devant le tribunal de

simple police et passibles d'une amende de 5 à 15 francs. — L'amende sera appliquée autant de fois qu'il y aura de personnes employées dans des conditions contraires à la présente loi. — Toutefois, la peine ne sera pas applicable si l'infraction à la loi a été le résultat d'une erreur provenant de la production d'actes de naissance, livrets ou certificats contenant de fausses énonciations ou délivrés pour une autre personne. — Les chefs d'industrie seront civilement responsables des condamnations prononcées contre leurs directeurs ou gérants.

27. En cas de récidive, le contrevenant sera poursuivi devant le tribunal correctionnel et puni d'une amende de 16 à 100 fr. — Il y a récidive lorsque, dans les douze mois antérieurs au fait poursuivi, le contrevenant a déjà subi une condamnation pour une contravention identique. — En cas de pluralité des contraventions entraînant ces peines de la récidive, l'amende sera appliquée autant de fois qu'il aura été relevé de nouvelles contraventions. — Les tribunaux correctionnels pourront appliquer les dispositions de l'article 463 du Code pénal sur les circonstances atténuantes, sans qu'en aucun cas l'amende, pour chaque contravention, puisse être inférieure à 5 francs.

28. L'affichage du jugement peut, suivant les circonstances et en cas de récidive seulement, être ordonné par le tribunal de police correctionnelle. — Le tribunal peut également ordonner, dans le même cas, l'insertion du jugement aux frais du contrevenant dans un ou plusieurs journaux du département.

29. Est puni d'une amende de 100 à 500 francs quiconque aura mis obstacle à l'accomplissement des devoirs d'un inspecteur. — En cas de récidive, l'amende sera portée de 500 à 1,000 francs. — L'article 463 du Code pénal est applicable aux condamnations prononcées en vertu de cet article.

Section IX. — Dispositions spéciales

30. Les règlements d'administration publique nécessaires à l'application de la présente loi, seront rendus après avis de la commission supérieure du travail et du comité consultatif des arts et manufactures. — Le conseil général des mines sera appelé à donner son avis sur les règlements prévus en exécution de l'article 9.

31. Les dispositions de la présente loi sont applicables aux enfants placés en apprentissage et employés dans un des établissements visés à l'article 1er.

32. Les dispositions édictées par la présente loi ne seront applicables qu'à dater du 1er janvier 1893. — La loi du 19 mai 1874 et les règlements d'administration publique rendus en exécution de ses dispositions seront abrogés à la date sus-indiquée.

Voir les Décrets du 13 mai 1893 et du 15 juillet 1893, la Loi du 24 août 1906, 9 avril 1898.

LOI du 29 décembre 1900, fixant les conditions du travail des femmes employées dans les magasins, boutiques et autres locaux en dépendant.

ART. 1er. Les magasins, boutiques et autres locaux en dépendant, dans lesquels des marchandises et objets divers sont manutentionnés ou offerts au public par un personnel féminin, devront être, dans chaque salle, munis d'un nombre de sièges égal à celui des femmes qui y sont employées.

2. Les inspecteurs du travail sont chargés d'assurer l'exécution de la présente loi ; à cet effet, ils ont entrée dans tous les établissements visés par l'article 1er — Les contraventions sont constatées par les procès-verbaux des inspecteurs et inspectrices, qui font foi jusqu'à preuve contraire. Les procès-verbaux sont dressés en double exemplaire, dont l'un est envoyé au préfet du département et l'autre déposé au parquet. — Les dispositions ci-dessus ne dérogent point aux règles du droit commun quant à la constatation et à la poursuite des infractions à la présente loi.

3. Les chefs d'établissements, directeurs ou gérants des magasins, boutiques et autres locaux prévus à l'article 1er sont tenus de faire afficher à des endroits apparents les dispositions de la présente loi, ainsi que les noms et les adresses des inspecteurs et inspectrices de la circonscription.

4. Lesdits chefs d'établissements, directeurs ou gérants qui auront contrevenu aux prescriptions de la présente loi seront poursuivis devant le tribunal de simple police et passibles d'une amende de 5 à 15 francs. L'amende sera appliquée autant de fois qu'il y aura de contraventions. Les chefs d'établissements seront civilement responsables des condamnations prononcées contre leurs directeurs ou gérants.

5. En cas de récidive, le contrevenant sera poursuivi devant le tribunal correctionnel et puni d'une amende de 16 à 100 francs. Il y a récidive lorsque, dans les douze mois antérieurs au fait poursuivi, le contrevenant a déjà subi une condamnation pour une contravention identique. En cas de pluralité de contraventions entraînant les peines de la récidive, l'amende sera appliquée autant de fois qu'il aura été relevé de nouvelles contraventions. Les tribunaux correctionnels pourront appliquer les dispositions de l'article 463 du Code pénal sur les circonstances atténuantes, sans qu'en aucun cas l'amende, pour chaque contravention, puisse être inférieure à 5 francs.

6. L'affichage du jugement peut, suivant les circonstances et en

cas de récidive seulement, être ordonné par le tribunal de police correctionnel. Le tribunal peut également ordonner, dans le même cas, l'insertion du jugement aux frais du contrevenant dans un ou plusieurs journaux du département.

7. Seront punis d'une amende de 100 à 500 francs, et en cas de récidive, de 500 à 1,000 francs, tous ceux qui auront mis obstacle à l'accomplissement des devoirs d'un inspecteur. — L'article 463 du Code pénal est applicable aux condamnations prononcées en vertu du présent article. — Les dispositions du Code pénal, qui prévoient et répriment les actes de résistance, les outrages et violences contre les officiers de la police judiciaire sont, en outre, applicables à ceux qui se rendront coupables de faits de même nature à l'égard des inspecteurs.

8. Les dispositions de la présente loi seront mises en vigueur un mois après sa promulgation.

Hygiène et sécurité des Travailleurs.

LOI du 12 juin 1893 concernant l'hygiène et la sécurité des travailleurs dans les établissements industriels, modifiée par la loi du 11 juillet 1903

ART. 1er. (*L.* 11 *juillet* 1903). Sont soumis aux dispositions de la présente loi les manufactures, fabriques, usines, chantiers, ateliers, laboratoires, cuisines, caves et chais, magasins, boutiques, bureaux, entreprises de chargements et de déchargements et leurs dépendances, de quelque nature que ce soit, publics ou privés, laïques ou religieux, même lorsque ces établissements ont un caractère d'enseignement professionnel ou de bienfaisance. — Sont seuls exceptés les établissements où ne sont employés que les membres de la famille sous l'autorité soit du père, soit de la mère, soit du tuteur. — Néanmoins, si le travail s'y fait à l'aide de chaudière à vapeur ou de moteur mécanique, ou si l'industrie exercée est classée au nombre des établissements dangereux ou insalubres (*V. Décret 3 mai 1886*), l'inspecteur aura le droit de prescrire les mesures de sécurité et de salubrité à prendre conformément aux dispositions de la présente loi.

2. Les établissements visés à l'article 1er doivent être tenus dans un état constant de propreté et présenter les conditions d'hygiène et de salubrité nécessaires à la santé du personnel. — Ils doivent être aménagés de manière à garantir la sécurité des travailleurs. Dans tout établissement fonctionnant par des appareils mécaniques, les roues, les courroies, les engrenages ou tout autre organe pouvant offrir une cause de danger seront séparés des ouvriers, de telle manière que l'approche n'en soit possible que pour les besoins du service. Les puits, trappes et ouvertures doivent être clôturés. — Les machines, mécanismes, appareils de transmission, outils et engins doivent être installés et tenus dans les meilleures conditions possibles de sécurité. — (*L.* 11 *juillet* 1903.) Les dispositions qui précèdent sont applicables aux théâtres, cirques et autres établissements similaires où il est fait emploi d'appareils mécaniques.

3. (*L.* 11 *juillet* 1903.) Des règlements d'administration publique rendus après avis du comité consultatif des arts et manufactures détermineront : — 1° Les mesures générales de protection et de salubrité applicables à tous les établissements assujettis, notamment en ce qui concerne l'éclairage, l'aération ou la venti-

lation, les eaux potables, les fosses d'aisances, l'évacuation des poussières, vapeurs, les précautions à prendre contre les incendies, le couchage du personnel, etc.; — 2° Au fur et à mesure des nécessités constatées, les prescriptions particulières relatives soit à certaines professions, soit à certains modes de travail. — Le comité consultatif d'hygiène publique de France sera appelé à donner son avis en ce qui concerne les règlements généraux prévus sous le n° 1 du présent article.

4. Les inspecteurs du travail sont chargés d'assurer l'exécution de la présente loi et des règlements qui y sont prévus ; ils ont entrée dans les établissements spécifiés à l'article 1ᵉʳ et au dernier paragraphe de l'article 2, à l'effet de procéder à la surveillance et aux enquêtes dont ils sont chargés. — (*L.* 11 *juillet* 1903.) Toutefois, pour les établissements de l'État dans lesquels l'intérêt de la défense nationale s'oppose à l'introduction d'agents étrangers au service, la sanction de la loi est exclusivement confiée aux agents désignés, à cet effet, par les ministres de la guerre et de la marine ; la nomenclature de ces établissements sera fixée par règlement d'administration publique.

5. Les contraventions sont constatées par les procès-verbaux des inspecteurs, qui font foi jusqu'à preuve contraire. — Les procès-verbaux sont dressés en double exemplaire, dont l'un est envoyé au préfet du département et l'autre envoyé au parquet. — Les dispositions ci-dessus ne dérogent point aux règles du droit commun quant à la constatation et à la poursuite des infractions commises à la présente loi.

6. Toutefois, en ce qui concerne l'application des règlements d'administration publique prévus par l'article 3 ci-dessus, les inspecteurs, avant de dresser procès-verbal, mettront les chefs d'industrie en demeure de se conformer aux prescriptions du dit règlement. — Cette mise en demeure sera faite par écrit sur le registre de l'usine ; elle sera datée et signée, indiquera les contraventions relevées et fixera un délai à l'expiration duquel ces contraventions devront avoir disparu. Ce délai ne sera jamais inférieur à un mois. — Dans les quinze jours qui suivent cette mise en demeure, le chef d'industrie adresse, s'il le juge convenable, une réclamation au ministre du commerce et de l'industrie. Ce dernier peut, lorsque l'obéissance à la mise en demeure nécessite des transformations importantes portant sur le gros œuvre de l'usine, après avis conforme du comité des arts et manufactures, accorder à l'industriel un délai dont la durée, dans tous les cas, ne dépassera jamais dix-huit mois. — Notification de la décision est faite à l'industriel dans la forme administrative ; avis en est donné à l'inspecteur.

7. Les chefs d'industrie, directeurs, gérants ou préposés, qui auront contrevenu aux dispositions de la présente loi et des règlements d'administration publique, relatifs à son exécution, seront

poursuivis devant le tribunal de simple police et punis d'une amende de 5 francs à 15 francs, l'amende sera appliquée autant de fois qu'il y aura de contraventions distinctes constatées par le procès-verbal, sans toutefois que le chiffre total des amendes puisse excéder 200 francs. — Le jugement fixera, en outre, le délai dans lequel seront exécutés les travaux de sécurité et de salubrité imposés par la loi. — Les chefs d'industrie sont civilement responsables des condamnations prononcées contre leurs directeurs, gérants ou préposés.

8. Si, après une condamnation prononcée en vertu de l'article précédent, les mesures de sécurité ou de salubrité imposées par la présente loi ou par les règlements d'administration publique n'ont pas été exécutées dans le délai fixé par le jugement qui a prononcé la condamnation, l'affaire est, sur un nouveau procès-verbal, portée devant le tribunal correctionnel qui peut, après une nouvelle mise en demeure restée sans résultat, ordonner la fermeture de l'établissement. — Le jugement sera susceptible d'appel ; la cour statuera d'urgence.

9. En cas de récidive, le contrevenant sera poursuivi devant le tribunal correctionnel et puni d'une amende de 50 à 500 francs sans que la totalité des amendes puisse excéder 2,000 francs. — Il y a récidive lorsque le contrevenant a été frappé, dans les douze mois qui ont précédé le fait qui est l'objet de la poursuite, d'une première condamnation pour infraction à la présente loi ou aux règlements d'administration publique relatifs à son exécution.

10. Les inspecteurs devront fournir, chaque année, des rapports circonstanciés sur l'application de la présente loi dans toute l'étendue de leurs circonscriptions. Ces rapports mentionneront les accidents dont les ouvriers auront été victimes et leurs causes. Ils contiendront des propositions relatives aux prescriptions nouvelles qui seraient de nature à mieux assurer la sécurité du travail. — Un rapport d'ensemble, résumant ces communications, sera publié tous les ans par les soins du ministre du commerce et de l'industrie.

11. Tout accident ayant causé une blessure à un ou plusieurs ouvriers, survenu dans un des établissements mentionnés à l'article 1er et au dernier paragraphe de l'article 2, sera l'objet d'une déclaration par le chef de l'entreprise ou, à son défaut et en son absence, par le préposé. — Cette déclaration contiendra le nom et l'adresse des témoins de l'accident ; elle sera faite dans les quarante-huit heures au maire de la commune, qui en dressera procès-verbal dans la forme à déterminer par un règlement d'administration publique. A cette déclaration sera joint, produit par le patron, un certificat du médecin indiquant l'état du blessé, les suites probables de l'accident et l'époque à laquelle il sera possible d'en connaître le résultat définitif. — Récépissé de la décla-

ration et du certificat sera remis, séance tenante, au déposant. Avis de l'accident est donné immédiatement par le maire à l'inspecteur divisionnaire ou départemental.

12. Seront punis d'une amende de 100 à 500 francs, et, en cas de récidive, de 500 à 1,000 francs, tous ceux qui auront mis obstacle à l'accomplissement des devoirs d'un inspecteur. — Les dispositions du Code pénal qui prévoient et répriment les actes de résistance, les outrages et les violences contre les officiers de police judiciaire sont, en outre, applicables à ceux qui se rendront coupables des faits de même nature à l'égard des inspecteurs. — (*L.* 11 *juillet* 1903). Les articles 5, 6, 7, 8, 9, 12, paragraphes 1 et 2 et 14 de la présente loi ne sont pas applicables aux établissements de l'Etat. Un règlement d'administration publique fixera les conditions dans lesquelles seront communiquées, par le ministre du commerce, aux administrations intéressées, les constatations des inspecteurs du travail dans ces établissements.

13. Il n'est rien innové quant à la surveillance des appareils à vapeur.

14. L'article 463 du Code pénal est applicable aux condamnations prononcées en vertu de la présente loi.

15. Sont et demeurent abrogées toutes les dispositions des lois et règlements contraires à la présente loi.

Voir les décrets du 18 juillet 1902, 27 mars 1904, 29 novembre 1904, 11 juillet 1907, 3 mai 1886.

LOI du 22 juillet 1909 sur l'interdiction de la céruse.

ART. **1er.** Dans les ateliers, chantiers, bâtiments en construction ou en réparation, et généralement dans tout lieu de travail où s'exécutent des travaux de peinture en bâtiments, les chefs d'industrie, directeurs ou gérants sont tenus, indépendamment des mesures prescrites en vertu de la loi du 12 juin 1893 sur l'hygiène et la sécurité des travailleurs, de se conformer aux prescriptions suivantes :

2. A l'expiration de la cinquième année qui suivra la promulgation de la présente loi, l'emploi de la céruse, de l'huile de lin plombifère et de tout produit spécialisé renfermant de la céruse, sera interdit dans tous les travaux de peinture, de quelque nature qu'ils soient, exécutés par les ouvriers peintres, tant à l'extérieur qu'à l'intérieur des bâtiments.

3. Un règlement d'administration publique, rendu après avis du comité consultatif des arts et manufactures et de la commission d'hygiène industrielle, indiquera, s'il y a lieu, les travaux spéciaux pour lesquels il pourra être dérogé aux dispositions précédentes.

4. Les inspecteurs du travail sont chargés d'assurer l'exécution de la présente loi. A cet effet, ils ont entrée dans tous les établissements spécifiés à l'article premier. Toutefois, dans le cas où les travaux de peinture sont exécutés dans des locaux habités, les inspecteurs ne pourront pénétrer dans ces locaux qu'après y avoir été autorisés par les personnes qui les occupent.

5. Les articles 5, 7, paragraphe 1er et 3, 9 et 12 de la loi du 12 juin 1893, sont applicables à la constatation des contraventions prévues par la présente loi, ainsi qu'à leur répression.

Repos hebdomadaire.

LOI du 13 juillet 1906 établissant le repos hebdomadaire en faveur des employés et ouvriers.

Art 1ᵉʳ. Il est interdit d'occuper plus de six jours par semaine un même employé ou ouvrier dans un établissement industriel ou commercial ou dans ses dépendances, de quelque nature qu'il soit, public ou privé, laïque ou religieux, même s'il a un caractère d'enseignement professionnel ou de bienfaisance. — Le repos hebdomadaire devra avoir une durée minima de vingt-quatre heures consécutives.

2. Le repos hebdomadaire doit être donné le dimanche. — Toutefois, lorsqu'il est établi que le repos simultané, le dimanche, de tout le personnel d'un établissement serait préjudiciable au public ou compromettrait le fonctionnement normal de cet établissement, le repos peut être donné, soit constamment, soit à certaines époques de l'année seulement, ou bien : — *a*) Un autre jour que le dimanche à tout le personnel de l'établissement ; — *b*) Du dimanche midi au lundi midi ; — *c*) Le dimanche après-midi, avec un repos compensateur d'une journée par roulement et par quinzaine ; — *d*) Par roulement à tout ou partie du personnel. — Des autorisations nécessaires devront être demandées et obtenues, conformément aux prescriptions des articles 8 et 9 de la présente loi.

3. Sont admis de droit à donner le repos hebdomadaire par roulement, les établissements appartenant aux catégories suivantes : — 1° Fabrication de produits alimentaires destinés à la consommation immédiate ; — 2° Hôtels, restaurants et débits de boissons, — 3° Débit de tabac et magasins de fleurs naturelles ; — 4° Hôpitaux, hospices, asiles, maisons de retraite et d'aliénés, dispensaires, maisons de santé, pharmacies, drogueries, magasins d'appareils médicaux et chirurgicaux ; — 5° Établissements de bains ; — 6° Entreprises de journaux, d'informations et de spectacles, musées et exposition ; — 7° Entreprises de location de livres, de chaises, de moyens de locomotion ; — 8° Entreprises d'éclairage et de distribution d'eau ou de force motrice ; — 9° Entreprises de transport par terre autres que les chemins de fer, travaux de chargement et de déchargement dans les ports, débarcadères et stations ; — 10° Industries où sont mises en œuvre des matières susceptibles d'altération très rapide ; — 11° Industries dans lesquelles

toute interruption de travail entraînerait la perte ou la dépréciation du produit en cours de fabrication. — Un règlement d'administration publique énumérera la nomenclature des industries comprises dans les catégories figurant sous les numéros 10 et 11, ainsi que les autres catégories d'établissements qui pourront bénéficier du droit de donner le repos hebdomadaire par roulement. — Un autre règlement d'administration publique déterminera également des dérogations particulières au repos des spécialistes occupés dans les usines à feu continu, telles que hauts fourneaux.

4. En cas de travaux urgents, dont l'exécution immédiate est nécessaire pour organiser des mesures de sauvetage, pour prévenir des accidents imminents ou réparer des accidents survenus au matériel, aux installations ou aux bâtiments de l'établissement, le repos hebdomadaire pourra être suspendu pour le personnel nécessaire à l'exécution des travaux urgents. Cette faculté de suspension s'applique non seulement aux ouvriers de l'entreprise où les travaux urgents sont nécessaires, mais aussi à ceux d'une autre entreprise faisant les réparations pour le compte de la première. Dans cette seconde entreprise, chaque ouvrier devra jouir d'un repos compensateur d'une durée égale au repos supprimé.

5. Dans tout établissement qui aura le repos hebdomadaire au même jour pour tout le personnel, le repos hebdomadaire pourra être réduit à une demi-journée pour les personnes employées à la conduite des générateurs et des machines motrices, au graissage et à la visite des transmissions, au nettoyage des locaux industriels, magasins ou bureaux, ainsi que pour les gardiens et concierges. — Dans les établissements de vente de denrées alimentaires au détail, le repos pourra être donné le dimanche après-midi, avec un repos compensateur, par roulement et par semaine, d'un autre après-midi pour les employés âgés de moins de vingt et un ans et logés chez leur patron, et, par roulement et par quinzaine, d'une journée entière pour les autres employés. — Dans les établissements occupant moins de cinq ouvriers ou employés et admis à donner le repos par roulement, le repos d'une journée par semaine pourra être remplacé par deux repos d'une demi-journée, représentant ensemble la durée d'une journée complète de travail. — Dans tout établissement où s'exerce un commerce de détail et dans lequel le repos hebdomadaire aura lieu le dimanche, ce repos pourra être supprimé lorsqu'il coïncidera avec un jour de fête locale ou de quartier désigné par un arrêté municipal.

6. Dans toutes les catégories d'entreprises où les intempéries déterminent des chômages, les repos forcés viendront, au cours de chaque mois, en déduction des jours de repos hebdomadaire. — Les industries de plein air, celles qui ne travaillent qu'à certaines

époques de l'année, pourront suspendre le repos hebdomadaire quinze fois par an. — Celles qui emploient des matières périssables, celles qui ont à répondre, à certains moments, à un surcroît extraordinaire de travail, et qui ont fixé le repos hebdomadaire au même jour pour tout le personnel, pourront également suspendre le repos hebdomadaire quinze fois par an. Mais pour ces deux dernières catégories d'industrie, l'employé ou l'ouvrier devra jouir au moins de deux jours de repos par mois.

7. Dans les établissements soumis au contrôle de l'Etat, ainsi que ceux où sont exécutés les travaux pour le compte de l'Etat et dans l'intérêt de la défense nationale, les ministres intéressés pourront suspendre le repos hebdomadaire quinze fois par an.

8. Lorsqu'un établissement quelconque voudra bénéficier de l'une des exceptions prévues au paragraphe 2 de l'article 2, il sera tenu d'adresser une demande au préfet du département. — Celui-ci devra demander d'urgence les avis du conseil municipal, de la chambre de commerce de la région et des syndicats patronaux et ouvriers intéressés de la commune. Ces avis devront être donnés dans le délai d'un mois. — Le préfet statuera ensuite par un arrêté motivé qu'il notifiera dans la huitaine. — L'autorisation accordée à un établissement devra être étendue aux établissements de la même ville faisant le même genre d'affaires et s'adressant à la même clientèle.

9. L'arrêté préfectoral pourra être déféré au Conseil d'Etat, dans la quinzaine de sa notification aux intéressés. — Le Conseil d'Etat statuera dans le mois qui suivra la date du recours, qui sera suspensif.

10. Des règlements d'administration publique organiseront le contrôle des jours de repos pour tous les établissements, que le repos hebdomadaire soit collectif ou qu'il soit organisé par roulement. — Ils détermineront également les conditions du préavis qui devra être adressé à l'inspecteur du travail par le chef de tout établissement qui bénéficiera des dérogations.

11. Les inspecteurs et inspectrices du travail sont chargés, concurremment avec tous les officiers de police judiciaire, de constater les infractions à la présente loi. — Dans les établissements soumis au contrôle du ministre des travaux publics, l'exécution de la loi est assurée par les fonctionnaires chargés de ce contrôle, placés à cet effet sous l'autorité du ministre du commerce et de l'industrie. Les délégués mineurs signalent les infractions sur leur rapport.

12. Les contraventions sont constatées dans les procès-verbaux qui font foi jusqu'à preuve contraire. — Ces procès-verbaux sont dressés en double exemplaire, dont l'un est envoyé au préfet du département et l'autre déposé au parquet.

13. Les chefs d'entreprise, directeurs ou gérants qui auront

contrevenu aux prescriptions de la présente loi et des règlements d'administration publique relatifs à son exécution, seront poursuivis devant le tribunal de simple police et passibles d'une amende de cinq à quinze francs (5 à 15 fr.). — L'amende sera appliquée autant de fois qu'il y aura de personnes occupées dans des conditions contraires à la présente loi, sans toutefois que le maximum puisse dépasser cinq cents francs (500 fr.).

14. Les chefs d'entreprise seront civilement responsables des condamnations prononcées contre leurs directeurs ou gérants.

15. En cas de récidive, le contrevenant sera poursuivi devant le tribunal correctionnel et puni d'une amende de seize à cent francs (16 à 100 fr.). — Il y a récidive lorsque dans les douze mois antérieurs au fait poursuivi, le contrevenant a déjà subi une condamnation pour une contravention identique. — En cas de pluralité de contraventions entraînant les peines de la récidive, l'amende sera appliquée autant de fois qu'il aura été relevé de nou· velles contraventions, sans toutefois que le maximum puisse dépasser trois mille francs (3,000 fr.).

16. Est puni d'une amende de cent à cinq cents francs (100 à 500 fr.) quiconque aura mis obstacle à l'accomplissement du service d'un inspecteur. — En cas de récidive dans les délais spécifiés à l'article précédent, l'amende sera portée de cinq cents à mille francs (500 à 1,000 fr.). — L'article 463 du Code pénal est applicable aux condamnations prononcées en vertu de cet article et des articles 13, 14 et 15.

17. Les dispositions de la présente loi ne sont applicables aux employés et ouvriers des entreprises de transport par eau, non plus qu'à ceux des chemins de fer, dont les repos sont réglés par des dispositions spéciales.

18. Sont abrogées les dispositions des articles 5 et 7 de la loi du 2 novembre 1892 en ce qui touche le repos hebdomadaire. — Les dérogations prévues à l'article 4 et au premier paragraphe de l'article 5 de la présente loi ne sont pas applicables aux enfants de moins de dix-huit ans et aux filles mineures. — Les dérogations prévues au paragraphe 3 de l'article 5 ne sont pas applicables aux personnes protégées par la loi du 2 novembre 1892. — Un règlement d'administration publique établira la nomenclature des industries particulières qui devront être comprises dans les catégories générales énoncées à l'article 6 de la présente loi en ce qui concerne les femmes et les enfants.

Voir Décret du 24 août 1906.

DEUXIÈME PARTIE

DÉCRETS

Travail des adultes.

Décret du 28 mars 1902 apportant des modifications à la limite de durée du travail fixée dans les manufactures et usines par la loi du 9 septembre 1848.

ART. 1er. La durée du travail effectif journalier des ouvriers adultes peut, pour les travaux désignés au tableau suivant et conformément à ses indications, être élevée au-dessus des limites respectivement fixées par l'article 1er de la loi du 9 septembre 1848, en ce qui concerne les établissements ou parties d'établissements industriels n'employant dans les mêmes locaux que des hommes adultes, et par l'article 2 de la loi du 30 mars 1900, en ce qui concerne les établissements ou parties d'établissements industriels employant dans les mêmes locaux des hommes adultes et des enfants, des filles mineures ou des femmes :

DÉSIGNATION DES TRAVAUX	LIMITE D'AUGMENTATION DE DURÉE DU TRAVAIL EFFECTIF JOURNALIER
1° Travail des ouvriers spécialement employés dans une industrie quelconque à la conduite des fours, fourneaux, étuves, sécheries ou chaudières autres que les générateurs pour machines motrices, ainsi qu'au chauffage des cuves et bacs, sous la condition que ce travail ait un caractère purement préparatoire ou complémentaire, et ne constitue pas le travail fondamental de l'établissement. Travail des mécaniciens et des chauffeurs employés au service des machines motrices.	Une heure et demie au delà de la limite assignée au travail général de l'établissement ; deux heures le lendemain de tout jour de chômage.

DÉSIGNATION DES TRAVAUX	LIMITE D'AUGMENTATION DE DURÉE DU TRAVAIL EFFECTIF JOURNALIER
2° Travail des ouvriers employés, après arrêt de la production, à l'entretien et au nettoyage des métiers ou autres machines productrices que la connexité des travaux ne permettrait pas de mettre isolément au repos pendant la marche générale de l'établissement ;	Une demi-heure au delà de la limite assignée au travail général de l'établissement.
3° Travail d'un chef d'équipe ou d'un ouvrier spécialiste dont la présence est indispensable à la marche d'un atelier ou au fonctionnement d'une équipe, dans le cas d'absence inattendue de son remplaçant et en attendant l'arrivée d'un autre remplaçant ;	Deux heures au delà de la limite assignée au travail général de l'établissement.
4° Travail des ouvriers spécialement employés soit au service des fours, soit à d'autres opérations, quand le service ou les opérations doivent rester continus pendant plus d'une semaine ;	Faculté illimitée pendant un jour pour permettre l'alternance des équipes, cette alternance ne pouvant avoir lieu qu'à une semaine d'intervalle au moins.
5° Travail des ouvriers spécialement employés soit à des opérations de grosse métallurgie (fonte, forgeage, laminage des métaux en grosses pièces et opérations connexes), soit à d'autres opérations reposant sur des réactions qui, techniquement, ne peuvent être arrêtées à volonté, lorsque les unes et les autres n'ont pu être terminées dans les délais réglementaires par suite de circonstances exceptionnelles ;	Deux heures, exceptionnellement pour la grosse métallurgie, six heures la veille de tout jour de chômage.
6° Travaux urgents dont l'exécution immédiate est nécessaire pour prévenir des accidents imminents, organiser des mesures de sauvetage, ou réparer des accidents survenus soit au matériel, aux installations ou aux bâtiments de l'établissement ;	Faculté llimitée pendant un jour au choix de l'industriel ; les autres jours, deux heures au delà de la limite fixée par l'article 1er, paragraphe 1er, de la loi du 9 septembre 1848.
7° Travaux exécutés dans l'intérêt	Limite à fixer, dans cha-

DÉSIGNATION DES TRAVAUX	LIMITE D'AUGMENTATION DE DURÉE DU TRAVAIL EFFECTIF JOURNALIER
de la sûreté et de la défense nationales, sur un ordre du gouvernement constatant la nécessité de la dérogation ;	que cas, de concert entre le ministre du commerce et de l'industrie et le ministre qui ordonne les travaux.
8° Travail du personnel des imprimeries typographiques, lithographiques et en taille douce ;	Une heure au delà de la limite fixée par l'article 1er, paragraphe 1er, de la loi du 9 septembre 1848. Maximum annuel : 50 heures (100 h. taille-douce).
9° Travail des ouvriers spécialement employés à la mouture des grains dans les moulins exclusivement actionnés par l'eau ou par le vent.	Deux heures au delà de la limite fixée par l'article 1er, paragraphe 1er, de la loi du 9 septembre 1848.

2. Les facultés d'augmentation de la durée du travail journalier accordées pour les enfants, les filles mineures et les femmes, en vertu de la loi du 2 novembre 1892, s'appliquent de plein droit aux ouvriers adultes employés dans les mêmes locaux.

3. Tout chef d'établissement qui veut user des facultés prévues aux articles précédents, est tenu de faire connaître préalablement à l'inspecteur du travail la nature de la dérogation, le nombre d'ouvriers pour lesquels la durée du travail journalier sera augmentée, les heures de travail et de repos de ces ouvriers, celles de l'ensemble du personnel de l'établissement et les jours auxquels s'applique l'augmentation. Copie de cet avis sera affichée dans l'établissement. — Si cette augmentation est motivée, soit par les circonstances exceptionnelles prévues au paragraphe 5 du tableau annexé à l'article 1er, soit par les travaux urgents prévus au paragraphe 6 du même tableau, l'avis doit être envoyé par exprès ou par télégramme à l'inspecteur du travail. Si la faculté réclamée ne lui paraît pas justifiée, celui-ci en avisera l'industriel.

4. Les décrets des 17 mai 1851, 31 janvier 1866, 3 avril 1889 et 10 décembre 1899 sont abrogés.

Voir lois 9 septembre 1848, 2 novembre 1892.

Travail des enfants, des filles mineures et des femmes.

DÉCRET du 13 mai 1893 relatif au travail des enfants, des filles mineures et des femmes dans les manufactures, complété par ceux des 21 juin 1897, 20 avril 1899, 22 novembre 1905.

Art. 1ᵉʳ. Il est interdit d'employer les enfants au-dessous de dix-huit ans, les filles mineures et les femmes, au graissage, au nettoyage, à la visite ou à la réparation des machines ou mécanismes en marche.

2. Il est interdit d'employer les enfants au-dessous de dix-huit ans, les filles mineures et les femmes dans les ateliers où se trouvent des machines actionnées à la main ou par un moteur mécanique, dont les parties dangereuses ne sont point couvertes de couvre-engrenages, garde-mains et autres organes protecteurs.

3. Il est interdit d'employer les enfants au-dessous de dix-huit ans à faire tourner des appareils en sautillant sur une pédale. — Il est également interdit de les employer à faire tourner des roues horizontales.

4. Les enfants au-dessous de seize ans ne pourront être employés à tourner des roues verticales que pendant une durée d'une demi-journée de travail divisée par un repos d'une demi-heure au moins. — Il est également interdit d'employer les enfants au-dessous de seize ans à actionner, au moyen de pédales, les métiers dits *à la main.*

5. Les enfants au-dessous de seize ans ne peuvent travailler aux scies circulaires ou aux scies à ruban.

6. Les enfants au-dessous de seize ans ne peuvent être employés au travail des cisailles et autres lames tranchantes mécaniques.

7. Les enfants au-dessous de treize ans ne peuvent, dans les verreries, être employés à cueillir et à souffler le verre. — Au-dessus de treize ans jusqu'à seize ans, ils ne peuvent cueillir un poids de verre supérieur à mille grammes. Dans les fabriques de bouteilles et de verre à vitre le soufflage par la bouche est interdit aux enfants au-dessous de seize ans. — Dans les verreries où le soufflage se fait à la bouche, un embout personnel sera mis à la disposition de chaque enfant âgé de moins de dix-huit ans.

8. Il est interdit de préposer des enfants au-dessous de seize ans au service des robinets à vapeur.

9. Il est interdit d'employer des enfants de moins de seize ans, en qualité de doubleurs, dans les ateliers où s'opèrent le laminage et l'étirage de la verge de tréfilerie. — Toutefois, cette disposition n'est pas applicable aux ateliers dans lesquels le travail des doubleurs est garanti par des appareils protecteurs.

10. Il est interdit d'employer des enfants de moins de seize ans à des travaux exécutés à l'aide d'échafaudages volants pour la réfection ou le nettoyage des maisons.

11. Les jeunes ouvriers ou ouvrières au-dessous de dix-huit ans employés dans l'industrie ne peuvent porter, tant à l'intérieur qu'à l'extérieur des manufactures, usines, ateliers et chantiers, des fardeaux d'un poids supérieur aux suivants :

Garçons au-dessous de 14 ans.	10 kilogr.
Garçons de 14 à 18 ans.	15 —
Ouvrières au-dessous de 16 ans.	5 —
Ouvrières de 16 à 18 ans.	10 —

Il est interdit de faire traîner ou pousser par lesdits jeunes ouvriers et ouvrières, tant à l'intérieur des établissements industriels que sur la voie publique, des charges correspondant à des efforts plus grands que ceux ci-dessus indiqués. — Les conditions d'équivalence des deux genres de travail seront déterminées par arrêté ministériel.

12. Il est interdit d'employer des filles au-dessous de seize ans au travail des machines à coudre mues par des pédales.

13. Il est interdit d'employer des enfants, des filles mineures ou des femmes à la confection d'écrits, d'imprimés, affiches, dessins, gravures, peintures, emblêmes, images ou autres objets dont la vente, l'offre, l'exposition, l'affichage ou la distribution sont réprimés par les lois pénales comme contraires aux bonnes mœurs. — Il est également interdit d'occuper des enfants au-dessous de seize ans et des filles mineures dans les ateliers où se confectionnent des écrits, imprimés, affiches, gravures, peintures, emblêmes, images et autres objets qui, sans tomber sous l'application des lois pénales, sont cependant de nature à blesser leur moralité.

14. Dans les établissements où s'effectuent les travaux dénommés au tableau A annexés au présent décret, l'accès des ateliers affectés à ces opérations est interdit aux enfants au-dessous de dix-huit ans, aux filles mineures et aux femmes.

15. Dans les établissements où s'effectuent les travaux dénommés au tableau B annexé au présent décret, l'accès des ateliers affectés à ces opérations est interdit aux enfants au-dessous de dix-huit ans.

16. Le travail des enfants, filles mineures et femmes, n'est

autorisé dans les ateliers dénommés au tableau C annexé au présent décret que sous les conditions spécifiées au dit tableau.

TABLEAU A

Travaux interdits aux enfants au-dessous de 18 ans,
aux filles mineures et aux femmes.

(*Ainsi modifié, Décr. 20 avril* 1899.). Acide arsénique (Fabrication de l') au moyen de l'acide arsénieux et de l'acide azotique : Danger d'empoisonnement. — Acide fluorhydrique (Fabrication de l') : Vapeurs délétères. — Acide nitrique (Fabrique de l') : *idem.* — Acide oxalique (Fabrique de l') : Danger d'empoisonnement. Vapeurs délétères. — Acide picrique (Fabrication de l') : Vapeurs délétères. — Acide salicylique (Fabrication de l') au moyen de l'acide phénique : Emanations nuisibles. — Acide urique. (*V. Murexide.*) — Affinage des métaux aux fourneaux (*V. Grillage des minerais.*) — Aniline. (*V. Nitrobenzine.*) — Arséniate de potasse (Fabrication de l') au moyen du salpêtre : Danger d'empoisonnement. Vapeurs délétères.

Benzine (Dérivés de la). (*V. Nitrobenzine.*) — Blanc de plomb. (*V. Céruse.*) — Bleu de Prusse (Fabrication du). (*V. Cyanure de potassium.*)

Cendres d'orfèvre (Traitement des) par le plomb : Maladies spéciales dues aux émanations nuisibles. — Céruse ou blanc de plomb (Fabrication de la) : *idem.* — Chairs, débris et issues (Dépôts de) provenant de l'abatage des animaux : Emanations nuisibles, danger d'infection. — Chlore (Fabrication du) : Emanations nuisibles. — Chlorure de chaux (Fabrication du) : *idem.* — Chlorures alcalins, eau de Javelle (Fabrication des) : *idem.* — Chlorure de plomb (Fonderie de) : *idem.* — Chlorures de soufre (Fabrication des) : *idem.* — Chromate de potasse (Fabrication du) : Maladies spéciales dues aux émanations. — Cristaux (Polissage à sec des) : Poussières dangereuses. — Cyanure de potassium et bleu de Prusse (Fabrication de) : Danger d'empoisonnement. — Cyanure rouge de potassium ou prussiate rouge de potasse : *idem.*

Débris d'animaux (Dépôt de.) (*V. Chairs, etc.*) — Dentelles (Blanchissage à la céruse des) : Poussières dangereuses.

Eau de Javelle (Fabrication d'). (*V. Chlorures alcalins.*) — Eauforte. (*V. Acide nitrique*). — Effilochage et déchiquetage des chiffons : Poussières nuisibles. — Emaux (Grattage des) dans les fabriques de verre mousseline : *idem.* — Engrais (Dépôts et fabriques d') au moyen de matières animales : Emanations nuisibles. — Equarrissage des animaux (Ateliers d') : *idem.* — Etamage des glaces par le mercure (Ateliers d') : Maladies spéciales dues aux émanations.

(*Ainsi modifié, Décr. 3 mai* 1900). Fonte et laminage du plomb :

Maladies spéciales dues aux émanations. — Fulminate de mercure (Fabrication du) : Emanations nuisibles.

Glaces (Etamage des). (*V. Etamage*). — Grillage des minerais sulfureux (sauf le cas prévu au tableau C). Emanations nuisibles.

Huiles et autres corps gras extraits des débris de matières animales : *idem.*

Litharge (Fabrication de la) : Maladies spéciales dues aux émanations :

Massicot (Fabrication du) : *idem.* — Matières colorantes (Fabrication des) au moyen de l'aniline et de la nitrobenzine : Emanations nuisibles. — Métaux (Aiguisage et polissage des) : Poussières dangereuses. — Meulières et meules (Extraction et fabrication des) : *idem.* — Minium (Fabrication du) : Maladies spéciales dues aux émanations. — Murexide (Fabrication de la) en vases clos par la réaction de l'acide azotique et de l'acide urique du guano : Vapeurs délétères.

Nitrate de méthyle (Fabrique de) : *idem.* — Nitrobenzine, aniline et matières dérivant de la benzine (Fabrication de) : Vapeurs nuisibles.

Peaux de lièvre et de lapin. (*V. Secrétage.*) — Phosphore (Fabrication du) : Maladies spéciales dues aux émanations. — Plomb (Fonte et laminage du). (*V. Fonte.*) — Poils de lièvre et de lapin. (*V. Secrétage.*) — Prussiate de potasse. (*V. Cyanure de potassium.*)

Rouge de Prusse et d'Angleterre : Vapeurs délétères.

Secrétage des peaux ou poils de lièvre ou de lapin : Poussières nuisibles ou vénéneuses. — Sulfate de mercure (Fabrication du) : Maladies spéciales dues aux émanations. — Sulfate d'arsenic (Fabrication du) : Danger d'empoisonnement. — Sulfure de sodium (Fabrication du) : Gaz délétère :

(*Ajouté, Décr. 3 mai* 1900). Traitement de minerais de plomb, zinc et cuivre pour obtention des métaux bruts : Emanations nuisibles.

Verre (Polissage à sec du) : Poussières dangereuses.

TABLEAU B.
Travaux interdits aux enfants au-dessous de 18 ans.

Amorces fulminantes (Fabrication des) : Nécessité d'un travail prudent et attentif. — Amorces fulminantes pour pistolets d'enfants (Fabrication d') : *idem.* — Artifices (Fabrication de pièces d') : *idem.*

Cartouches de guerre (Fabriques et dépôts de) : *idem.* — Celluloïd et produits nitrés analogues (Fabrication de) : *idem.* — Chiens (Infirmerie de) : Danger de morsures. — Chrysalides (Extraction des parties soyeuses des) Emanations nuisibles.

Dynamite (Fabriques et dépôts de) : Nécessité d'un travail prudent et attentif.

Etoupilles (Fabrication d') avec matières explosibles : *idem.*

Poudre de mine comprimée (Fabrication de cartouches de) : *idem.*

TABLEAU C.

Etablissements dans lesquels l'emploi des enfants au-dessous de 18 ans, des filles mineures et des femmes est autorisé sous certaines conditions.

(*Ainsi modifié, Décr. 20 avril 1899, 22 nov. 1905*). Abattoirs publics et annexes. (Les enfants au-dessous de 16 ans ne seront pas employés dans les abattoirs et annexes) : Dangers d'accidents et de blessures. — Albâtre (Sciage et polissage à sec de l'). (Les enfants au-dessous de 18 ans ne seront pas employés lorsque les poussières se dégageront librement dans les ateliers) . Poussières nuisibles. — Acide chlorhydrique (Production de l') par la décomposition des chlorures de magnésium, d'aluminium et autres. (Les enfants au-dessous de 18 ans, les filles mineures et les femmes ne seront pas employés dans les ateliers où se dégagent des vapeurs et où l'on manipule les acides) : Dangers d'accidents. — Acide muriatique. (*V. Acide chlorhydrique*). — Acide sulfurique (Fabrication de l'). (Les enfants au-dessous de 18 ans, les filles mineures et femmes ne seront pas employés dans les ateliers où se dégagent des vapeurs et où l'on manipule les acides) : Dangers d'accidents. — Affinage de l'or et de l'argent par les acides : *idem.* — Allumettes chimiques (Dépôt d'). (Les enfants au-dessous de 16 ans ne seront pas employés dans les magasins) : Danger d'incendie. — Allumettes chimiques (Fabrication des). (Les enfants au-dessous de 18 ans ne seront pas employés à la fusion des pâtes et au trempage) : Maladies spéciales dues aux émanations. — Argenture sur métaux. (*V. Dorure et argenture.*)

Battage, cardage et épuration des laines, crins et plumes. (Les enfants au-dessous de 18 ans ne seront pas employés dans les ateliers où se dégagent des poussières) : Poussières nuisibles. — Battage des tapis en grand : *idem.* — Battoir à écorces dans les villes : *idem.* — Benzine (Fabrication et dépôt de). (*V. Huile de pétrole, de schiste, etc.*) — Blanc de zinc (Fabrication de) par la combustion du métal. (Les enfants au-dessous de 18 ans ne seront pas employés dans les ateliers de combustion et de condensation) : Vapeurs nuisibles. — Blanchiment (Toile, paille, papier). (Les enfants au-dessous de 18 ans, les filles mineures et les femmes ne seront pas employés dans les ateliers où se dégagent le chlore et l'acide sulfureux) : Vapeurs nuisibles. — Blanchisserie de linges. (Les enfants au-dessous de 18 ans ne seront pas employés dans les ateliers où on manipule du linge sale non désinfecté ou non lessivé, conformément aux prescriptions des articles 3 et 4 du décret du 4 avril 1905, relatif aux mesures à prendre dans la manipulation du linge sale) : Danger de maladies contagieuses. — Boîtes de conserves (Soudure des). (Les enfants au-dessous de 16 ans ne seront pas employés à la soudure des boites) : Gaz délétères. — Boutonniers et autres emboutisseurs de métaux par moyens mécaniques (Les enfants au-dessous de 18 ans ne seront pas employés dans les ateliers où se dégagent des poussières) : Poussières nuisibles. — Boyauderies. (Les enfants au-dessous de 18 ans, les filles mineures et les femmes ne seront pas employés au soufflage) : Danger d'affections pulmonaires.

Caoutchouc (Application des enduits du). (Les enfants au-dessous de 18 ans, filles mineures et femmes, ne seront pas employés dans les ateliers où se dégagent les vapeurs de sulfure de carbone et de benzine) : Vapeurs nuisibles. — Caoutchouc (Travail du) avec emploi d'huiles essentielles ou de sulfure de carbone : idem. (benzine excepté). — Cardage des laines, etc. (V. Battage.) — Chanvre (Teillage du) en grand. (V. Teillage.) — Chanvre imperméable. (V. Feutre goudronné.) — Chapeaux de feutre (Fabrication de). (Les enfants au-dessous de 18 ans ne seront pas employés lorsque les poussières se dégagent librement dans les ateliers) : Poussières nuisibles. — Chapeaux de soie ou autres préparés au moyen d'un vernis (Fabrication de). (Les enfants au-dessous de 18 ans ne seront pas employés dans les ateliers où l'on fabrique et applique le vernis) : Vapeurs nuisibles. — Chaux (Fours à). (Les enfants au-dessous de 18 ans ne seront pas employés dans les ateliers où se dégagent les poussières) : Poussières nuisibles. — Chiffons (Dépôts de). (Les enfants au-dessous de 18 ans ne seront pas employés au triage et à la manipulation des chiffons) : Poussières nuisibles. — Chiffons (Traitement des) par la vapeur et l'acide chlorhydrique. (Les enfants au-dessous de 18 ans, filles mineures et femmes ne seront pas employés dans les ateliers où se dégagent les acides) : Vapeurs nuisibles. — Chromolithographies. (Les enfants au-dessous de 16 ans ne seront pas employés au bronzage à la machine) : Poussières nuisibles. — Ciment (Fours à). (Les enfants au-dessous de 18 ans ne seront pas employés dans les ateliers où se dégagent les poussières) : idem. — Collodion (Fabrication du). (Les enfants au-dessous de 16 ans ne seront pas occupés dans les ateliers où l'on manipule les matières premières et les dissolvants) : Danger d'incendie. — Cotons et cotons gras (Blanchisserie des déchets de). (Les enfants au-dessous de 18 ans, filles mineures et femmes ne seront pas employés dans les ateliers où l'on manipule le sulfure de carbone) : Vapeurs nuisibles. — Cordes d'instruments en boyaux. (V. Boyauderies.) — Corne, os et nacre (Travail à sec des). (Les enfants au-dessous de 18 ans ne seront pas employés lorsque les poussières se dégageront librement dans les ateliers) : Poussières nuisibles. — Crins (Teinture de). (V. Teintureries). — Crins et soies de porc. (V. Soies de porc.) — Cuir verni (Fabrication de). (V. Feutre et visières vernies). — Cuivre (Trituration des composés du). (Les enfants au-dessous de 18 ans ne seront pas employés dans les ateliers où les poussières se dégagent librement) : Poussières nuisibles. — Cuivre (Dérochage du) par les acides. (Les enfants au-dessous de 18 ans, filles mineures et femmes ne seront pas employés dans les ateliers où se dégagent des vapeurs acides) : Vapeurs nuisibles.

Déchets de laine (Dégraissage des). (*V. Peaux, étoffes, etc.*) — Déchets de soie (*ajouté, Décr. 21 juin 1897*). (Les enfants au-dessous de 18 ans ne seront pas employés dans les ateliers où les poussières se dégagent librement) : Poussières nuisibles. — Dorure et argenture. (Les enfants au-dessous de 18 ans, filles mineures et femmes ne seront pas employés dans les ateliers où se produisent des vapeurs acides ou mercurielles) : Emanations nuisibles.

Eaux grasses (Extraction pour la fabrication des savons et autres usages des huiles contenues dans les). (Les enfants au-dessous de 18 ans, filles mineures et femmes ne seront pas employés dans les ateliers où l'on emploie le sulfure de carbone) : Emanations nuisibles. — Ecorces (Battoir à). (*V. Battoir.*) — Email (Application de l') sur les métaux. (Les enfants au-dessous de 18 ans, les filles mineures et les femmes ne seront pas employés dans les ateliers où l'on broie et blute les matières) : Emanations nuisibles. — Emaux (Fabrication d') avec fours non fumivores : *idem*. — Epaillage des laines et draps par la voie humide. (Les enfants au-dessous de 18 ans, les filles mineures et les femmes ne seront pas employés dans les ateliers où se dégagent des vapeurs acides) : Emanations nuisibles. — Etoupes (Transformation en) des cordages hors de service, goudronnés ou non. (Les enfants au-dessous de 18 ans ne seront pas employés lorsque les poussières se dégageront librement dans les ateliers) : Poussières nuisibles.

Faïence (Fabrique de). (Les enfants au-dessous de 18 ans ne seront pas employés dans les ateliers où l'on pratique le broyage, le blutage) : Poussières nuisibles. — Fer (Dérochage du). (Les enfants au-dessous de 18 ans, les filles mineures et les femmes ne seront pas employés dans les ateliers où se dégagent des vapeurs et où l'on manipule des acides) : Vapeurs nuisibles. — Fer (Galvanisation du) : *idem*. — Feuilles d'étain. (Les enfants au-dessous de 16 ans ne seront pas employés au bronzage à la main des feuilles) : Poussières nuisibles. — Feutre goudronné (Fabrication du). (Les enfants au-dessous de 18 ans ne seront pas employés lorsque les poussières se dégagent librement dans les ateliers) : Poussières nuisibles. — Feutres et visières vernies (Fabrication de). (Les enfants au-dessous de 18 ans ne seront pas employés à la préparation et à l'emploi des vernis) : Danger d'incendie et vapeurs nuisibles. — Filature de lin. (Les enfants au-dessous de 18 ans, les filles mineures et les femmes ne seront pas employés lorsque l'écoulement des eaux ne sera pas assuré) : Humidité nuisible. — (*Ainsi modifié, Décr. 3 mai* 1900.) Fonderie de 2ᵉ fusion de fer, de zinc et de cuivre. (Les enfants au-dessous de 16 ans ne seront pas employés à la coulée du métal) : Danger de brûlures. — Fourneaux (Hauts) : *idem.* — Fours à plâtre et fours à chaux. (*V. Plâtre, Chaux.*)

Grès (Extraction et piquage des). Les enfants au-dessous de 18 ans ne seront pas employés lorsque les poussières se dégageront librement dans les ateliers) : Poussières nuisibles. — Grillage des minerais sulfureux quand les gaz sont condensés et que le minerai ne renferme pas d'arsenic. (Les enfants au-dessous de 18 ans, les filles mineures et les femmes ne seront pas employés dans les ateliers où l'on produit le grillage) : Emanations nuisibles. — Grillage et gazage des tissus. (Les enfants au-dessous de 18 ans, les filles mineures et les femmes ne seront pas employés lorsque les produits de combustion se dégageront librement dans les ateliers) : Emanations nuisibles.

Hauts fourneaux. (*V. Fonderies.*) — Huiles de pétrole, de schiste et de goudron, essences et autres hydrocarbures employés pour l'éclairage, le chauffage, la fabrication des couleurs et vernis, le dégraissage des étoffes et autres usages (Fabrication, distillation, travail en grand d'). (Les enfants au-dessous de 16 ans ne seront pas employés dans les ateliers de distillation et dans les magasins) : Danger d'incendie. — Huiles essentielles ou essences de térébenthine, d'aspic et autres. (*V. Huiles de pétrole, de schiste, etc.*) — Huiles extraites des schistes bitumineux. (*V. Huiles de pétrole, de schiste, etc.*).

Jute (Teillage du). (*V. Teillage.*)

Liège (Usines pour la trituration du). (Les enfants au-dessous de 18 ans ne seront pas employés dans les ateliers où les poussières se dégagent librement) : Poussières nuisibles. — Lin (Teillage en grand du). (*V. Teillage.*) — Liquides pour l'éclairage (Dépôts de) au moyen de l'alcool et des huiles essentielles. (Les enfants au-dessous de 16 ans ne seront pas employés dans les magasins) : Danger d'incendie.

Marbres (Sciage ou polissage à sec des). (Les enfants au-dessous de 18 ans ne seront pas employés lorsque les poussières se dégageront librement dans les ateliers) : Poussières nuisibles. Matières minérales (Broyage à sec des) : *idem.* — Mégisseries. (Les enfants au-dessous de 18 ans, les filles mineures et les femmes ne seront pas employés à l'épilage des peaux) : Danger d'empoisonnement. — Ménageries. (Les enfants au-dessous de 18 ans ne seront pas employés quand la ménagerie renferme des bêtes féroces ou venimeuses) : Danger d'accidents. — Moulins à broyer le plâtre, la chaux, les cailloux et les pouzzolanes. (Les enfants au-dessous de 18 ans ne seront pas employés quand les poussières se dégageront librement dans les ateliers) : Poussières nuisibles.

Nitrates métalliques obtenus par l'action directe des acides (Fabrication des). Les enfants au-dessous de 18 ans, filles mineures et femmes ne seront pas employés dans les ateliers où se déga gent les vapeurs et où se manipulent les acides) : Vapeurs nuisi bles. — Noir minéral (Fabrication du) par le broyage des résidus de la distillation des schistes bitumineux. (Les enfants au-dessous de 18 ans ne seront pas employés lorsque les poussières se dégageront librement dans les ateliers) : Poussières nuisibles.

Olives (Tourteaux d'). (*V. Tourteaux.*) — Ouates (Fabrication des). (Les enfants au-dessous de 18 ans ne seront pas employés lorsque les poussières se dégageront librement dans les ateliers). Poussières nuisibles.

Papier (Fabrication du). (Les enfants au-dessous de 18 ans ne seront pas employés au triage et à la préparation des chiffons) : Poussières nuisibles. — Papiers peints. (*V. Toiles peintes*) — Peaux, étoffes et déchets de laine (Dégraissage des) par les huiles de pétrole et autres hydrocarbures. (Les enfants au-dessous de 18 ans ne seront pas employés dans les ateliers où l'on traite par les dissolvants, où l'on trie, coupe et manipule les déchets) : Danger d'incendie, poussières nuisibles. — Peaux (Lustrage et apprêtage des). (Les enfants au-dessous de 18 ans ne seront pas employés lorsque les poussières se dégageront librement dans les ateliers) : Poussières nuisibles. — Peaux de lapin ou de lièvre (Ejarrage et coupage des poils de) : *idem.* — Pétrole. (*V. Huiles de pétrole, etc.*) — Pierres (Sciage et polissage de la). (Les enfants au-dessous de 18 ans ne seront pas employés lorsque les poussières se dégageront librement dans les ateliers) : Poussières nuisibles. — Pileries mécaniques de drogues : *idem.* — Pipes à fumer (Fabrication des) : *idem.* — Plâtres (Fours à) : *idem.* — Poêliers, fournalistes, poêles et fourneaux en faïence et terre cuite. (*V. Faïence.*) — Porcelaine (Fabrication de la). (Les enfants au-dessous de 18 ans ne seront pas employés lorsque les poussières se dégageront librement dans les ateliers) : Poussières nuisibles. — Poteries de terre (Fabrication de) avec fours non fumivores : *idem.* — Pouzzolane artificielle (Fours à) : *idem.*

Réfrigération (Appareils de) par l'acide sulfureux. (Les enfants au-dessous de 18 ans, les filles mineures et les femmes ne seront pas employés dans les ateliers où se dégagent des vapeurs acides) : Émanations nuisibles.

Sel de soude (Fabrication du) avec le sulfate de soude : *idem.* — Sinapismes (Fabrication des) à l'aide des hydrocarbures : *idem.* Soies de porc (Préparation des). (Les enfants au-dessous de 18 ans ne seront pas employés lorsque les poussières se dégageront librement dans les ateliers) : Poussières nuisibles. — Soude. (*V. Sulfate de soude.*) — Soufre (Pulvérisation et blutage du). (Les enfants au-dessous de 18 ans ne seront pas employés lorsque les poussières se dégageront librement dans les ateliers) : Poussières nuisibles. — Sulfate de peroxyde de fer (Fabrication du) par le sulfate de protoxyde de fer et l'acide nitrique (nitro-sulfate de fer). (Les enfants au-dessous de 18 ans, les filles mineures et les femmes ne seront pas employés dâns les ateliers où se dégagent les vapeurs acides) : Vapeurs nuisibles. — Sulfate de protoxyde de fer ou couperose verte par l'action de l'acide sulfurique sur la ferraille : *idem*. — Sulfate de soude (Fabrication du) par la décomposition du sel marin par l'acide sulfurique : *idem*. — Sulfure de carbone (Fabrication du). (Les enfants au-dessous de 18 ans ne seront pas employés dans les ateliers où se dégagent les vapeurs nuisibles) : Vapeurs délétères, danger d'incendie. — Sulfure de carbone (Manufactures dans lesquelles on emploie en grand le) : *idem*. — Sulfure de carbone (Dépôts de) : *idem*. — Superphosphate de chaux et de potasse (Fabrication du). (Les enfants au-dessous de 18 ans, les filles mineures et les femmes ne seront pas employés dans les ateliers où se dégagent des vapeurs acides et les poussières) : Emanations nuisibles.

Tabacs (Manufactures de). (Les enfants au-dessous de 16 ans ne seront pas employés dans les ateliers où l'on démolit les masses) : Emanations nuisibles. — Taffetas et toiles vernis ou cirés (Fabrication de). (*Idem*, dans les ateliers où l'on prépare et applique les vernis) : Danger d'incendie. — Tan (Moulins à). (Les enfants au-dessous de 18 ans ne seront pas employés quand les poussières se dégagent librement dans les ateliers) : Poussières nuisibles. — Tanneries : *idem*. — Tapis (Battage en grand des). (*V. Battage.*) — Teillage du lin, du chanvre et du jute en grand. (Les enfants au-dessous de 18 ans ne seront pas employés quand les poussières se dégagent librement dans les ateliers) : Poussières nuisibles. — Teintureries. (Les enfants au-dessous de 18 ans, les filles mineures et les femmes ne seront pas employés dans les ateliers où l'on emploie des matières toxiques) : Danger d'empoisonnement. — Térébenthine (Distillation et travail en grand de la). (*V. Huiles de pétrole, d' schiste, etc.*) — Toiles cirées. (*V. Taffetas et toiles vernis.*) — Toiles peintes (Fabriques de). (Les enfants au-dessous de 18 ans, les filles mineures et les femmes ne seront pas employés dans les ateliers où l'on emploie des matières toxiques) : Danger d'empoisonnement. — Toiles vernies (Fabrique de). (*V. Taffetas et toiles vernis.*) — Tourteaux d'olives (Traitement des) par le sulfure de carbone. (Les enfants au-dessous de 18 ans, les filles mineures et les femmes ne seront pas employés dans les ateliers où l'on manipule le sulfure de carbone) : Emanations nuisibles. — Tôles et métaux vernis. (*Idem*, dans les ateliers où l'on emploie des matières toxiques) : Danger d'empoisonnement.

Vernis à l'esprit-de-vin (Fabriques de). (Les enfants au-dessous de 16 ans ne seront pas employés dans les ateliers où l'on prépare et manipule les vernis) : Danger d'incendie. — Vernis (Ateliers où l'on applique le) sur les cuirs, feutres, taffetas, toiles, chapeaux. (*V. ces mots.*) — Verreries, cristalleries et manufactures de glaces. (Les enfants au-dessous de 18 ans, les filles mineures et les femmes ne seront pas employés dans les ateliers où les poussières se dégagent librement et où il est fait usage de matières toxiques) : Poussières nuisibles. — Vessies nettoyées et débarrassées de toute substance membraneuse (Atelier pour le gonflement et le séchage des). (*Idem*, au travail du soufflage) : Danger d'affections pulmonaires. — Visières vernies (Fabriques de). (*V. Feutres et visières*).

Voir *Loi 2 novembre 1892.*

DÉCRET du 15 juillet 1893 relatif au travail des femmes et filles âgées de plus de dix-huit ans, complété ou modifié par ceux des 26 juillet 1895, 29 juillet 1897, 24 février 1898, 20 avril 1899, 1er juillet 1899, 3 mai 1900, 18 avril 1901, 4 juillet 1902, 14 avril 1903, 22 novembre 1905 et 3 juillet 1908.

———

ART. 1er. (*Décret 26 juill. 1895 et 29 juill. 1897.*) Dans les industries ci-après déterminées, les femmes et les filles âgées de plus de dix-huit ans pourront être employées jusqu'à onze heures du soir à certaines époques de l'année et pendant une durée totale qui ne dépassera pas soixante jours par an, sans que, en aucun cas, la durée du travail effectif puisse dépasser douze heures par vingt-quatre heures : Broderie et passementerie pour confections ; — Chapeaux (Fabrication et confection de) en toutes matières pour hommes et femmes ; — Confections, coutures et lingeries pour femmes et enfants ; — Confections en fourrures ; — Pliage et cartonnage des rubans.

2. (*Décret 24 fév. 1898.*) Il pourra être dérogé d'une façon permanente aux dispositions des paragraphes 1er et 2 de l'article 4 précité, pour les industries et les catégories de travailleurs énumérés ci-dessous, mais sans que le travail puisse dépasser sept heures par vingt-quatre heures : Amidon de maïs (Coulage et séchage de l') (Femmes) ; — Imprimés (Brochage des) (Filles majeures et femmes) ; — Journaux (Pliage des) (*idem*) ; — Minrs (Allumage des) (*idem.*)

USINES A FEU CONTINU	TRAVAILLEURS	TRAVAUX TOLÉRÉS
Distilleries de betteraves..	Enfants et femmes..	Laver, peser, trier la betterave, manœuvrer les robinets à jus et à eau, aider aux batteries de diffusion et aux appareils distillatoires.
Fer et fonte émaillée (Fabriques d'objets en).	Enfants..	Manœuvrer à distance les portes des fours.
Huiles (Usines pour l'extraction des).	Enfants..	Remplir les sacs, les secouer après pressage, porter les sacs vides et les claies.
Papeteries..	Enfants et femmes..	Aider les surveillants de machines, couper, trier, ranger, rouler et apprêter le papier.
Sucres (Fabriques et raffineries de)..	Enfants et femmes..	Laver, peser, trier la betterave, manœuvrer les robinets à jus et à eau, surveiller les filtres, aider aux batteries de diffusion, coudre des toiles, laver des appareils et des ateliers, travailler le sucre en tablettes.
Usines métallurgiques..	Enfants..	Aider à la préparation des lits de fusion, aux travaux accessoires d'affinage, de laminage, de martelage et de tréfilage, de préparation des moules pour objets de fonte moulée, de rangement des paquets, des feuilles. des tubes et des fils.
Verreries..	Enfants et femmes..	Présenter les outils, faire les premiers cueillages, aider au soufflage et au moulage, porter dans les fours à recuire, en retirer les objets, le tout dans les conditions prévues à l'article 7 du décret du 13 mai 1893, trier et ranger les bouteilles.

3. (*Décret 26 juill.* 1895 ; *29 juill.* 1897 et *18 avril* 1901.) Les industries énumérées ci-après sont autorisées à déroger temporairement aux dispositions relatives au travail de nuit, sans que le travail effectif des femmes, filles ou enfants employés la nuit, puisse dépasser dix heures par vingt-quatre heures :

INDUSTRIES	DURÉE TOTALE des DÉROGATIONS
Beurreries industrielles, fromageries industrielles, lait (*établissements industriels pour le traitement du*).	60 jours.
Colle et gélatine (Fabrication de).	60 jours.
Confiserie.	60 jours.
Conserves alimentaires de fruits et de légumes.	30 jours.
Conserves de poissons.	30 jours.
Délainage des peaux de mouton.	60 jours.
Parfums des fleurs (Extraction des).	90 jours.
Pâtes alimentaires et fabriques de biscuits employant le beurre frais.	30 jours.
Réparations urgentes de navires et de machines motrices.	120 jours (enfants au-dessus de 16 ans).
Tonnellerie pour l'embarillage des produits de la pêche.	90 jours.

4. (*Décret 24 fév.* 1898.) Dans les usines à feu continu où des femmes majeures et des enfants du sexe masculin sont employés la nuit, les travaux tolérés pour ces deux catégories de travailleurs sont les suivants : — Lorsque les femmes majeures et les enfants sont employés toute la nuit, leur travail doit être coupé par des intervalles de repos représentant un temps total de repos au moins égal à deux heures. — La durée du travail effectif ne peut d'ailleurs dépasser, dans les vingt-quatre heures, dix heures pour les femmes et les enfants.

5. (*Décret 26 juill.* 1895, *29 juill.* 1897, *24 fév.* 1898, *1er juill.* 1899, *18 avril* 1901, *4 juill.* 1902, *14 août* 1903, *23 nov.* 1904, *3 juill.* 1908.) Les industries pour lesquelles les restrictions relatives à la durée du travail pourront être temporairement levées par l'inspecteur divisionnaire, pour les enfants âgés de moins de dix-huit ans et les femmes de tout âge, sont les suivantes : — Ameublement, tapisserie, passementerie pour meubles ; — Appareils orthopédiques (Fabrication d') ; — Beurreries industrielles.

— Fromageries industrielles.—Lait (*établissements industriels pour le traitement du lait*) ; —Bijouterie et joaillerie ; — Biscuits employant le beurre frais (Fabriques de) ; — Blanchisserie de linge fin ; — Boîtes de conserves (Fabrique de et imprimerie sur métaux pour) ; — Bonneterie fine (Fabrication de) ; — Briqueteries en plein air ; — Brochage des imprimés ; — Broderie et passementerie pour confections ; — Cartons (Fabriques de) pour jouets, bonbons, cartes de visite, rubans ; — Chapeaux (Fabrication et confection de) en toutes matières pour hommes et femmes ; — Chaussures (Fabrication de) ; — Coloriage ou patron à la main ; — Colles et gélatines (Fabrication de) ; — Confections, coutures et lingeries pour femmes et enfants ; — Confections pour hommes ; — Confections en fourrures ; — Confection et réparation des voiles des navires armés pour la grande pêche ; — Conserves de fruits et confiseries ; conserves de légumes et de poissons ; — Corderies en plein air ; — Corsets (Confection de) ; — Couronnes funéraires (Fabrique de) ; — Délainage des peaux de mouton ; — Dorure pour ameublement ; — Dorure pour encadrement ; — Etablissements industriels dans lesquels sont exécutés des travaux sur l'ordre du gouvernement et dans l'intérêt de la sûreté et de la défense nationale, après avis des ministres intéressés, constatant expressément la nécessité de la dérogation ; — Filatures, retordage de fils crépis, bouclés et à boutons, des fils moulinés et multicolores ; — Fleurs (Extraction des parfums des) ; — Fleurs et plumes ; — Gainerie ; — Impression de la laine peignée, blanchissage, teinture et impression des fils de laine, de coton et de soie destinés au tissage des étoffes de nouveauté ; — Imprimeries en taille-douce ; — Imprimeries lithographiques ; — Imprimeries typographiques ; — Jouets, bimbeloterie, petite tabletterie et articles de Paris (Fabrique de) ; — Orfèvrerie (Polissage, dorure, gravure, ciselage, guillochage et planage en) (*Décret 4 juill.* 1902) ; — Papier (Transformation du), fabrication des enveloppes, cartonnage des cahiers d'école, des registres, des papiers de fantaisie ; — Papiers de tenture ; — Parfumerie (Fabrication de) ; — Porcelaines (Ateliers de décors sur) ; — Reliure ; — Réparations urgentes de navires et de machines motrices ; — Soie (dévidage de) pour étoffes de nouveautés, — Teinture, apprêt, blanchiment, impression, gaufrage et moirage des étoffes, — Tissage des étoffes de nouveauté destinées à l'habillement ; — Travaux extérieurs dans les chantiers de l'industrie du bâtiment ; — Tulles, dentelles et laines de soie.

6. (*Décret 26 juill.* 1895.) Les chefs des industries autorisées soit à prolonger le travail jusqu'à onze heures du soir en vertu de l'article 1er, soit à déroger temporairement aux dispositions relatives au travail de nuit, en vertu de l'article 3, devront prévenir l'inspecteur ou l'inspectrice chaque fois qu'ils voudront faire usage de l'autorisation. L'avis sera donné par l'envoi d'une

carte postale, d'une lettre sans enveloppe ou d'un télégramme, de façon que le timbre de la poste fasse foi de la date du dit avis.— Une copie de l'avis sera immédiatement affichée dans un endroit apparent des ateliers et y restera apposée pendant toute la durée de la dérogation. — Dans les cas prévus à l'article 5, une copie de l'autorisation sera également affichée.

Voir Loi 2 novembre 1892.

Hygiène et sécurité des travailleurs.

DÉCRET du 18 juillet 1902 réglementant l'emploi de la céruse dans les travaux de peinture en bâtiment.

Art. 1er. La céruse ne peut être employée qu'à l'état de pâte dans les ateliers de peinture en bâtiment.

2. Il est interdit d'employer directement avec la main les produits à base de céruse dans les travaux de peinture en bâtiment.

3 Le travail à sec au grattoir et le ponçage à sec des peintures au blanc de céruse sont interdits.

4. Dans les travaux de grattage et de ponçage humides, et généralement dans tous les travaux de peinture à la céruse, les chefs d'industrie devront mettre à la disposition de leurs ouvriers des surtouts exclusivement affectés au travail, et en prescriront l'emploi. Ils assureront le bon entretien et le lavage fréquent de ces vêtements. — Les objets nécessaires aux soins de propreté seront mis à la disposition des ouvriers sur le lieu même du travail. — Les engins et outils seront tenus en bon état de propreté, leur nettoyage sera effectué sans grattage à sec.

5. Les chefs d'industrie seront tenus d'afficher le texte du présent décret dans les locaux où se font le recrutement et la paye des ouvriers.

DÉCRET du 27 mars 1904 fixant la nomenclature des établissements de l'Etat où la sanction de la loi concernant l'hygiène et la sécurité des travailleurs est exclusivement confiée aux agents désignés par les ministres de la guerre et de la marine.

Art. 1er. Les établissements militaires, ateliers, chantiers, dans lesquels le contrôle de l'exécution de la loi est exclusivement confié à des agents désignés à cet effet par le ministre de la guerre sont les suivants : — 1° Dans le service de l'artillerie : — Les ateliers de Bourges, Douai, Lyon, Puteaux, Rennes, Tarbes, Alger, Valence, Vincennes et Toulouse, l'école centrale de pyrotechnie militaire, la poudrerie du Bouchet ; la fonderie de canons de Bourges, les manufactures d'armes ; — 2° Dans le service du génie : — Les établissements d'aérostation militaire de Chalais, les établissements de la télégraphie militaire, l'atelier central de construction du matériel du génie à Versailles ; — 3° Dans le service des poudres et salpêtres : — Les poudreries ; — 4° Dans tous les services : — Les magasins d'approvisionnement et les ateliers ou parties d'atelier où fonctionne exclusivement la main-d'œuvre militaire ; — 5° Dans tous les services : — Les travaux exécutés en régie dans les ouvrages de fortification.

*DÉCRET du 29 novembre 1904 relatif à l'hygiène et à la
sécurité du travail des ouvriers et employés, modifié
par le décret du 22 mars 1906 et 7 décembre 1907.*

ART. 1er. Les emplacements affectés au travail dans les établissements visés par l'article 1er de la loi du 12 juin 1893, modifiée par la loi du 14 juillet 1903, seront tenus en état constant
dé propreté. — Le sol sera nettoyé à fond au moins une fois
par jour avant l'ouverture ou après la clôture du travail, mais
jamais pendant le travail. — Ce nettoyage sera fait soit par un
lavage, soit à l'aide de brosses ou de linges humides si les conditions de l'exploitation ou la nature du revêtement du sol s'opposent au lavage. Les murs et les plafonds seront l'objet de fré-
quents nettoyages ; les enduits seront refaits toutes les fois qu'il
sera nécessaire.

2. Dans les locaux où l'on travaille des matières organiques
altérables, le sol sera rendu imperméable et toujours bien nivelé,
les murs seront recouverts d'un enduit permettant un lavage
efficace. — En outre, le sol et les murs seront lavés aussi sou-
vent qu'il sera nécessaire avec une solution désinfectante. Un
lessivage à fond avec la même solution sera fait au moins une
fois par an. — Les résidus putrescibles ne devront jamais séjourner dans les locaux affectés au travail et seront enlevés au
fur et à mesure, à moins qu'ils ne soient déposés dans des récipients métalliques hermétiquement clos, vidés et lavés au moins
une fois par jour.

3. L'atmosphère des ateliers et de tous les autres locaux affectés au travail sera tenue constamment à l'abri de toute émanation
provenant d'égouts, fosses, puisards, fosses d'aisances ou de toute
autre source d'infection. — Dans les établissements qui déverse-
ront les eaux résiduaires ou de lavage dans un égout public ou
privé, toute communication entre l'égout et l'établissement sera
munie d'un intercepteur hydraulique fréquemment nettoyé et
abondamment lavé au moins une fois par jour. — Les éviers
seront formés de matériaux imperméables et bien joints ; ils présenteront une pente dans la direction du tuyau d'écoulement et
seront aménagés de façon à ne dégager aucune odeur. Les travaux dans les puits, conduites de gaz, canaux de fumée, fosses
d'aisances, cuves ou appareils quelconques pouvant contenir
des gaz délétères ne seront entrepris qu'après que l'atmosphère
aura été assainie par une ventilation efficace. Les ouvriers appelés
à travailler dans ces conditions seront attachés par une ceinture
de sûreté.

4. Les cabinets d'aisances ne devront pas communiquer directement avec des locaux fermés où le personnel est appelé à séjourner. Ils seront éclairés et aménagés de manière à ne dégager aucune odeur. Le sol et les parois seront en matériaux imperméables ; les peintures seront d'un ton clair. — Il y aura au moins un cabinet pour cinquante personnes et des urinoirs en nombre suffisant. — Aucun puits absorbant, aucune disposition analogue ne pourra être établie qu'avec l'autorisation de l'administration supérieure et dans les conditions qu'elle aura prescrites

5. Les locaux fermés affectés au travail ne seront jamais encombrés. Le cube d'air par personne employée ne pourra être inférieur à 7 mètres cubes. Pendant un délai de trois ans, à dater de la promulgation du présent décret, ce cube pourra n'être que de 6 mètres. — Le cube d'air sera de 10 mètres au moins par personne employée dans les laboratoires, cuisines, chais ; il en sera de même dans les magasins, boutiques et bureaux ouverts au public. — Un avis affiché dans chaque local de travail indiquera sa capacité en mètres cubes. — Les locaux fermés affectés au travail seront largement aérés et, en hiver, convenablement chauffés. — Ils seront munis de fenêtres ou autres ouvertures à châssis mobiles donnant directement sur le dehors. L'aération sera suffisante pour empêcher une élévation exagérée de température. Ces locaux, leurs dépendances et notamment les passages et escaliers seront convenablement éclairés.

6. Les poussières ainsi que les gaz incommodes, insalubres ou toxiques seront évacués directement au dehors des locaux de travail au fur et à mesure de leur production. — Pour les buées, vapeurs, gaz, poussières légères, il sera installé des hottes avec cheminée d'appel ou tout autre appareil d'élimination efficace. — Pour les poussières déterminées par les meules, les batteurs, les broyeurs et tous autres appareils mécaniques, il sera installé, autour des appareils, des tambours en communication avec une ventilation aspirante énergique. — Pour les gaz lourds, tels que les vapeurs de mercure, de sulfure de carbone, la ventilation aura lieu *per descensum ;* les tables ou appareils de travail seront mis en communication directe avec le ventilateur. — La pulvérisation des matières irritantes et toxiques ou autres opérations, telles que le tamisage et l'embarillage de ces matières se feront mécaniquement en appareils clos. — L'air des ateliers sera renouvelé de façon à rester dans l'état de pureté nécessaire à la santé des ouvriers.

7. Pour les industries désignées par arrêté ministériel, après avis du comité consultatif des arts et manufactures, les vapeurs, les gaz incommodes et insalubres et les poussières seront condensés ou détruits.

8. Les ouvriers ou employés ne devront point prendre leurs

repas dans les locaux affectés au travail. -- Toutefois, l'autorisation d'y prendre les repas pourra être accordée, en cas de besoin et après enquête, par l'inspecteur divisionnaire, sous les justifications suivantes : — 1° Que les opérations effectuées ne comportent pas l'emploi de substances toxiques ; — 2° Qu'elles ne donnent lieu à aucun dégagement de gaz incommodes, insalubres ou toxiques, ni de poussières ; — 3° Que les autres conditions d'hygiène soient jugées satisfaisantes. — Les patrons mettront à la disposition de leur personnel les moyens d'assurer la propreté individuelle, vestiaires avec lavabos, ainsi que de l'eau de bonne qualité pour la boisson.

9. Pendant les interruptions de travail, l'air des locaux sera entièrement renouvelé.

10. Les moteurs à vapeur, à gaz, les moteurs électriques, les roues hydrauliques, les turbines ne seront accessibles qu'aux ouvriers affectés à leur surveillance. Ils seront isolés par des cloisons ou barrières de protection. — Les passages entre les machines, mécanismes, outils mus par ces moteurs auront une largeur d'au moins 80 centimètres; le sol des intervalles sera nivelé. — Les escaliers seront solides et munis de fortes rampes. — Les puits, trappes, cuves, bassins, réservoirs de liquides corrosifs ou chauds seront pourvus de solides barrières ou garde-corps. — Les échafaudages seront munis sur toutes leurs faces de garde-corps rigides de 90 centimètres de haut. — Les ponts volants, passerelles pour le chargement et le déchargement des navires devront former un tout rigide et être munis de garde-corps des deux côtés.

11. Les monte-charges, ascenseurs, élévateurs seront guidés et disposés de manière que la voie de la cage du monte-charge et des contrepoids soit fermée ; que la fermeture du puits à l'entrée des divers étages ou galeries s'effectue automatiquement; que rien ne puisse tomber du monte-charge dans le puits. — Pour les monte-charges destinés à transporter le personnel, la charge devra être calculée au tiers de la charge admise pour le transport des marchandises, et les monte-charges seront pourvus de freins, chapeaux, parachutes ou autres appareils préservateurs. — Les appareils de levage porteront l'indication du maximum de poids qu'ils peuvent soulever.

12. Toutes les pièces saillantes mobiles et autres parties dangereuses des machines, et notamment les bielles, roues, volants, les courroies et câbles, les engrenages, les cylindres et cônes de frictions ou tous autres organes de transmission qui seraient reconnus dangereux seront munis de dispositifs protecteurs, tels que gaines et chéneaux de bois ou de fer, tambours pour les courroies et les bielles, ou de couvre-engrenage, garde-mains, grillages. — Les machines-outils à instruments tranchants, tournant à grande vitesse, telles que machines à scier, fraiser, rabo-

ter, découper, hacher, les cisailles, coupe-chiffons et autres engins semblables, seront disposés de telle sorte que les ouvriers ne puissent, de leur poste de travail, toucher involontairement les instruments tranchants. — Sauf le cas d'arrêt du moteur, le maniement des courroies sera toujours fait par le moyen de systèmes, tels que monte-courroies, porte-courroies, évitant l'emploi direct de la main. — On devra prendre autant que possible des dispositions telles qu'aucun ouvrier ne soit habituellement occupé à un travail quelconque dans le plan de rotation ou aux abords immédiats d'un volant, d'une meule ou de tout autre engin pesant ou tournant à grande vitesse. (V. *Décret* 7 *déc.* 1907 (page 68).

13. La mise en train et l'arrêt des machines devront etre toujours précédés d'un signal convenu.

14. L'appareil d'arrêt des machines motrices sera toujours placé sous la main des conducteurs qui dirigent ces machines. — Les contremaîtres ou chefs d'ateliers, les conducteurs de machines-outils, métiers, etc., auront à leur portée le moyen de demander l'arrêt des moteurs. — Chaque machine-outil, métier, etc., sera en outre installé et entretenu de manière à pouvoir être isolé par son conducteur de la commande qui l'actionne.

15. Des dispositifs de sûreté devront être installés dans la mesure du possible pour le nettoyage et le graissage des transmissions et mécanismes en marche. — En cas de réparation d'un organe mécanique quelconque, son arrêt devra être assuré par un calage convenable de l'embrayage ou du volant; il en sera de même pour les opérations de nettoyage qui exigent l'arrêt des organes mécaniques.

16. (*Décret* 22 *mars* 1906) § A (*Sorties*). — Les portes des ateliers, des magasins ou des bureaux devront s'ouvrir de dedans en dehors, soit qu'elles assurent la sortie sur les cours, vestibules, couloirs, escaliers et autres dégagements intérieurs, soit qu'elles donnent accès à l'extérieur. Dans ce dernier cas, la mesure ne sera obligatoire que lorsqu'elle aura été jugée nécessaire à la sécurité. — Si les portes s'ouvrent sur un couloir ou sur un escalier, elles devront être disposées de façon à se développer sans faire saillie sur ce dégagement. Les sorties seront assez nombreuses pour permettre l'évacuation rapide de l'établissement; elles seront toujours libres et ne devront jamais être encombrées de marchandises, de matières en dépôt ni d'objets quelconques. — Dans les établissements importants des inscriptions bien visibles indiqueront le chemin vers la sortie la plus rapprochée. — Dans les ateliers, magasins ou bureaux où sont manipulées des matières inflammables, si les fenêtres sont munies de grilles ou grillages, ces grilles et grillages devront céder sous une légère poussée vers l'extérieur pour servir éventuellement de sortie de secours. — § B (*Escaliers*). Les escaliers desservant les locaux de travail seront construits en matériaux incombustibles ou en bois

hourdé plein ou plâtre. — Le nombre de ces escaliers sera calculé de manière que l'évacuation de tous les étages d'un corps de bâtiment contenant des ateliers puisse se faire immédiatement. — Une décision du ministre du commerce prise après avis du comité consultatif des arts et manufactures pourra toujours, si la sécurité l'exige, prescrire un nombre minimum de deux escaliers. — Tout escalier pouvant servir à assurer la sortie simultanée de vingt personnes au plus aura une largeur minimum de 1 mètre ; cette largeur devra s'accroître de 15 centimètres pour chaque nouveau groupe du personnel employé, variant de une à cinquante unités. — Les passages ménagés à l'intérieur des pièces, ainsi que les couloirs conduisant aux escaliers, auront les mêmes largeurs que ceux-ci et seront libres de tout encombrement de meubles, sièges, marchandises ou matériel. — § C (*Eclairage et chauffage*). Il est interdit d'employer pour l'éclairage et le chauffage aucun liquide émettant des vapeurs inflammables au-dessous de 35 degrés, à moins que l'appareil contenant le liquide ne soit solidement fixé pendant le travail, la partie de cet appareil contenant le liquide devra être étanche de manière à éviter tout suintement de liquide. — Aux heures de présence du personnel, le remplissage des appareils d'éclairage ainsi que des appareils de chauffage à combustible liquide, soit dans les ateliers soit dans les passages ou escaliers servant à la circulation du personnel, ne pourra se faire qu'à la lumière du jour et à la condition qu'aucun foyer n'y soit allumé. — Les tuyaux de conduite amenant le gaz aux appareils d'éclairage ou de chauffage seront en métal ou enveloppés de métal. — Les flammes des appareils d'éclairage ou des appareils de chauffage portatif devront être distantes de toute partie combustible de la construction, du mobilier ou des marchandises en dépôt, d'au moins 1 mètre verticalement, et d'au moins 30 centimètres latéralement ; des distances moindres pourront être tolérées en cas de nécessité en ce qui concerne les murs et plafonds, moyennant l'interposition d'un écran incombustible qui ne touchera pas à la paroi à protéger. — Les appareils d'éclairage portatifs auront une base stable et solide. — Les appareils d'éclairage fixes ou portatifs devront, si la nécessité en est reconnue, être pourvus d'un verre, d'un globe, d'un réseau de toile métallique, ou de tout autre dispositif propre à empêcher la flamme d'entrer en contact avec des matières inflammables. — Tous les liquides inflammables, ainsi que chiffons et cotons imprégnés de ces substances ou de substances grasses, seront enfermés dans des récipients métalliques, clos et étanches. — Ces récipients ainsi que les gazomètres et les récipients pour l'huile et le pétrole lampant, seront placés dans des locaux séparés et jamais au voisinage des passages ou des escaliers. — § D (*Consignes pour le cas d'incendie*). Les chefs d'établissement prendront les précautions nécessaires pour que tout commencement d'incendie puisse être rapidement et efficacement combattu. — Une consigne affichée dans chaque local de travail indiquera le matériel d'extinction et de sauvetage qui doit s'y trouver et les manœuvres à exécuter en cas d'incendie avec le nom des personnes désignées pour y prendre part. — La consigne prescrira des essais périodiques destinés à constater que le matériel est en bon état et que le personnel est préparé à en faire usage. — Cette consigne sera communiquée à l'inspecteur du travail ; le chef de l'établissement veillera à son exécution.

17. Les machines dynamos devront être isolées électriquement. — Elles ne seront jamais placées dans un atelier où des corps explosifs, des gaz détonants ou poussières inflammables se manient ou se produisent. — Les conducteurs électriques placés en plein air pourront rester nus ; dans ce cas, ils devront être portés par des isolateurs de porcelaine ou de verre ; ils seront écartés des masses métalliques, telles que gouttières, tuyaux de descente, etc. — A l'intérieur des ateliers, les conducteurs nus destinés à des prises de courant sur leur parcours seront écartés des murs, hors la portée de la main et convenablement isolés. — Les autres conducteurs seront protégés par des enveloppes isolantes. — Toutes précautions seront prises pour éviter l'échauffement des conducteurs à l'aide de coupe-circuit et autres dispositifs analogues.

18. Les ouvriers et ouvrières qui ont à se tenir près des machines doivent porter des vêtements ajustés et non flottants.

19. Un arrêté ministériel déterminera pour chaque nature de locaux celles des prescriptions du présent décret qui doivent y être affichées.

20. Le ministre du commerce et de l'industrie peut, par arrêté pris sur le rapport des inspecteurs du travail et après avis du comité consultatif des arts et manufactures, accorder à un établissement, pour un délai déterminé, dispense permanente ou temporaire de tout ou partie des prescriptions des articles 1er (alinéa 3), 5 (alinéas 2 et 5), 9 et 10 (alinéa 6), dans le cas où il est reconnu que l'application de ces prescriptions est pratiquement impossible et que l'hygiène et la sécurité des travailleurs sont assurées dans des conditions au moins équivalentes à celles qui sont fixées par le présent décret.

21. Sous réserve du délai spécial fixé par l'article 5 et des délais supplémentaires qui seraient accordés par le ministre en vertu de l'article 20, le délai d'exécution des travaux de transformation qu'implique le présent règlement est fixé à un an, à dater de sa promulgation, pour les établissements non visés par la loi du 12 juin 1893.

22. Les décrets des 10 mars 1894, 14 juillet 1901 et 6 août 1902 sont abrogés.

*DÉCRET du 11 juillet 1907 sur la protection des travail-
leurs dans les établissements qui mettent en œuvre des
courants électriques.*

Section I. — Prescriptions générales

Art. 1er. Les installations électriques doivent comporter des
dispositifs de sécurité en rapport avec la plus grande tension
de régime existant entre les conducteurs et la terre. — Suivant
cette tension les installations électriques sont classées en deux
catégories.

1re *Catégorie.*

a) *Courant continu.* Installations dans lesquelles la plus grande
tension de régime entre les conducteurs et la terre ne dépasse pas
600 volts. — b) *Courant alternatif.* Installations dans lesquelles
la plus grande tension efficace entre les conducteurs et la terre ne
dépasse pas 150 volts.

2e *Catégorie.*

Installations comportant des tensions respectivement supérieures aux tensions ci-dessus.

Section II. — Installations de machines, appareils et lampes électriques

2. Les machines électriques sont soumises, en outre des prescriptions générales du décret du 29 novembre 1904, et notamment
de celles des articles 12, 14 et 15 de ce décret, aux prescriptions
spéciales suivantes : — Pour celles qui appartiennent à des installations de la 2e catégorie, les bâtis et pièces conductrices non
parcourues par le courant doivent être reliés électriquement à la
terre, ou isolés électriquement du sol. Dans ce dernier cas, les
machines sont entourées par un plancher de service non glissant,
isolé du sol et assez développé pour qu'il ne soit pas possible de
toucher à la fois à la machine et à un corps conducteur quelconque relié au sol. — La mise à la terre ou l'isolement électrique
est constamment maintenu en bon état. — Les mêmes prescriptions sont applicables aux transformateurs dépendant d'installations de la 2e catégorie ; ces appareils ne doivent être accessibles
qu'au personnel qui en a la charge.

3. Si une machine ou un appareil électrique de la 2e catégorie se
trouve dans un local ayant, en même temps, une autre destination, la partie du local affectée à cette machine ou à cet appareil
est rendue inaccessible, par un garde-corps ou un dispositif équi-

valent, à tout autre personnel que celui qui en a la charge ; une mention indiquant le danger doit être affichée en évidence.

4. Dans les locaux destinés aux accumulateurs, dans les ateliers qui contiennent des corps explosifs et dans ceux où il peut se produire soit des gaz détonants, soit des poussières inflammables, il est interdit d'établir des machines électriques à découvert, des lampes à incandescence non munies de double enveloppe, des lampes à arc ou aucun appareil pouvant donner lieu à des étincelles, sans qu'ils soient pourvus d'une enveloppe de sûreté les isolant de l'atmosphère du local. — La ventilation des locaux destinés aux accumulateurs doit être suffisante pour assurer l'évacuation continue des gaz dégagés.

Section III. — Tableaux de distribution et locaux

5. Pour les tableaux de distribution de courants appartenant à la 1ʳᵉ catégorie, les conducteurs doivent présenter les isolements et les écartements propres à éviter tout danger. — Pour les tableaux de distribution portant des appareils et pièces métalliques de la 2ᵉ catégorie, le plancher de service, sur la face avant (où se trouvent les poignées de manœuvres et les instruments de lecture), doit être isolé électriquement et établi comme il est dit ci-dessus au sujet des machines. — Quand des pièces métalliques ou appareils de la 2ᵉ catégorie sont établis à découvert sur la face arrière du tableau, un passage entièrement libre de 1 mètre de largeur et de 2 mètres de hauteur au moins est réservé derrière lesdits appareils et pièces métalliques ; l'accès de ce passage est défendu par une porte fermant à clef, laquelle ne peut être ouverte que par ordre du chef de service ou par ses préposés à ce désignés ; l'entrée en sera interdite à toute autre personne.

6. Les passages ménagés pour l'accès aux machines et appareils de la 2ᵉ catégorie placés à découvert ne peuvent avoir moins de 2 mètres de hauteur ; leur largeur mesurée entre les machines, conducteurs ou appareils eux-mêmes aussi bien qu'entre ceux-ci et les parties métalliques de la construction, ne doit pas être inférieure à 1 mètre. — Dans tous les locaux, les conducteurs et appareils de la 2ᵉ catégorie doivent, notamment sur les tableaux de distribution, être nettement différenciés des autres par une marque très apparente (une couche de peinture par exemple). — Dans les locaux où le sol et les parois sont très conducteurs, soit par construction, soit par suite de dépôts salins résultant de l'exercice même de l'industrie ou par suite d'humidité, on ne doit jamais établir, à la portée de la main, des conducteurs ou des appareils placés à découvert.

7. Les salles des machines génératrices d'électricité et les sous-stations doivent posséder un éclairage de secours continuant à fonctionner en cas d'arrêt du courant.

Section IV. — Installation des canalisations

8. Les canalisations nues appartenant à une installation de la 2ᵉ catégorie doivent être établies hors de la portée de la main sur des isolateurs convenablement espacés et être écartées des masses métalliques, telles que piliers ou colonnes gouttières, tuyaux de descente, etc. — Les canalisations nues appartenant à une installation de la 1ʳᵉ catégorie établies à l'intérieur, et qui sont à portée de la main, doivent être signalées à l'attention par une marque bien apparente ; l'abord en est défendu par dispositif de garde. — Les enveloppes des autres canalisations doivent être convenablement isolantes. Aucun travail n'est entrepris sur des conducteurs de la 1ʳᵉ catégorie en charge sans que des précautions suffisantes assurent la sécurité de l'opérateur. — Des dispositions doivent être prises pour éviter l'échauffement anormal des conducteurs, à l'aide de coupe-circuit, plombs fusibles ou autres dispositifs équivalents. — Toute installation reliée à un réseau comportant des lignes aériennes de plus de 500 mètres doit être suffisamment protégée contre les décharges atmosphériques.

9. Les colonnes, les supports, et, en général, toutes les pièces métalliques de la construction qui risqueraient par suite d'un accident sur la canalisation, d'être accidentellement soumis à une tension de la 2ᵉ catégorie doivent être convenablement reliés à la terre.

10. Il est formellement interdit de faire exécuter aucun travail sur les lignes électriques de la 2ᵉ catégorie sans les avoir, au préalable, coupées de part et d'autre de la section à réparer. La communication ne peut être rétablie que sur l'ordre exprès du chef de service ; ce dernier doit avoir été au préalable avisé par chacun des chefs d'équipe que le travail est terminé et que le personnel ouvrier est réuni au point de ralliement fixé à l'avance. — Pendant toute la durée du travail, la coupure de la ligne doit être maintenue par un dispositif tel que le courant ne puisse être rétabli que sur l'ordre exprès du chef de service. — Dans les cas exceptionnels où la sécurité publique exige qu'un travail soit entrepris sur des lignes en charge de la 2ᵉ catégorie, il ne doit y être procédé que sur l'ordre exprès du chef de service et avec toutes les précautions de sécurité qu'il indiquera.

11. Il est interdit de faire exécuter des élagages ou des travaux analogues pouvant mettre directement ou indirectement le personnel en contact avec des conducteurs ou pièces métalliques de la 2ᵉ catégorie, sans avoir pris des précautions suffisantes pour assurer la sécurité du personnel par des mesures efficaces d'isolement.

12. Les lignes téléphoniques, télégraphiques ou de signaux particulières aux établissements ayant des installations électriques et affectées à leur exploitation, qui sont montées, en tout ou

en partie de leur longueur, sur les mêmes supports qu'une ligne électrique de la 2ᵉ catégorie, sont soumises aux prescriptions de l'article 8, paragraphes 1 et 6 et à celles des articles 10 et 11. — Leurs postes de communication, leurs appareils de manœuvres ou d'appel doivent être disposés de telle manière qu'il ne soit possible de les utiliser ou de les manœuvrer qu'en se trouvant dans les meilleures conditions d'isolement par rapport à la terre, à moins que leurs appareils soient disposés de manière à assurer l'isolement de l'opérateur par rapport à la ligne.

SECTION V. — AFFICHAGE. DÉROGATION. CONTRÔLE

13. Les chefs d'industrie, directeurs ou gérants sont tenus d'afficher dans un endroit apparent des salles contenant des installations de la 2ᵉ catégorie : — 1° Un ordre de service indiquant qu'il est dangereux et formellement interdit de toucher aux pièces métalliques ou conducteurs soumis à une tension de la 2ᵉ catégorie, même avec des gants en caoutchouc, ou de se livrer à des travaux sur ces pièces ou conducteurs, même avec des outils à manche isolant. — 2° Des extraits du présent règlement et une instruction sur les premiers soins à donner aux victimes des accidents électriques rédigés conformément aux termes qui seront fixés par un arrêté ministériel.

14. Dans les ateliers de construction ou de réparation de matériel électrique (machines, instruments, appareils, câbles et fils), où l'emploi des tensions de la 2ᵉ catégorie est d'un usage courant pour les essais du matériel en cours de fabrication, il peut être dérogé, pour ces essais, aux prescriptions du présent décret, à la condition que les organes dangereux ne soient accessibles, qu'à un personnel expérimenté, désigné expressément par le chef d'établissement et que la sécurité générale ne soit pas compromise. — Une consigne spéciale réglementant ces essais doit être rédigée par le chef d'établissement et portée à la connaissance du personnel.

15. Le ministre du travail et de la prévoyance sociale peut, par arrêté pris sur le rapport des inspecteurs du travail et après avis du comité consultatif des arts et manufactures, accorder dispense, pour un délai déterminé, de tout ou partie des prescriptions des articles 5, paragraphe 3, et 6 paragraphe 1ᵉʳ : — 1° Aux installations créées avant la promulgation du présent décret; — 2° Lorsque l'application de ces prescriptions est pratiquement impossible. — Dans les deux cas, la sécurité du personnel doit être assurée dans des conditions équivalentes à celles définies aux dits articles.

16. Dans les deux mois qui suivront la promulgation du présent règlement, les chefs d'industrie, directeurs ou gérants devront adresser à l'inspecteur du travail un schéma de leurs installations électriques de la 2ᵉ catégorie indiquant : l'emplacement des

usines, sous-stations, postes de transformateurs et canalisations. — Une note jointe indiquera : — *a)* Si par application de l'article 2, paragraphe 2, du présent règlement concernant les machines et transformateurs de la 2e catégorie, les bâtis et masses métalliques non parcourues par le courant, sont isolés électriquement du sol ou s'ils sont reliés à la terre. — *b)* Les renseignements techniques nécessaires pour assurer le contrôle de l'exécution des prescriptions du présent règlement (nature du courant, tensions des différentes parties de l'installation, pièces métalliques visées à l'article 9, etc.). — Dans la première quinzaine de chaque année, le schéma et les renseignements qui l'accompagnent sont complétés s'il y a lieu par les chefs d'industrie, directeurs, gérants ou préposés et les modifications transmises à l'inspecteur du travail. — En cas de modifications importantes ou d'installations nouvelles, le schéma et les renseignements complémentaires sont adressés à l'inspecteur du travail avant la mise en exploitation.

Section VI. — Dispositions diverses

17. Le présent décret ne s'applique pas, en dehors de l'enceinte des usines de production, aux distributions d'énergie électrique réglementées en vertu de la loi du 15 juin 1906.

DÉCRET du 7 décembre 1907, modifiant celui du 29 novembre 1904, sur l'hygiène et la sécurité des travailleurs.

Art. 1er. Il est ajouté à l'article 12 du décret du 29 novembre 1904, les dispositions suivantes : Art. 12 : Toute meule tournant à grande vitesse devra être montée et enveloppée de telle façon qu'en cas de rupture ses fragments soient retenus, soit par les organes de montage, soit par l'enveloppe. — Une inscription très apparente, placée auprès des volants, des meules et de tout autre engin pesant et tournant à grande vitesse, indiquera le nombre de tours par minute qui ne doit pas être dépassé.

2. Le paragraphe 1er de l'article 14 du décret du 29 novembre 1904 est complété par ces mots : et en dehors de la zone dangereuse.

*DÉCRET du 3 mai 1886 qui fixe la nomenclature des éta-
blissements dangereux, incommodes ou insalubres, modifié et complété.*

ART. 1er. La nomenclature et la division en trois classes des
établissements insalubres, dangereux ou incommodes, sont fixées
conformément au tableau annexé au présent décret.

2. Les décrets en date des 31 décembre 1866, 31 janvier 1872,
7 mai 1878, 22 avril 1879, 26 février 1881 et 20 juin 1883, sont rapportés.

TABLEAU DE CLASSEMENT PAR ORDRE ALPHABÉTIQUE
DES ÉTABLISSEMENTS INSALUBRES, DANGEREUX OU INCOMMODES

Abattoirs publics. (V. aussi *Tueries*) : Odeur et altération des
eaux (1re cl.). — Absinthe. (V. *Distilleries.*) — *Ajouté, Décret
24 juin 1897* : Acétylène liquide ou comprimé à plus d'une atmosphère et demie (Fabrication d') : Odeur et danger d'explosion
(1re cl.). — *Ajouté, Décret 17 août 1897* : Acétylène liquide ou
comprimé à plus de deux atmosphères et demie (Dépôts d') : Danger d'explosion et d'incendie (1re cl.). — Acétylène gazeux non
comprimé ou comprimé à une atmosphère et demie au plus (Fabrication d') : Odeur et danger d'explosion : 1º Pour l'usage public (1re cl.); 2º Pour l'usage particulier (3e cl.). — Acide arsénique (Fabrication de l') au moyen de l'acide arsénieux et de l'acide
azotique : 1º Quand les produits nitreux ne sont pas absorbés :
Vapeurs nuisibles (1re cl.); 2º Quand ils sont absorbés : *Idem*
(2e cl.). — Acide chlorhydrique (Production de l') par décomposition des chlorures de magnésium, d'aluminium et autres : 1º Quand
l'acide n'est pas condensé : Emanations nuisibles (1re cl.); 2º Quand
l'acide est condensé : Emanations accidentelles (2e cl.). — Acide
fluorhydrique (Fabrication de l') : Emanations nuisibles (2e cl.).
— Acide lactique (Fabrique d') : Odeur (2e cl.). — Acide muriatique. (V. *Acide chlorhydrique.*) — Acide nitrique (Fabrication de
l') : Emanations nuisibles (3e cl.). — Acide oxalique (Fabrication
de l') : 1º Par l'acide nitrique : *a*. Sans destruction des gaz nuisibles : Fumée (1re cl.); *b*. Avec destruction des gaz nuisibles. :
Fumée accidentelle (3e cl.); 2º Par la sciure de bois et la potasse:
Fumée (2e cl.). — *Ajouté, Décret 13 avril 1894* : Acide phénique
(Dépôt de) : contenant plus de 100 kilog. en vases hermétiquement clos : Odeur (2e cl.); Acide picrique (Fabrication de l') :
1º Quand les gaz nuisibles ne sont pas brûlés : Vapeurs nuisibles
(1re cl.) ; 2º Avec destruction des gaz nuisibles : *Idem* (3e cl.). —

Acide pyroligneux (Fabrication de l') : 1° Quand les produits gazeux ne sont pas brûlés : Fumée et odeur (2e cl.) ; 2° Quand les produits gazeux sont brûlés : *Idem* (3e cl.). — Acide pyroligneux (Purification de l') : Odeur (2e cl.). — Acide salicylique (Fabrication de l') au moyen de l'acide phénique : *Idem* (2e cl.). — Acide stéarique (Fabrication de l') : 1° Par distillation : Odeur et danger d'incendie (1re cl.) ; 2° Par saponification : *Idem* (2e cl.). — Acide sulfurique (Fabrication de l') : 1° Par combustion du soufre et des pyrites : Emanations nuisibles (1re cl.) ; 2° De Nordhausen, par décomposition du sulfate de fer : *Idem* (1re cl.). — Acide urique. (V. *Murexide.*) — Acier (Fabrication de l') : Fumée (3e cl.). Affinage de l'or et de l'argent par les acides : Emanations nuisibles (1re cl.) — Affinage des métaux au fourneau. (V. *Grillage des Minerais.*) — Agglomérés ou briquettes de houille (Fabrication des) : 1° Au brai gras : Odeur et danger d'incendie (2e cl.) ; 2° Au brai sec : Odeur (3e cl.). — Albumine (Fabrication de l') au moyen du sérum frais du sang : *Idem* (3e cl.). — Alcali volatil. (V. *Ammoniaque*). — Alcool (Rectification de l') : Danger d'incendie (2e cl.). — Alcools autres que le vin, sans travail de rectification : Altération des eaux (3e cl.). — *Ajouté, Décret 16 juin 1896* : Alcools (Dépôts d') d'un titre supérieur à 40° alcoométriques : En fûts de bois pour le tout ou partie : 1° Approvisionnement correspondant à un stock supérieur à 150 hectolitres d'alcool absolu : Danger d'incendie (3e cl.) ; En réservoirs métalliques : 2° Approvisionnement correspondant à un stock supérieur à 1500 hectolitres d'alcool absolu : Danger d'incendie (3e cl.). — *Ajouté, Décret 27 nov. 1903* : Alcool (Usines de dénaturation de l') par mélange avec des hydrocarbures de la 1re catégorie (*Décret 19 mai 1873, art. 1er*) comportant un approvisionnement d'hydrocarbure de plus de 1500 litres : Odeur, danger d'incendie (1re cl.). — Alcool méthylique ou méthylène du commerce (Dépôts d') : En bonbonnes ou en fûts de bois pour le tout ou partie : 1° Approvisionnement correspondant à un stock de plus de 30 hectolitres et ne dépassant pas 150 hectolitres d'alcool méthylique pur : Danger d'incendie (3e cl.) ; 2° Approvisionnement correspondant à un stock de plus de 150 hectolitres : Danger d'incendie (2e cl.) ; En réservoirs métalliques : 1° Approvisionnement correspondant à un stock de plus de 150 hectolitres et ne dépassant pas 750 hectolitres : Danger d'incendie (3e cl.) ; 2° Approvisionnement correspondant à un stock de plus de 750 hectolitres : Danger d'incendie (2e cl.). — Alcools (Distillerie agricole d') : *Idem* (3e cl.). — Aldéhyde (Fabrication de l') : Danger d'incendie (1re cl.). — Alizarine artificielle (Fabrication de l') au moyen de l'anthracène : Odeur et danger d'incendie (2e cl.). — *Ajouté, Décret 16 juin 1897* : Allume-feux résinés (Fabrication des) : Odeur et danger d'incendie (2e cl.). — Allumettes chimiques (Dépôt d') : 1° En qualités au-dessus de 25 mètres cubes : Danger d'incendie (2e cl.) ; 2° De 5 à 25 mètres cubes : *Idem* (3ᵉ cl.). — Allumettes chimiques (Fabrication des) : Danger d'explosion ou d'incendie (1ʳᵉ cl.). — *Ajouté, Décret* 16 *juin* 1896 : Aluminium et ses alliages (Fabrication de l') par procédés électro-métallurgiques en faisant usage des fluorures : 1º Quand les vapeurs fluorhydriques ne sont pas condensées : Vapeurs nuisibles (1ʳᵉ cl.) ; 2º Quand les vapeurs sont condensées : Vapeurs nuisibles (2ᵉ cl.). — Alun. (V. *Sulfate de fer, d'alumine, etc.*) — Amidon grillé (Fabrication de l') : Odeur (3⁰ cl.). — Amidonneries : 1º Par fermentation : Odeur, émanations nuisibles et altération des eaux (1ʳᵒ cl.) ; 2º Par séparation du gluten et sans fermentation : Altération des eaux (2⁰ cl.). — Ammoniaque (Fabrication en grand de l') par la décomposition des sels ammoniacaux : Odeur (3⁰ cl.). — Amorces fulminantes (Fabrication des) : Danger d'explosion (1ʳᵒ cl.). — Amorces fulminantes pour pistolets d'enfants (Fabrication d') : *Idem* (2⁰ cl.). — *Ajouté, Décret* 18 *sept.* 1899 : Anhydride sulfurique [Fabrication de l'), par la combinaison de l'acide sulfurique et de l'oxigène, au moyen des substances dites de contact : Fumées, émanations dangereuses (1ʳᵉ cl.). — Aniline. (V. *Nitrobenzine.*) — Arcansons ou résines de pins. (V. *Résines, etc.*) — Argenture des glaces avec application de vernis aux hydrocarbures : Odeur et danger d'incendie (2⁰ cl.). — Argenture sur métaux. (V. *Dorure et argenture.*) — Arséniate de potasse (Fabrication de l') au moyen du salpêtre : 1º Quand les vapeurs ne sont pas absorbées : Emanations nuisibles (1ʳᵒ cl.) ; 2º Quand les vapeurs sont absorbées : Emanations accidentelles (2⁰ cl.). — Artifice (Fabrication des pièces d') : Danger d'incendie et d'explosion (1ʳᵒ cl.). — *Ajouté, Décret* 17 *août* 1897 : Artifices (Dépôts de pièces d') : Danger d'explosion ou d'incendie ; de 2,000 kilogs et au-dessus (1ʳᵒ cl.) ; de 300 kilogs à 2,000 kilogs exclusivement (2⁰ cl.) ; de 100 kilogs à 300 kilogs exclusivement (3⁰ cl.). — Asphaltes, bitumes, brais et matières bitumineuses solides (Dépôts des) : Odeur, danger d'incendie (3⁰ cl.). — Asphaltes et bitumes (Travail des) à feu nu : Odeur, danger d'incendie (2⁰ cl.). — Ateliers de construction de machines et wagons. (V. *Machines et wagons.*)

Bâches imperméables (Fabrication des) : 1º Avec cuisson des huiles : Danger d'incendie (1ʳᵉ cl.) ; 2º Sans cuisson des huiles : *Idem.* (2ᵉ cl.). — Bains et boues provenant du dérochage des métaux (Traitement des) : 1º Si les vapeurs ne sont pas condensées : Vapeurs nuisibles (1ʳᵒ cl.) ; 2º Si les vapeurs sont condensées : Vapeurs accidentelles (2⁰ cl.). — Baleine (Travail des fanons de). (V. *Fanons de baleine.*) — Baryte caustique par décomposition du nitrate (Fabrication de la) : 1º Si les vapeurs ne sont ni condensées ni détruites : Vapeurs nuisibles (1ʳᵒ cl.) ; 2º Si les vapeurs sont condensées ou détruites : Vapeurs accidentelles (2⁰ cl.). — Baryte (Décoloration du sulfate de) au moyen de l'acide chlorhydrique à vases ouverts : Emanations nuisibles (2⁰ cl.). — Battage, cardage et épuration des laines, crins et plumes de literie : Odeur et poussière (3ᵉ cl.). — Battage des cuirs à l'aide de marteaux : Bruit et ébranlement (3ᵉ cl.). — Battage des tapis en grand : Bruit et poussière (2ᵉ cl.). — Battage et lavage (Ateliers spéciaux pour le) des fils de laine, bourres et déchets de filature de laine et de soie dans les villes : *Idem* (3ᵉ cl.). — Batteurs d'or et d'argent : Bruit (3ᵉ cl.). — Battoir à écorces dans les villes : Bruit et poussière (3ᵉ cl.). — Benzine (Fabrication et dépôts de). (V. *Huiles de pétrole, de schiste, etc.*) — Benzine (Dérivés de la). (V. *Nitrobenzine.*) — Betteraves (Dépôts de pulpes de) humides destinées à la vente : Odeur et émanations (3ᵉ cl.). — Bitumes (Fabrication et dépôts de). (V. *Asphaltes*). — Blanc de plomb. (V. *Céruse.*) — Blanc de zinc (Fabrication de) par la combustion du métal : Fumées métalliques (3ᵉ cl.). — Blanchiment : 1° Des fils, des toiles et de la pâte à papier par le chlore : Odeur, émanations nuisibles (2ᵉ cl.); 2° Des fils et tissus de lin, de chanvre et de coton par les chlorures (hypochlorites alcalins) : Odeur, altération des eaux (3ᵉ cl.); 3° Des fils et tissus de laine et de soie par l'acide sulfureux : Émanations nuisibles (2ᵉ cl.). — Blanchiment des fils et tissus de laine et de soie par l'acide sulfureux en dissolution dans l'eau : Émanations accidentelles (3ᵉ cl.). — Bleu de Prusse (Fabrication du). (V. *Cyanure de potassium.*) — Bleu d'outremer (Fabrication du) : 1° Lorsque les gaz ne sont pas condensés : Émanations nuisibles (1ʳᵉ cl.) ; 2° Lorsque les gaz sont condensés : Émanations accidentelles (2ᵉ cl.). — Bocards à minerais ou à crasses : Bruit (3ᵉ cl.). — Boues et immondices (Dépôts de) et voiries : Odeur (1ʳᵉ cl.). — Bougies de paraffine et autres d'origine minérale (Moulage des) : Odeur, danger d'incendie (3ᵉ cl.). — Bougies et autres objets en cire et en acide stéarique : Danger d'incendie (3ᵉ cl.). — Bouillon de bière (Distillation de). (V. *Distilleries.*) — Boules au glucose caramélisé pour usage culinaire (Fabrication des) : Odeur (3ᵉ cl.). — Bourres. (V. *Battage et lavage des fils de laine, bourres, etc.*) — Boutonniers et autres emboutisseurs de métaux par moyens mécaniques : Bruit (3ᵉ cl.). — Boyauderies (Travail des boyaux frais pour tous usages) : Odeur, émanations nuisibles (1ʳᵉ cl.). — Boyaux et pieds d'animaux abattus (Dépôts de). (V. *Chairs, débris, etc.*) — Boyaux salés destinés au commerce de la charcuterie (Dépôts de) : Odeur (2ᵉ cl.). — Brasseries : *Idem* (3ᵉ cl.). — Briqueteries avec fours non fumivores : Fumée (3ᵉ cl.). — Briqueteries flamandes : *Idem* (2ᵉ cl.). — Briquettes ou agglomérés de houille. (V. *Agglomérés.*) — *Ajouté, Décret 13 avril 1894* : Brûlage de vieilles boîtes et autres objets en fer-blanc : Odeur, fumée (3ᵉ cl.). — Brûleries des galons et tissus d'or ou d'argent. (V. *Galons*). — Buanderies : Altération des eaux (3ᵉ cl.).

Café (Torréfaction en grand du) : Odeur et fumée (3ᵉ cl.). — Caillettes et caillons pour la confection des fromages. (V. *Chairs, débris, etc.*) — Cailloux (Fours pour la calcination des) : Fumée (3ᵒ cl.). — Calorigène (Dépôts de) et mélanges de ce genre : Danger d'incendie (2ᵒ cl.). — Caoutchouc (Application des enduits du) : Danger d'incendie (2ᵒ cl.). — *Ajouté, Décret* 5 *mai* 1888 : Caoutchouc de guerre, destiné à l'exportation (Fabrique et dépôt de) : Danger d'explosion et d'incendie (1ʳᵉ cl.). — *Ajouté, Décret* 15 *mars* 1890 : Caoutchouc factice et caoutchouc des huiles (Fabrication du) : A froid : Odeur (2ᵒ cl.) ; A chaud : Odeur et danger d'incendie (2ᵒ cl.). — *Ajouté, Décret* 27 *nov.* 1903 : Caoutchouc (Régénération du) : Odeur, altération des eaux (2ᵒ cl.). — Caoutchouc (Travail du) avec emploi d'huiles essentielles ou de sulfure de carbone : *Idem* (2ᵒ cl.). — Carbonisation des matières animales en général : Odeur (1ʳᵉ cl.). — Carbonisation du bois : 1ᵒ A l'air libre dans les établissements permanents et autre part qu'en forêt : Odeur et fumée (2ᵒ cl.) ; 2ᵒ En vase clos : Avec dégagement dans l'air des produits gazeux de la distillation : *Idem* (2ᵒ cl.) ; Avec combustion des produits gazeux de la distillation : *Idem* (3ᵒ cl.). *Ajouté, Décret* 24 *juin* 1897 : Carbure de calcium et carbure présentant des dangers analogues (Fabrication de) : Odeur et poussières nuisibles (1ʳᵉ cl.). — Cardage des laines, etc. (V. *Battage.*) — Cartonniers : Odeur (3ᵒ cl.). — *Ajouté, Décret* 15 *mars* 1888 : Cartouches de guerre destinées à l'exportation (Fabriques et dépôts) : Danger d'explosion et d'incendie (1ʳᵉ cl.). — *Ajouté, Décret* 13 *avril* 1894 : Celluloïd (brut ou façonné) (Dépôt de) renfermant : Moins de 300 kilog. : Danger d'incendie (3ᵒ cl.). — De 300 à 800 kilog. : *Idem* (2ᵉ cl.) ; De 800 kilog. et au-dessus : *Idem* (1ʳᵉ cl.). — Celluloïd en dissolution (Dépôt de) dans l'alcool et l'éther, l'acétone, l'éther acétique, renfermant plus de 20 litres : *Idem* (2ᵒ cl.). — Celluloïd et produits nitrés analogues (Ateliers de façonnage de) : *Idem* (2ᵉ cl.) ; (Fabrication de) : Vapeurs nuisibles, danger d'incendie (1ʳᵉ cl.). — *Ajouté, Décret* 16 *juin* 1896 : Cendres de varech (Lessivage des) pour l'extraction des sels de potasse : Emanations nuisibles (3ᵒ cl.). — Cendres d'orfèvre (Traitement des) par le plomb : Fumées métalliques (3ᵒ cl.). — Cendres gravelées : 1ᵒ Avec dégagement de la fumée au dehors : Fumée et odeur (1ʳᵉ cl.) ; 2ᵒ Avec combustion ou condensation des fumées : *Idem* (2ᵒ cl.). — Céruse ou blanc de plomb (Fabrication de la) : Emanations nuisibles (3ᵒ cl.). — Chairs, débris et issues (Dépôts de) provenant de l'abatage des animaux : Odeur (1ʳᵉ cl.). — Chamoiseries : *Idem* (2ᵒ cl.). — Chandelles (Fabrication des) : Odeur, danger d'incendie (3ᵒ cl.). — Chanvre (Teillage et rouissage en grand du). (V. *Teillage et Rouissage.*) — Chanvre imperméable. (V. *Feutre goudronné.*) — Chapeaux de feutre (Fabrication de) : Odeur et poussière (3ᵒ cl.). — Chapeaux de soie ou autres préparés au moyen d'un vernis (Fabrication de) : Danger d'incendie (2ᵒ cl.). — Charbon animal (Fabrication ou revivification du). (V. *Carbonisation des matières animales.*) — Charbon de bois dans les villes (Dépôts ou magasins de) : *Idem* (3º cl.). (V. *Décret* 29 *juill.* 1898, *qui supprime les charbons de bois à brûler dans les villes.*) — Charbons agglomérés. (V. *Agglomérés.*) — Charbons de terre. (V. *Houille* et *Coke.*) — Chaudronnerie et serrurerie (Ateliers de) employant des marteaux à la main, dans les villes et centres de population de 2,000 âmes et au-dessus : 1º Ayant de 4 à 10 étaux ou enclumes ou de 8 à 20 ouvriers : Bruit (3º cl.) ; 2º Ayant plus de 10 étaux ou enclumes ou plus de 20 ouvriers : *Idem* (2º cl.). — Chaudronneries. (V. *Forges* et *Chaudronneries.*) — Chaux (Fours à) : 1º Permanents : Fumée, poussière (2º cl.) ; 2º Ne travaillant pas plus d'un mois par an : *Idem* (3º cl.). — Chicorée (Torréfaction en grand de la) : Odeur et fumée (5º cl.). — Chiens (Infirmerie de) : Odeur et bruit (1re cl.). — Chiffons (Dépôts de) : Odeur (3º cl.). — Chiffons (Traitement des) par la vapeur de l'acide chlorhydrique : 1º Quand l'acide n'est pas condensé : Emanations nuisibles (1re cl.) ; 2º Quand l'acide est condensé : Emanations accidentelles (3º cl.). — *Ajouté, Décret* 13 *avril* 1895 : Chlorate de potasse (Fabrication du) par électrolyse : Poussière (3º cl.). — Chlore (Fabrication du) : Odeur (2º cl.). — Chlorure de chaux (Fabrication du) : 1º En grand : *Idem* (2º cl.) ; 2º Dans les ateliers fabricant au plus 300 kilogrammes par jour : *Idem* (3º cl.). — Chlorures alcalins, eau de Javel (Fabrication des) : Odeur (2º cl.) — *Ajouté, Décret* 15 *mars* 1890 : Chlorures de plomb (Fonderie de) : Emanations nuisibles (2º cl.). — Chlorures de soufre (Fabrication des) : Vapeurs nuisibles (1re cl.). — Choucroute (Ateliers de fabrication de la) : Odeur (3º cl.). — Chromate de potasse (Fabrication du) : *Idem* (3º cl.). — Chrysalides (Ateliers pour l'extraction des parties soyeuses des) : *Idem* (1re cl.). — Ciment (Fours à) : 1º Permanents : Fumée, poussière (2º cl.) ; 2º Ne travaillant pas plus d'un mois par an : *Idem* (3º cl.). — Cire à cacheter (Fabrication de la) : Danger d'incendie (3º cl.). — Cochenille ammoniacale (Fabrication de la) : Odeur (3º cl.). — Cocons : 1º Traitement des frisons de cocons : Altération des eaux (2º cl.) ; 2º Filature de cocons (V. *Filature.*) — Coke (Fabrication du) : 1º En plein air ou en fours non fumivores : Fumée et poussière (1re cl.) ; 2º En fours fumivores : Poussière (2º cl.). — Colle forte (Fabrication de la) : Odeur, altération des eaux (1re cl.). — *Ajouté, Décret* 21 *juin* 1897 : Colles de peaux et colles de pâtes (Fabrique de) : Odeur des résidus (3º cl.). — Collodion (Fabrication du) : Danger d'explosion ou d'incendie (1re cl.). — Combustion des plantes marines dans les établissements permanents : Odeur et fumée (1re cl.). — Construction (Ateliers de). (V. *Machines et Wagons.*) — Cordes à instruments en boyaux (Fabrication de). (V. *Boyauderies.*) — Cornes et sabots (Aplatissement des) : 1º Avec macération : Odeur et altération des eaux (2º cl.) ; 2º Sans macération : Odeur (3º cl.). — Corroieries : *Idem* (2º cl.). — Coton et coton gras (Blanchisseries des déchets de) : Altération des eaux (3º cl.). — Crayons de graphite pour éclairage éléctrique (Fabrication des) : Bruit et fumée (2e cl.). — Cretons (Fabrication de) : Odeur et danger d'incendie (1re cl.). — Crins (Teinture des). (V. *Teintureries.*) — Crins et soies de porc. (V. *Soies de porc.*) — Cristaux (Fabrication de). (V. *Verreries, etc.*) — Cuirs (Battage des). (V. *Battage.*) — Cuirs vernis (Fabrication de) : *Idem* (1re cl.). — Cuirs verts et peaux fraîches (Dépôts de) : Odeur (2º cl.). — Cuivre (Dérochage du) par les acides : Odeur, émanations nuisibles (3e cl.). — *Ajouté, Décret* 22 *déc.* 1900 : Cuivre (Extraction du) par grillage chlorurant des résidus de grillage des pyrites : Emanations nuisibles (1ro cl.). — Cuivre (Fonte du). (V. *Fonderie de cuivre, etc.*) — *Ajouté, Décret* 26 *janv.* 1892 : Cuivres (Trituration des composés de) : Poussière (3e cl.). — Cyanure de potassium et bleu de Prusse (Fabrication de) : 1º Par la calcination directe des matières animales avec la potasse : Odeur (1re cl.) ; 2º Par l'emploi de matières préalablement carbonisées en vases clos : *Idem* (2e cl.). — Cyanure rouge de potassium ou prussiate rouge de potasse : Emanations nuisibles (3º cl.).

Débris d'animaux (Dépôts de). (V. *Chairs, etc.*) — Déchets de laine (Dégraissage des). (V. *Peaux, étoffes, etc.*) — Déchets de matières filamenteuses (Dépôts de) en grand dans les villes : Danger d'incendie (3º cl.). — Déchets des filatures de lin, de chanvre et de jute (Lavage et séchage en grand des) : Odeur, altération des eaux (2e cl.). — Dégras ou huile épaisse à l'usage des chamoiseurs et corroyeurs (Fabrication de) : Odeur, danger d'incendie (2re cl.). — Dérochage de cuivre. (V. *Cuivre*). — Distilleries en général, eau-de-vie, genièvre, kirsch, absinthe et autres liqueurs alcooliques : Danger d'incendie (3e cl.). — Dorure et argenture sur métaux : Emanations nuisibles (3e cl.). — Dynamite (Fabriques et dépôts de). (Régime spécial. Loi du 8 mars 1875 et décrets des 24 août 1875 et 28 octobre 1882.)

Eau de Javelle (Fabrication d'). (V. *Chlorures alcalins.*) — Eau-de-vie. (V. *Distilleries.*) — Eau-forte. (V. *Acide nitrique.*) — Eaux grasses (Extraction, pour la fabrication du savon et autres usages, des huiles contenues dans les) : 1º En vases ouverts : Odeur, danger d'incendie (1re cl.) : 2º En vases clos : Odeur, danger d'incendie (2º cl.). — Eau oxygénée (Fabrique d'). (V. *Baryte caustique.*) — Eaux savonneuses des fabriques. (V. *Huiles extraites des débris d'animaux.*) — Echaudoirs : 1º Pour la préparation industrielle des débris d'animaux : Odeur (1re cl.) ; Pour la préparation des parties d'animaux propres à l'alimentation : *Idem* (3º cl.). — Ecorces (Battoir à). (V. *Battoir.*) — Email (Application de l') sur les métaux : Fumée (3º cl.). — Emaux (Fabrication d') avec fours non fumivores : *Idem* (3º cl.). — Encres d'imprimerie (Fabrication des) : 1º Avec cuisson d'huile à feu nu : Odeur et danger d'incendie (1re cl.) ; 2º Sans cuisson d'huile à feu nu : *Idem* (2e cl.). — Engrais (Dépôt d') au moyen des matières provenant de vidanges ou de débris d'animaux : 1° Non préparés ou en magasin non couvert : Odeur (1re cl.) ; 2° Desséchés ou désinfectés et en magasin couvert, quand la quantité excède 25,000 kilogrammes : *Idem* (2e cl.) ; 3° Les mêmes, quand la quantité est inférieure à 25,000 kilogrammes : *Idem* (3e cl.). — Engrais (Fabrication des) au moyen des matières animales : *Idem* (1re cl.). — *Ajouté, Décret* 15 *mars* 1890 : Engrais et insecticides à base de goudron ou de résidus d'épuration de gaz (Fabrication d') : A l'air libre : Odeur et danger d'incendie (1re cl.) ; En vase clos : *Idem* (2e cl.). — Engraissement des volailles dans les villes (Etablissement pour l') : Odeur (3e cl.). — Epaillage des laines et draps (par la voie humide) : Danger d'incendie (3e cl.). — Eponges (Lavage et séchage des) : Odeur et altération des eaux (3e cl.). — Epuration des laines, etc. (V. *Battage*.) — Equarrissage des animaux (Ateliers d') : Odeur, émanations nuisibles (1re cl.). — Etamage des glaces (Ateliers d') : Emanations nuisibles (3e cl.). — Ether (Dépôts d') : 1° Si la quantité emmagasinée est, même temporairement, de 1000 litres ou plus : Danger d'incendie et d'explosion (1re cl.) ; 2° Si la quantité, supérieure à 100 litres, n'atteint pas 1000 litres : *Idem* (2e cl.). — Ether (Fabrication de l') : *Idem* (1re cl.). — *Ajouté, Décret* 18 *sept.* 1899 : Ether (Distillation de l') : Si la quantité de liquide éthéré distillée à la fois est comprise entre dix et trente litres : Danger d'explosion et d'incendie (2e cl.). 2° Si la quantité de liquide éthéré distillée à la fois dépasse trente litres : *Idem* (2e cl.). — Etoffes (Dégraissage des). (V. *Peaux, étoffes, etc.*) — Etoupe (Transformation en) des cordages hors de service, goudronnés ou non : Danger d'incendie (3e cl.). — Etoupilles (Fabrication d') avec matières explosives : Danger d'explosion et d'incendie (1re cl.).

Faïence (Fabrique de) : 1° Avec fours non fumivores : Fumée (2e cl.) ; 2° Avec fours fumivores : Fumée accidentelle (3e cl.). — Fanons de baleine (Travail des) : Emanations incommodes (3e cl.). — Féculeries : Odeur, altération des eaux (3e cl.). — Fer (Dérochage du) : Vapeurs nuisibles (3e cl.). — Fer (Galvanisation du) : *Idem* (3e cl.). — Fer-blanc (Fabrication du) : Fumée (3e cl.). — Feutre goudronné (Fabrication du) : Odeur, danger d'incendie (2e cl.). — Feutres et visières vernis (Fabrication de) : *Idem* (1re cl.). — Filature de cocons (Ateliers dans lesquels la) s'opère en grand, c'est-à-dire employant au moins six tours : Odeur, altération des eaux (3e cl.). — Fonderies de cuivre, laiton et bronze : Fumées métalliques (3e cl.). — Fonderies en deuxième fusion : Fumée (3e cl.). — Fonte et laminage du plomb, du zinc et du cuivre : Bruit, fumée (3e cl.). — Forges et chaudronneries de grosses œuvres employant des marteaux mécaniques : Fumée, bruit (2e cl.). — Formes en tôle pour raffinerie. (V. *Tôles vernies*.) — Fourneaux (Hauts) : Fumée et poussière (2e cl.). — *Ajouté, Décret* 22 *déc.* 1900 : Fourrières de chiens : Odeur et bruit (2e cl.). — Fours à plâtre et fours à chaux. (V. *Plâtre, chaux.*) — Fromages (Dépôts de) dans les villes : Odeur (3º cl.). — Fulminate de mercure (Fabrication du) (Régime spécial. Ordonnance du 30 octobre 1836) : Danger d'explosion et d'incendie (1re cl.).

Galipots ou résines de pin. (V. *Résines.*) — Galons et tissus d'or et d'argent (Brûlerie en grand des) dans les villes : Odeur (2º cl.). — Gaz (Goudrons des usines à). (V. *Goudrons.*) — Gaz d'éclairage et de chauffage (Fabrication du) : 1º Pour l'usage public. (Régime spécial. Décret du 9 février 1867) : Odeur, danger d'incendie (2º cl.) ; 2º Pour l'usage particulier : *Idem* (3º cl.). — Gazomètres pour l'usage particulier, non attenant aux usines de fabrication : *Idem* (3º cl.). — Gélatine alimentaire et gélatine provenant de peaux blanches et de peaux fraîches non tannées (Fabrication de) : Odeur (3º cl.). — Générateurs de vapeur (Régime spécial. Décret 30 avril 1880). — Genièvre. (V. *Distilleries.*) — Glace. (V. *Réfrigération.*) — Glace (Etamage des). (V. *Etamage.*) — Glycérine (Distillation de la) : *Idem* (3º cl.). — Glycérine (Extraction de la) des eaux de savonnerie ou de stéarinerie : *Idem* (2º cl.). — Goudrons et brais végétaux d'origines diverses (Elaboration des) : Odeur, danger d'incendie (1re cl.). — Goudrons et matières bitumineuses fluides (Dépôts de) : *Idem* (2º cl.). — Goudrons (Traitement des) dans les usines à gaz où ils se produisent : *Idem* (2º cl.). — Goudrons (Usines spéciales pour l'élaboration des) d'origines diverses : *Idem* (1re cl.). — *Ajouté, Décret* 15 *mars* 1890 : Graisses (Fonte aux acides des) : Odeur et altération des eaux (2º cl.). — Graisses à feu nu (Fonte des) : Odeur, danger d'incendie (1re cl.). — Graisses de cuisine (Traitement des) : Odeur (1re cl.). — Graisses et suifs (Refonte des) : *Idem* (3º cl.). — Gravure chimique sur verre, avec application de vernis aux hydrocarbures : *Idem* (2º cl.). — Grillage des minerais sulfureux : Fumée, émanations nuisibles (1re cl.). — *Ajouté, Décret* 15 *mars* 1890 : Grillage de minerais sulfureux quand les gaz sont condensés et que le minerai ne renferme pas d'arsenic : *Idem* (2º cl.). — Guano (Dépôts de) : 1º Quand l'approvisionnement excède 25,000 kilogrammes : Odeur (1re cl.) ; 2º Pour la vente au détail : *Idem* (3º cl.).

Harengs (Saurage des) : *Idem* (3º cl.) — Hongroieries : *Idem* (3º cl.). — Houille (Agglomérés de). (V. *Agglomérés.*) — Huile de Bergues (Fabrique d'). (V. *Dégras.*) — Huile de pieds de bœuf (Fabrication d') : 1º Avec emploi de matières en putréfaction : *Idem* (1re cl.) ; 2º Quand les matières employées ne sont pas putréfiées : *Idem* (2º cl.). — Huile épaisse ou dégras. (V. *Dégras.*) — Huileries ou moulins à huiles : Odeur, danger d'incendie (3º cl.). — Huiles de pétrole, de schiste et de goudron, essences et autres hydrocarbures employés pour l'éclairage, le chauffage, la fabrication des couleurs et vernis, le dégraissage des étoffes et autres usages (Fabrication, distillation, travail en grand et dépôts d').

(Régime spécial. Décrets des 19 mai 1873, 12 juillet 1884 et 20 mars 1885). — Huiles de poisson (Fabrique d') : *Idem* (1re cl.). — Hulies de résine (Fabrication d') : *Idem* (1re cl.). — Huiles de ressence (Fabrication d') : Odeur, altération des eaux (2e cl.). — Huiles (Epuration des) : Odeur, danger d'incendie (3e cl.). — Huiles essentielles ou essences de térébenthine, d'aspic et autres. (V. *Huiles de pétrole, de schiste, etc.*) — Huiles et autres corps gras extraits des débris de matières animales (Extraction des) : *Idem* (1re cl.). — Huiles extraites des schistes bitumineux. (V. *Huiles de pétrole, de schiste, etc.*) — Huiles lourdes créosotées (Injection des bois à l'aide des) : Ateliers opérant en grand et d'une manière permanente : *Idem* (2e cl.). — *Ajouté, Décret 22 déc.* 1900). Huiles minérales (Traitement ou mélange à chaud, ou cuisson avec des huiles végétales ou des huiles lourdes minérales) : Odeur et danger d'incendie (1re cl.). — Huiles végétales et huiles minérales lourdes (Traié ou mélange à chaud ou cuisson des) : 1o Par chauffage à feu nu : Odeur et danger d'incendie (1re cl.) ; 2o Par chauffage à la vapeur libre produite dans un local séparé de l'atelier où sont les appareils : Odeur et danger d'incendie (3e cl.). — Huiles végétales et huiles minérales lourdes. Mélange avec réchauffement vers 45 à 50o, en vue de défiger les huiles dans un local séparé de celui où sont les fûts d'huiles à mélanger : Odeur et danger d'incendie (3e cl.). — Huiles oxydées par exposition à l'air (Fabrication et emploi d') : 1o Avec cuisson préalable : *Idem* (1re cl.). — 2o Sans cuisson : Odeur, danger d'incendie (2e cl.). — Huiles rousses (Fabrication d') par extraction des cretons et débris de graisse à haute température : *Idem* (1re cl.). — *Ajouté, Décret 27 nov.* 1903 : Un approvisionnement d'hydrocarbure de 1500 litres et au-dessus : Odeur et danger d'incendie (3e cl.).

Impressions sur étoffes. (V. *Toiles peintes.*)

Jute (Teillage du). (V. *Teillage.*)

Kirsch. (V. *Distilleries.*)

Laine. (V. *Battage et lavage des fils de laine, etc.*) — Laiteries en grand dans les villes : Odeur (2e cl.). — Lard (Ateliers à enfumer le) : Odeur et fumée (3e cl.). — Lavage des cocons. (V. *Cocons.*) — Lavage et séchage des éponges. (V. *Éponges.*) — Lavoirs à houille : Altération des eaux (3e cl.). — Lavoirs à laine : *Idem* (3e cl.). — Lavoirs à minerais en communication avec des cours d'eau : *Idem* (3e cl.). — Lessives alcalines des papeteries (Incinération des) : Fumée, odeur et émanations nuisibles (2e cl.). — *Ajouté, Décret 26 janv.* 1892 : Liège (Usine pour la trituration du) : Danger d'incendie (2e cl). — Lies de vin (Incinération des) : 1o Avec dégagement de la fumée au dehors : Odeur (1re cl.) ; 2o Avec combustion ou condensation des fumées : *Idem* (2e cl.). — Lies de vin (Séchage des) : *Idem* (2e cl.). — Lignites (Incinération des) : Fumée, émanations nuisibles (1re cl.). — Lin (Rouissage du). (V.

Rouissage.) — Lin (Teillage en grand du). (V. *Teillage.*) — Liquides pour l'éclairage (Dépôts de) au moyen de l'alcool et des huiles essentielles : Danger d'incendie et d'explosion (2º cl.). — Liqueurs alcooliques. (V. *Distilleries.*) — Litharge (Fabrication de la) : Poussière nuisible (3º cl.).

Machines et wagons (Ateliers de construction de) : Bruit, fumée (2º cl.). — Machines à vapeur. (V. *Générateurs.*) — Malteries : Altération des eaux (3º cl.). — Marcs ou charrées de soude (Exploitation des), en vue d'en extraire le soufre, soit libre, soit combiné : Odeur, émanations nuisibles (1ʳᵉ cl.). — Maroquineries : Odeur (3º cl.). — Massicot (Fabrication du) : Emanations nuisibles (3º cl.). — Matières colorantes (Fabrication des) au moyen de l'aniline et de la nitrobenzine : Odeur, émanations nuisibles (3º cl.). Mèches de sûreté pour mineurs (Fabrication des) : 1º Quand la quantité manipulée ou conservée dépasse 100 kilogrammes de poudre ordinaire : Danger d'incendie ou d'explosion (1ʳᵉ cl.); 2º Quand la quantité manipulée ou conservée est inférieure à 100 kilogrammes de poudre ordinaire : *Idem* (2º cl.). Mégisseries : Odeur (3º cl.). — Ménageries : Danger des animaux (1ʳᵉ cl.). — Métaux (Ateliers de) pour construction de machines et appareils. (V. *Machines.*) — *Ajouté, Décret* 25 *déc.* 1901 : Minerais de zinc non sulfureux (Réduction des), Bruit et fumée (3º cl.). — Minium (Fabrication du) : Emanations nuisibles (3º cl.). — *Ajouté, Décret* 15 *mars* 1890 : Minerais de métaux précieux (Traitement des) : *Idem.* (3º cl.). — Miroirs métalliques (Fabrique de) et autres ateliers employant des moutons : 1º Où on emploie des marteaux ne pesant pas plus de 25 kilogrammes et n'ayant que 1 mètre au plus de longueur de chute : Bruit et ébranlement (3º cl.) ; 2º Où on emploie des marteaux ne pesant pas plus de 25 kilogrammes et ayant plus de 1 mètre de longueur de chute : *Idem* (2º cl.); 3º Où on emploie des marteaux d'un poids supérieur à 25 kilogrammes, quelle que soit la longueur de chute : *Idem* (2º cl.). — Morues (Sécheries des) : Odeur (2º cl.). — Moulins à broyer le plâtre, la chaux, les cailloux et les pouzzolanes : Poussière (3º cl.). — Moulins à huile. (V. *Huileries.*) — Moutons (Ateliers employant des). (V. *Miroirs métalliques.*) — Murexide (Fabrication de la) en vases clos par la réaction de l'acide azotique et de l'acide urique du guano : Emanations nuisibles (2º cl.).

Nitrate de méthyle (Fabrique de) : Danger d'explosion (1ʳᵉ cl.). — Nitrates métalliques obtenus par l'action directe des acides (Fabrication des) : 1º Si les vapeurs ne sont pas condensées : Vapeurs nuisibles (1ʳᵉ cl.) ; 2º Si les vapeurs sont condensées : Vapeurs accidentelles (2º cl.). — Nitrobenzine, aniline et matières dérivant de la benzine (Fabrication de) : Odeur, émanations nuisibles et danger d'incendie (2º cl.). — Noir de fumée (Fabrication du) par la distillation de la houille, des goudrons, bitumes, etc. : Fumée, odeur (2º cl.). — Noir des raffineries et des sucreries (Revivification du) : Emanations nuisibles, odeur (2º cl.). — Noir d'ivoire et noir animal (Distillation des os ou fabrication du) : 1º Lorsqu'on n'y brûle pas les gaz : Odeur (1rº cl.); 2º Lorsque les gaz sont brûlés : *Idem* (2º cl.). — Noir minéral (Fabrication du) par le broyage des résidus de la distillation des schistes bitumineux : Odeur et poussière (3º cl.).

Oignons (Dessiccation des) dans les villes : Odeur (2º cl.). — Olives (Confiserie des) : Altération des eaux (3º cl.). — Olives (Tourteaux d'). (V. *Tourteaux*.) — *Ajouté, Décret* 25 *déc.* 1901 : Ordures ménagères (Incinération des) : 1º Quel que soit l'état et la quantité traitée journellement : Poussières, fumées, odeurs (1rº cl.) ; 2º A l'état vert s'il en est traité au plus 150 tonnes par jour et si leur traitement est opéré sans triage et dans les vingt-quatre heures de leur apport : Poussières, fumées, odeurs (2º cl.). — Orseille (Fabrication de l') : 1º En vases ouverts : Odeur (1rº cl.) ; 2º A vases clos et employant de l'ammoniaque à l'exclusion de l'urine : *Idem* (3º cl.). — Os (Torréfaction des) pour engrais : 1º Lorsque les gaz ne sont pas brûlés : Odeur et danger d'incendie (1rº cl.); 2º Lorsque les gaz sont brûlés : *Idem* (2º cl.). — Os d'animaux (Calcination des). (V. *Carbonisation des matières animales*.) — Os frais (Dépôts d') en grand : Odeur, émanations nuisibles (1rº cl.). Os secs (Dépôts d') en grand : Odeur (3º cl.). — Ouates (Fabrication des) : Poussières et danger d'incendie (3º cl.).

Ajouté, Décret 25 *déc.* 1901 : Pailles et autres fibres végétales par l'acide sulfureux (Blanchisserie des) : Emanations nuisibles (1º cl.). — Papier (Fabrication du) : Danger d'incendie (3º cl.). — Parchemineries : Odeur (3º cl.). — Pâte à papier (Préparation de la) au moyen de la paille et autres matières combustibles : Altération des eaux (2º cl.). — Peaux de lièvres et de lapins. (V. *Secrétage*.) — Peaux de moutons (Séchage des) : Odeur (3º cl.). — Peaux, étoffes et déchets de laine (Dégraissage des) par les huiles de pétroles et autres hydrocarbures : Odeur et danger d'incendie (1rº cl.). — Peaux fraîches. (V. *Cuirs verts*.) — Peaux (Lustrage et apprêtage des) : Odeur et poussière (3º cl.). — Peaux (Planage et séchage des) : Odeur (2º cl.). — Peaux salées et non séchées (Dépôt de) : *Idem* (3º cl.). — Peaux sèches (Dépôts de) conservées à l'aide de produits odorants : *Idem* (3º cl.) — Perchlorure de fer par dissolution du peroxyde de fer (Fabrication de) : Emanations nuisibles (3º cl.). — Pétrole (V. *Huiles de pétrole, etc.*) — Phellosine (Fabrication de la) : Odeur et danger d'incendie (1rº cl.). — Phosphate de chaux (Ateliers pour l'extraction et le lavage du) : Altération des eaux (3º cl.). — Phosphore (Fabrication du) : Danger d'incendie (1rº cl.). — Pilerie mécanique des drogues : Bruit et poussière (3º cl.). — Pipes à fumer (Fabrication des) : 1º Avec fours non fumivores : Fumée (2º cl.) ; 2º Avec fours fumivores : Fumée accidentelle (3º cl.). — Plantes marines. (V. *Combustion des plantes marines.*) — Platine (Fabrication du) : Emanations nuisibles (2º cl.). Plâtre (Fours à) : 1º Permanents : Fumée et poussière (2º cl.) : 2º Ne travaillant pas plus d'un mois : *Idem* (3º cl.). — Plomb (Fonte et laminage du). (V. *Fonte*). — Poêliers fournalistes, poêles et fourneaux en faïence et terre cuite. (V. *Faïence*.)— Poils de lièvre et de lapin. (V. *Secrétage*.) — Poissons salés (Dépôt de) : Odeur incommode (2º cl.) — Porcelaine (Fabrication de la) : 1º Avec fours non fumivores : Fumée (2º cl.); 2º Avec fours fumivores : Fumée accidentelle (3º cl.). — *Ainsi modifié, Décret* 15 *mars* 1890 : Porcheries comprenant plus de six animaux ayant cessé d'être allaités : 1º Lorsqu'elles ne sont point l'accessoire d'un établissement agricole : Odeur, bruit (2º cl.); 2º Lorsque, dépendant d'un établissement agricole, elles sont situées dans les agglomérations urbaines de 5,000 âmes et au-dessus: *Idem* (2º cl.). — Potasse (Fabrication de la) par calcination des résidus de mélasse : Fumée et odeur (2º cl.). —Poteries de terre (Fabrication de) avec fours non fumivores : Fumée (3º cl.). — Poudres et matières fulminantes (Fabrication de). (V. aussi *Fulminate de mercure.*) : Danger d'explosion et d'incendie (1re cl.). — *Ajouté, Décret* 15 *mars* 1890 : Poudres de mines comprimées (Fabrication de cartouches de) : Danger d'explosion ou d'incendie (1re cl.). — Poudrette (Dépôt de). (V. *Engrais.*) — Poudrette (Fabrication de) et autres engrais au moyen de matières animales : Odeur et altération des eaux (1re cl.). — Pouzzolane artificielle (Fours à) : Fumée (3º cl.). — Protochlorure d'étain ou de sel d'étain (Fabrication du) : Emanations nuisibles (2º cl.). — Prussiate de potasse. (V. *Cyanure de potassium*). — Pulpes de betteraves. (V. *Betteraves.*) — Pulpes de pommes de terre. (V. *Féculeries.*)

Raffineries et fabriques de sucre : Fumée, odeur (2º cl.). — Réfrigération (Appareils de) : 1º Par l'acide sulfureux : Emanations nuisibles (2º cl.); 2º Par l'ammoniaque : Odeur (3º cl.); 3º Par l'éther ou autres liquides volatils et combustibles : Danger d'explosion et d'incendie (3º cl.) — (*Ajouté, Décret* 27 *nov.* 1903.) Régénération du caoutchouc (2º cl.) : Odeur, altération des eaux. — Résines, galipots et arcansons (Travail en grand pour la fonte et l'épuration des) : Odeur, danger d'incendie (1re cl.). — Rogues (Dépôts de salaisons liquides connues sous le nom de) : Odeur (2º cl.). — Rouge de Prusse et d'Angleterre : Emanations nuisibles (1re cl.). — Rouissage en grand du chanvre et du lin : Emanations nuisibles et altérations des eaux (1re cl.). — *Ainsi modifié, Décret* 13 *avril* 1894 : Rouissage en grand du chanvre, du lin et de la ramie par l'action des acides, de l'eau chaude et de la vapeur : *Idem* (2º cl.).

Sabots (Ateliers à enfumer les) par la combustion de la corne ou d'autres matières animales dans les villes : Odeur et fumée (1re cl.). — Salaison et préparation des viandes : Odeur (3º cl.).

— Salaisons (Ateliers pour les) et le saurage des poissons : *Idem* (2º cl.). — Salaisons (Dépôts de) dans les villes : *Idem* (3º cl.). Sang : 1º Ateliers pour la séparation de la fibrine, de l'albumine, etc. : *Idem* (1ʳᵉ cl.); 2º (Dépôts de) pour la fabrication du bleu de Prusse et autres industries : *Idem* (1ʳᵉ cl.); 3º (Fabrique de poudre de) pour la clarification des vins : *Idem* (1ʳᵉ cl.). — Sardines (Fabriques de conserves de) dans les villes : *Idem* (2º cl.). — Saucissons (Fabrication en grand de) : *Idem* (2º cl.). — Saurage des harengs. (V. *Harengs.*) — Savonneries : *Idem* (3º cl.). — Schistes bitumineux. (V. *Huiles de pétrole, de schiste, etc.*) — Scieries mécaniques des établissements où l'on travaille le bois à l'aide de machines à vapeur ou à feu : Danger d'incendie (3º cl.). — Sécheries des éponges. (V. *Éponges.*) — Séchage des morues. (V. *Morues.*) — Secrétage des peaux ou poils de lièvre et de lapin : Odeur (2º cl.). — Sel ammoniac et sulfate d'ammoniaque (Fabrication des) par l'emploi des matières animales : 1º Comme établissement principal : Odeur, émanations nuisibles (1ʳᵉ cl.); 2º Comme annexe d'un dépôt d'engrais provenant des vidanges ou de débris d'animaux précédemment autorisé : *Idem* (2º cl.). — Sel ammoniac et sulfate d'ammoniaque extraits des eaux d'épuration du gaz (Fabrique spéciale de) : Odeur (2º cl.). — Sel de soude (Fabrication du) avec le sulfate de soude : Fumée, émanations nuisibles (3º cl.). — Sel d'étain. (V. *Protochlorure d'étain.*) — Serrurerie (Ateliers de). (V. *Chaudronnerie et serrurerie.*) — Sinapismes (Fabrication des) à l'aide des hydrocarbures : 1º Sans distillation : Odeur (2º cl.); 2º Avec distillation : Odeur et danger d'incendie (1ʳᵉ cl.). — Sirops de fécule et de glucose (Fabrication des) : Odeur (3º cl.). — Soies. (V. *Filature de cocons.*) — *Ajouté, Décret* 13 *avril* 1894 : Soie artificielle (Fabrication de la) au moyen du collodion : Danger d'explosion ou d'incendie (1ʳᵉ cl.). — Soies de porc (Préparation des) : 1º Par fermentation : Odeur (1ʳᵉ cl.); 2º Sans fermentation : Odeur et poussière (3º cl.). — Soude. (V. *Sulfate de soude.*) — Soudes brutes (Dépôts de résidus provenant du lessivage des) : Odeur, émanations nuisibles (1ʳᵉ cl.). — Soudes brutes de varech (Fabrication des) dans les établissements permanents : Odeur et fumée (1ʳᵉ cl.). — Soufre (Fusion ou distillation du) : Emanations nuisibles, danger d'incendie (2º cl.). — Soufre (Lustrage au) des imitations de chapeaux de paille : Poussière nuisible (3º cl.). — Soufre (Pulvérisation et blutage du) : Poussière, danger d'incendie (3º cl.). — Sucre. (V. *Raffineries et fabriques de sucre.*) — *Ajouté, Décret* 26 *janv.* 1892 : Sucres (Râperies annexées aux fabriques de) : Odeur et altération des eaux (3º cl.). — Suif brun (Fabrication du) : Odeur, danger d'incendie (1ʳᵉ cl.). — Suif en branche (Fonderie de) : 1º A feu nu : *Idem* (1ʳᵉ cl.); 2º Au bain-marie ou à la vapeur : Odeur (2º cl.). — Suif d'os (Fabrication du) : Odeur, altération des eaux, danger d'incendie (1ʳᵉ cl.). — Sulfate de baryte (Décoloration du). (V. *Baryte.*) — Sulfate de cuivre (Fabrication du) au moyen du grillage des pyrites : Emanations nuisibles et fumée (1re cl.). — Sulfate de fer, d'alumine et alun (Fabrication du) par le lavage des terres pyriteuses et alumineuses grillées : Fumée et altération des eaux (3º cl.). — Sulfate de mercure (Fabrication du) : 1º Quand les vapeurs ne sont pas absorbées : Emanations nuisibles (1re cl.) ; 2º Quand les vapeurs sont absorbées : Emanations moindres (2º cl.). — Sulfate de peroxyde de fer (Fabrication du) par le sulfate de protoxyde de fer et l'acide nitrique (nitro-sulfate de fer) : Emanations nuisibles (2º cl.). — Sulfate de protoxyde de fer ou couperose verte par l'action de l'acide sulfurique sur la ferraille (Fabrication en grand du) : Fumée, émanations nuisibles (3e cl.). — Sulfate de soude (Fabrication du) par la décomposition du sel marin par l'acide sulfurique : 1º Sans condensation de l'acide chlorhydrique : Emanations nuisibles (1re cl.); 2º Avec condensation complète de l'acide chlorhydrique : *Idem* (2º cl.). — Sulfure d'arsenic (Fabrication du), à la condition que les vapeurs seront condensées : Odeur, émanations nuisibles (2º cl.) — Sulfure de carbone (Dépôts de). (Suivant le régime des huiles de pétrole.) — Sulfure de carbone (Fabrication du) : Odeur, danger d'incendie (1re cl.). — Sulfure de carbone (Manufactures dans lesquelles on emploie en grand le) : Danger d'incendie (1re cl.). — Sulfure de sodium (Fabrication du) : Odeur (2º cl.). — Sulfures métallique. (V. *Grillage des minerais sulfureux*.) — Superphosphate de chaux et de potasse (Fabrication du) : Emanations nuisibles (2e cl.).

Tabac (Incinération des côtes de) : Odeur et fumée (1re cl.). — Tabacs (Manufactures de) : Odeur et poussière (2e cl.). — Tabatières en carton (Fabrication des) : Odeur et danger d'incendie (3e cl.). — Taffetas et toiles vernis ou cirés (Fabrication des) : *Idem* (1re cl.) — Tan (Moulins à) : Bruit et poussière (3º cl.). — Tannée humide (Incinération de la) : Fumée, odeur (2º cl.). — Tanneries : Odeur (2º cl.). — Tapis (Battage en grand des). (V. *Battage*.) — Teillage du lin, du chanvre et du jute en grand) : Poussière et bruit (2º cl.). — Teintureries : Odeur et altération des eaux (3º cl.). — Teintureries de peaux : Odeur (3º cl.). — Térébenthine (Distillation et travail en grand de la). (V. *Huiles de pétrole, de schiste, etc.*) — Terres émaillées (Fabrication de) : 1º Avec fours non fumivores : Fumée (2º cl.); 2º Avec fours fumivores : Fumée accidentelle (3º cl.). — Terres pyriteuses et alumineuses (Grillage des) : Fumée, émanations nuisibles (1re cl.). — Tissus d'or et d'argent (Brûlerie en grand des). (V. *Galons*.) — Toiles (Blanchiment des). (V. *Blanchiment*.). — Toiles cirées. (V. *Taffetas et toiles vernis*.) — Toiles grasses pour emballage, tissus, cordes goudronnées, papiers goudronnés, cartons et tuyaux bitumés (Fabrique de) : 1º Travail à chaud : Odeur, danger d'incendie (2º cl.) ; 2º Travail à froid : *Idem* (3º cl.). — Toiles peintes (Fabrique de) : Odeur (3º cl.). — Toiles vernies (Fabrique de). (V. *Taffe-*

tas et toiles vernis.) — Tôles et métaux vernis : Odeur, danger d'incendie (3ᵉ cl.). — Tonnellerie en grand opérant sur des fûts imprégnés de matières grasses et putrescibles : Bruit, odeur et fumée (2ᵒ cl.). — Torches résineuses (Fabrication de) : Odeur et danger du feu (2ᵒ cl.). — Tourbe (carbonisation de la) : 1ᵒ A vases ouverts : Odeur et fumée (1ʳᵒ cl.) ; 2ᵒ En vases clos : Odeur (2ᵉ cl.). — Tourteaux d'olives (Traitement des) par le sulfure de carbone : Danger d'incendie (1ʳᵒ cl.). — Tréfileries : Bruit et fumée (3ᵒ cl.). — Triperies annexes des abattoirs : Odeur et altération des eaux (1ʳᵒ cl.). — Tueries d'animaux. (V. aussi *Abattoirs publics*) : Danger des animaux et odeur (2ᵒ cl.). — Tuileries avec fours non fumivores : Fumée (3ᵒ cl.). — Tuiles métalliques (Trempage au goudron des) : Emanations nuisibles, danger d'incendie (2ᵒ cl.) — Tuyaux de drainage (Fabrique de) : Fumée (3ᵒ cl.).

Urate (Fabrique d'). (V. *Engrais* [*Fabrication des*].) — (*Ajouté, Décr.* 27 *nov.* 1903.) Usines de dénaturation de l'alcool par mélange avec des hydrocarbures de la 1ʳᵒ catégorie (art. 1ᵒʳ du décret du 19 mai 1873) comportant un approvisionnement d'hydrocarbure de plus ¦de 1500 litres (1ʳᵒ cl.) ; un approvisionnement d'hydrocarbure de 1500 litres et au-dessous (3ᵉ cl.) : Odeur, danger d'incendie.

Vacheries dans les villes de plus de 5,000 habitants : Odeur et écoulement des urines (3ᵉ cl.). — Varech. (V. *Soudes de varech*.) — Verdet ou vert-de-gris (Fabrication du) au moyen de l'acide pyroligneux : Odeur (3ᵉ cl.). — Vernis à l'esprit-de-vin (Fabrique de) : Odeur et danger d'incendie (2ᵒ cl.). — Vernis (Ateliers où l'on applique le) sur les cuirs, feutres, taffetas, toiles, chapeaux. (V. ces mots.) — Vernis gras (Fabrique de) : *Idem* (1ʳᵒ cl.). — Vernis. (V. *Argenture des glaces*.) — Verreries, cristalleries et manufactures de glaces : 1ᵒ Avec fours non fumivores : Fumée et danger d'incendie (2ᵒ cl.) ; 2ᵒ Avec fours fumivores : Danger d'incendie (3ᵒ cl.). — Vessies nettoyées et débarrassées de toute substance membraneuse (Ateliers pour le gonflement et le séchage des) : Odeur (2ᵒ cl.). — Viandes (Salaisons des). (V. *Salaisons*.) — Visières vernies (Fabrique de) (V. *Feutres et visières*.) — Voirie. (V. *Boues et immondices*.) — Volailles (Engraissement des). (V. *Engraissement*.)

Wagons (Construction des). (V. *Machines et wagons*.)

Voir Loi du 12 juin 1893.

Repos hebdomadaire.

DÉCRET du 24 août 1896 organisant le contrôle de l'application de la loi du 13 juillet 1906 sur le repos hebdomadaire, modifié par le décret du 13 juillet 1907.

ART. 1ᵉʳ. *(Ainsi modifié, Décret 13 juillet 1907.)* Dans les établissements spécifiés à l'article 1ᵉʳ de la loi du 13 juillet 1906 qui ne donnent pas à tout le personnel, sans exception, le repos de la journée entière du dimanche, les chefs d'entreprise, directeurs ou gérants sont soumis aux obligations ci-après : — 1° Lorsque le repos hebdomadaire est donné collectivement à la totalité ou à une partie du personnel soit un autre jour que le dimanche, soit du dimanche midi au lundi midi, soit le dimanche après-midi sous réserve du repos compensateur, soit suivant tout autre mode exceptionnel permis par la loi, des affiches doivent indiquer les jours et heures du repos collectif ainsi donné. — 2° Lorsque le repos n'est pas donné collectivement à tout le personnel, soit pendant la journée entière du dimanche, soit sous l'une des autres formes prévues par la loi, un registre spécial doit mentionner les noms des employés et ouvriers soumis à un régime particulier de repos et indiquer ce régime. En ce qui concerne chacune de ces personnes, le registre doit faire connaître le jour et éventuellement les fractions de journées choisies pour le repos. — L'inscription sur ce registre des employés ou des ouvriers récemment embauchés devient obligatoire après un délai de six jours. Jusqu'à l'expiration de ce délai, et à défaut d'inscription sur le registre, il ne peut être réclamé par les agents chargés du contrôle qu'un cahier régulièrement tenu portant l'indication du nom et la date d'embauchage de l'ouvrier ou employé.

2. *Ainsi modifié, Décret 13 juillet 1907.)* L'affiche doit être facilement accessible et lisible. — Un duplicata en est envoyé avant sa mise en service à l'inspecteur du travail de la circonscription. — Le registre est tenu constamment à jour; la mention des journées de repos, dont bénéficie un employé ou un ouvrier, peut toujours être modifiée ; il suffit que la modification de service soit portée au registre avant de recevoir exécution ; toutefois, la modification ainsi faite ne peut en aucun cas priver le remplaçant du repos auquel il a droit. — Le registre reste à la disposition des agents chargés du contrôle et doit être communiqué aux em-

ployés et ouvriers qui en font la demande. Il est visé par les agents chargés du contrôle au cours de leurs visites.

3. Tout chef d'entreprise, directeur ou gérant, qui veut suspendre le repos hebdomadaire, en vertu soit de l'article 4, soit des paragraphes 2 et 3 de l'article 6 de la loi, doit en aviser immédiatement, et, sauf le cas de force majeure, avant le commencement du travail, l'inspecteur de la circonscription. — Il doit faire connaître à ce fonctionnaire les circonstances qui justifient la suspension du repos hebdomadaire, indiquer la date et la durée de cette suspension, et spécifier le nombre d'employés et d'ouvriers auxquels elle s'applique. — En outre, dans le cas prévu par l'article 4, lorsque des travaux urgents sont exécutés par une entreprise distincte, l'avis du chef, du directeur ou du gérant de cette entreprise mentionne la date du jour du repos compensateur assuré au personnel. — Pour les industries déterminées au paragraphe 3 de l'article 6, l'avis indique les deux jours de repos mensuel réservés aux employés et ouvriers.

4. Dans les établissements spécifiés au paragraphe 1er de l'article 6 de la loi, le chef d'entreprise, directeur ou gérant doit, en cas de repos imposé par les intempéries, en prévenir, le jour même, l'inspecteur du travail et lui indiquer le nombre des personnes qui ont chômé. Il fait connaître, la veille au plus tard, à l'inspecteur, le jour où le repos hebdomadaire sera supprimé en compensation du chômage.

5. Dans les cas prévus par les articles 3 et 4 ci-dessus, copie de l'avis doit être affichée dans l'établissement pendant toute la durée de la dérogation.

Voir Loi du 13 juillet 1906.

DÉCRET du 17 mai 1905, relatif à l'organisation du corps des inspecteurs du travail. — Ministère du Commerce, de l'Industrie, des Postes et des Télégraphes.

Le Président de la République française,

Sur le rapport du Ministre du Commerce, de l'Industrie, des Postes et des Télégraphes,

Vu les paragraphes 1, 2, 3, 4, 5 et 6 de l'article 18 de la loi du 2 novembre 1892, ainsi conçus :

« Les inspecteurs du travail sont nommés par le Ministre du Commerce et de l'Industrie.

« Ce service comprendra :

« 1° Des inspecteurs divisionnaires ;

« 2° Des inspecteurs ou inspectrices départementaux.

« Un décret rendu après avis du comité des arts et manufactures et de la commission supérieure du travail ci-dessous instituée déterminera les départements dans lesquels il y aura lieu de créer des inspecteurs départementaux. Il fixera le nombre, le traitement et les frais de tournée de ces inspecteurs.

« Les inspecteurs et inspectrices départementaux sont placés sous l'autorité de l'inspecteur divisionnaire;

Vu le paragraphe 2 de l'article 19 de ladite loi, ainsi conçu :

« La nomination au poste d'inspecteur titulaire ne sera définitive qu'après un stage d'un an. »

Vu les décrets des 10 mai 1902 et 19 juin 1904 ;

Vu l'avis du comité consultatif des arts et manufactures ;

Vu l'avis de la commission supérieure instituée par l'article 22 de la loi précitée ;

Décrète :

ART. 1er. — Le nombre des inspecteurs du travail est fixé comme suit :

11 inspecteurs divisionnaires ;

111 inspecteurs ou inspectrices départementaux.

2. — La limitation des circonscriptions attribuées aux inspecteurs divisionnaires, le lieu de leurs résidences, l'indication du département ou des départements inspectés par les inspecteurs ou inspectrices départementaux, les lieux de résidence de ces inspecteurs ou inspectrices sont inscrits au tableau suivant :

CIRCONSCRIPTIONS	DÉPARTEMENTS	NOMBRE DES INSPECTEURS OU INSPECTRICES DÉPARTEMENTAUX	RÉSIDENCE DES INSPECTEURS DÉPARTEMENTAUX	RÉSIDENCE DES INSPECTEURS-DIVISIONNAIRES
1re	Seine......................	13 inspecteurs. 14 inspectrices.	Paris.	Paris.
2e	Seine-et-Oise, Seine-et-Marne......	2 inspecteurs.	Paris.	Limoges.
	Loiret, Cher, et Loir-et-Cher......	2 inspecteurs.	Orléans. Bourges.	
	Indre-et-Loire..............	1 inspecteur.	Tours.	
	Indre, Vienne..............	1 inspecteur.	Poitiers.	
	Haute-Vienne..............	1 inspecteur.	Limoges.	
	Allier, Creuse..............	1 inspecteur.	Montluçon.	
	Yonne, Nièvre..............	1 inspecteur.	Nevers.	
3e	Aube, Haute-Marne, Côte-d'Or......	5 inspecteurs.	Troyes. Dijon. Belfort.	Dijon.
	Haute-Saône, Territoire de Belfort......		Besançon.	
	Doubs, Jura et Saône-et-Loire......		Chalon-sur-Saône. Saint-Quentin.	
4e	Aisne, Ardennes, Marne, Meuse......	8 inspecteurs.	Reims. Mézières. Bar-le-Duc.	Nancy.
	Meurthe-et-Moselle et Vosges......		Nancy. Epinal.	
1	2	3	4	5

1	2	3	4	5
5°	Nord, Pas-de-Calais et Somme	13 inspecteurs. 1 inspectrice.	Lille. Roubaix. Tourcoing. Valenciennes. Avesnes. Cambrai. Douai. Dunkerque. Calais. Boulogne. Arras. Amiens.	Lille.
6°	Oise, Seine-Inférieure, Eure, Eure-et-Loir, Orne. Calvados et Manche	7 inspecteurs. 1 inspectrice.	Creil. Beauvais. Rouen. Le Havre. Elbeuf. Chartres. Caen.	Rouen.
7°	Sarthe, Mayenne	1 inspecteur.	Le Mans.	—
	Ille-et-Vilaine, Côtes-du-Nord, Finistère. Morbihan, Loire-Inférieure, Vendée. Deux-Sèvres et Maine-et-Loire	5 inspecteurs. 1 inspectrice.	Nantes. Rennes. Angers. Brest.	Nantes.
8°	Charente-Inférieure, Gironde. Lot-et-Garonne, Landes, Gers. Basses-Pyrénées et Hautes-Pyrénées. Charente, Dordogne, Corrèze et Lot.	2 inspecteurs.	Bordeaux. Agen. Pau. Angoulême. Cahors.	Bordeaux.

	Département	Inspecteurs		
9e	Aude, Pyrénées-Orientales............	1 inspecteur.	Carcassonne.	
	Hérault............	1 inspecteur.	Montpellier.	
	Aveyron, Cantal, Lozère............	1 inspecteur.	Rodez.	Toulouse.
	Tarn............	1 inspecteur.	Castres.	
	Haute-Garonne, Tarn-et-Garonne, Ariège............	2 inspecteurs.	Toulouse.	
10e	Bouches-du-Rhône, Var............	4 inspecteurs.	Marseille.	
	Alpes-Maritimes et Corse............	1 inspectrice.	Nice.	
	Vaucluse et Basses-Alpes............	1 inspecteur.	Avignon.	Marseille.
	Drôme et Hautes-Alpes............	1 inspecteur.	Valence.	
	Gard............	1 inspecteur.	Nîmes.	
	Ardèche............	1 inspecteur.	Privas.	
11e	Rhône, Isère, Ain............	4 inspecteurs. 1 inspectrice.	Lyon-Grenoble.	
	Haute-Savoie et Savoie............	1 inspecteur.	Chambéry.	Lyon.
	Puy-de-Dôme, Loire et Haute-Loire............	4 inspecteurs.	Saint-Etienne. Roanne. Clermont-Ferrand.	

3. Dans les départements ou groupe de départements pour lesquels le tableau ci-dessus prévoit plusieurs postes d'inspecteurs, un arrêté ministériel déterminera la section à attribuer à chacun des inspecteurs et inspectrices départementaux.

4. Les inspecteurs et inspectrices stagiaires institués par l'article 19 de la loi reçoivent un traitement annuel de 2,400 francs.

5. Les inspecteurs et inspectrices départementaux sont répartis en cinq classes dont les traitements sont fixés ainsi qu'il suit :

5e classe. . . . . 3,000 francs.
4e classe. . . . . 3,500 —
3e classe. . . . . 4,000 —
2e classe. . . . . 4,500 —
1re classe. . . . . 5,000 —

Le nombre des inspecteurs et inspectrices départementaux de chaque classe est fixé conformément aux indications ci-après :

Inspecteurs départementaux.

1re classe, 8 inspecteurs au maximum.
2e classe, 9 inspecteurs au maximum.
3e classe, 18 inspecteurs au maximum.
4e et 5e classes et stagiaires, 57 inspecteurs au minimum.

Inspectrices départementales.

1re et 2e classes, 3 inspectrices au maximum dont 1 au maximum de 1re classe.
3e classe, 4 inspectrices au maximum.
4e et 5e classes et stagiaires, 12 inspectrices au minimum.

6. Les inspecteurs divisionnaires sont répartis en trois classes, dont les traitements sont fixés ainsi qu'il suit :

3e classe. . . . . 6,000 francs.
2e classe. . . . . 7,000 —
1re classe. . . . . 8,000 —

Le nombre des inspecteurs divisionnaires de chaque classe est fixé conformément aux indications ci-après :

1re classe, 3 inspecteurs divisionnaires au maximum.
2e classe, 4 inspecteurs divisionnaires au maximum.
3e classe, 4 inspecteurs divisionnaires au minimum.

7. Les inspecteurs et inspectrices ne peuvent être élevés de classe qu'après trois ans de service dans la classe immédiatement inférieure.

Les inspecteurs divisionnaires sont nommés au choix parmi les inspecteurs départementaux appartenant au moins à la 2e classe.

8. Les frais de tournées des inspecteurs et inspectrices seront réglés sur état, selon les formes prescrites par décision du Ministre du commerce, de l'industrie, des postes et des télégraphes et suivant le tarif ci-après :

FRAIS DE ROUTE

DÉSIGNATION des FONCTIONNAIRES	TRANSPORT EN COMMUN		TRANSPORT INDIVIDUEL	INDEMNITÉ DE SÉJOUR
	CHEMINS DE FER	TRAMWAYS, VOITURES PUBLIQUES, BATEAUX, ETC.	par kilom.	par jour.
Inspecteurs divisionnaires......	Remboursement en 1re classe......	Prix déboursé......	0,50	15 fr.
Inspecteurs et inspectrices départementaux......	Remboursement en 2e classe......	Prix déboursé......	0,50	15 fr.

Les déplacements par transport individuel ne donneront droit à indemnité qu'autant qu'ils comporteront un parcours d'au moins six kilomètres aller et retour.

Les déplacements effectués par transport individuel sur un parcours desservi par une entreprise de transport en commun ne donneront droit qu'à une indemnité correspondant au tarif de cette entreprise de transport, sauf les cas de nécessité certifiés par l'inspecteur divisionnaire.

L'indemnité de séjour de 15 francs n'est acquise que lorsque l'inspecteur aura pris ses deux repas et passé la nuit hors de sa résidence. Dans le cas contraire, cette indemnité sera fractionnée par tiers, savoir : 5 francs pour chacun des deux repas, et 5 francs pour le coucher.

L'inspecteur divisionnaire résidant à Paris reçoit, pour frais de tournée dans le département de la Seine, une indemnité fixe de 3,000 francs par an. Ses frais de tournées dans les départements de Seine-et-Marne et de Seine-et-Oise lui seront remboursés sur le même taux qu'aux autres inspecteurs divisionnaires.

Les inspecteurs et inspectrices départementaux du département de la Seine reçoivent une indemnité fixe de 600 fr. pour frais de déplacement dans l'enceinte de Paris; l'indemnité est de 900 fr. pour les inspecteurs attachés au service de la banlieue.

Dans les départements autres que celui de la Seine où les conditions de service l'exigent, les frais de tournée alloués sur état aux inspecteurs et inspectrices peuvent être remplacés par des indemnités fixes réglés par arrêté ministériel.

Les déplacements des inspecteurs hors de leur circonscription ou section, nécessités par les besoins du service, sont comptés comme frais de tournée et réglés sur état aux mêmes tarifs.

9. Il sera alloué aux inspecteurs divisionnaires des frais de bureau fixés à 2,200 fr. pour l'inspecteur divisionnaire de la 1re circonscription, à 1800 fr. pour l'inspecteur divisionnaire de la 5e circonscription et à 1500 fr. pour les autres inspecteurs divisionnaires.

10. Les décrets des 10 mai 1902 et 19 juin 1904 sont abrogés.

11. Le Ministre du Commerce, de l'Industrie, des Postes et des Télégraphes est chargé de l'exécution du présent décret, qui sera inséré au *Bulletin des Lois* et publié au *Journal Officiel* de la République française.

Fait à Paris, le 17 mai 1905.

Emile LOUBET.

Par le Président de la République,

Le Ministre du Commerce, de l'Industrie,
des Postes et des Télégraphes,

F. DUBIEF.

Le Président du Conseil, Ministre des finances,

ROUVIER.

Des marchés.

DÉCRET du 10 août 1899 sur les conditions du travail dans les marchés passés au nom des communes et des établissements publics de bienfaisance.

ART. 1ᵉʳ. Les cahiers des charges des marchés de travaux publics ou de fournitures passés au nom des communes et des établissements de bienfaisance, par adjudication ou de gré à gré, pourront contenir des clauses par lesquelles l'entrepreneur s'engagera à observer les conditions suivantes, en ce qui concerne la main-d'œuvre de ces travaux ou fournitures, dans les chantiers ou ateliers organisés ou fonctionnant en vue de l'exécution du marché : — 1° Assurer aux ouvriers et employés un jour de repos par semaine ; — 2° N'employer d'ouvriers étrangers que dans une proportion fixée par décision préfectorale selon la nature des travaux et la région où ils sont exécutés ; — 3° Payer aux ouvriers un salaire normal égal, pour chaque profession et dans chaque profession pour chaque catégorie d'ouvriers, au taux couramment appliqué dans la ville ou la région où le travail est exécuté ; — 4° Limiter la durée du travail journalier à la durée normale de travail en usage, pour chaque catégorie, dans ladite ville ou région. — En cas de nécessité absolue, l'entrepreneur pourra, avec l'autorisation expresse et spéciale de l'administration, déroger aux clauses prévues aux paragraphes 1° et 4° du présent article. Les heures supplémentaires de travail ainsi faites par les ouvriers donneront lieu à une majoration du salaire dont le taux sera fixé par le cahier des charges.

2. Les communes et les établissements de bienfaisance devront insérer dans les cahiers des charges une clause par laquelle l'entrepreneur s'engagera à ne céder à des sous-traitants aucune partie de son entreprise, à moins d'obtenir l'autorisation expresse de l'administration et sous la condition de rester personnellement responsable tant envers l'administration que vis-à-vis des ouvriers et des tiers. — Une clause du cahier des charges rappellera l'interdiction du marchandage telle qu'elle résulte du décret du 2 mars 1848 et de l'arrêté du gouvernement du 21 mars 1848.

3. La constatation ou la vérification du taux normal et courant des salaires et de la durée normale et courante de la journée de travail sera faite sous le contrôle du préfet par l'administration intéressée qui devra : — 1° Se référer, autant que possible, aux accords existant entre les syndicats patronaux et ouvriers de la localité ou de la région ; — 2° A défaut de cette entente, provoquer l'avis de commissions mixtes composées en nombre égal de

patrons et d'ouvriers et, en outre, se munir de tous renseignements utiles auprès des syndicats professionnels, conseils de pru-
d'hommes, ingénieurs, architectes départementaux et communaux
et autres personnes compétentes. — Les bordereaux résultant de
cette constatation devront être joints à chaque cahier des charges
stipulant les clauses 3° et 4° de l'article 1er du présent décret. Ils
seront affichés dans les chantiers ou ateliers où les travaux sont
exécutés. Ils pourront être revisés, sur la demande des patrons ou
des ouvriers, lorsque des variations dans le taux des salaires ou
la durée du travail journalier auront reçu une application générale dans l'industrie en cause. — Cette revision sera faite dans les
conditions indiquées sous les numéros 1° et 2° au présent article.
Une revision correspondante des prix du marché pourra être réclamée par l'entrepreneur ou effectuée d'office par l'administration, quand les variations ainsi constatées dans le taux des salaires
ou la durée du travail journalier dépasseront les limites déterminées par le cahier des charges. — Lorsque l'entrepreneur aura à
employer des ouvriers que leurs aptitudes physiques mettent dans
une condition d'infériorité notoire sur les ouvriers de la même
catégorie, il pourra leur appliquer exceptionnellement un salaire
inférieur au salaire normal. La proportion maximum de ces ouvriers par rapport au total des ouvriers de la catégorie et le maximum de la réduction possible de leurs salaires seront fixés par le
cahier des charges.

4. Lorsqu'une clause relative au salaire courant aura été insérée
dans le cahier des charges, ledit cahier stipulera que l'administration, si elle constate une différence entre ce salaire courant et
le salaire effectivement payé aux ouvriers, indemnisera directement les ouvriers lésés au moyen de retenues sur les sommes dues
à l'entrepreneur et sur son cautionnement.

5. Lorsque des infractions réitérées aux conditions du travail
auront été relevées à la charge d'un entrepreneur, contrairement
à ses engagements, l'administration compétente pourra, sans préjudice de l'application des sanctions habituelles prévues au cahier
des charges, décider, par voie de mesure générale, de l'exclure de
ses marchés à l'avenir, pour un temps déterminé ou définitivement.

DÉCRET du 10 août 1899 sur les conditions du travail dans les marchés passés au nom de l'Etat.

Art. 1ᵉʳ. Les cahiers des charges des marchés de travaux publics ou de fournitures passés au nom de l'Etat, par adjudication ou de gré à gré, devront contenir des clauses par lesquelles l'entrepreneur s'engagera à observer les conditions suivantes en ce qui concerne la main-d'œuvre de ces travaux ou fournitures, dans les chantiers ou ateliers organisés ou fonctionnant en vue de l'exécution du marché : — 1° Assurer aux ouvriers et employés un jour de repos par semaine ; — 2° N'employer d'ouvriers étrangers que dans une proportion fixée par l'administration selon la nature des travaux et la région où ils sont exécutés ; — 3° Payer aux ouvriers un salaire normal égal, pour chaque profession et dans chaque profession pour chaque catégorie d'ouvriers, au taux couramment appliqué dans la ville ou la région où le travail est exécuté ; — 4° Limiter la durée du travail journalier à la durée normale du travail en usage, pour chaque catégorie, dans ladite ville ou région. — En cas de nécessité absolue, l'entrepreneur pourra, avec l'autorisation expresse et spéciale de l'administration, déroger aux clauses prévues aux paragraphes 1° et 4° du présent article. Les heures supplémentaires de travail ainsi faites par les ouvriers donneront lieu à une majoration de salaire dont le taux sera fixé par le cahier des charges. — Dans les cas prévus à l'article 18, paragraphes 3 et 5, du décret du 18 novembre 1882, l'insertion des clauses et conditions ci-dessus énoncées sera facultative.

2. L'entrepreneur ne pourra céder à des sous-traitants aucune partie de son entreprise, à moins d'obtenir l'autorisation expresse de l'administration et sous la condition de rester personnellement responsable, tant envers l'administration que vis-à-vis des ouvriers et des tiers. — Une clause du cahier des charges rappellera l'interdiction du marchandage telle qu'elle résulte du décret du 2 mars 1848 et de l'arrêté du gouvernement du 21 mars 1848.

3. La constatation ou la vérification du taux normal et courant des salaires et de la durée normale et courante de la journée de travail sera faite par les soins de l'administration qui devra : — 1° Se référer, autant que possible, aux accords entre les syndicats patronaux et ouvriers de la localité ou de la région ; — 2° A défaut de cette entente, provoquer l'avis de commissions

mixtes composées en nombre égal de patrons et d'ouvriers et, en outre, se munir de tous renseignements utiles auprès des syndicats professionnels, conseils de prud'hommes, ingénieurs, architectes départementaux et communaux et autres personnes compétentes. — Les bordereaux résultant de cette constatation devront être joints à chaque cahier des charges, sauf dans les cas d'impossibilité matérielle. Ils seront affichés dans les chantiers ou ateliers où les travaux sont exécutés. Ils pourront être revisés, sur la demande des patrons ou des ouvriers, lorsque des variations dans le taux des salaires ou la durée du travail journalier auront reçu une application générale dans l'industrie en cause. — Cette revision sera faite dans les conditions indiquées sous les numéros 1° et 2° du présent article. Une revision correspondante des prix du marché pourra être réclamée par l'entrepreneur ou effectuée d'office par l'administration, quand les variations ainsi constatées dans le taux des salaires ou la durée du travail journalier dépasseront les limites déterminées par le cahier des charges. — Lorsque l'entrepreneur aura à employer des ouvriers que leurs aptitudes physiques mettent dans une condition d'infériorité notoire sur les ouvriers de la même catégorie, il pourra leur appliquer exceptionnellement un salaire inférieur au salaire normal. La proportion maximum de ces ouvriers par rapport au total des ouvriers de la catégorie et le maximum de la réduction possible de leurs salaires seront fixés par le cahier des charges.

4. Le cahier des charges stipulera que l'administration, si elle constate une différence entre le salaire payé aux ouvriers et le salaire courant déterminé conformément à l'article précédent, indemnisera directement les ouvriers lésés au moyen de retenues opérées sur les sommes dues à l'entrepreneur et sur son cautionnement.

5. Lorsque des infractions réitérées aux conditions du travail auront été relevées à la charge d'un entrepreneur, le ministre pourra, sans préjudice de l'application des sanctions habituelles prévues au cahier des charges, décider, par voie de mesure générale, de l'exclure, pour un temps déterminé ou définitivement, des marchés de son département.

*DÉCRET du 10 août 1899 sur les conditions du travail
dans les marchés passés au nom des départements.*

Art. 1er. Les cahiers des charges des marchés de travaux publics ou de fournitures passés au nom des départements, par adjudication ou de gré à gré, pourront contenir des clauses par lesquelles l'entrepreneur s'engagera à observer les conditions suivantes, en ce qui concerne la main-d'œuvre de ces travaux ou fournitures, dans les chantiers ou ateliers organisés ou fonctionnant en vue de l'exécution du marché : — 1º Assurer aux ouvriers et employés un jour de repos par semaine ; — 2º N'employer d'ouvriers étrangers que dans une proportion fixée par décision préfectorale selon la nature des travaux et la région où ils sont exécutés ; — 3º Payer aux ouvriers un salaire normal égal, pour chaque profession et dans chaque profession pour chaque catégorie d'ouvriers, au taux couramment appliqué dans la ville ou la région où le travail est exécuté ; — 4º Limiter la durée du travail journalier à la durée normale de travail en usage, pour chaque catégorie, dans ladite ville ou région. — En cas de nécessité absolue, l'entrepreneur pourra, avec l'autorisation expresse et spéciale de l'administration, déroger aux clauses prévues aux paragraphes 1º et 4º du présent article. Les heures supplémentaires de travail ainsi faites par les ouvriers donneront lieu à une majoration du salaire dont le taux sera fixé par le cahier des charges.

2. Les départements devront insérer dans les cahiers des charges une clause par laquelle l'entrepreneur s'engagera à ne céder à des sous-traitants aucune partie de son entreprise, à moins d'obtenir l'autorisation expresse de l'administration et sous la condition de rester personnellement responsable tant envers l'administration que vis-à-vis des ouvriers et des tiers. — Une clause du cahier des charges rappellera l'interdiction du marchandage telle qu'elle résulte du décret du 2 mars 1848 et de l'arrêté du gouvernement du 21 mars 1848.

3. La constatation ou la vérification du taux normal et courant des salaires et de la durée normale et courante de la journée de travail sera faite par les soins du préfet qui devra : — 1º Se référer, autant que possible, aux accords existant entre les syndicats patronaux et ouvriers de la localité ou de la région ; — 2º A défaut de cette entente, provoquer des commissions mixtes composées en nombre égal de patrons et d'ouvriers et, en outre, se munir de tous renseignements utiles auprès des syndicats profes-

7

sionnels, conseils de prud'hommes, ingénieurs, architectes départementaux et communaux et autres personnes compétentes. — Les bordereaux résultant de cette constatation devront être joints à chaque cahier des charges stipulant les clauses 3° et 4° de l'article 1er du présent décret. Ils seront affichés dans les chantiers ou ateliers où les travaux sont exécutés. Ils pourront être revisés, sur la demande des patrons ou des ouvriers, lorsque des variations dans le taux des salaires ou la durée du travail journalier auront reçu une application générale dans l'industrie en cause. — Cette revision sera faite dans les conditions indiquées sous les numéros 1° et 2° au présent article. Une revision correspondante des prix du marché pourra être réclamée par l'entrepreneur ou effectuée d'office par l'administration, quand les variations ainsi constatées dans le taux des salaires ou la durée du travail journalier dépasseront les limites déterminées par le cahier des charges. — Lorsque l'entrepreneur aura à employer des ouvriers que leurs aptitudes physiques mettent dans une condition d'infériorité notoire sur les ouvriers de la même catégorie, il pourra leur appliquer exceptionnellement un salaire inférieur au salaire normal. La proportion maximum de ces ouvrier par rapport au total des ouvriers de la catégorie et le maximum de la réduction possible de leurs salaires seront fixés par le cahier des charges.

4. Lorsqu'une clause relative au salaire courant aura été insérée dans le cahier des charges, ledit cahier stipulera que l'administration, si elle constate une différence entre ce salaire courant et le salaire effectivement payé aux ouvriers, indemnisera directement les ouvriers lésés au moyen de retenues sur les sommes dues à l'entrepreneur et sur son cautionnement.

5. Lorsque des infractions réitérées aux conditions du travail auront été relevées à la charge d'un entrepreneur, contrairement à ses engagements, l'administration compétents pourra, sans préjudice de l'application des sanctions habituelles prévues au cahier des charges, décider, par voie de mesure générale, de l'exclure de ses marchés à l'avenir, pour un temps déterminé ou définitivement.

LIVRE II

SOLIDARITÉ

DES GROUPEMENTS PROFESSIONNELS, DES SOCIÉTÉS DE SECOURS MUTUELS ET DES ASSOCIATIONS

PREMIÈRE PARTIE

LOIS

Syndicats.

LOI du 21 mars 1884, relative à la création des syndicats professionnels.

ART. 1er. Sont abrogés la loi des 14-27 juin 1791 et l'article 416 du Code pénal. — Les articles 291, 292, 293, 294 du Code pénal et la loi du 10 avril 1834 (*abrogée, Loi 1er juill.* 1901), ne sont pas applicables aux syndicats professionnels.

2. Les syndicats ou associations professionnels, même de plus de vingt personnes exerçant la même profession, des métiers similaires ou des professions connexes concourant à l'établissement de produits déterminés, pourront se constituer librement sans l'autorisation du Gouvernement.

3. Les syndicats professionnels ont exclusivement pour objet l'étude et la défense des intérêts économiques, industriels, commerciaux et agricoles.

4. Les fondateurs de tout syndicat professionnel devront déposer les statuts et les noms de ceux qui, à un titre quelconque, seront chargés de l'administration ou de la direction. — Ce dépôt aura lieu à la mairie de la localité où le syndicat est établi, et, à Paris, à la préfecture de la Seine. — Ce dépôt sera renouvelé à chaque changement de la direction ou des statuts. — Communication des statuts devra être donnée par le maire ou par le préfet de la Seine au procureur de la République. — Les membres de tout syndicat professionnel chargés de l'administration ou de la direction de ce syndicat devront être Français et jouir de leurs droits civils.

5. Les syndicats professionnels régulièrement constitués, d'après les prescriptions de la présente loi, pourront librement se concerter pour l'étude et la défense de leurs intérêts économiques, industriels, commerciaux et agricoles. — Ces unions devront faire connaître, conformément au deuxième paragraphe de l'article 4, les noms des syndicats qui les composent. — Elles ne pourront posséder aucun immeuble ni ester en justice.

6. Les syndicats professionnels de patrons ou d'ouvriers auront le droit d'ester en justice. — Ils pourront employer les sommes provenant des cotisations. Toutefois ils ne pourront acquérir d'autres immeubles que ceux qui seront nécessaires à leurs réunions, à leurs bibliothèques et à des cours d'instruction professionnelle. — Ils pourront, sans autorisation, mais en se conformant aux autres dispositions de la loi, constituer entre leurs membres des caisses spéciales de secours mutuels et de retraites. — Ils pourront librement créer et administrer des offices de renseignements pour les offres et les demandes de travail. — Ils pourront être consultés sur tous les différends et toutes les questions se rattachant à leur spécialité. — Dans les affaires contentieuses, les avis du syndicat seront tenus à la disposition des parties, qui pourront en prendre communication et copie.

7. Tout membre d'un syndicat professionnel peut se retirer à tout instant de l'association, nonobstant toute clause contraire, mais sans préjudice du droit pour le syndicat de réclamer la cotisation de l'année courante. — Toute personne qui se retire d'un syndicat conserve le droit d'être membre des sociétés de secours mutuels et de pensions de retraite pour la vieillesse à l'actif desquelles elle a contribué par des cotisations ou versements de fonds.

8. Lorsque les biens auront été acquis contrairement aux dispositions de l'article 6, la nullité de l'acquisition ou de la libéralité pourra être demandée par le procureur de la République ou par les intéressés. Dans le cas d'acquisition à titre onéreux, les immeubles seront vendus, et le prix en sera déposé à la caisse de l'association. Dans le cas de libéralité, les biens feront retour aux disposants ou à leurs héritiers ou ayants cause.

9. Les infractions aux dispositions des articles 2, 3, 4, 5 et 6 de la présente loi seront poursuivies contre les directeurs ou administrateurs des syndicats et punies d'une amende de 16 à 200 francs. Les tribunaux pourront en outre, à la diligence du procureur de la République, prononcer la dissolution du syndicat et la nullité des acquisitions d'immeubles faites en violation des dispositions de l'article 6. — Au cas de fausse déclaration relative aux statuts et aux noms et qualités des administrateurs ou directeurs, l'amende pourra être portée à 500 francs.

10. La présente loi est applicable à l'Algérie. — Elle est également applicable aux colonies de la Martinique, de la Guade-

loupe et de la Réunion. Toutefois, les travailleurs étrangers et engagés sous le nom d'immigrants ne pourront faire partie des syndicats.

LOI du 29 juillet 1893 ayant pour objet l'admission d'associations ouvrières françaises aux marchés de travaux et de fournitures à passer pour le compte des communes.

ARTICLE UNIQUE. Les associations d'ouvriers français sont admises aux adjudications des travaux communaux dans les conditions déterminées par le décret du 4 juin 1888 relatif à la participation des sociétés françaises d'ouvriers aux adjudications et marchés passés au nom de l'Etat.

Voir Décret du 4 juin 1888.

Sociétés de secours mutuels.

LOI du 1er avril 1898, relative aux sociétés de secours mutuels, modifiée par la loi du 2 juillet 1904.

TITRE Ier. — DISPOSITIONS COMMUNES A TOUTES LES SOCIÉTÉS

ART. 1er. Les sociétés de secours mutuels sont des associations de prévoyance qui se proposent d'atteindre un ou plusieurs des buts suivants : assurer à leurs membres participants et à leurs familles des secours en cas de maladie, blessures ou infirmités, leur constituer des pensions de retraites, contracter à leur profit des assurances individuelles ou collectives en cas de vie, de décès ou d'accidents, pourvoir aux frais des funérailles et allouer des secours aux ascendants, aux veufs, veuves ou orphelins des membres participants décédés. — Elles peuvent, en outre, accessoirement, créer au profit de leurs membres des cours professionnels, des offices gratuits de placement et accorder des allocations en cas de chômage, à la condition qu'il soit pourvu à ces trois ordres de dépenses au moyen de cotisations ou de recettes spéciales.

2. Ne sont pas considérées comme sociétés de secours mutuels les associations qui, tout en organisant, sous un titre quelconque, tout ou partie des services prévus à 'article précédent, créent, au profit de telle ou telle catégorie de leurs membres et au détriment des autres, des avantages particuliers. Les sociétés de secours mutuels sont tenues de garantir à tous leurs membres participants les mêmes avantages sans autre distinction que celle qui résulte des cotisations fournies et des risques apportés.

3. Les sociétés de secours mutuels peuvent se composer de membres participants et de membres honoraires ; les membres honoraires payent la cotisation fixée ou font des dons à l'association sans prendre part aux bénéfices attribués aux membres participants ; mais les statuts peuvent contenir des dispositions spéciales pour faciliter leur admission, au titre de membres participants, à la suite de revers de fortune. — Les femmes peuvent faire partie des sociétés et en créer : les femmes mariées exercent ce droit sans l'assistance de leur mari ; les mineurs peuvent faire partie de ces sociétés sans l'intervention de leur représentant légal. — L'administration et la direction des sociétés de secours mutuels ne peuvent être confiées qu'à des Français majeurs, de l'un ou l'autre sexe, non déchus de leurs droits civils ou civiques, sous réserve, pour les femmes mariées, des autorisations de droit commun.

— Les sociétés de secours mutuels constituées entre étrangers ne peuvent exister qu'en vertu d'un arrêté ministériel toujours révocable. Par exception, elles peuvent choisir leurs administrateurs parmi leurs membres. — Les membres du conseil d'administration et du bureau des sociétés de secours mutuels seront nommés par le vote au bulletin secret. — Les administrateurs et directeurs ne pourront être choisis que parmi les membres participants et honoraires de la société.

4. Un mois avant le fonctionnement d'une société de secours mutuels, ses fondateurs devront déposer en double exemplaire : 1° Les statuts de ladite association ; 2° la liste des noms et adresses de toutes les personnes qui, sous un titre quelconque, seront chargées à l'origine de l'administration ou de la direction. — Le dépôt a lieu, contre récépissé, à la sous-préfecture de l'arrondissement où la société a son siège social, ou à la préfecture du département. — Le maire de la commune en est informé immédiatement par les soins du préfet ou du sous-préfet. — Un extrait des statuts sera inséré dans le recueil des actes de la préfecture. — Tout changement dans les statuts ou dans la direction sera notifié et publié selon les formes indiquées ci-dessus.

5. Les statuts déterminent : — 1° Le siège social, qui ne peut être situé ailleurs qu'en territoire français ; — 2° Les conditions et les modes d'admission et d'exclusion, tant des membres participants que des membres honoraires ; — 3° La composition du bureau et du conseil d'administration, le mode d'élection de leurs membres, la nature et la durée de leurs pouvoirs ; les conditions du vote à l'assemblée générale et du droit pour les sociétaires de s'y faire représenter ; — 4° Les obligations et les avantages des membres participants ; — 5° Le montant et l'emploi des cotisations des membres, soit honoraires, soit participants, les modes de placement et de retrait des fonds ; — 6° Les conditions de la dissolution volontaire de la société ; — 7° Les bases de la liquidation à intervenir si la dissolution a lieu ; — 8° Le mode de conservation des documents intéressant la société ; — 9° Le mode de constitution des retraites pour lesquelles il n'a pas été pris d'engagement ferme et dont l'importance est subordonnée aux ressources de la société ; — 10° L'organisation des retraites garanties, et spécialement la fixation de leur quotité et de l'âge de l'entrée en jouissance ; — 11° Les prélèvements à opérer sur les cotisations pour le service spécial des retraites, lorsque, conformément à la clause précédente, les cotisations des membres honoraires ou participants devront être affectées pour partie à la constitution de retraites garanties, que ce soit au moyen d'un fonds commun ou de livrets individuels ouverts au nom des sociétaires.

6. Lorsque l'assemblée générale sera convoquée, les pouvoirs dont les sociétaires seront porteurs, si les statuts autorisent le vote par procuration, pourront être donnés sous seing privé et se-

ront affranchis de tous droits de timbre et d'enregistrement ; ils seront déposés au siège social. — Les contestations sur la validité des opérations électorales sont portées, dans le délai de quinze jours à dater de l'élection, devant le juge de paix du siège de la société. Elles sont introduites par simple déclaration au greffe. — Le juge de paix statue, dans les quinze jours de cette déclaration, sans frais ni forme de procédure et sur simple avertissement donné trois jours à l'avance à toutes les parties intéressées. — La décision du juge de paix est en dernier ressort, mais elle peut être déférée à la Cour de cassation. Le pourvoi n'est recevable que s'il est formé dans les dix jours de la notification de la décision. Il est formé par simple requête déposée au greffe de la justice de paix et dénoncée aux défendeurs dans les dix jours qui suivent. Il est dispensé du ministère d'un avocat à la cour et jugé d'urgence sans frais ni amende. — Les pièces et mémoires fournies par les partis sont transmis sans frais par le greffier de la justice de paix au greffier de la Cour de cassation. La chambre civile de cette cour statue directement sur le pourvoi. — Tous les actes sont dispensés du timbre et enregistrés gratis.

7. Dans les trois premiers mois de chaque année, les sociétés de secours mutuels doivent adresser, par l'intermédiaire des préfets, au ministre de l'intérieur, et dans les formes qui seront déterminées par lui, la statistique de leur effectif, du nombre et de la nature des cas de maladie de leurs membres, telle qu'elle est prescrite par la loi du 30 novembre 1892.

8. Il peut être établi entre les sociétés de secours mutuels, en conservant d'ailleurs à chacune d'elles son autonomie, des unions, ayant pour objet notamment : — a) L'organisation, en faveur des membres participants, des soins et secours énumérés dans l'article 1er, notamment la création de pharmacies, dans les conditions déterminées par les lois spéciales sur la matière ; — b) L'admission des membres participants qui ont changé de résidence. — c) Le règlement de leurs pensions viagères de retraite ; — d) L'organisation d'assurances mutuelles pour les risques divers auxquels les sociétés se sont engagées à pourvoir, notamment la création de caisses de retraites et d'assurances communes à plusieurs sociétés pour les opérations à long terme et les maladies de longue durée ; — e) Le service des placements gratuits.

9. Les sociétés de secours mutuels sont admises à contracter des assurances, soit en cas de décès, soit en cas d'accidents, aux caisses d'assurances instituées par la loi du 11 juillet 1868, en se conformant aux prescriptions des articles 7 et 15 de ladite loi. — Ces assurances peuvent se cumuler avec les assurances individuelles.

10. Les infractions aux dispositions de la présente loi seront poursuivies contre les administrateurs ou les directeurs et punies d'une amende de 1 à 15 francs inclusivement. — Si une société est détournée de son but de société de secours mutuels, et si, trois mois après un avertissement donné par arrêté du préfet du département, cette société persiste à ne pas se conformer aux prescriptions de la présente loi ou aux dispositions de ses statuts, la dissolution pourra en être prononcée par le tribunal civil de l'arrondissement. — Le ministère public introduira l'action en dissolution par un mémoire présenté au président du tribunal, énonçant les faits et accompagné des pièces justificatives ; ce mémoire sera notifié au président de la société avec assignation à jour fixe. — Le tribunal jugera en audience publique, sur les réquisitions du procureur de la République, le président de la société entendu ou régulièrement appelé. — Le jugement sera susceptible d'appel. — L'assistance de l'avoué ne sera obligatoire ni en première instance ni en appel. — En cas de fausse déclaration faite de mauvaise foi ou de toutes autres manœuvres tendant à dissimuler, sous le nom de sociétés de secours mutuels, des associations ayant un autre objet, les juges de répression auront la faculté de prononcer la dissolution à la requête du ministère public. Les administrateurs et directeurs seront passibles d'une amende de 16 à 500 francs.

11. La dissolution volontaire d'une société de secours mutuels ne peut être prononcée que dans une assemblée convoquée à cet effet par un avis indiquant l'objet de la réunion et à la condition de réunir à la fois une majorité des deux tiers des membres présents et la majorité des membres inscrits. — En cas de dissolution par les tribunaux, le jugement désigne un administrateur chargé de procéder à la liquidation définitive. — Aucun encaissement des cotisations autres que celles échues au jour de la liquidation ne peut plus être effectué. — Communication sera faite à l'administrateur des livres, registres, procès-verbaux et pièces de toute nature : la communication aura lieu sans déplacement, sauf le cas où le tribunal en aurait ordonné autrement. — La liquidation s'opérera conformément aux statuts ; elle sera homologuée sans frais par le tribunal, à la diligence du procureur de la République.

12. Les secours, pensions, contrats d'assurances, livrets, et généralement toutes sommes et tous titres à remettre par les sociétés de secours mutuels à leurs membres participants, sont incessibles et insaisissables jusqu'à concurrence de 360 francs par an pour les rentes et de 3,000 francs pour les capitaux assurés.

13. Les sociétés de secours mutuels ayant satisfait aux prescriptions des articles précédents ont le droit d'ester en justice, tant en demandant qu'en défendant, par le président ou par le délégué ayant mandat spécial à cet effet, et peuvent obtenir l'assistance judiciaire aux conditions imposées par la loi du 22 janvier 1851.

14. Les sociétés de secours mutuels se divisent en trois caté-

gories : — 1° Les sociétés libres ; — 2° Les sociétés approuvées ; — 3° Les sociétés reconnues comme établissements d'utilité publique.

TITRE II. — DES SOCIÉTÉS LIBRES

15. Les sociétés libres et unions de sociétés libres peuvent recevoir et employer les sommes provenant des cotisations des membres honoraires et participants, et généralement faire des actes de simple administration ; elles peuvent posséder des objets mobiliers, prendre des immeubles à bail pour l'installation de leurs divers services. — Elles peuvent, avec l'autorisation du préfet, recevoir des dons et legs mobiliers. — Toutefois, si la libéralité est faite à une société dont la circonscription comprend des communes situées dans des départements différents, il est statué par un décret. S'il y a réclamation des héritiers du testateur, il est statué par un décret du Président de la République, le Conseil d'Etat entendu. — Lorsque l'emploi des dons et legs n'est pas déterminé par le testateur, cet emploi sera prescrit par l'arrêté ou le décret d'autorisation, en exécution de l'article 4 de l'ordonnance du 2 avril 1817. — Les sociétés libres ne peuvent acquérir des immeubles, sous quelque forme que ce soit, à peine de nullité, sauf les immeubles exclusivement affectés à leurs services. Elles ne peuvent, à peine de nullité, recevoir des dons ou legs immobiliers qu'à la charge de les aliéner et d'obtenir l'autorisation mentionnée au paragraphe 3 ci-dessus. La nullité sera prononcée en justice, soit sur la demande des parties intéressées, soit d'office, sur les réquisitions du ministère public.

TITRE III. — DES SOCIÉTÉS APPROUVÉES

16. (*Loi 2 juillet* 1904.) Les unions de sociétés libres et les unions mixtes de sociétés libres et approuvées peuvent recevoir l'approbation à la condition de se conformer aux dispositions du présent article et des articles suivants. — L'approbation ne peut être refusée que dans les deux cas suivants : — 1° Pour non-conformité des statuts avec les dispositions de la loi ; — 2° Si les statuts ne prévoient pas des recettes proportionnées aux dépenses, pour la constitution des retraites garanties ou des assurances en cas de vie, de décès ou d'accident. — L'approbation ou le refus d'approbation doit avoir lieu dans le délai de trois mois. Le refus d'approbation doit être motivé par une infraction aux lois et notamment aux dispositions du paragraphe 4 du présent article. — En cas de refus d'approbation, un recours peut être formé devant le Conseil d'Etat. Ce recours sera dispensé de tout droit ; il pourra être formé sans ministère d'avocat. — Tout changement dans les statuts d'une société approuvée doit être l'objet d'une nouvelle demande d'approbation, et aucune modification statutaire ne peut être mise à exécution si elle n'a pas été préalablement approuvée.

— Il sera procédé, pour les changements dans les statuts, comme en matière de statuts primitifs, pour tout ce qui concerne les dépôts, les délais et les recours.

17. Les sociétés de secours mutuels approuvées pourront, sous réserve de l'autorisation du Conseil d'Etat, recevoir des dons et legs immobiliers. — Les immeubles compris dans un acte de donation ou dans une disposition testamentaire, que les sociétés n'auront pas été autorisées à conserver, seront aliénés dans les délais et la forme prescrits par le décret qui en autorise l'acceptation; le délai pourra, en cas de nécessité, être prorogé. — Les sociétés de secours mutuels et les unions approuvées, prévues à l'article 8 peuvent être autorisées, par décret rendu en Conseil d'Etat, à acquérir les immeubles nécessaires soit à leurs services d'administration, soit à leurs services d'hospitalisation.

18. Les communes sont tenues de fournir aux sociétés approuvées qui le demandent les locaux nécessaires à leurs réunions, ainsi que les livrets et registres nécessaires à l'administration et à la comptabilité. En cas d'insuffisance des ressources des communes, cette dépense est mise à la charge des départements. Dans le cas où la société s'étend sur plusieurs communes ou sur plusieurs départements, cette obligation incombe d'abord à la commune dans laquelle est établi le siège social, ensuite au département auquel appartient cette commune. — Dans les villes où il existe une taxe municipale sur les convois, il est accordé aux sociétés approuvées remise des deux tiers des droits sur les convois dont elles peuvent avoir à supporter les frais, aux termes de leurs statuts.

19. Tous les actes intéressant les sociétés approuvées sont exempts des droits de timbre et d'enregistrement. — Sont également exempts du droit de timbre de quittance, les reçus de cotisations des membres honoraires ou participants, les reçus des sommes versées aux pensionnaires, ainsi que les registres à souches qui servent au payement des journées de maladies. — Cette disposition n'est pas applicable aux transmissions de propriété, d'usufruit ou de jouissance de biens meubles et immeubles, soit entre vifs, soit par décès. — Conformément aux articles 19 de la loi du 11 juillet 1868 et 24 de la loi du 20 juillet 1886, les certificats, actes de notoriété et autres pièces exclusivement relatives à l'exécution des lois précitées et de la présente loi seront délivrés gratuitement et exempts des droits de timbre et d'enregistrement. (*V. Loi* 30 *mai* 1899. *art.* 3.)

20. Les emplacements des sociétés de secours mutuels approuvées doivent être effectués en dépôt aux caisses d'épargne, à la Caisse des dépôts et consignations, en rentes sur l'Etat, bons du Trésor ou autres valeurs créées ou garanties par l'Etat, en obligations des départements et des communes, du Crédit foncier de France ou des compagnies françaises de chemins de fer qui ont

une garantie d'intérêts de l'Etat. — Les sociétés de secours mutuels approuvées pourront, en outre, posséder et acquérir des immeubles jusqu'à concurrence des trois quarts de leur avoir, les vendre et les échanger. — Pour être valables, ces opérations devront être votées à la majorité des trois quarts des voix par une assemblée générale extraordinaire composée au moins de la moitié des membres de la société, présents ou représentés. — Les titres et valeurs au porteur appartenant aux sociétés de secours mutuels approuvées seront déposées à la Caisse des dépôts et consignations, qui sera chargée de l'encaissement des arrérages, coupons et primes de remboursement de ces titres, et en portera le montant au compte de dépôt de chaque société.

24. Les sociétés de secours mutuels approuvées sont admises à verser des capitaux à la Caisse des dépôts et consignations : — 1° En compte courant disponible ; — 2° En un compte affecté pour toute la durée de la société à la formation et à l'accroissement d'un fonds commun inaliénable. — Le fonds commun de retraites existant au jour de la promulgation de la loi ne peut être supprimé. — Il peut être placé soit à la Caisse des dépôts et consignations, soit en valeurs ou immeubles, conformément aux articles 17 et 20, soit à la caisse des retraites. — Pour l'avenir, les statuts de chaque société déterminent si elle entend user de cette faculté de constituer un fond commun et dans quelles conditions; ils règlent les moyens de l'alimenter, qu'il s'agisse d'un fonds commun conservé ou d'un fonds commun à créer. Ils décident notamment si la société devra verser à ce fonds, en totalité ou en partie, les subventions de l'Etat, les dons et legs, les cotisations des membres honoraires et les autres ressources disponibles. — Le compte courant et le fonds commun portent intérêt à un taux égal à celui de la caisse nationale des retraites pour la vieillesse. — (*Ainsi modifié, Loi* 31 *mars* 1903, *art.* 61.) La différence entre le taux de 4 1/2 p. 100, déterminé pour le compte courant et le fonds commun par le décret-loi du 26 mars 1852 et le décret du 26 avril 1856 et l'intérêt servi par la Caisse des dépôts et consignations sera versée, à titre de bonification, à chaque société de secours mutuels approuvée ou reconnue d'utilité publique, en raison de son avoir à la Caisse des dépôts et consignations (fonds libres et fonds de retraites), au moyen d'un crédit inscrit chaque année au budget du ministère de l'intérieur. L'intérêt servi par la Caisse des dépôts et consignations est égal à celui qu'elle a retiré de ses placements durant le cours de l'année précédente : le taux en est déterminé au commencement de chaque année, après avis de la commission de surveillance de la Caisse des dépôts et consignations, par un décret rendu sur la proposition du ministre des finances et du ministre de l'intérieur. — Les intérêts qui ne reçoivent pas d'emploi au cours de l'année sont capitalisés tous les ans. — La Caisse des dépôts et consignations aura la faculté de faire emploi des fonds versés aux comptes ci-dessus désignés, dans les mêmes conditions que pour les fonds de caisses d'épargne. Elle pourra, en outre, avec les capitaux du fonds commun, faire des prêts aux départements, aux communes et aux chambres de commerce. (V. *Décret* 28 *nov.* 1901.)

22. Les pensions de retraites peuvent être constituées soit sur le fonds commun, soit sur le livret individuel qui appartient en toute propriété à son titulaire, à capital aliéné ou réservé.

23. Les pensions de retraites alimentées par le fonds commun sont constituées à capital réservé au profit de la société. Elles sont servies directement par la société à l'aide des intérêts de ce fonds, ou par l'intermédiaire de la caisse nationale des retraites. — Pour bénéficier de ces pensions, les membres participants doivent être âgés d'au moins cinquante ans, avoir acquitté la cotisation sociale pendant quinze ans au moins et remplir les conditions statutaires fixées pour l'obtention de la pension. — Les sociétés qui constituent sur le fonds commun des pensions de retraites garanties sont tenues de produire, tous les cinq ans au moins, au ministre de l'intérieur, la situation de leurs engagements éventuels ou liquides, et des ressources correspondantes, en se conformant aux modèles qui leur sont fournis par l'administration compétente. Elles devront modifier, s'il y a lieu, leurs statuts d'après les résultats de ces inventaires au moins quinquennaux.

24. Les pensions de retraites constituées par le livret individuel à l'aide de la caisse nationale des retraites ou d'une caisse autonome, sont formées, en conformité des statuts, au moyen de versements effectués par la société au compte de chacun de ses membres participants. — Ces versements proviennent : — 1º De la cotisation spéciale que le sociétaire a lui-même acquittée en vue de la retraite, ou de la portion de la cotisation unique prélevée en vue de ce service ; — 2º De tout ou partie des arrérages annuels du fonds commun inaliénable, s'il en existe un ; — 3º Des autres ressources dont les statuts autorisent l'emploi en capital au profit des livrets individuels. — Les versements effectués par la société sur le livret individuel le sont à capital aliéné ou à capital réservé, au profit de la société, suivant que les statuts en auront décidé. — Quant aux versements qui proviennent des cotisations du membre participant, ils peuvent être, au choix de ce membre, faits à capital aliéné ou à capital réservé au profit de ses ayants droit. — Pour la liquidation des pensions de retraites constituées à capital aliéné et à jouissance immédiate par les sociétés de secours mutuels, les tarifs à la caisse nationale des retraites seront calculés jusqu'à quatre-vingts ans.

25. En dehors des retraites garanties ou non garanties, constituées, soit à l'aide des fonds communs, soit au moyen du livret individuel, dans les conditions prévues aux articles 23 et 24, les sociétés peuvent accorder à leurs membres des allocations, non pas viagères, mais annuelles, prises sur les ressources disponibles. Le montant en sera fixé chaque année par l'assemblée générale. Les titulaires sont désignés par elle, parmi les membres âgés de plus de cinquante ans et ayant acquitté la cotisation sociale au moins pendant quinze ans. — Les statuts déterminent les autres conditions que doivent remplir les bénéficiaires. — Le service de ces allocations annuelles s'effectue à l'aide des arrérages du fonds commun inaliénable ou des autres ressources disponibles. — Une indemnité pécuniaire, fixée également chaque année en assemblée générale et prélevée sur les fonds de réserve, peut être allouée aux membres participants devenus infirmes ou incurables avant l'âge fixé par les statuts pour être admissibles à la pension viagère de retraite.

26. A partir de la promulgation de la présente loi, les arrérages des dotations et les subventions annuellement inscrites au budget du ministère de l'intérieur au profit des sociétés de secours mutuels seront employés à accorder à ces sociétés des allocations : 1° pour encourager la formation des pensions de retraites à l'aide du fonds commun ou du livret individuel ; 2° pour bonifier les pensions liquidées à partir du 1er janvier 1895 et dont le montant, y compris la subvention de l'État, ne sera pas supérieur à 360 francs ; 3° pour donner, en raison du nombre de leurs membres, des subventions aux sociétés qui ne constituent pas de retraites. — Pour chacune de ces affectations, la répartition du crédit aura lieu dans les proportions et suivant les barèmes arrêtés par le ministre de l'intérieur, après avis du conseil supérieur. — Il sera, préalablement à toute répartition, opéré chaque année, sur les dotations et subventions, un prélèvement déterminé par le conseil supérieur, qui ne pourra dépasser 5 p. 100 de l'actif total, pour venir en aide aux sociétés de secours mutuels qui, par suite d'épidémies ou de toute autre cause de force majeure, seraient momentanément hors d'état de remplir leurs engagements. — Les subventions de l'État, en vue de la retraite par livret individuel, profiteront aux étrangers, lorsque leur pays d'origine aura garanti par un traité des avantages équivalents à nos nationaux. — Les pensions allouées sur le fonds commun ne pourront être servies aux étrangers que dans le cas où ils résideront en territoire français.

27. Un règlement d'administration publique détermine les conditions et les garanties à exiger pour l'organisation des caisses autonomes que les sociétés ou les unions pourront constituer, soit pour servir des pensions de retraites, soit pour réaliser l'assurance en cas de vie, de décès ou d'accident et, d'une manière générale, toutes les mesures d'application destinées à assurer l'exécution de la loi. — Les fonds versés dans ces caisses devront être employés en rentes sur l'État, en valeurs du Trésor ou garanties par le Trésor, en obligations départementales ou en valeurs énumérées

au paragraphe 1er de l'article 20. — La gestion de ces caisses sera soumise à la vérification de l'inspection des finances et au contrôle du receveur particulier de l'arrondissement du siège de la caisse. — La caisse des dépôts et consignations est tenue d'envoyer, dans le courant du premier trimestre de chaque année, aux présidents des sociétés de secours mutuels ayant constitué des pensions de retraites en faveur de leurs membres participants, la liste des retraités qui, dans l'année précédente, n'auront pas touché leurs arrérages.

28. Les sociétés de secours mutuels qui accordent à leurs membres ou à quelques-uns seulement des indemnités moyennes ou supérieures à 5 francs par jour, des allocations annuelles ou des pensions supérieures à 300 francs et des capitaux en cas de vie ou de décès supérieurs à 3,000 francs, ne participent pas aux subventions de l'État et ne bénéficient ni du taux spécial d'intérêt fixé par les décrets des 26 mars 1852, 26 avril 1856, ni des avantages accordés par la présente loi sous forme de remise de droits d'enregistrement et de frais de justice. — Les sociétaires qui s'affilieront à plusieurs sociétés en vue de se constituer une pension supérieure à 360 francs ou des capitaux en cas de vie ou de décès supérieurs à 3,000 francs, seront exclus des sociétés de secours mutuels dont ils font partie, sous peine, pour la société, de perdre les avantages concédés par la présente loi.

29. Dans les trois premiers mois de chaque année, les sociétés de secours mutuels approuvées doivent adresser au ministre de l'intérieur, par l'intermédiaire des préfets et dans les formes prescrites, indépendamment de la statistique exigée par l'article 8, le compte rendu de leur situation morale et financière. — Elles sont tenues de communiquer leurs livres, registres, procès-verbaux et pièces comptables de toute nature aux préfets, sous-préfets ou à leurs délégués. Cette communication a lieu sans déplacement, sauf le cas où il en serait autrement ordonné par arrêté du préfet. — Les infractions aux prescriptions du paragraphe 2 du présent article seront punies d'une amende de 16 à 500 francs.

30. Dans le cas d'inexécution des statuts ou de violation des dispositions de la présente loi, l'approbation peut être retirée par un décret rendu en Conseil d'Etat sur la proposition motivée du ministre de l'intérieur et après avis du conseil supérieur des sociétés de secours mutuels, lequel sera convoqué dans le plus bref délai. — La décision portant retrait d'approbation sera susceptible d'un recours au contentieux devant le Conseil d'Etat, sans ministère d'avocat et avec dispense de tous droits.

31. Lorsque la dissolution d'une société approuvée est votée par l'assemblée générale conformément aux statuts, ou ordonnée par le tribunal, la liquidation est poursuivie sous la surveillance du préfet ou de son délégué. — Il est prélevé sur l'actif social, y

compris le fonds commun inaliénable de retraites déposé à la
Caisse des dépôts et consignations et dans l'ordre suivant : —
1° Le montant des engagements contractés vis-à-vis des tiers ;
— 2° Les sommes nécessaires pour remplir les engagements contractés vis-à-vis des membres participants, notamment en ce qui
concerne les pensions viagères et les assurances en cas de décès,
de vie ou d'accident ; — 3° a) Une somme égale au montant des
subventions et secours accordés depuis l'origine de la société par
l'Etat, à titre inaliénable, sur les fonds de la dotation ou autres,
pour être, ladite somme, versée au compte de la dotation des sociétés de secours mutuels ; — b) Des sommes égales au montant
des subventions et secours accordés depuis l'origine de la société
par les départements et les communes, à titre inaliénable, pour
être, lesdites sommes, réintégrées dans leurs caisses ; — c) Des
sommes égales au montant des dons et legs faits à titre inaliénable, pour être employés conformément aux volontés des donateurs
et testateurs, s'ils ont prévu le cas de liquidation, ou, si leur volonté n'a pas été exprimée, pour être ajoutées au compte de dotation des sociétés de secours mutuels. — Si, après le payement
des engagements contractés vis-à-vis des tiers et des sociétaires,
il ne reste pas de fonds suffisants pour le plein des prélèvements
prévus au paragraphe 3 ci-dessus, ces prélèvements auront lieu au
marc le franc des versements faits respectivement par l'Etat, les
départements, les communes, les particuliers. — Le surplus de
l'actif social sera, s'il y a lieu, réparti entre les membres participants appartenant à la société au jour de la dissolution et non
pourvus d'une pension ou indemnité annuelle, au prorata des versements opérés par chacun d'eux depuis leur entrée dans la société, sans qu'ils puissent recevoir une somme supérieure à leur
contribution personnelle. Le reliquat sera attribué au fonds de
dotation.

TITRE IV. — DES SOCIÉTÉS RECONNUES COMME ÉTABLISSEMENTS D'UTILITÉ PUBLIQUE

32. Les sociétés de secours mutuels et les unions sont reconnues comme établissements d'utilité publique par décret rendu
dans la forme des règlements d'administration publique. — La
demande est adressée au préfet avec les pièces suivantes : la liste
nominative des personnes qui y ont adhéré et trois exemplaires
des projets de statuts et du règlement intérieur.

33. Les sociétés reconnues comme établissements d'utilité publique jouissent des avantages accordés aux sociétés approuvées.
Elles peuvent, en outre, posséder et acquérir, vendre et échanger
des immeubles, dans les conditions déterminées par le décret déclarant l'utilité publique. — Elles sont soumises aux obligations
de l'article 11 qui précède.

TITRE V. — CONSEIL SUPÉRIEUR. — RAPPORTS ANNUELS. — TABLES STATISTIQUES

34. Il est institué près le ministre de l'intérieur un conseil supérieur de sociétés de secours mutuels. Ce conseil est composé de trente-six membres, savoir : — Deux sénateurs élus par leurs collègues ; — Deux députés élus par leurs collègues ; — Deux conseillers d'Etat élus par leurs collègues ; — Un délégué du ministre de l'intérieur ; — Un délégué du ministre de l'agriculture ; — Un délégué du ministre du commerce ; — Un membre de l'académie des sciences morales et politiques, désigné par l'académie ; — Un membre du conseil supérieur du travail, nommé par ses collègues ; — Deux membres agrégés de l'institut des actuaires français, désignés par le ministre de l'intérieur ; — Le directeur général de la comptabilité au ministère des finances ; — Le directeur du mouvement général des fonds au même ministère ; — Le directeur général de la caisse des dépôts et consignations ; — Un membre de l'académie de médecine, désigné par l'académie, et un représentant des syndicats médicaux, élu par les délégués de ces syndicats dans les formes qui seront déterminées par un règlement d'administration publique ; — Dix-huit représentants de sociétés de secours mutuels, dont six appartenant aux sociétés libres, élus par les délégués des sociétés dans des formes qui seront déterminées par un règlement d'administration publique. — Chaque représentant des sociétés approuvées sera élu par un collège comprenant un certain nombre de départements. — Cette division sera faite par le règlement d'administration publique à intervenir, de telle sorte que chaque collège comprenne un nombre à peu près égal de mutualistes. — Tous les membres sont nommés pour quatre ans ; leurs pouvoirs sont renouvelables ; leurs fonctions sont gratuites. — Le ministre de l'intérieur est président de droit du conseil supérieur des sociétés de secours mutuels. — Le conseil choisit parmi ses membres ses deux vice-présidents et son secrétaire. Il est convoqué par le ministre compétent au moins une fois tous les six mois et toutes les fois que cela lui paraîtra nécessaire. — Il reçoit communication des états statistiques et des comptes rendus de la situation financière fournis par les sociétés de secours mutuels, ainsi que des inventaires au moins quinquennaux et des autres documents fournis par les sociétés de secours mutuels, en exécution des articles 8, 23 et 29 ci-dessus. — Il donne son avis sur toutes les dispositions réglementaires ou autres qui concernent le fonctionnement des sociétés de secours mutuels, et notamment sur le mode de répartition des subventions et secours qui seront attribués sur les mêmes bases et dans les mêmes proportions pour les retraites constituées soit à l'aide du fonds commun, soit à l'aide de livrets individuels. (V. *Décret 2 mai* 1899 ; 13 *juin* 1899 ; 11 *juillet* 1899.)

35. Sept membres nommés par le ministre, dont quatre pris parmi ceux qui procèdent de l'élection, constituent une section permanente. — La section permanente a pour fonction de donner son avis sur toutes les questions qui lui sont renvoyées soit par le conseil supérieur, soit par le ministre. — Le ministre de l'intérieur soumet chaque année, au Président de la République, un rapport, qui est présenté au Sénat et à la Chambre des députés, sur les opérations des sociétés de secours mutuels et sur les travaux du conseil supérieur.

36. Dans un délai de deux ans après la promulgation de la présente loi, les ministres de l'intérieur et du commerce feront établir des tables de mortalité et de morbidité applicables aux sociétés de secours mutuels.

DISPOSITIONS TRANSITOIRES

37. Les sociétés de secours mutuels antérieurement autorisées ou approuvées sont tenues, dans le délai de deux ans, de se conformer aux prescriptions de la présente loi. Jusqu'à l'expiration de ce délai, elles continueront à s'administrer conformément à leurs statuts. — Les sociétés approuvées, qui ne solliciteront pas, dans ce délai, ou n'obtiendront pas l'approbation de leurs statuts, devront placer leurs fonds communs en valeurs nominatives, conformément à l'article 20 ci-dessus, et déposer leurs titres à la Caisse des dépôts et consignations. L'inexécution de ces dispositions entraînera l'application des articles 10 et 30 de la présente loi. — Toutefois, les sociétés qui assurent leurs membres exclusivement contre la maladie sont dispensées de solliciter de nouveau cette approbation. — Le ministre de l'intérieur, après avis du conseil supérieur, prévu à l'article 34, déterminera dans quelle mesure il pourra être fait exception, pour le passé, aux prescriptions de l'article 2 en faveur des sociétés de secours mutuels qui, établies en vue de l'assurance contre la maladie, auront accordé certains avantages à ceux de leurs membres entrés dans la société à un âge relativement avancé et n'ayant pu arriver à la liquidation de leur pension en satisfaisant aux conditions normales de stage.

38. Les articles 13, 18, 19 et 21 de la présente loi, à l'exception, pour ce dernier, de ce qui concerne le fonds commun, s'appliquent aux sociétés régulièrement constituées, en conformité du titre III de la loi du 29 juin 1894 dont l'article 20 est abrogé.

39. Le décret-loi du 27 mars 1858* est ainsi modifié : (V. *Décret-Loi 27 mars* 1858*.)

40. Les syndicats professionnels constitués légalement aux termes de la loi du 21 mars 1884, qui ont prévu dans leurs statuts les secours mutuels entre leurs membres adhérents, bénéficieront des avantages de la présente loi, à la condition de se conformer à ses prescriptions.

41. Toutes les dispositions contraires à la présente loi sont abrogées.

Voir les Décrets du 14 mai 1898, 2 et 13 mai 1899, 18 juillet 1899, 21 novembre, 25 mars et 10 septembre 1901.

LOI du 7 juillet 1900 autorisant l'administration des postes et des télégraphes à effectuer pour le compte de la caisse des dépôts et consignations l'encaissement des fonds des sociétés de secours mutuels approuvées.

Associations.

LOI du 1er juillet 1901 relative au contrat d'association.

TITRE Ier

ART. 1er. L'association est la convention par laquelle deux ou plusieurs personnes mettent en commun d'une façon permanente leurs connaissances ou leur activité dans un but autre que de partager des bénéfices. Elle est régie, quant à sa validité, par les principes généraux du droit applicables aux contrats et obligations.

2. Les associations de personnes pourront se former librement sans autorisation ni déclaration préalable, mais elles ne jouiront de la capacité juridique que si elles se sont conformées aux dispositions de l'article 5.

3. Toute association fondée sur une cause ou en vue d'un objet illicite, contraire aux lois, aux bonnes mœurs, ou qui aurait pour but de porter atteinte à l'intégrité du territoire national et à la forme républicaine du Gouvernement, est nulle et de nul effet.

4. Tout membre d'une association qui n'est pas formée pour un temps déterminé peut s'en retirer en tout temps, après payement des cotisations échues et de l'année courante, nonobstant toute clause contraire.

5. Toute association qui voudra obtenir la capacité juridique prévue par l'article 6 devra être rendue publique par les soins de ses fondateurs. — La déclaration préalable en sera faite à la préfecture du département ou à la sous-préfecture de l'arrondissement où l'association aura son siège social. Elle fera connaître le titre et l'objet de l'association, le siège de ses établissements et les noms, professions et domiciles de ceux qui, à un titre quelconque, sont chargés de son administration ou de sa direction. Il en sera donné récépissé. — Deux exemplaires des statuts seront joints à la déclaration. — Les associations sont tenues de faire connaître, dans les trois mois, tous les changements survenus dans leur administration ou direction, ainsi que toutes les modifications apportées à leurs statuts. — Ces modifications et changements ne sont opposables aux tiers qu'à partir du jour où ils auront été déclarés. — Les modifications et changements seront en outre consignés sur un registre spécial qui devra être présenté aux autorités administratives ou judiciaires chaque fois qu'elles en feront la demande.

6. Toute association régulièrement déclarée peut, sans aucune autorisation spéciale, ester en justice, acquérir à titre onéreux, posséder et administrer, en dehors des subventions de l'Etat, des départements et des communes : — 1° Les cotisations de ses membres ou les sommes au moyen desquelles ces cotisations ont été rédimées, ces sommes ne pouvant être supérieures à cinq cents francs (500 fr.); — 2° Le local destiné à l'administration de l'association et à la réunion de ses membres; — 3° Les immeubles strictement nécessaires à l'accomplissement du but qu'elle se propose.

7. En cas de nullité prévue par l'article 3, la dissolution de l'association sera prononcée par le tribunal civil, soit à la requête de tout intéressé, soit à la diligence du ministère public. — En cas d'infraction aux dispositions de l'article 5, la dissolution pourra être prononcée à la requête de tout intéressé ou du ministère public.

8. Seront punis d'une amende de seize à deux cents francs (16 à 200 fr.) et, en cas de récidive, d'une amende double, ceux qui auront contrevenu aux dispositions de l'article 5. — Seront punis d'une amende de seize à cinq mille francs (16 à 5,000 fr.) et d'un emprisonnement de six jours à un an, les fondateurs, directeurs ou administrateurs de l'association qui se serait maintenue ou reconstituée illégalement après le jugement de dissolution.— Seront punies de la même peine toutes les personnes qui auront favorisé la réunion des membres de l'association dissoute, en consentant l'usage d'un local dont elles disposent.

9. En cas de dissolution volontaire, statutaire ou prononcée par justice, les biens de l'association seront dévolus conformément aux statuts, ou, à défaut de disposition statutaire, suivant les règles déterminées en assemblée générale.

TITRE II

10. Les associations peuvent être reconnues d'utilité publique par décrets rendus en la forme des règlements d'administration publique.

11. Ces associations peuvent faire tous les actes de la vie civile qui ne sont pas interdits par leurs statuts, mais elles ne peuvent posséder ou acquérir d'autres immeubles que ceux nécessaires au but qu'elles se proposent. Toutes les valeurs mobilières d'une association doivent être placées en titres nominatifs. — Elles peuvent recevoir des dons et des legs dans les conditions prévues par l'article 910 du Code civil et l'article 5 (*erratum Journal Officiel*, 5 *juillet* 1900) de la loi du 4 février 1901. Les immeubles compris dans un acte de donation ou dans une disposition testamentaire qui ne seraient pas nécessaires au fonctionnement de l'association sont aliénés dans les délais et la forme prescrits par le décret ou l'arrêté qui autorise l'acceptation de la libéralité; le prix en est

versé à la caisse de l'association. — Elles ne peuvent accepter une donation mobilière ou immobilière avec réserve d'usufruit au profit du donateur.

12. Les associations composées en majeure partie d'étrangers, celles ayant des administrateurs étrangers ou leur siège à l'étranger, et dont les agissements seraient de nature soit à fausser les conditions normales du marché des valeurs ou des marchandises, soit à menacer la sûreté intérieure ou extérieure de l'Etat, dans les conditions prévues par les articles 75 à 101 du Code pénal, pourront être dissoutes par décret du Président de la République, rendu en conseil des ministres. — Les fondateurs, directeurs ou administrateurs de l'association qui se serait maintenue ou reconstituée illégalement après le décret de dissolution seront punis des peines portées par l'article 8, paragraphe 2.

TITRE III

13 à 19, relatifs aux congrégations religieuses.

20. Un règlement d'administration publique déterminera les mesures propres à assurer l'exécution de la présente loi.

21. Sont abrogés les articles 291, 292, 293 du Code pénal, ainsi que les dispositions de l'article 294 du même Code relatives aux associations ; l'article 20 de l'ordonnance des 5-8 juillet 1820 ; la loi du 10 avril 1834 ; l'article 13 du décret du 28 juillet 1848 ; l'article 7 de la loi du 30 juin 1881 ; la loi du 14 mars 1872 ; le paragraphe 2, article 2, de la loi du 24 mai 1825 ; le décret du 31 janvier 1852, et généralement toutes les dispositions contraires à la présente loi. — Il n'est en rien dérogé pour l'avenir aux lois spéciales relatives aux syndicats professionnels, aux sociétés de commerce, aux sociétés de secours mutuels.

Voir Décret 16 août 1901.

DEUXIÈME PARTIE

DÉCRETS

Sociétés d'ouvriers.

DÉCRET du 4 juin 1888 fixant les conditions des sociétés d'ouvriers français, pour pouvoir soumissionner les travaux ou fournitures faisant l'objet des adjudications de l'Etat.

Art. 1er. Les adjudications et marchés de gré à gré passés au nom de l'Etat sont autant que possible divisés en plusieurs lots, selon l'importance des travaux ou des fournitures, ou en tenant compte de la nature des professions intéressées. — Dans le cas où tous les lots ne seraient pas adjugés, l'administration aura la faculté soit de traiter à l'amiable pour les lots non adjugés, soit de remettre en adjudication l'ensemble de l'entreprise ou les lots non adjugés en les groupant s'il y a lieu.

2. Les sociétés d'ouvriers français, constituées dans l'une des formes prévues par l'article 19 du Code de commerce ou par la loi du 24 juillet 1867, peuvent soumissionner dans les conditions ci-après déterminées les travaux ou fournitures faisant l'objet des adjudications de l'Etat. — Des marchés de gré à gré peuvent également être passés avec ces sociétés pour les travaux ou fournitures dont la dépense totale n'excède pas vingt mille francs (20,000 fr.)

3. Pour être admises à soumissionner, soit par voie d'adjudication publique, soit par voie de marché de gré à gré, les entreprises de travaux publics ou de fournitures, les sociétés devront préalablement produire : — 1º La liste nominative de leurs membres; — 2º L'acte de société; — 3º Des certificats de capacité délivrés aux gérants administrateurs ou autres associés spécialement délégués pour diriger l'exécution des travaux ou fournitures qui font l'objet du marché, et assister aux opérations destinées à constater les quantités d'ouvrages effectués ou de fournitures livrées. — Les sociétés indiqueront, en outre, le nombre minimum des sociétaires qu'elles s'engagent à employer à l'exécution du marché. — En cas d'adjudication, les pièces justificatives exigées par le présent article seront produites dix jours au moins avant celui de l'adjudication.

4. Les sociétés d'ouvriers sont dispensées de fournir un cautionnement, lorsque le montant prévu des travaux ou fournitures faisant l'objet du marché ne dépasse pas cinquante mille francs (50,000 fr.).

5. A égalité de rabais entre une soumission d'entrepreneur ou fournisseur et une soumission de société d'ouvriers, cette dernière sera préférée. — Dans le cas où plusieurs sociétés d'ouvriers offriraient le même rabais, il sera procédé à une réadjudication entre ces sociétés sur de nouvelles soumissions. — Si les sociétés se refusaient à faire de nouvelles offres, ou si les nouveaux rabais ne différaient pas, le sort en déciderait.

6. Des acomptes sur les ouvrages exécutés ou les fournitures livrées sont payés tous les quinze jours aux sociétés d'ouvriers, sauf les retenues prévues par les cahiers des charges.

7. Les sociétés d'ouvriers sont soumises aux clauses et conditions générales imposées aux entrepreneurs de travaux ou fournitures par les différents départements ministériels, en tout ce qu'elles n'ont pas de contraire au présent décret.

8. Les dispositions du présent décret ne sont pas applicables aux marchés ou adjudications qui concernent les travaux ou fournitures de la guerre et de la marine, lorsque l'application de ces dispositions paraîtra au ministre préjudiciable aux intérêts du service.

Voir Loi 29 juillet 1893.

DÉCRET du 14 mai 1898 rapportant le décret du 31 janvier 1898 et classant les sociétés de secours mutuels appelées au bénéfice des dispositions de l'article 20 de la loi du 20 juillet 1895.

ART. 1er. Le décret du 31 janvier 1898 est rapporté.

2. Les sociétés de secours mutuels appelées à bénéficier des dispositions de l'article 20 de la loi du 20 juillet 1895 sont divisées en sept catégories ainsi qu'il suit : — 1re *catégorie* : sociétés dont la pension moyenne est au-dessous de 30 francs ; — 2e *catégorie* : sociétés dont la pension moyenne est de 30 à 50 francs ; — 3e *catégorie* : sociétés dont la pension moyenne est de 51 à 75 francs ; — 4e *catégorie* : sociétés dont la pension moyenne est de 76 à 150 francs ; — 5e *catégorie* : sociétés dont la pension moyenne est de 151 à 250 francs ; — 6e *catégorie* : sociétés dont la pension moyenne est de 251 à 360 francs ; — 7e *catégorie* : sociétés qui n'ont pas encore constitué de pensions.

3. Chaque année, la somme attribuée aux sociétés de secours mutuels sur les comptes abandonnés des caisses d'épargne est répartie, par arrêté ministériel, entre les diverses catégories de sociétés sus indiquées. — Cette répartition est faite, en ce qui concerne les six premières catégories, en raison inverse du chiffre moyen des pensions ci-dessus fixé et en raison directe du nombre des membres participants.

Voir Lois 20 juillet 1895 ; 1er avril 1898.

DÉCRET du 13 juin 1899 portant règlement d'adminis-tration publique pour l'élection du représentant des syndicats médicaux au conseil supérieur des sociétés de secours mutuels.

ART. 8. (*Ainsi modifié, Décret 14 avril 1902.*) L'élection du représentant au conseil supérieur a lieu à la majorité absolue des suffrages exprimés. Dans le cas où aucun candidat n'obtiendrait la majorité absolue, il est procédé, trois semaines après, à un 2e tour de scrutin. Cette fois, l'élection a lieu à la majorité relative.

9. L'élection peut être attaquée par tout électeur devant le ministre de l'intérieur, dans un délai de dix jours à partir de la publication des résultats de l'élection au *Journal officiel*. La décision du ministre ne peut être attaquée devant le Conseil d'Etat que dans un délai de quinze jours à partir de la notification. Faute par le ministre d'avoir statué dans le délai d'un mois, la réclamation est considérée comme rejetée et peut être portée devant le conseil d'Etat statuant au contentieux. — Le recours est dispensé du ministère d'avocat.

Voir Loi 1er avril 1898, art. 34.

DÉCRET du 11 juillet 1899 fixant la date du ballottage dans les élections au conseil supérieur de la mutualité.

ART. 1er. En cas de ballottage, les collèges électoraux pour l'élection au conseil supérieur de la mutualité des représentants des sociétés de secours mutuels approuvées et libres et des syndicats médicaux sont convoqués pour le deuxième dimanche qui suit la première élection.

Voir Loi 1er avril 1898, art. 34 ; Décret 2 mai 1899.

*DÉCRET des 2-9 mai 1899 portant règlement d'adminis-
tration publique sur l'élection des représentants des
sociétés de secours mutuels au Conseil supérieur institué par la loi du 1er avril 1898.* (Journal officiel,
9 mai.)

———

ART. 1er. Les représentants du Conseil supérieur des sociétés
de secours mutuels doivent être Français, âgés de trente ans au
moins, non déchus de leurs droits civils et civiques ; les femmes
mariées doivent être pourvues des autorisations de droit commun.
Ils doivent, en outre, avoir été pendant cinq ans, au moins, membres du Conseil d'administration d'une société de secours mutuels.

2. Les collèges appelés à élire les douze représentants des sociétés approuvées sont constitués ainsi qu'il suit :

1er *Collège*. — (Seine) Paris : sociétés municipales, sociétés inscrites, à l'exception de la « France Prévoyante » jusques et y
compris les sociétés dont les dénominations commencent par la
lettre L au tableau alphabétique annexé au rapport annuel prévu
par l'article 35 de la loi susvisée du 1er avril 1898.

2e *Collège*. — (Seine) Paris : sociétés inscrites au dit tableau, à
partir de la lettre M.

3e *Collège*. — (Seine) Paris : société dite « la France Prévoyante »;
communes suburbaines, Seine-et-Oise.

4e *Collège*. — Aisne, Ardennes, Nord, Pas-de-Calais.

5e *Collège*. — Aube, Belfort (territoire de), Côte-d'Or, Doubs,
Marne, Haute-Marne, Meurthe-et-Moselle, Meuse, Haute-Saône,
Saône-et-Loire, Seine-et-Marne, Vosges.

6e *Collège*. — Ain, Isère, Jura, Rhône, Savoie, Haute-Savoie.

7e *Collège*. — Basses-Alpes, Hautes-Alpes, Alpes-Maritimes,
Ardèche, Bouches-du-Rhône, Drôme, Var, Vaucluse, Corse, Alger,
Constantine, Oran.

8e *Collège*. — Allier, Cantal, Cher, Corrèze, Creuse, Indre,
Loir-et-Cher, Loire, Haute-Loire, Loiret, Nièvre, Puy-de-Dôme,
Vienne, Haute-Vienne, Yonne.

9e *Collège*. — Ariège, Aude, Aveyron, Gard, Haute-Garonne,
Gers, Hérault, Lot, Lozère, Hautes-Pyrénées, Pyrénées-Orientales, Tarn, Tarn-et-Garonne.

10e *Collège*. — Charente, Charente-Inférieure, Dordogne, Gironde, Landes, Lot-et-Garonne, Basses-Pyrénées.

11e *Collège*. — Côtes-du-Nord, Finistère, Ille-et-Vilaine, Indre-
et-Loire, Loire-Inférieure, Maine-et-Loire, Mayenne, Morbihan,
Sarthe, Deux-Sèvres, Vendée.

12e *Collège*. — Calvados, Eure, Eure-et-Loir, Manche, Oise,
Orne, Seine-Inférieure, Somme.

3. Les collèges appelés à élire les six représentants des sociétés libres sont constitués ainsi qu'il suit :

1er *Collège.* — (Seine) Paris : sociétés inscrites au tableau alphabétique ci-dessus mentionné jusques et y compris les sociétés dont les dénominations commencent par la lettre R.

2e *Collège.* — (Seine) Paris : sociétés inscrites au tableau alphabétique à partir de la lettre S.

Seine, communes suburbaines :

Aisne, Nord, Oise, Pas-de-Calais, Seine-et-Oise, Somme.

3e *Collège.* — Ain, Allier, Ardennes, Aube, Belfort (territoire de), Cher, Côte-d'Or, Creuse, Doubs, Eure-et-Loir, Haute-Marne, Haute-Saône, Indre, Indre-et-Loire, Jura, Loire, Loiret, Loir-et-Cher, Marne, Meurthe-et-Moselle, Meuse, Nièvre, Puy-de-Dôme, Saône-et-Loire, Seine-et-Marne, Yonne.

4e *Collège.* — Alpes-Maritimes, Ardèche, Basses-Alpes, Drôme, Haute-Loire, Hautes-Alpes, Haute-Savoie, Isère, Rhône, Savoie.

5e *Collège.* — Calvados, Charente, Charente-Inférieure, Corrèze, Côtes-du-Nord, Deux-Sèvres, Dordogne, Eure, Finistère, Gironde, Haute-Vienne, Ille-et-Vilaine, Loire-Inférieure, Lot-et-Garonne, Maine-et-Loire, Manche, Mayenne, Morbihan, Orne, Sarthe, Seine-Inférieure, Vienne, Vendée.

6e *Collège.* — Alger, Ariège, Aude, Aveyron, Basses-Pyrénées, Bouches-du-Rhône, Cantal, Constantine, Corse, Gard, Gers, Haute-Garonne, Hautes-Pyrénées, Hérault, Landes, Lot, Lozère, Oran, Pyrénées-Orientales, Tarn, Tarn-et-Garonne, Var, Vaucluse.

4. Le nombre des délégués, membres du collège électoral, est calculé sur le chiffre total des membres honoraires et participants des sociétés et dans les proportions suivantes : — Jusqu'à 100 membres, un délégué ; — De 101 à 300 membres, deux délégués ; — De 301 à 600 membres, trois délégués ; — De 601 à 1,000 membres, quatre délégués ; — De 1,001 à 2,000 membres, cinq délégués ; — Au-dessus de 2,000 membres, le nombre de cinq délégués est augmenté d'un délégué par 2,000 membres. Le nombre des délégués déterminés conformément aux bases ci-dessus indiquées est arrêté par le préfet, chaque année, avant le 15 décembre, d'après les renseignements statistiques envoyés par les sociétés avant le 1er juillet. — Les sociétés qui ne fournisent pas ces renseignements avant cette date perdent le droit d'avoir des délégués.

5. Les délégués sont désignés par le conseil d'administration de la société. — Ils doivent être Français, majeurs, non déchus de leurs droits civils et civiques ; les femmes mariées doivent être pourvues des autorisations de droit commun.

5. Lorsqu'il y a lieu de procéder à l'élection du représentant au conseil supérieur, le ministre de l'intérieur fixe le jour, l'heure et la durée des opérations électorales par un arrêté inséré au

Journal officiel. Le jour fixé doit toujours être un dimanche. Les élections des représentants des sociétés approuvées et des sociétés libres ne peuvent avoir lieu le même jour, dans un même département.

7. A la suite de la publication dudit arrêté, les présidents des sociétés appelées à choisir leurs délégués sont invités par le préfet à faire procéder à cette désignation par leurs conseils d'administration dans un délai maximum de dix jours. Les noms dss délégués sont envoyés au maire de la commune où siègent les sociétés qu'ils représentent. Le maire en arrête et en transmet la liste au préfet. — Cette liste est affichée à la mairie. — La désignation des délégués peut être attaquée dans un délai de cinq jours devant le juge de paix, soit par les membres de la société, soit par le maire, dans la forme et les conditions prévues à l'article 6 de la loi du 1er avril 1898.

. . . .

11. L'élection des représentants au conseil supérieur a lieu à la majorité absolue des suffrages exprimés. Dans le cas où aucun candidat n'obtiendrait la majorité absolue, il est procédé, quinze jours après, à un 2e tour de scrutin. Cette fois, l'élection a lieu à la majorité relative.

12. Les élections au conseil supérieur peuvent être attaquées par tout électeur devant le ministre de l'intérieur dans un délai de dix jours à partir de la publication des résultats de l'élection au *Journal officiel.* La décision du ministre ne peut être attaquée devant le Conseil d'Etat que dans un délai de quinze jours à partir de la notification. Faute par le ministre d'avoir statué dans le délai d'un mois, la réclamation est considérée comme rejetée et peut être portée devant le Conseil d'Etat statuant au contentieux. — Le recours est dispensé du ministère d'avocat.

13. Dans le cas où l'un des représentants des sociétés cesse, pour une cause quelconque, de faire partie du conseil supérieur avant l'expiration de son mandat, il est procédé à son remplacement dans un délai maximum de deux mois.

DÉCRET du 28 novembre 1901 portant règlement d'administration publique pour l'exécution de la loi du 7 juillet 1900.

ART. 1er. Toute société de secours mutuels approuvée qui, conformément à l'article 21 de la loi du 1er avril 1898, s'est fait ouvrir, dans une recette des finances, un compte à la Caisse des dépôts et consignations et qui veut user de la faculté accordée par l'article 1er de la loi du 7 juillet 1900, doit faire connaître préalablement au receveur des finances quelle est, dans l'arrondissement, la perception, et, à défaut de perception, la recette des postes où elle entend faire les versements se rapportant à son compte courant ou à son fonds commun de retraites. Le receveur des finances accuse réception de cet avis. — Aucun versement, dans les conditions prévues par la loi du 7 juillet 1900, ne peut être effectué avant que la société intéressée ait reçu l'accusé de réception prescrit par le paragraphe précédent.

2. A l'appui de chaque versement à la caisse d'un percepteur ou d'un receveur des postes, les trésoriers de sociétés doivent produire les pièces exigées par la Caisse des dépôts et, en outre, dans le cas où il s'agit d'un versement en compte courant, le carnet de compte courant prescrit par le décret du 4 janvier 1897. — Le percepteur ou le receveur des postes délivre au trésorier une quittance à souche du montant des fonds reçus : il fait parvenir les pièces produites au receveur des finances qui lui renvoie un récépissé à talon destiné à être échangé, à la diligence de la société, contre la quittance à souche. — S'il s'agit de fonds reçus en compte courant, le receveur des finances joint au récépissé le carnet de compte courant mentionnant le solde à nouveau, certifié par sa signature et par son cachet.

3. Lorsqu'il s'agit de versements supérieurs à 2,000 francs concernant des recettes extraordinaires, telles que legs, donation, prix d'immeubles, etc., les sociétés sont tenues sous leur responsabilité personnelle et indépendamment des formalités prévues par les articles 1 et 2, d'obtenir du receveur des finances une autorisation préalable de versement.

4. Les remboursements de fonds placés en compte courant sont effectués à la caisse du percepteur ou du receveur des postes, désigné comme il est dit à l'article 1er. — Toutefois, sur demande spéciale et motivée de la société, le receveur des finances peut exceptionnellement autoriser un autre comptable de l'arrondissement à effectuer un ou plusieurs remboursements.

5. Pour obtenir le remboursement des fonds placés en compte

courant, les trésoriers de sociétés doivent déposer préalablement, entre les mains du comptable désigné conformément aux dispositions des articles 1 et 4, une demande de remboursement dûment signée par le président de la société et le carnet de compte courant. — Le receveur des finances, auquel ces pièces sont transmises, renvoie au comptable chargé du payement la quittance de remboursement revêtue de son « vu bon à payer » et le carnet de compte courant mentionnant le remboursement, ainsi que le solde à nouveau, certifié par sa signature et par son cachet. — Le comptable chargé du remboursement remet les fonds au trésorier sur son acquit et lui restitue le carnet de compte courant après y avoir constaté l'opération par l'apposition de son cachet.

6. Dans le département de la Seine, les carnets de compte courant sont certifiés, et les récépissés à échanger contre les quittances à souche sont délivrés par le caissier général de la Caisse des dépôts et consignations.

Voir Loi du 1er avril 1898.

DÉCRET du 25 mars 1901 créant des caisses autonomes pour les sociétés de secours mutuels et unions de sociétés fonctionnant dans les conditions prévues par la loi du 1ᵉʳ avril 1898.

TITRE Iᵉʳ. — CAISSES AUTONOMES

ART. 1ᵉʳ. — Toutes les sociétés de secours mutuels ou unions de sociétés fonctionnant dans les conditions prévues par la loi du 1ᵉʳ avril 1898 peuvent créer des caisses autonomes sous réserve de l'approbation prévue à l'article 5 du présent décret. Les caisses autonomes ont exclusivement pour but soit la constitution de pensions de retraites, soit l'assurance en cas de vie, de décès ou d'accidents. Il doit y avoir une caisse distincte pour chacune de ces catégories d'opérations. — Les fonctions des directeurs et administrateurs des caisses autonomes sont essentiellement gratuites.

2. Aucune caisse autonome ne peut pratiquer l'assurance en cas de décès ou d'accident si le nombre de ses participants est inférieur à 3,000. Ce minimum est abaissé à 2,000 pour les caisses constituant des pensions de retraites ou pratiquant l'assurance en cas de vie.

3. La caisse autonome n'a pas une personnalité civile distincte de celle de la société ou de l'union dont elle est l'organe, mais elle constitue une personnalité financière indépendante. Elle est alimentée par des cotisations spéciales qui doivent être suffisantes pour faire face aux charges qu'elle a assumées. — Ses recettes et ses dépenses font l'objet d'un budget spécial. Les fonds de la caisse doivent être placés conformément aux prescriptions de l'article 27, paragraphe 2 de la loi.

4. La caisse autonome remet à chaque participant un livret sur lequel sont inscrits les versements effectués pour son compte et les rentes viagères ou le capital assuré en cas de vie, en cas d'accidents ou en cas de décès.

5. Aucune société ou union ne peut créer une caisse autonome sans en avoir obtenu l'autorisation par décret rendu en Conseil d'Etat. — Le décret doit viser le règlement proposé pour l'administration de la caisse. — Toute modification à ce règlement doit être approuvée dans les mêmes formes.

6. Le règlement des caisses autonomes doit énoncer d'une façon précise : — 1° Le montant des cotisations dues par les participants à la caisse ; — 2° Les conditions d'âge et autres qui doivent être remplies pour que le payement des allocations soit effectué ; — 3° Le montant des allocations (rentes ou capitaux) dues par la caisse aux participants ou à leurs ayants droit ; — 4° Les règles relatives à la liquidation des pensions de retraite.

7. Chaque année la situation active et passive de la caisse doit être établie à la date du 31 décembre. — Au passif figure le montant des réserves mathématiques, c'est-à-dire la valeur de tous les engagements pris par la caisse envers les participants ou leurs ayants droit. L'évaluation de ces engagements doit être faite au moyen de tables approuvées par arrêté du ministre de l'intérieur.

8. Dans le cas où l'actif d'une caisse autonome n'équilibre pas son passif ou en cas d'infraction aux dispositions légales ou réglementaires en vigueur, l'autorisation donnée à la caisse peut être retirée par décret en Conseil d'Etat.

9. La liquidation d'une caisse autonome s'effectue suivant les prescriptions de l'article 31 de la loi du 1ᵉʳ avril 1898.

TITRE II. — UNIONS DE SOCIÉTÉS

10. Les unions de sociétés sont libres, approuvées ou reconnues d'utilité publique. Les unions approuvées ne comprennent que des sociétés approuvées ou reconnues d'utilité publique. Les unions libres peuvent être composées de sociétés reconnues, approuvées ou libres. — Les statuts déterminent, conformément à l'article 5 de la loi, les conditions de fonctionnement de l'union.

11. Les unions de sociétés se forment en vertu de délibérations prises par l'assemblée générale de chaque société et portant adhésion au projet d'union et à ses statuts. — Copie de ces délibérations, certifiée par le président et le secrétaire de chaque société adhérente, est transmise au siège provisoire de l'union avec désignation du ou des mandataires chargés de représenter la société.

12. Le procès-verbal de constitution est soumis à la première assemblée générale de l'union. Cette assemblée est composée des délégués des sociétés adhérentes spécialement désignées à cet effet.

13. L'union n'est définitivement constituée que le jour où les administrateurs élus ont accepté leur mandat.

Voir Loi du 1ᵉʳ avril 1898.

9

DÉCRET du 16 avril 1901 portant règlement d'adminis-
tration publique pour l'exécution de la loi du 1er juillet
1901, relative au contrat d'association.

TITRE Ier. — DES ASSOCIATIONS

CHAPITRE Ier. — Des associations déclarées.

ART 1er. La déclaration prévue par l'article 5, paragraphe 2, de la loi du 1er juillet 1901 est faite par ceux qui, à un titre quelconque, sont chargés de l'administration ou de la direction de l'association. — Dans le délai d'un mois, elle est rendue publique par leurs soins, au moyen de l'insertion au *Journal Officiel* d'un extrait contenant la date de la déclaration, le titre et l'objet de l'association, ainsi que l'indication de son siège social. — L'extrait est reproduit par les soins du préfet au Recueil des actes administratifs de la préfecture.

2. Toute personne a droit de prendre communication sans déplacement, au secrétariat de la préfecture ou de la sous-préfecture, des statuts et déclarations ainsi que des pièces faisant connaître les modifications de statuts et les changements survenus dans l'administration ou la direction. Elle peut même s'en faire délivrer à ses frais expédition ou extrait.

3. Les déclarations relatives aux changements survenus dans l'administration ou la direction de l'association mentionnent : — 1° Les changements de personnes chargées de l'administration ou de la direction ; — 2° Les nouveaux établissements fondés ; — 3° Le changement d'adresse dans la localité où est situé le siège social ; — 4° Les acquisitions ou aliénations du local et des immeubles spécifiés à l'article 6 de la loi du 1er juillet 1901 ; un état descriptif, en cas d'acquisition, et l'indication des prix d'acquisition ou d'aliénation doivent être joints à la déclaration.

4. Pour le département de la Seine, les déclarations et les dépôts de pièces annexées sont faits à la préfecture de police.

5. Le récépissé de toute déclaration contient l'énumération des pièces annexées ; il est daté et signé par le préfet ou son délégué ou par le sous-préfet.

6. Les modifications apportées aux statuts et les changements survenus dans l'administration ou la direction de l'association sont transcrits sur un registre tenu au siège de toute association déclarée ; les dates des récépissés relatifs aux modifications et changements sont mentionnées au registre. — La présentation dudit registre aux autorités administratives ou judiciaires, sur leur demande, se fait sans déplacement au siège social.

7. Les unions d'associations ayant une administration ou une direction centrale sont soumises aux dispositions qui précèdent. Elles déclarent, en outre, le titre, l'objet et le siège des associations qui les composent. Elles font connaître dans les trois mois les nouvelles associations adhérentes.

Chapitre II. — Associations reconnues d'utilité publique.

8. Les associations qui sollicitent la reconnaissance d'utilité publique doivent avoir rempli au préalable les formalités imposées aux associations déclarées.

9. La demande en reconnaissance d'utilité publique est signée de toutes les personnes déléguées à cet effet par l'assemblée générale.

10. Il est joint à la demande : — 1° Un exemplaire du *Journal officiel* contenant l'extrait de la déclaration ; — 2° Un exposé indiquant l'origine, le développement, le but d'intérêt public de l'œuvre ; — 3° Les statuts de l'association en double exemplaire ; — 4° La liste de ses établissements avec indication de leur siège ; — 5° La liste des membres de l'association avec l'indication de leur âge, de leur nationalité, de leur profession et de leur domicile, ou, s'il s'agit d'une union, la liste des associations qui la composent avec l'indication de leur titre, de leur objet et de leur siège ; — 6° Le compte financier du dernier exercice ; — 7° Un état de l'actif mobilier et immobilier et du passif ; — 8° Un extrait de la délibération de l'assemblée générale autorisant la demande en reconnaissance d'utilité publique. — Ces pièces sont certifiées sincères et véritables par les signataires de la demande.

11. Les statuts contiennent : — 1° L'indication du titre de l'association, de son objet, de sa durée et de son siège social ; — 2° Les conditions d'admission et de radiation de ses membres ; — 3° Les règles d'organisation et de fonctionnement de l'association et de ses établissements, ainsi que la détermination des pouvoirs conférés aux membres chargés de l'administration ou de la direction, les conditions de modification des statuts et de la dissolution de l'association ; — 4° L'engagement de faire connaître dans les trois mois à la préfecture ou à la sous-préfecture tous les changements survenus dans l'administration ou la direction et de présenter sans déplacement les registres et pièces de comptabilité sur toute réquisition du préfet, à lui-même ou à son délégué ; — 5° Les règles suivant lesquelles les biens seront dévolus en cas de dissolution volontaire, statutaire, prononcée en justice ou par décret ; — 6° Le prix maximum des rétributions qui seront perçues à un titre quelconque dans les établissements de l'association où la gratuité n'est pas complète.

12. La demande est adressée au ministre de l'intérieur ; il en est donné récépissé daté et signé avec indication des pièces jointes. — Le ministre fait procéder, s'il y a lieu, à l'instruction de la

demande, notamment en provoquant l'avis du conseil municipal de la commune où l'association est établie et un rapport du préfet. — Après avoir consulté les ministres intéressés, il transmet le dossier au Conseil d'Etat.

13. Une copie du décret de reconnaissance d'utilité publique est transmise au préfet ou au sous-préfet pour être jointe au dossier de la déclaration; ampliation du décret est adressée par ses soins à l'association reconnue d'utilité publique.

CHAPITRE III. — Dispositions communes aux associations déclarées et aux associations reconnues d'utilité publique.

14. Si les statuts n'ont pas prévu les conditions de liquidation et de dévolution des biens d'une association en cas de dissolution, par quelque mode que ce soit, ou si l'assemblée générale qui a prononcé la dissolution volontaire n'a pas pris de décision à cet égard, le tribunal, à la requête du ministère public, nomme un curateur. Ce curateur provoque, dans le délai déterminé par le tribunal, la réunion d'une assemblée générale dont le mandat est uniquement de statuer sur la dévolution des biens; il exerce les pouvoirs conférés par l'article 813 du Code civil aux curateurs des successions vacantes.

15. Lorsque l'assemblée générale est appelée à se prononcer sur la dévolution des biens, quel que soit le mode de dévolution, elle ne peut, conformément aux dispositions de l'article 1er de la loi du 1er juillet 1901, attribuer aux associés, en dehors de la reprise des apports, une part quelconque des biens de l'association.

TITRE II. — DES CONGRÉGATIONS RELIGIEUSES
ET DE LEURS ETABLISSEMENTS

16 à 26. *(Suppression des congrégations.)*

TITRE III. — DISPOSITIONS GÉNÉRALES
ET DISPOSITIONS TRANSITOIRES

27. Chaque préfet consigne par ordre de date sur un registre spécial toutes les autorisations de tutelle ou autres qu'il est chargé de notifier, et, quand ces autorisations sont données sous sa surveillance et son contrôle, il y mentionne expressément la suite qu'elles ont reçue.

28. Les actions en nullité ou en dissolution formées d'office par le ministère public, en vertu de la loi du 1er juillet 1901, sont introduites au moyen d'une assignation donnée à ceux qui sont chargés de la direction ou de l'administration de l'association ou de la congrégation. — Tout intéressé, faisant ou non partie de l'association ou de la congrégation, peut intervenir dans l'instance.

29. Dans tout établissement d'enseignement privé, de quelque ordre qu'il soit, relevant ou non d'une association ou d'une congrégation, il doit être ouvert un registre spécial destiné à recevoir les nom, prénoms, nationalité, date et lieu de naissance des maîtres et employés, l'indication des emplois qu'ils occupaient précédemment et des lieux où ils ont résidé ainsi que la nature et la date des diplômes, dont ils sont pourvus. Le registre est représenté sans déplacement aux autorités administratives, académiques ou judiciaires, sur toute réquisition de leur part.

30. Les dispositions des articles 2 à 6 du présent règlement sont applicables aux associations reconnues d'utilité publique et aux congrégations religieuses.

31. Les registres prévus aux articles 6 et 26 sont cotés par première et par dernière et paraphés sur chaque feuille par le préfet ou son délégué ou par le sous-préfet, et le registre prévu à l'article 29 par l'inspecteur d'Académie ou son délégué. Les inscriptions sont faites de suite et sans aucun blanc.

32. Pour les associations déclarées depuis la promulgation de la loi du 1er juillet 1901, le délai d'un mois prévu à l'article 1er du présent règlement ne court que du jour de la promulgation dudit règlement.

33. Les associations ayant déposé une demande en reconnaissance d'utilité publique antérieurement au 1er juillet 1901 devront compléter les dossiers conformément aux dispositions des articles 10 et 11. — Toutefois les formalités de déclaration et de publicité au *Journal officiel* ne seront pas exigées d'elles.

Voir Loi du 1er juillet 1901

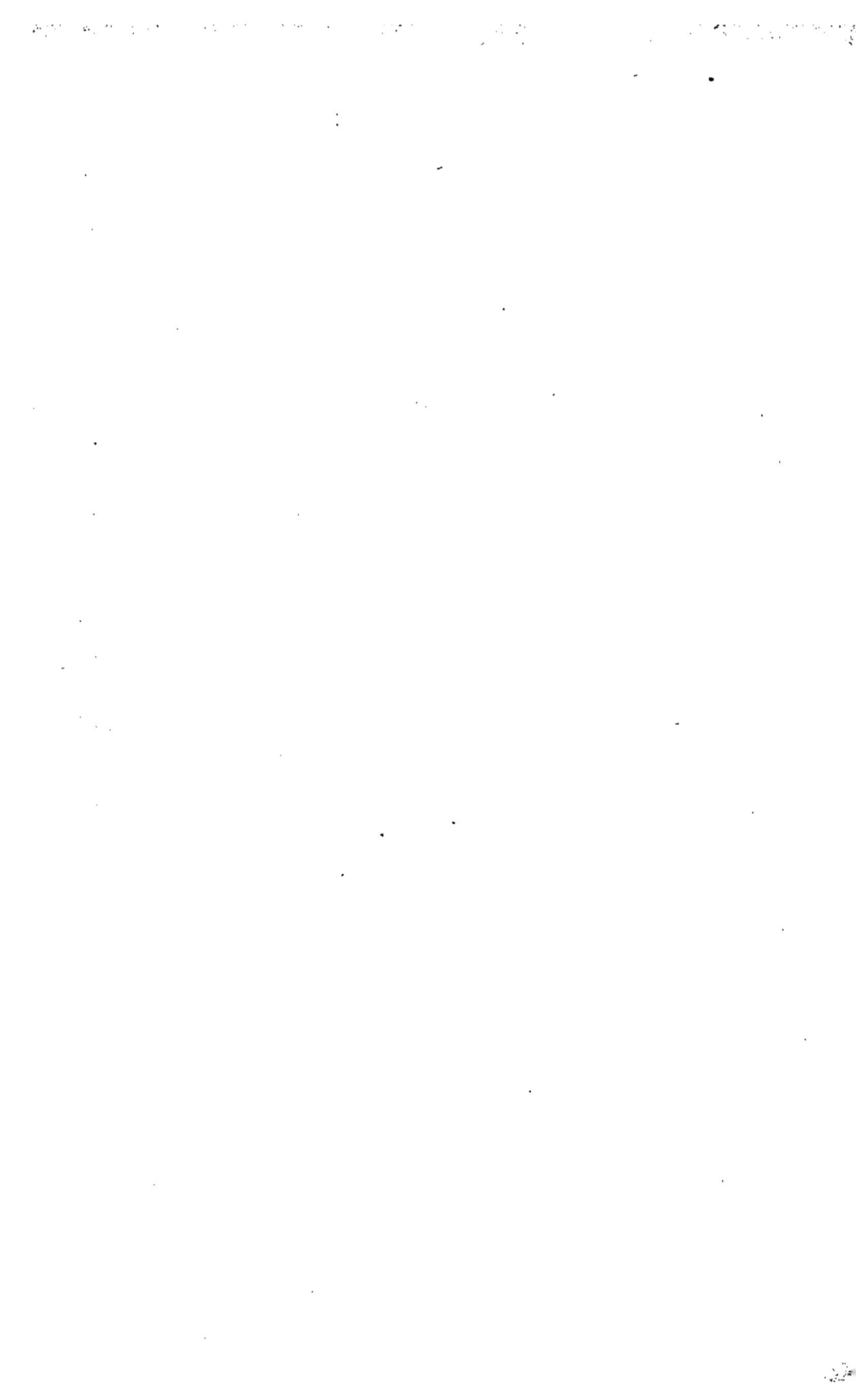

LIVRE III

CONCILIATION

DE LA JURIDICTION ET DE LA REPRÉSENTATION PROFESSIONNELLES

LOI du 27 mars 1907 concernant les conseils de prud'hommes.

TITRE Ier. — ATTRIBUTIONS, INSTITUTION ET ORGANISATION DES CONSEILS DE PRUD'HOMMES

ART. 1er. Les conseils de prud'hommes sont institués pour terminer par voie de conciliation les différends qui peuvent s'élever à l'occasion du contrat de louage d'ouvrage dans le commerce et l'industrie entre les patrons ou leurs représentants et les employés, ouvriers et apprentis de l'un et de l'autre sexe qu'ils emploient. — Ils jugent dans les conditions de compétence déterminées par les articles 32, 33, 34 et 35 de la présente loi, les différends à l'égard desquels la conciliation a été sans effet. — Leur mission, comme conciliateurs et comme juges, s'applique également aux différends nés entre ouvriers à l'occasion du travail. — Néanmoins, ils ne peuvent connaître des actions en dommages-intérêts motivées par des accidents dont les ouvriers, ou employés, ou apprentis auraient été victimes. — Ils doivent donner leur avis sur les questions qui leur seront posées par l'autorité administrative. — Ils exercent, en outre, les attributions qui leur sont confiées par des lois spéciales.

2. Les conseils de prud'hommes sont établis par décrets rendus en la forme des règlements d'administration publique, sur la proposition du ministre de la justice et du ministre du travail et de la prévoyance sociale, après avis des chambres de commerce et des chambres consultatives des arts et manufactures et des conseils municipaux des communes intéressées, dans les villes où l'importance de l'industrie ou du commerce en démontre la nécessité. — La création d'un conseil de prud'hommes est de droit lorsqu'elle est demandée par le conseil municipal de la commune où il doit être établi, avec avis favorable des chambres de commerce et des chambres consultatives des arts et manufactures, du conseil

général du département, du ou des conseils d'arrondissement du ressort indiqué et de la majorité des conseils municipaux des communes devant composer la circonscription projetée.

3. Le décret d'institution détermine le ressort du conseil, le nombre des catégories dans lesquelles sont répartis les commerces et les industries soumis à sa juridiction et le nombre des prud'hommes affectés à chaque catégorie, sans que le nombre total des membres du conseil puisse être impair ou inférieur à douze. Les ouvriers et les employés sont classés dans des catégories distinctes. — Le décret détermine, s'il y a lieu, les sections des conseils et leur composition. — Des modifications pourront être apportées dans la même forme au décret d'institution.

4. Les membres des conseils de prud'hommes sont élus pour six ans. Ils sont renouvelés par moitié tous les trois ans. Néan·moins, ils conservent leurs fonctions jusqu'à l'installation de leurs successeurs.

5. A condition : 1° d'être inscrits sur les listes électorales poli·tiques ; 2° d'être âgés de vingt-cinq ans révolus ; 3° d'exercer depuis trois ans, apprentissage compris, une profession dénommée dans le décret d'institution du conseil et.de résider dans le ressort du conseil depuis un an. — Sont électeurs ouvriers :·les ou·vriers, les chefs d'équipe ou contremaîtres prenant part à l'exécution matérielle des travaux industriels et les chefs d'atelier de famille travaillant eux-mêmes ; — Electeurs employés : les employés de commerce et d'industrie et les contremaîtres ne remplis·sant que des fonctions de surveillance ou de direction ; — Electeurs patrons : les patrons occupant pour leur compte un ou plusieurs ouvriers ou employés, les associés en nom collectif, ceux qui gèrent ou dirigent pour le compte d'autrui une fabrique, une manufacture, un atelier, un magasin, une mine et généralement une entreprise industrielle ou commerciale quelconque ; les présidents et membres des conseils d'administration, les ingénieurs et chefs de service tant dans les exploitations minières que dans les diverses industries. — Sont inscrites également sur les.listes électorales, suivant la distinction ci-dessus, les femmes possédant la qualité de Française, réunissant les conditions d'âge, d'exercice de la profession et de résidence et n'ayant encouru aucune des condamnations prévues aux articles 15 et 16 du décret organique du 2 février 1852.

6. (*novembre* 1908.) Sont éligibles, à condition de résider depuis trois ans dans le ressort du conseil : 1° les électeurs, âgés de trente ans, sachant lire et écrire, inscrits sur les listes électorales spéciales ou justifiant des conditions requises pour y être inscrits; 2° les anciens électeurs n'ayant pas quitté la profession depuis plus de cinq ans et l'ayant exercée cinq ans dans le ressort.

7. Les conseils de prud'hommes sont composés d'un nombre égal, pour chaque catégorie, d'ouvriers ou d'employés et de pa-

trons. Il doit y avoir au moins deux prud'hommes patrons et deux prud'hommes ouvriers ou employés dans chaque catégorie.

8. Les prud'hommes ouvriers ou employés sont élus par les électeurs ouvriers ou employés, les prud'hommes patrons par les électeurs patrons, réunis dans des assemblées distinctes présidées chacune par le juge de paix ou l'un de ses suppléants. — Dans le cas où, pour la commodité du vote, il est établi plusieurs bureaux de scrutin, le préfet peut désigner dans son arrêté un maire ou un adjoint pour présider un ou plusieurs bureaux.

9. Les élections ont lieu au scrutin de liste et par catégorie. — Au 1er tour de scrutin, aucune élection ne sera valable si les candidats n'ont pas obtenu la majorité absolue des suffrages exprimés et si cette majorité n'est pas égale au quart des électeurs inscrits; la majorité relative suffira au 2e tour. — En cas d'égalité de suffrages au 2e tour, le candidat le plus âgé sera proclamé élu.

10. Chaque année, dans les vingt jours qui suivent la revision des listes électorales politiques, le maire de chaque commune du ressort, assisté d'un électeur ouvrier, d'un électeur employé et d'un électeur patron désignés par le conseil municipal, inscrit sur des tableaux différents le nom, la profession et le domicile des électeurs ouvriers, employés et patrons. — Pendant la même période se fera l'inscription des femmes électeurs, et seront reçues les déclarations des employés concernant le genre de commerce ou d'industrie auquel ils sont attachés. — Ces tableaux sont adressés au préfet, qui dresse et arrête la liste de chaque catégorie d'électeurs. — Les listes sont déposées tant au secrétariat du conseil de prud'hommes qu'au secrétariat de chacune des mairies du ressort. Les électeurs sont avisés du dépôt par affiches apposées à la porte des mairies. Dans la quinzaine qui suit la publication, des réclamations peuvent être formées contre la confection des listes; elles sont portées devant le juge de paix du canton, instruites et jugées conformément aux articles 5 et 6 de la loi du 8 décembre 1883 sur les élections consulaires. — Les rectifications sont opérées conformément à l'article 7 de la même loi.

11. Le renouvellement triennal doit porter sur la moitié des membres ouvriers ou employés et sur la moitié des membres patrons, compris dans chaque catégorie du conseil. Dans chacune de ces catégories, le sort désigne les prud'hommes qui sont remplacés la première fois. — Les prud'hommes sortants sont rééligibles.

12. Lorsqu'il y a lieu de procéder à des élections, le préfet convoque les électeurs au moins vingt jours d'avance, en indiquant le jour et l'endroit de leur réunion. Il fixe les heures d'ouverture et de clôture de chaque tour de scrutin. — Il peut y avoir plusieurs sections de vote. — Les élections se font toujours un dimanche. Le 2e tour de scrutin aura lieu le dimanche suivant.

13. Les règles établies par les articles 13, 18 à 25, 26, paragra-

phes Ier et 3, 27 à 29 de la loi du 5 avril 1884 sur les élections municipales s'appliquent aux opérations électorales pour les conseils de prud'hommes. — Dans les trois jours qui suivent la réception du procès-verbal des élections, le préfet transmet des copies certifiées de ce procès-verbal au procureur général et au secrétaire du conseil des prud'hommes. — Les protestations contre les élections sont formées, instruites et jugées conformément à l'article 11, paragraphes 5, 6 et 7, et à l'article 12 de la loi du 8 décembre 1883. — Avis de l'arrêt est donné au préfet.

14. Dans la quinzaine de la réception du procès-verbal, s'il n'y a pas de réclamation, ou dans les quinze jours qui suivent la décision définitive, le procureur de la République invite les élus à se présenter à l'audience du tribunal civil, qui procède publiquement à leur réception et en dresse procès-verbal consigné dans ses registres. — Au cours de cette réception, les élus prêtent individuellement le serment suivant : — « Je jure de remplir mes devoirs avec zèle et intégrité et de garder le secret des délibérations. » — Le jour de l'installation publique du conseil des prud'hommes, il est donné lecture du procès-verbal de réception.

15. Dans le cas où une ou plusieurs vacances se produisent dans le conseil par suite de décès, de démission, d'annulation des premières élections ou de toute autre cause, il est procédé à des élections complémentaires dans le délai d'un mois à dater du fait qui y donne lieu, à moins qu'il n'y ait pas plus de trois mois entre le fait et l'époque du prochain renouvellement triennal. — Tout membre élu dans ces conditions ne demeure en fonctions que pendant la durée du mandat qui avait été confié à son prédécesseur. — Tout conseiller prud'homme ouvrier ou employé qui devient patron, et réciproquement, doit déclarer au procureur de la République et au président du conseil qu'il a perdu la qualité en laquelle il a été élu. Cette déclaration a pour effet nécessaire la démission. — A défaut de déclaration, l'assemblée générale est saisie de la question par son président ou par le procureur de la République. Le membre du conseil auquel elle s'applique est appelé à cette réunion pour y fournir ses explications. — Le procès-verbal est transmis dans la huitaine par le président au procureur de la République, et par celui-ci dans un semblable délai au président du tribunal civil. — Sur le vu du procès-verbal, la démission est déclarée, s'il y a lieu, par le tribunal civil en chambre du conseil, sauf appel devant la cour du ressort. Avis de la décision est donné au préfet par le procureur de la République et, en cas d'appel, par le procureur général.

16. S'il y a lieu de procéder à des élections complémentaires, soit parce que les premières élections n'ont pas donné de résultats satisfaisants pour la constitution ou le complément du conseil, soit parce qu'un ou plusieurs prud'hommes élus ont refusé de se faire installer, ont donné leur admission ou ont été déclarés dé-

missionnaires par application de l'article 44, et si l'un de ces
divers faits vient à se reproduire, il n'est pourvu aux vacances qui
peuvent en résulter que lors du prochain renouvellement triennal,
et le conseil ou la section fonctionne, quelle que soit la qualité
des membres régulièrement élus ou en exercice, pourvu que leur
nombre soit au moins égal à la moitié du nombre total des membres dont il doit être composé. — La même disposition est applicable au cas où une ou plusieurs élections ont été annulées pour
cause d'inéligibilité des élus.

17. Les prud'hommes, réunis en assemblée générale de section
sous la présidence du doyen d'âge, élisent parmi eux, au scrutin
secret, à la majorité absolue des membres présents, un président
et un vice-président. — Après deux tours de scrutin, sans qu'aucun
des candidats ait obtenu la majorité absolue des membres présents, si, au 3e tour de scrutin, il y a partage des voix, le conseiller
le plus ancien en fonctions sera élu. Si les deux candidats
avaient un temps de service égal, la préférence serait accordée au
plus âgé ; il en sera de même dans le cas de création d'un nouveau conseil.

18. Lorsque le président est choisi parmi les prud'hommes
ouvriers ou employés, le vice-président ne peut l'être que parmi
les prud'hommes patrons, et réciproquement. — Le président
sera alternativement un ouvrier ou employé, ou un patron. — Le
sort décidera si c'est un patron ou si c'est un ouvrier ou employé
qui présidera le premier. — Exceptionnellement, dans le cas
prévu par l'article 16, le président et le vice-président peuvent
être pris tous deux soit parmi les prud'hommes ouvriers ou employés, soit parmi les prud'hommes patrons si le conseil ne se
trouve composé que de l'un ou de l'autre élément. — Les réclamations contre l'élection des membres du bureau sont soumises
à la cour d'appel, dans les conditions déterminées par l'avant-
dernier alinéa de l'article 13 ; elles doivent être faites dans la
quinzaine.

19. Le président et le vice-président sont élus pour une année ;
ils sont rééligibles sous la condition d'alternance de l'article précédent. — Ils restent en fonctions jusqu'à l'installation de leurs
successeurs.

20. Chaque section des conseils de prud'hommes comprend :
— 1° Un bureau de conciliation ; — 2° Un bureau de jugement.

21. Le bureau de conciliation est composé d'un prud'homme
ouvrier ou employé et d'un prud'homme patron ; la présidence
appartient alternativement à l'ouvrier ou à l'employé et au patron,
suivant un roulement établi par le règlement particulier de chaque section. — Celui des deux qui préside le bureau le premier
est désigné par le sort. — Exceptionnellement et dans les cas prévus par l'article 16, les deux membres composant le bureau peuvent être pris parmi les prud'hommes ouvriers ou employés ou

parmi les prud'hommes patrons, si la section ne se trouve composée que d'un seul élément.

22. Les séances du bureau de conciliation ont lieu au moins une fois par semaine. Elles ne sont pas publiques.

23. Le bureau de jugement se compose d'un nombre toujours égal de prud'hommes patrons et de prud'hommes ouvriers ou employés, y compris le président ou le vice-président siégeant alternativement. Ce nombre est au moins de deux patrons et de deux ouvriers employés. A défaut du président ou du vice-président, la présidence appartiendra au conseiller le plus ancien en fonctions; s'il y a égalité dans la durée des fonctions, au plus âgé. — Exceptionnellement, dans les cas prévus à l'article 16, le bureau de jugement peut valablement délibérer, un nombre de membres pair et au moins égal à quatre étant présents, alors même qu'il ne serait pas formé d'un nombre égal d'ouvriers ou d'employés et de patrons. — Les délibérations du bureau de jugement sont prises à la majorité absolue des membres présents. — En cas de partage, l'affaire est renvoyée dans le plus bref délai devant le même bureau de jugement, présidé par le juge de paix de la circonscription ou l'un de ses suppléants. — Si la circonscription du conseil comprend plusieurs cantons ou arrondissements de justice de paix, le juge de paix appelé à faire partie du bureau de jugement et à en exercer la présidence sera le plus ancien en fonctions ou le plus âgé, ainsi qu'il est dit ci-dessus pour la présidence. — Toutefois, le président du tribunal civil dans le ressort duquel le conseil de prud'hommes a son siège devra, dans le cas où il en sera ainsi ordonné par le ministre de la justice, établir entre les juges de paix de la circonscription du conseil un roulement aux termes duquel ils feront le service à leur tour pendant un temps déterminé. — En seront dispensés, s'ils le demandent, les juges de paix des cantons hors desquels le siège du conseil est fixé. — Les séances du bureau de jugement sont publiques. Si les débats sont de nature à produire du scandale, le conseil peut ordonner le huis clos. — Le prononcé du jugement devra toujours avoir lieu en audience publique.

24. Il est attaché à chaque conseil un ou plusieurs secrétaires et, s'il y a lieu, un ou plusieurs secrétaires adjoints nommés par décret rendu sur la proposition du ministre de la justice et sur une liste de trois candidats arrêtée en assemblée générale à la majorité absolue. Ils prêtent serment devant le tribunal civil. Leurs traitements sont fixés pour les conseils existants par un règlement d'administration publique et par décret pour les conseils qui seront créés à l'avenir. — Le secrétaire assiste et tient la plume aux audiences des bureaux de conciliation et de jugement. — Les secrétaires et secrétaires adjoints ne pourront être révoqués de leurs fonctions que par décret rendu sur la proposition du ministre de la justice, soit d'office, soit sur une délibération signée par les deux tiers des prud'hommes, réunis en assemblée générale.

25. Il ne peut exister dans chaque ville qu'un conseil de prud'hommes. — Le conseil peut être divisé en sections. Les catégories d'ouvriers et les catégories d'employés sont classées dans des sections distinctes. Chaque section est autonome. — Les présidents et vice-présidents des sections se réunissent chaque année pour élire parmi les premiers, dans les formes prévues à l'article 17, le président du conseil de prud'hommes qui est chargé des rapports avec l'administration, et, entre les sections, de l'administration intérieure et de la discipline générale.

TITRE II. — DE LA PROCÉDURE DEVANT LES CONSEILS DE PRUD'HOMMES

26. Les parties sont tenues de se rendre en personne au jour et à l'heure fixés devant le bureau de conciliation ou le bureau de jugement. — Elles peuvent se faire assister et, en cas d'absence ou de maladie, se faire représenter par un ouvrier ou employé ou par un patron exerçant la même profession. — Les chefs d'entreprises industrielles ou commerciales peuvent toujours se faire représenter par le directeur gérant ou par un employé de leur établissement. — Le mandataire doit être porteur d'un pouvoir sur papier libre; ce pouvoir pourra être donné au bas de l'original ou de la copie de l'assignation. — Les parties peuvent déposer des conclusions écrites; elles ne peuvent faire signifier aucune défense. — Les parties pourront se faire représenter ou assister par un avocat régulièrement inscrit au barreau ou par un avoué exerçant près du tribunal civil de l'arrondissement. — L'avocat et l'avoué seront dispensés de présenter une procuration.

27. Le défendeur est appelé devant le bureau de conciliation par une simple lettre du secrétaire qui jouira de la franchise postale. — La lettre doit contenir les jour, mois et an, les nom, profession et domicile du demandeur, l'indication de l'objet de la demande, le jour et l'heure de la comparution. Elle est remise à la poste par les soins du secrétaire ou portée par le demandeur, au choix de ce dernier.

28. Les parties peuvent toujours se présenter volontairement devant le bureau de conciliation, et, dans ce cas, il est procédé à leur égard comme si l'affaire avait été introduite par une demande directe.

29. Si, au jour fixé par la lettre du secrétaire, le demandeur ne comparaît pas, la cause est rayée du rôle et ne peut être reprise qu'après un délai de huit jours. — Si le défendeur ne comparaît pas, ni personne ayant qualité pour lui, ou si la conciliation n'a pu avoir lieu, l'affaire est renvoyée à la prochaine audience du bureau de jugement. — Le secrétaire convoque alors les parties soit par

lettres recommandées, avec avis de réception, soit par ministère d'huissier. — Dans le cas de convocation par lettres recommandées, à défaut d'avis de réception, le défendeur est cité par l'huissier. La citation contient les énonciations prescrites pour la lettre par l'article 27. — Le délai pour la comparution sera dans les deux cas d'un jour franc. Si la convocation a lieu par lettre recommandée, le point de départ du délai sera la date de la remise figurant à l'avis de réception. — Les témoins seront appelés dans les mêmes formes et délais.

30. Dans les cas où la conciliation n'a pu avoir lieu, la cause, au lieu d'être renvoyée à une prochaine audience, peut être immédiatement jugée par le bureau de jugement, si les deux parties y consentent.

31. Au jour fixé, si l'une des parties ne comparait pas, la cause est jugée par défaut.

32. Les jugements des conseils de prud'hommes sont définitifs et sans appel, sauf du chef de la compétence, lorsque le chiffre de la demande n'excède pas trois cents francs (300 fr.) en capital. — Les différends entre les employés et leurs patrons sont de la compétence des tribunaux ordinaires lorsque le chiffre de la demande excède mille francs (1,000 fr.). Cette limitation ne s'applique pas aux différends entre les ouvriers et leurs patrons.

33. Les conseils de prud'hommes connaissent de toutes les demandes reconventionnelles ou en compensation qui, par leur nature, rentrent dans leur compétence. — Lorsque chacune des demandes principales, reconventionnelles ou en compensation, sera dans les limites de la compétence du conseil en dernier ressort, il prononcera sans qu'il y ait lieu à appel. — Si l'une de ces demandes n'est susceptible d'être jugée qu'à charge d'appel, le conseil ne prononcera sur toutes qu'en premier ressort. Néanmoins, il statuera en dernier ressort si seule la demande reconventionnelle en dommages-intérêts, fondée exclusivement sur la demande principale, dépasse sa compétence en premier ressort. — Dans les différends entre les employés et leurs patrons, si la demande principale excède la compétence du conseil en dernier ressort, il statuera à charge d'appel sur la demande reconventionnelle en dommages-intérêts fondée exclusivement sur la demande principale, même si elle est supérieure à mille francs (1,000 fr.). — Toutes les demandes dérivant du contrat de louage entre les mêmes parties doivent faire l'objet d'une seule instance, à peine d'être déclarées non recevables, à moins que le demandeur ne justifie que les causes des demandes nouvelles ne sont nées à son profit ou n'ont été connues de lui que postérieurement à l'introduction de la demande primitive. — Les jugements susceptibles d'appel peuvent être déclarés exécutoires par provision avec dispense de caution jusqu'à concurrence du quart de la somme, sans que ce quart puisse dépasser cent francs (100 fr.). Pour le surplus,

l'exécution provisoire peut être ordonnée à la charge par le demandeur de fournir caution.

34. Si la demande est supérieure à trois cents francs (300 fr.), il peut être fait appel des jugements des conseils de prud'hommes devant le tribunal civil. — L'appel ne sera recevable ni avant les trois jours qui suivront celui de la prononciation du jugement, à moins qu'il y ait lieu à exécution provisoire, ni après les dix jours qui suivront la signification. — L'appel sera instruit et jugé comme en matière commerciale, sans assistance obligatoire d'un avoué. Si les parties intéressées ne comparaissent pas en personne, elles ne peuvent être représentées que dans les conditions indiquées à l'article 26. Elles peuvent notamment se faire représenter et défendre devant le tribunal civil soit par un avoué près ledit tribunal, soit par un avocat inscrit à un barreau. Dans ce cas une procuration ne sera pas exigée. — Le tribunal civil devra statuer dans les trois mois à partir de l'acte d'appel.

35. Les jugements rendus en dernier ressort par les conseils de prud'hommes pourront être attaqués par la voie du recours en cassation pour excès de pouvoir ou violation de la loi. — Les pourvois seront formés au plus tard le cinquième jour à dater de la signification du jugement par déclaration au secrétariat du conseil, et notifiés dans la huitaine à peine de déchéance. — Dans la quinzaine de la notification, les pièces seront adressées à la Cour de cassation ; aucune amende ne sera consignée ; le ministère d'avocat ne sera pas obligatoire. — Le pourvoi sera porté directement devant la chambre civile. — La Cour de cassation statuera dans le mois qui suivra la réception des pièces. — Les jugements des tribunaux civils ayant statué sur appel, par application de l'article 34 de la présente loi, pourront être attaqués par la voie du recours en cassation pour incompétence, excès de pouvoir ou violation de la loi. — Les pourvois en cassation contre ces jugements sont soumis aux règles prescrites par les deuxième, troisième, quatrième et cinquième alinéas du présent article. Mais la déclaration du pourvoi sera faite au greffe du tribunal.

36. Le conseil, en cas d'absence, d'empêchement ou de refus d'autorisation du mari, peut autoriser la femme mariée à se concilier, demander ou défendre devant lui.

37. Les mineurs qui ne peuvent être assistés de leur père ou tuteur peuvent être autorisés par le conseil à se concilier, demander ou défendre devant lui.

38. Les membres des conseils de prud'hommes peuvent être récusés : — 1° Quand ils ont un intérêt personnel à la contestation ; — 2° Quand ils sont parents ou alliés d'une des parties jusqu'au degré de cousin germain inclusivement ; — 3° Si, dans l'année qui a précédé la récusation, il y a eu action judiciaire, criminelle ou civile entre eux et l'une des parties ou son conjoint, ou ses parents et alliés en ligne directe, — 4° S'ils ont donné un avis

écrit dans l'affaire ; — 5° S'ils sont patrons, ouvriers ou employés de l'une des parties en cause. — La partie qui veut récuser un prud'homme est tenue de former la récusation avant tout débat et d'en exposer les motifs dans une déclaration revêtue de sa signature, qu'elle remet au secrétaire du conseil de prud'hommes, ou verbalement faite au même secrétaire, et dont il lui est délivré récépissé. — Le prud'homme récusé sera tenu de donner au bas de la déclaration, dans le délai de deux jours, sa réponse par écrit, portant ou son acquiescement à la récusation ou son opposition avec ses observations sur les moyens de récusation. — Dans les trois jours de la réponse du prud'homme qui refuse d'acquiescer à la récusation, ou faute par lui de répondre, une copie de la déclaration de récusation et des observations du prud'homme, s'il y en a, sera envoyée par le président du conseil au président du tribunal civil dans le ressort duquel le conseil est situé. — La récusation y sera jugée en dernier ressort dans la huitaine sans qu'il soit besoin d'appeler les parties. Avis de la décision sera immédiatement donné au président du conseil par les soins du procureur de la République.

39. Les fonctions de prud'homme sont entièrement gratuites vis-à-vis des parties ; ils ne peuvent réclamer aucun frais des parties pour les formalités remplies par eux.

40. Les actes de procédure, les jugements et actes nécessaires à leur exécution sont rédigés sur papier visé pour timbre et enregistrés en débet. Le visa pour timbre est donné sur l'original au moment de son enregistrement. — Par exception, les procès-verbaux, jugements et actes, seront enregistrés gratis toutes les fois qu'ils constateront que l'objet de la contestation ne dépasse pas la somme de vingt francs (20 fr.). — Ces dispositions sont applicables aux causes portées en appel ou devant la Cour de cassation. — La partie qui succombe est condamnée aux dépens envers le Trésor. — Les paragraphes qui précèdent sont applicables à toutes les causes qui sont de la compétence des conseils de prud'hommes et dont les juges de paix sont saisis dans les lieux où ces conseils ne sont pas établis, et ce, conformément à l'article 27 de la loi du 22 janvier 1851 — L'assistance judiciaire peut être accordée devant les conseils de prud'hommes dans les mêmes formes et conditions que devant les justices de paix. — La partie assistée judiciairement pourra obtenir du bâtonnier de l'ordre la commission d'un avocat pour présenter ses moyens de défense devant le bureau de jugement du conseil de prud'hommes. — (15 *novembre* 1908). Les demandes qui sont de la compétence de conseils de prud'hommes et dont les juges de paix sont saisis dans les lieux où ces conseils ne sont pas établis, sont formées, instruites et jugées, tant devant la juridiction de première instance que devant les juges d'appel ou la Cour de cassation, conformément aux règles établies par les dispositions du présent titre.

41. La compétence des conseils de prud'hommes est fixée, pour le travail dans un établissement, par la situation de cet établissement et, pour le travail eu dehor de tout établissement, par le lieu où l'engagement a été contracté. Lorsque le conseil est divisé en sections, la section compétente est déterminée par le genre de travail, quelle que soit la nature de l'établissement.

42. Dans les cas urgents, les conseils de prud'hommes peuvent ordonner telles mesures qui seront jugées nécessaires pour empêcher que les objets qui donnent lieu à une réclamation ne soient enlevés ou déplacés, ou détériorés.

43. Les articles 5, 7, 10, 11, 12, 13, 14, 15, 18, 20, 21, 22, 28, 29, 31, 32, 33, 34, 35, 36, 37, 38, 39, 40, 41, 42, 43, 46, 47, 54, 55, 73, 130, 131, 156, 168, 169, 170, 171, 172, 442, 452, 453, 454, 455, 456, 457, 458, 459, 460, 474, 480 et 1033 du Code de procédure civile, 63 du décret du 20 avril 1810, 17 de la loi du 30 août 1883, sont applicables à la juridiction des prud'hommes en tout ce qu'ils n'ont pas de contraire à la présente loi.

TITRE III. — DE LA DISCIPLINE DES CONSEILS DE PRUD'HOMMES

44. Tout membre d'un conseil de prud'hommes qui, sans motifs légitimes et après mise en demeure, se refuserait à remplir le service auquel il est appelé, peut être déclaré démissionnaire.

45. Le président constate le refus de service par un procès-verbal contenant l'avis motivé du conseil ou de la section, le prud'homme préalablement entendu ou dûment appelé. — Si le conseil ou la section n'émet pas son avis dans le délai d'un mois à dater de la convocation, le président fait mention de cette abstention dans le procès-verbal qu'il transmet au procureur de la République, lequel en saisit le tribunal civil.

46. Sur le vu du procès-verbal, la démission est déclarée par le tribunal en chambre du conseil, soit que le conseil de prud'hommes ait délibéré ou non. En cas de réclamation, il est statué en chambre du conseil par la cour d'appel. La réclamation doit être faite dans la quinzaine du jugement. Devant le tribunal comme devant la cour, l'intéressé doit être appelé.

47. Tout membre d'un conseil de prud'hommes qui aura gravement manqué à ses devoirs dans l'exercice de ses fonctions sera appelé devant le conseil ou la section pour s'expliquer sur les faits qui lui sont reprochés. — L'initiative de cet appel appartient au président du conseil de prud'hommes et au procureur de la République. — Dans le délai d'un mois à dater de la convocation, le procès-verbal de la séance de comparution est adressé par le président du conseil de prud'hommes au procureur de la République. — Le procès-verbal est transmis par le procureur de la République, avec son avis, au ministre de la justice. Les peines suivantes peuvent être prononcées selon les cas : — La censure ; — La suspension pour un temps qui ne peut excéder six mois ; — La déchéance.

48. La censure et la suspension peuvent être prononcées par arrêté du ministre de la justice. La déchéance est prononcée par décret.

49. Tout prud'homme élu, qui refuse de se faire installer, donne sa démission ou est déclaré démissionnaire en vertu de l'article 44, ne peut être réélu avant le délai de trois ans à partir de son refus, de sa démission ou de la décision du tribunal qui le déclare démissionnaire.

50. Tout prud'homme contre lequel la déchéance a été prononcée ne peut plus être réélu aux mêmes fonctions.

51. L'acceptation du mandat impératif, à quelque époque et sous quelque forme qu'elle se produise, constitue de la part d'un conseiller prud'homme un manquement grave à ses devoirs. — Si le fait est reconnu par les juges chargés de statuer sur la validité des opérations électorales, il entraîne de plein droit l'annulation de l'élection de celui qui s'en est rendu coupable. — Si la preuve n'est rapportée qu'ultérieurement, il est procédé conformément aux dispositions des articles 47 et 48. — L'acceptation du mandat impératif ainsi reconnue a pour conséquence nécessaire, dans le premier cas l'inéligibilité, dans le second la déchéance.

52. En cas de plainte en prévarication contre les membres des conseils de prud'hommes, il sera procédé contre eux suivant la forme établie à l'égard des juges par l'article 483 du Code d'instruction criminelle.

53. Les articles 4 et 5 du Code civil, 505 à 508, 510 à 516 du Code de procédure civile, 126, 127 et 185 du Code pénal sont applicables aux conseils de prud'hommes et à leurs membres individuellement. — La prise à partie sera portée devant la cour d'appel.

54. Les conseils de prud'hommes ou leurs sections peuvent être dissous par un décret rendu sur la proposition du ministre de la justice. — Dans ce cas, les élections générales devront avoir lieu dans le délai de deux mois à partir de la date du décret de dissolution. — Jusqu'à l'installation du nouveau conseil ou de la nouvelle section, les litiges seront portés devant le juge de paix du domicile du défendeur. — Les conseils de prud'hommes peuvent être également supprimés par décret rendu en la forme des règlements d'administration publique, sur la proposition du ministre de la justice et du ministre du travail et de la prévoyance sociale.

TITRE IV. — DISPOSITIONS GÉNÉRALES

55. Chaque conseil de prud'hommes prépare en assemblée

générale un règlement pour son régime intérieur. — Ce règlement
n'est exécutoire qu'après l'approbation du ministre de la justice,
et après celle du ministre du travail et de la prévoyance sociale
en ce qui concerne les attributions administratives et consultatives du conseil.

56. Les conseils de prud'hommes se réunissent en assemblée
générale toutes les fois que la demande en est faite par l'autorité
supérieure, par la moitié plus un des membres en exercice, ou
lorsque le président le juge utile. Le procès verbal de chaque
assemblée générale est transmis dans la quinzaine, par le président au ministre de la justice et, s'il y a lieu, au ministre du travail et de la prévoyance sociale.

57. Les membres des conseils de prud'hommes portent, soit à
l'audience, soit dans les cérémonies publiques, sur le côté gau-
che de la poitrine et attachée par un ruban, une médaille en
argent, signe de leurs fonctions. Un arrêté ministériel indiquera
le module et les mentions de la médaille, ainsi que la couleur du
ruban.

58. Il est payé aux secrétaires du conseil de prud'hommes, en
dehors de leurs traitements, les sommes suivantes : — Pour la
convocation, par simple lettre, devant le bureau de conciliation,
quinze centimes (o fr. 15) ; — Pour la convocation, par lettre recommandée, avec avis de réception, devant le bureau de jugement, soixante-quinze centimes (o fr. 75) ; — Pour chaque extrait
de jugement délivré au Trésor, vingt-cinq centimes (o fr. 25) ; —
Pour chaque rôle d'expédition qu'ils livreront et qui contiendra
vingt lignes à la page et douze syllabes en moyenne à la ligne,
quarante centimes (o fr. 40) ; — Pour l'expédition, si elle est
requise, du procès-verbal de non-conciliation et qui ne contiendra
que la mention sommaire que les parties n'ont pu s'accorder,
quatre-vingt centimes (o fr. 80) ; — Pour la rédaction du procès-
verbal de chaque dépôt de dessins ou modèles et pour l'émolument de l'expédition, un franc (1 fr.). — Les frais de papier, — de
registre, d'expédition ou autres — seront à la charge du secrétaire, à l'exception du timbre des procès-verbaux et expéditions
prévus à l'alinéa précédent. — Le secrétaire touche directement
des parties les droits qui lui sont alloués, même ceux provenant
des expéditions qu'il délivre. — Il est alloué à l'huissier : —
Pour chaque citation, un franc vingt-cinq centimes (1 fr. 25); —
Pour la signification d'un jugement, un franc soixante-quinze centimes (1 fr. 75). — S'il y a une distance de plus d'un demi-myria-
mètre entre la demeure de l'huissier et le lieu où devront être
remises la citation et la signification, il sera payé par myriamètre
et fraction de myriamètre, en sus, aller et retour : — Pour la citation, un franc soixante-quinze centimes (1 fr. 75); — Pour la signification, deux francs (2 fr.) ; — Pour la copie des pièces qui pourra
être donnée avec les jugements rendus, il sera alloué, pour cha-

que rôle d'expédition de vingt ligues à la page et de douze syllabes à la ligne, vingt centimes (o fr. 20).

59. Il est alloué aux témoins entendus par les conseils de prud'hommes qui en font la demande, une somme de deux francs (2 fr.) comme indemnité pour perte de temps. Les témoins domiciliés hors du canton, à plus de 2 myriamètres et demi et moins de 5, reçoivent quatre francs (4 fr.); au-dessus de 5 myriamètres, ils reçoivent quatre francs (4 fr.) par 5 myriamètres ou fraction de 5 myriamètres.

60. Tout secrétaire d'un conseil de prud'hommes convaincu d'avoir exigé une taxe plus forte que celle qui lui est allouée est puni comme concussionnaire.

TITRE V. — DÉPENSES DES CONSEILS DE PRUD'HOMMIS

61. Le local nécessaire aux conseils de prud'hommes est fourni par la ville où ils sont établis.

62. Les dépenses obligatoires pour les communes comprises dans la circonscription d'un conseil de prud'hommes sont les suivantes : — 1° Frais de premier établissement ; — 2° Achat des insignes ; — 3° Chauffage ; — 4° Eclairage et menus frais ; — 5° Frais d'élection ; — 6° Rétribution du ou des secrétaires et du ou des secrétaires adjoints attachés au conseil.

63. Le président de chaque conseil de prud'hommes soumet, dans le courant du mois de décembre de chaque année, à l'approbation du préfet du département, l'état des dépenses désignées dans l'article ci-dessus.

TITRE VI. — DES CONSEILS DE PRUD'HOMMES AUX COLONIES ET EN ALGERIE

64. La présente loi est applicable aux colonies de la Guadeloupe, de la Martinique et de la Réunion.

65. Elle est applicable à l'Algérie avec les modifications ci-après.

66. Sont éligibles les électeurs âgés de trente ans, domiciliés depuis deux ans et sachant lire et écrire le français.

67. Dans les circonscriptions où l'importance de la population musulmane le comporte, les conseils de prud'hommes comprennent des assesseurs musulmans. Les décrets d'institution indiquent le nombre des prud'hommes assesseurs musulmans. — Les patrons assesseurs musulmans et les ouvriers ou employés assesseurs musulmans sont toujours en nombre égal dans chaque catégorie,

68. Dans les causes où se trouvent un ou plusieurs musulmans non admis à la jouissance des droits de citoyen français, le bureau de conciliation et le bureau de jugement comprennent, en outre des membres prévus aux articles 21 et 23, deux prud'hommes

assesseurs musulmans, l'un patron, l'autre ouvrier ou employé, ayant voix délibérative.

69. Les prud'hommes assesseurs musulmans sont élus par les musulmans non admis à la jouissance des droits de citoyen français, inscrits sur la liste électorale municipale et remplissant les conditions indiquées à l'article 5 de la présente loi. — La liste de ces électeurs est dressée séparément.

70. Les prud'hommes assesseurs musulmans sont élus dans la même forme que les autres prud'hommes. — Ils sont soumis aux mêmes conditions d'éligibilité. — Toutefois, pour l'assessorat, il suffit aux candidats de savoir parler français, s'ils savent lire et écrire leur langue maternelle. — Ils ne peuvent faire partie du bureau, mais ils prennent part à sa nomination au même titre que les autres membres.

71. Il peut être attaché aux conseils de prud'hommes d'Algérie des interprètes qui sont nommés dans la même forme que le secrétaire; avant d'entrer en fonctions, ils prêtent le serment professionnel devant le tribunal civil. — Leur traitement est fixé dans les formes prescrites par l'article 24.

72. Les prud'hommes assesseurs musulmans sont renouvelés par moitié, tous les trois ans, conformément à l'article 11.

TITRE VII. — DISPOSITIONS SPÉCIALES

73. Sont abrogés : — 1° Les articles 1er à 9, 29 et suivants de la loi du 18 mars 1806 ; — 2° Le décret du 11 juin 1809 ; — 3° Le décret du 3 août 1810 ; — 4° Les décrets des 27 mai et 6 juin 1848 ; — 5° La loi du 7 août 1850, sous réserve de son application aux contestations prévues par l'article 27, paragraphe 2, de la loi du 22 janvier 1851 ; — 6° L'article 18, premier alinéa, de la loi du 22 février 1851 ; — 7° La loi du 1er juin 1853 ; — 8° La loi du 4 juin 1864 ; — 9° La loi du 7 février 1880 ; — 10° La loi du 23 février 1881 ; — 11° La loi du 24 novembre 1883 ; — 12° La loi du 10 décembre 1884 ; — 13° La loi du 15 juillet 1905 ; — Et généralement toutes les dispositions contraires à la présente loi.

TITRE VIII. — DISPOSITION TRANSITOIRE

74. Les secrétaires et commis secrétaires, en exercice au moment de la promulgation de la présente loi, seront maintenus dans leurs fonctions avec le titre de secrétaires et de secrétaires adjoints.

Voir Décret du 4 avril 1908.

LOI du 27 décembre 1892 sur la conciliation et l'arbitrage facultatifs en matière de différends collectifs entre patrons et ouvriers ou employés.

ART. 1ᵉʳ. Les patrons, ouvriers ou employés entre lesquels s'est produit un différend d'ordre collectif portant sur les conditions du travail peuvent soumettre les questions qui les divisent à un comité de conciliation et, à défaut d'entente dans ce comité, à un conseil d'arbitrage, lesquels seront constitués dans les formes suivantes :

2. Les patrons, ouvriers et employés adressent, soit ensemble, soit séparément, en personne ou par mandataires, au juge de paix du canton ou de l'un des cantons où existe le différend, une déclaration écrite contenant : — 1⁰ Les noms, qualités et domiciles des demandeurs ou de ceux qui les représentent ; — 2⁰ L'objet du différend, avec l'exposé succinct des motifs allégués par la partie ; — 3⁰ Les noms, qualités et domiciles des personnes auxquelles la proposition de conciliation et d'arbitrage doit être notifiée ; — 4⁰ Les noms, qualités et domiciles des délégués choisis parmi les intéressés par les demandeurs pour les assister ou les représenter, sans que le nombre des personnes désignées puisse être supérieur à cinq.

3. Le juge de paix délivre récépissé de cette déclaration, avec indication de la date et de l'heure du dépôt, et la notifie sans frais, dans les vingt-quatre heures, à la partie adverse où à ses représentants, par lettre recommandée ou au besoin par affiches apposées aux portes de la justice de paix des cantons et à celles de la mairie des communes sur le territoire desquelles s'est produit le différend.

4. Au reçu de cette notification, et au plus tard dans les trois jours, les intéressés doivent faire parvenir leur réponse au juge de paix. Passé ce délai, leur silence est tenu pour refus. — S'ils acceptent, ils désignent dans leur réponse les noms, qualités et domiciles des délégués choisis pour les assister ou les représenter sans que le nombre des personnes désignées puisse être supérieur à cinq. — Si l'éloignement ou l'absence des personnes auxquelles la proposition est notifiée, ou la nécessité de consulter des mandants, des associés ou un conseil d'administration, ne permettent pas de donner une réponse dans les trois jours, les représentants desdites personnes doivent, dans ce délai de trois jours, déclarer quel est le délai nécessaire pour donner cette réponse. — Cette déclaration est transmise par le juge de paix aux demandeurs dans les vingt-quatre heures.

5. Si la proposition est acceptée, le juge de paix invite d'ur-

gence les parties ou les délégués désignés par elles à se réunir en comité de conciliation. — Les réunions ont lieu en présence du juge de paix, qui est à la disposition du comité pour diriger les débats.

6. Si l'accord s'établit, dans ce comité, sur les conditions de la conciliation, ces conditions sont consignées dans un procès-verbal dressé par le juge de paix et signé par les parties ou leurs délégués.

7. Si l'accord ne s'établit pas, le juge de paix invite les parties à désigner, soit chacune un ou plusieurs arbitres, soit un arbitre commun. — Si les arbitres ne s'entendent pas sur la solution à donner au différend, ils pourront choisir un nouvel arbitre pour les départager.

8. Si les arbitres n'arrivent à s'entendre ni sur la solution à donner au différend, ni sur le choix de l'arbitre répartiteur, ils le déclareront sur le procès-verbal, et cet arbitre sera nommé par le président du tribunal civil, sur le vu du procès-verbal qui lui sera transmis d'urgence par le juge de paix.

9. La décision sur le fond, prise, rédigée et signée par les arbitres, est remise au juge de paix.

10. En cas de grève, à défaut d'initiative de la part des intéressés, le juge de paix invite d'office, et par tous les moyens indiqués à l'article 3, les patrons, ouvriers ou employés, ou leurs représentants, à lui faire connaître dans les trois jours : — 1º L'objet du différend avec l'exposé succinct des motifs allégués; 2º Leur acceptation ou refus de recourir à la conciliation ou à l'arbitrage ; — 3º Les noms, qualités et domiciles des délégués choisis, le cas échéant, par les parties, sans que le nombre des personnes désignées de chaque côté puisse être supérieur à cinq. — Le délai de trois jours pourra être augmenté pour les causes et dans les conditions indiquées à l'article 4. — Si la proposition est acceptée, il sera procédé conformément aux articles 5 et suivants.

11. Les procès-verbaux et décisions mentionnés aux articles 6, 8 et 9 ci-dessus sont conservés en minute au greffe de la justice de paix, qui en délivre gratuitement une expédition à chacune des parties et en adresse une autre au ministre du commerce et de l'industrie par l'entremise du préfet.

12 La demande de conciliation et d'arbitrage, le refus ou l'absence de réponse de la partie adverse, la décision du comité de conciliation ou celle des arbitres notifiés par le juge de paix au maire de chacune des communes où s'étendait le différend, sont, pour chacun de ces maires, rendus publics par affichage à la place réservée aux publications officielles. — L'affichage de ces décisions pourra, en outre, se faire par les parties intéressées. Les affiches seront dispensées du timbre.

13. Les locaux nécessaires à la tenue des comités de concilia-

tion et aux réunions des arbitres sont fournis, chauffés et éclairés par les communes où ils siègent. — Les frais qui en résultent sont compris dans les dépenses obligatoires des communes. — Les dépenses des comités de conciliation et d'arbitrage seront fixées par arrêté du préfet du département et portées au budget départemental comme dépenses obligatoires.

14. Tous actes faits en exécution de la présente loi seront dispensés du timbre et enregistrés gratis.

15. Les arbitres et les délégués nommés en exécution de la présente loi devront être citoyens français. — Dans les professions ou industries où les femmes sont employées, elles pourront être désignées comme déléguées, à la condition d'appartenir à la nationalité française.

16. La présente loi est applicable aux colonies de la Guadeloupe, de la Martinique et de la Réunion.

LOI du 22 juillet 1908 relative à l'institution des conseils consultatifs du travail.

ART. 1er. Il peut être institué par décret rendu en Conseil d'Etat, sous le nom de Conseils consultatifs du travail, partout où l'utilité en sera reconnue, soit à la demande des intéressés, soit d'office, après avis du Conseil général, des Chambres de commerce et des Chambres consultatives des arts et manufactures du département, des Conseils composés en nombre égal de patrons et d'ouvriers.

Leur mission est d'être les organes des intérêts matériels et moraux de leurs commettants ;

De donner, soit d'office, soit sur la demande du gouvernement, des avis sur toutes les questions qui concernent ces intérêts ;

De répondre aux demandes d'enquête ordonnées par le Gouvernement.

2. Chaque Conseil est divisé en deux sections comprenant, l'une les patrons, l'autre les ouvriers.

Les sections nomment chacune, pour la durée de chaque session, un président et un secrétaire pris dans leur sein. Elles peuvent délibérer séparément. Les réunions du Conseil sont alternativement présidées : pour la durée de la délibératton, par le président de chaque section, en commençant par le plus âgé des deux. Le secrétaire de l'autre section devient celui du Conseil.

En cas de partage des voix dans le Conseil, les sections peuvent désigner un ou plusieurs membres choisis d'accord entre elles, et qui auront voix délibérative.

3. Il y a autant de Conseils que de professions. Toutefois, lorsque le nombre des professions de même nature est insuffisant, un certain nombre de professions similaires peuvent, sur l'avis conforme des intéressés, être réunies en un même groupe.

Le ressort de chaque Conseil est déterminé par le décret qui l'institue.

4. Le décret d'institution fixe le nombre des membres du Conseil. Il varie de six à douze par section, suivant l'importance des industries représentées.

Des délégués suppléants seront nommés dans chaque section en nombre égal à la moitié des titulaires.

La durée des pouvoirs des délégués et des suppléants est de quatre ans.

Sera considéré comme démissionnaire celui qui, sans excuse valable, ne répondra pas à trois convocations successives, qui quittera la région ou qui cessera d'être éligible par le collège électoral qu'il représente.

5. Sont électeurs à la condition d'être inscrits sur la liste électorale politique :

Pour la section patronale :

1° Tous les patrons exerçant une des professions fixées par le décret d'institution ;

2° Les directeurs et les chefs de services appartenant à la même profession et l'exerçant effectivement depuis deux ans.

Pour la section ouvrière :

Tous les ouvriers et contremaîtres appartenant à la même profession et l'exerçant effectivement depuis deux ans.

Sont éligibles les électeurs de la section âgés de vingt-cinq ans accomplis.

Les femmes françaises, ayant l'exercice de leurs droits civils, non frappées de condamnations entraînant la perte des droits politiques et résidant dans la commune depuis six mois au moins, sont électeurs à vingt et un ans et éligibles à vingt-cinq ans accomplis, après deux ans d'exercice effectif de la même profession.

L'élection a lieu au scrutin de liste.

Pour la composition des listes, les opérations électorales et les recours dont elles peuvent être l'objet, il sera procédé conformément aux règles en vigueur pour les Conseils de prud'hommes.

6. Dans le cas où les électeurs patrons sont en nombre égal à celui qui est fixé pour la composition des Conseils, tous en sont membres.

S'ils sont en nombre inférieur, ils désignent entre eux pour se compléter, des électeurs appartenant à la même profession ou à des professions similaires dans les circonscriptions voisines.

Dans les circonscriptions où la profession est représentée par des sociétés par actions, les membres du Conseil d'administration ayant la capacité électorale politique, sont électeurs patronaux.

7. Chaque section se réunit au moins une fois par trimestre à la mairie de la commune de son siège, et à la convocation de son bureau, chaque fois qu'il y aura lieu de lui soumettre un objet de sa compétence.

8. Toutes discussions politiques et religieuses sont interdites.

9. Toute délibération excédant la limite des attributions fixées par la loi est annulée par le ministre.

Si le conseil ou la section, une fois averti, persiste à sortir de son rôle, sa dissolution peut être prononcée.

10. Un décret rendu en la forme d'administration publique déterminera les conditions de fonctionnement de la présente loi.

LIVRE IV

PRÉVOYANCE

DES ASSURANCES OUVRIÈRES

PREMIÈRE PARTIE

LOIS

Accidents du Travail.

LOI du 9 avril 1898, concernant les responsabilités des accidents dont les ouvriers sont victimes dans leur travail, modifiée par les lois du 22 mars 1902 et 31 mars 1905.

TITRE I. — INDEMNITÉS EN CAS D'ACCIDENTS

Art. 1er. Les accidents survenus par le fait du travail, ou à l'occasion du travail, aux ouvriers et employés occupés dans l'industrie du bâtiment, les usines, manufactures, chantiers, les entreprises de transport par terre et par eau, de chargement et de déchargement, les magasins publics, mines, minières, carrières et, en outre, dans toute exploitation ou partie d'exploitation dans laquelle sont fabriquées ou mises en œuvre des matières explosives, ou dans laquelle il est fait usage d'une machine mue par une force autre que celle de l'homme ou des animaux, donnent droit, au profit de la victime ou de ses représentants, à une indemnité à la charge du chef d'entreprise, à la condition que l'interruption de travail ait duré plus de quatre jours. — Les ouvriers qui travaillent seuls d'ordinaire ne pourront être assujettis à la présente loi par le fait de la collaboration accidentelle d'un ou de plusieurs de leurs camarades.

2. (*Loi 22 mars* 1902.) Les ouvriers et employés désignés à l'article précédent ne peuvent se prévaloir, à raison des accidents dont ils sont victimes dans leur travail d'aucunes dispositions autres que celles de la présente loi. — Ceux dont le salaire annuel dépasse deux mille quatre cents francs (2,400 fr.) ne béné-

ficient de ces dispositions que jusqu'à concurrence de cette somme. Pour le surplus, ils n'ont droit qu'au quart des rentes stipulées à l'article 3, à moins de conventions contraires élevant le chiffre de la quotité.

3. (*Loi* 31 *mars* 1905.) Dans les cas prévus à l'article 1er, l'ouvrier ou employé a droit : — Pour l'incapacité absolue et permanente, à une rente égale aux deux tiers de son salaire annuel ; — Pour l'incapacité partielle et permanente, à une rente égale à la moitié de la réduction que l'accident aura fait subir au salaire ; — Pour l'incapacité temporaire, si l'incapacité de travail a duré plus de quatre jours, à une indemnité journalière, sans distinction entre les jours ouvrables et les dimanches et jours fériés, égale à la moitié du salaire touché au moment de l'accident, à moins que le salaire ne soit variable ; dans ce dernier cas, l'indemnité journalière est égale à la moitié du salaire moyen des journées de travail pendant le mois qui a précédé l'accident. L'indemnité est due à partir du cinquième jour après celui de l'accident ; toutefois, elle est due à partir du premier jour si l'incapacité de travail a duré plus de dix jours. L'indemnité journalière est payable aux époques et lieu de paye usités dans l'entreprise, sans que l'intervalle puisse excéder seize jours. — Lorsque l'accident est suivi de mort, une pension est servie aux personnes ci-après désignées, à partir du décès, dans les conditions suivantes : — *a*) Une rente viagère égale à 20 o/o du salaire annuel de la victime pour le conjoint survivant non divorcé ou séparé de corps, à la condition que le mariage ait été contracté antérieurement à l'accident. — En cas de nouveau mariage, le conjoint cesse d'avoir droit à la rente mentionnée ci-dessus ; il lui sera alloué, dans ce cas, le triple de cette rente à titre d'indemnité totale. — *b*) Pour les enfants, légitimes ou naturels, reconnus avant l'accident, orphelins de père ou de mère, âgés de moins de seize ans, une rente calculée sur le salaire annuel de la victime à raison de 15 o/o de ce salaire s'il n'y a qu'un enfant, de 25 o/o s'il y en a deux, de 35 o/o s'il y en a trois et de 40 o/o s'il y en a quatre ou un plus grand nombre. — Pour les enfants, orphelins de père et de mère, la rente est portée, pour chacun d'eux, à 20 o/o du salaire. — L'ensemble de ces rentes ne peut, dans le premier cas, dépasser 40 o/o du salaire, ni 60 o/o dans le second. — *c*) Si la victime n'a ni conjoint ni enfant dans les termes des paragraphes *a* et *b*, chacun des ascendants et descendants qui étaient à sa charge recevra une rente viagère pour les ascendants et payable jusqu'à seize ans pour les descendants. Cette rente sera égale à 10 o/o du salaire annuel de la victime, sans que le montant total des rentes ainsi allouées puisse dépasser 30 o/o. — Chacune des rentes prévues par le paragraphe *c* est, le cas échéant, réduite proportionnellement. — Les rentes constituées en vertu de la présente loi sont payables à la résidence du titulaire ou au chef-lieu de canton de cette résidence,

et, si elles sont servies par la Caisse nationale des retraites, chez
le préposé de cet établissement désigné par le titulaire. — Elles
sont payables par trimestre et à terme échu ; toutefois, le tribunal
peut ordonner le payement d'avance de la moitié du premier arré-
rage. — Ces rentes sont incessibles et insaisissables. — Les ouvriers étrangers, victimes d'accidents, qui cesseraient de résider
sur le territoire français recevront, pour toute indemnité, un capital
égal à trois fois la rente qui leur avait été allouée. — Il en sera
de même pour leurs ayants droit étrangers cessant de résider sur
le territoire français, sans que toutefois le capital puisse alors dépasser la valeur actuelle de la rente d'après le tarif visé à l'article 28. — Les représentants étrangers d'un ouvrier étranger ne
recevront aucune indemnité si, au moment de l'accident, ils ne
résidaient pas sur le territoire français. — Les dispositions des
trois alinéas précédents pourront, toutefois, être modifiées par
traités dans la limite des indemnités prévues au présent article,
pour les étrangers dont les pays d'origine garantiraient à nos
nationaux des avantages équivalents.

4. (*Loi* 31 *mars* 1905.) Le chef d'entreprise supporte, en outre,
les frais médicaux et pharmaceutiques et les frais funéraires. Ces
derniers sont évalués à la somme de 100 francs au maximum. —
La victime peut toujours faire choix elle-même de son médecin et
de son pharmacien. Dans ce cas, le chef d'entreprise ne peut être
tenu des frais médicaux et pharmaceutiques que jusqu'à concurrence de la somme fixée par le juge de paix du canton où est survenu l'accident, conformément à un tarif qui sera établi par arrêté
du ministre du commerce, après avis d'une commission spéciale
comprenant des représentants de syndicats de médecins et de
pharmaciens, de syndicats professionnels ouvriers et patronaux,
de sociétés d'assurances contre les accidents du travail et de syndicats de garantie, et qui ne pourra être modifié qu'à intervalles
de deux ans. — Le chef d'entreprise est seul tenu dans tous les
cas, en outre des obligations contenues en l'article 3, des frais
d'hospitalisation qui, tout compris, ne pourront dépasser le tarif
établi pour l'application de l'article 24 de la loi du 15 juillet 1893,
majoré de 50 o/o, ni excéder jamais 4 francs par jour pour Paris,
ou 3 francs 50 partout ailleurs. — Les médecins et pharmaciens
ou les établissements hospitaliers peuvent actionner directement
le chef d'entreprise. — Au cours du traitement, le chef d'entreprise pourra désigner au juge de paix un médecin chargé de le renseigner sur l'état de la victime. Cette désignation, dûment visée
par le juge de paix, donnera audit médecin accès hebdomadaire
auprès de la victime en présence du médecin traitant, prévenu
deux jours à l'avance par lettre recommandée. — Faute par la victime de se prêter à cette visite, le payement de l'indemnité journalière sera suspendu par décision du juge de paix, qui convoquera
la victime par simple lettre recommandée. — Si le médecin cer-

tifie que la victime est en état de reprendre son travail et que celle-ci le conteste, le chef d'entreprise peut, lorsqu'il s'agit d'une incapacité temporaire, requérir du juge de paix une expertise médicale qui devra avoir lieu dans les cinq jours.

5. Les chefs d'entreprise peuvent se décharger pendant les trente, soixante ou quatre-vingt-dix premiers jours à partir de l'accident, de l'obligation de payer aux victimes les frais de maladie et l'indemnité temporaire, ou une partie seulement de cette indemnité, comme il est spécifié ci-après, s'ils justifient : — 1° Qu'ils ont affilié leurs ouvriers à des sociétés de secours mutuels et pris à leur charge une quote-part de la cotisation qui aura été déterminée d'un commun accord, et en se conformant aux statuts-type approuvés par le ministre compétent, mais qui ne devra pas être inférieure au tiers de cette cotisation ; — 2° Que ces sociétés assurent à leurs membres, en cas de blessures, pendant trente, soixante ou quatre-vingt-dix jours, les soins médicaux et pharmaceutiques et une indemnité journalière. — Si l'indemnité journalière servie par la société est inférieure à la moitié du salaire quotidien de la victime, le chef d'entreprise est tenu de lui verser la différence.

6. Les exploitants de mines, minières et carrières peuvent se décharger des frais et indemnités mentionnés à l'article précédent moyennant une subvention annuelle versée aux caisses ou sociétés de secours constituées dans ces entreprises en vertu de la loi du 29 juin 1894. — Le montant et les conditions de cette subvention devront être acceptés par la société et approuvés par le ministre des travaux publics. — Ces deux dispositions seront applicables à tous autres chefs d'industrie qui auront créé en faveur de leurs ouvriers des caisses particulières de secours en conformité du titre III de la loi du 29 juin 1894. L'approbation prévue ci-dessus sera, en ce qui les concerne, donnée par le ministre du commerce et de l'industrie.

7. (*Loi 22 mars* 1902.) Indépendamment de l'action résultant de la présente loi, la victime ou ses représentants conservent contre les auteurs de l'accident, autres que le patron ou ses ouvriers et préposés, le droit de réclamer la réparation du préjudice causé, conformément aux règles du droit commun. — L'indemnité qui leur sera allouée exonérera à due concurrence le chef de l'entreprise des obligations mises à sa charge. Dans le cas où l'accident a entraîné une incapacité permanente ou la mort, cette indemnité devra être attribuée sous forme de rentes servies par la Caisse nationale des retraites. — En outre de cette allocation sous forme de rente, le tiers reconnu responsable pourra être condamné, soit envers la victime, soit envers le chef de l'entreprise, si celui-ci intervient dans l'instance, au payement des autres indemnités et frais prévus aux articles 3 et 4 ci-dessus. Cette action contre les tiers responsables pourra même être exercée par le chef de l'entreprise, à ses risques et périls, aux lieu et place

de la victime ou de ses ayants droit si ceux-ci négligent d'en faire usage.

8. Le salaire qui servira de base à la fixation de l'indemnité allouée à l'ouvrier âgé de moins de seize ans ou à l'apprenti victime d'un accident ne sera pas inférieur au salaire le plus bas des ouvriers valides de la même catégorie occupés dans l'entreprise. — Toutefois, dans le cas d'incapacité temporaire, l'indemnité de l'ouvrier âgé de moins de seize ans ne pourra pas dépasser le montant de son salaire.

9. Lors du règlement définitif de la rente viagère, après le délai de revision prévu à l'article 19, la victime peut demander que le quart au plus du capital nécessaire à l'établissement de cette rente, calculée d'après les tarifs dressés pour les victimes d'accidents par la caisse des retraites pour la vieillesse lui soit attribué en espèces. — Elle peut aussi demander que ce capital, ou ce capital réduit du quart au plus comme il vient d'être dit, serve à constituer sur sa tête une rente viagère réversible, pour moitié au plus, sur la tête de son conjoint. Dans ce cas, la rente viagère sera diminuée de façon qu'il ne résulte de la réversibilité aucune augmentation de charges pour le chef d'entreprise. — Le tribunal, en chambre du conseil, statuera sur ces demandes. (V. *Décret 28 fév.* 1899, *art.* 11.)

10. (*Loi* 31 *mars* 1905.) Le salaire servant de base à la fixation des rentes s'entend, pour l'ouvrier occupé dans l'entreprise pendant les douze mois avant l'accident, de la rénumération effective qui lui a été allouée pendant ce temps, soit en argent, soit en nature. — Pour les ouvriers occupés moins de douze mois avant l'accident, il doit s'entendre de la rémunération effective qu'ils ont reçue depuis leur entrée dans l'entreprise, augmentée de la rémunération qu'ils auraient pu recevoir pendant la période de travail nécessaire pour compléter les douze mois, d'après la rémunération moyenne des ouvriers de la même catégorie pendant ladite période. — Si le travail n'est pas continu, le salaire annuel est calculé, tant d'après la rémunération reçue pendant la période d'activité que d'après le gain de l'ouvrier pendant le reste de l'année. — Si, pendant les périodes visées aux alinéas précédents, l'ouvrier a chômé exceptionnellement et pour des causes indépendantes de sa volonté, il est fait état du salaire moyen qui eût correspondu à ces chômages.

TITRE II. — DÉCLARATION DES ACCIDENTS ET ENQUÊTE

11. (*Loi* 22 *mars* 1902.) Tout accident ayant occasionné une incapacité de travail doit être déclaré dans les quarante-huit heures non compris les dimanches et jours fériés, par le chef d'entreprise ou ses préposés, au maire de la commune qui en dresse

procès-verbal et en délivre immédiatement récépissé. — La déclaration et le procès-verbal doivent indiquer, dans la forme réglée par décret, les nom, qualité et adresse du chef d'entreprise, le lieu précis, l'heure et la nature de l'accident, les circonstances dans lesquelles il s'est produit, la nature des blessures, les noms et adresses des témoins. — Dans les quatre jours qui suivent l'accident, si la victime n'a pas repris son travail, le chef d'entreprise doit déposer à la mairie, qui lui en délivre immédiatement récépissé, un certificat du médecin indiquant l'état de la victime, les suites probables de l'accident, et l'époque à laquelle il sera possible d'en connaître le résultat définitif. — La déclaration d'accident pourra être faite dans les mêmes conditions par la victime ou ses représentants jusqu'à l'expiration de l'année qui suit l'accident. — Avis de l'accident dans les formes réglées par décret, est donné immédiatement par le maire à l'inspecteur départemental du travail ou à l'ingénieur ordinaire des mines chargé de la surveillance de l'entreprise. — L'article 15 de la loi du 2 novembre 1892 et l'article 11 de la loi du 12 juin 1893 cessent d'être applicables dans les cas visés par la présente loi.

12. (*Loi 22 mars* 1902.) Dans les vingt-quatre heures qui suivent le dépôt du certificat, et au plus tard dans les cinq jours qui suivent la déclaration de l'accident, le maire transmet au juge de paix du canton où l'accident s'est produit la déclaration et soit le certificat médical, soit l'attestation qu'il n'a pas été produit de certificat. — Lorsque, d'après le certificat médical produit en exécution du paragraphe précédent ou transmis ultérieurement par la victime à la justice de paix, la blessure paraît devoir entraîner la mort ou une ncapacité permanente, absolue ou partielle de travail, ou lorsque la victime est décédée, le juge de paix, dans les vingt-quatre heures, procède à une enquête à l'effet de rechercher : — 1° La cause, la nature et les circonstances de l'accident ; — 2° Les personnes victimes et le lieu où elles se trouvent, le lieu et la date de leur naissance ; — 3° La nature des lésions ; — 4° Les ayants droit pouvant, le cas échéant, prétendre à une indemnité, le lieu et la date de leur naissance ; — 5° Le salaire quotidien et le salaire annuel des victimes ; — 6° La société d'assurance à laquelle le chef d'entreprise était assuré ou le syndicat de garantie auquel il 'tait affilié. — Les allocations tarifées pour le juge de paix et son greffier en exécution de l'article 29 de la présente loi et de l'article 31 de la loi de finances du 13 avril 1900 seront avancées par le Trésor.

13. L'enquête a lieu contradictoirement dans les formes prescrites par les articles 35, 36, 37, 38 et 39 du Code de procédure civile, en présence des parties intéressées ou celles-ci convoquées d'urgence par lettre recommandée. — Le juge de paix doit se transporter auprès de la victime de l'accident qui se trouve dans l'impossibilité d'assister à l'enquête. — Lorsque le certificat médi-

cal ne lui paraîtra pas suffisant, le juge de paix pourra désigner un médecin pour examiner le blessé. — Il peut aussi commettre un expert pour l'assister dans l'enquête. — Il n'y a pas lieu, toutefois, à nomination d'expert dans les entreprises administrativement surveillées, ni dans celles de l'Etat placées sous le contrôle d'un service distinct du service de gestion, ni dans les établissements nationaux où s'effectuent des travaux que la sécurité publique oblige à tenir secrets. Dans ces divers cas, les fonctionnaires chargés de la surveillance ou du contrôle de ces établissements ou entreprises et, en ce qui concerne les exploitations minières, les délégués à la sécurité des ouvriers mineurs, transmettent au juge de paix, pour être joint au procès-verbal d'enquête, un exemplaire de leur rapport. — Sauf les cas d'impossibilité matérielle dûment constatés dans le procès-verbal, l'enquête doit être close dans le plus bref délai et, au plus tard, dans les dix jours à partir de l'accident. Le juge de paix avertit, par lettre recommandée, les parties de la clôture de l'enquête et du dépôt de la minute au greffe, où elles pourront, pendant un délai de cinq jours, en prendre connaissance et s'en faire délivrer une expédition, affranchie du timbre et de l'enregistrement. A l'expiration de ce délai de cinq jours, le dossier de l'enquête est transmis au président du tribunal civil de l'arrondissement.

14. Sont punis d'une amende de un à quinze francs (1 à 15 fr.) les chefs d'industrie ou leurs préposés qui ont contrevenu aux dispositions de l'article 11. — En cas de récidive dans l'année, l'amende peut être élevée de seize à trois cents francs (16 à 300 fr.). — L'article 463 du Code pénal est applicable aux contraventions prévues par le présent article.

TITRE III. — COMPÉTENCE, JURIDICTIONS, PROCÉDURE, REVISION

15. (*Loi 31 mars* 1905.) Sont jugées en dernier ressort par le juge de paix du canton où l'accident s'est produit, à quelque chiffre que la demande puisse s'élever et dans les quinze jours de la demande, les contestations relatives tant aux frais funéraires qu'aux indemnités temporaires. — Les indemnités temporaires sont dues jusqu'au jour du décès ou jusqu'à la consolidation de la blessure, c'est-à-dire jusqu'au jour où la victime se trouve, soit complètement guérie, soit définitivement atteinte d'une incapacité permanente; elles continuent, dans ce dernier cas, à être servies jusqu'à la décision définitive prévue à l'article suivant, sous réserve des dispositions du quatrième alinéa dudit article. — Si l'une des parties soutient, avec un certificat médical à l'appui, que l'incapacité est permanente, le juge de paix doit se déclarer incompétent par une décision dont il transmet, dans les trois jours, l'expédition au président du tribunal civil. Il fixe en même temps, s'il ne l'a fait antérieurement, l'indemnité journalière. — Le juge de paix connaît des demandes relatives au payement des frais médicaux et pharmaceutiques jusqu'à trois cents francs en dernier ressort et à quelque chiffre que ces demandes s'élèvent, à charge d'appel dans la quinzaine de la décision. — Les décisions du juge de paix relatives à l'indemnité journalière sont exécutoires nonobstant opposition. Ces décisions sont susceptibles de recours en cassation pour violation de la loi. — Lorsque l'accident s'est produit en territoire étranger, le juge de paix compétent, dans les termes de l'article 12 et du présent article, est celui du canton où est situé l'établissement ou le dépôt auquel est attachée la victime. — Lorsque l'accident s'est produit en territoire français, hors du canton où est situé l'établissement ou le dépôt auquel est attachée la victime, le juge de paix de ce dernier canton devient exceptionnellement compétent, à la requête de la victime ou de ses ayants droit adressée, sous forme de lettre recommandée, au juge de paix du canton où l'accident s'est produit, avant qu'il n'ait été saisi dans les termes du présent article ou bien qu'il n'ait clos l'enquête prévue à l'article 13. Un récépissé est immédiatement envoyé au requérant par le greffe, qui avise, en même temps que le chef d'entreprise, le juge de paix devenu compétent et, s'il y a lieu, transmet à ce dernier le dossier de l'enquête, dès sa clôture, en avertissant les parties, conformément à l'article 13. — Si, après transmission du dossier de l'enquête au président du tribunal du lieu de l'accident et avant convocation des parties, la victime ou ses ayants droit justifient qu'ils n'ont pu, avant la clôture de l'enquête, user de la faculté prévue à l'alinéa précédent, le président peut, les parties entendues, se dessaisir du dossier et le transmettre au président du tribunal de l'arrondissement où est situé l'établissement ou le dépôt auquel est attachée la victime.

16. (*Loi 31 mars* 1905.) En ce qui touche les autres indemnités prévues par la présente loi, le président du tribunal de l'arrondissement, dans les cinq jours de la transmission du dossier, si la victime est décédée avant la clôture de l'enquête, ou, dans le cas contraire, dans les cinq jours de la production par la partie la plus diligente, soit de l'acte de décès, soit d'un accord écrit des parties reconnaissant le caractère permanent de l'incapacité, ou bien de la réception de la décision du juge de paix visée au troisième alinéa de l'article précédent, ou enfin, s'il n'a été saisi d'aucune de ces pièces, dans les cinq jours précédant l'expiration du délai de prescription prévu à l'article 18, lorsque la date de cette expiration lui est connue, convoque la victime ou ses ayants droit, le chef d'entreprise, qui peut se faire représenter et, s'il y a assurance, l'assureur. Il peut, du consentement des parties, commettre un expert dont le rapport doit être déposé dans le délai de huitaine. — En cas d'accord entre les parties, conforme aux prescriptions de la présente loi, l'indemnité est définitivement fixée par l'ordonnance du président, qui en donne acte en indiquant, sous peine de nullité, le salaire de base et la réduction que l'accident aura fait subir au salaire. — En cas de désaccord, les parties sont renvoyées à se pourvoir devant le tribunal, qui est saisi par la partie la plus diligente et statue comme en matière sommaire, conformément au titre XXIV du livre II du Code de procédure civile. Son jugement est exécutoire par provision. — En ce cas, le président, par son ordonnance de renvoi et sans appel, peut substituer à l'indemnité journalière une provision inférieure au demi-salaire ou, dans la même limite, allouer une provision aux ayants droit. Ces provisions peuvent être allouées ou modifiées en cours d'instance par voie de référé sans appel. Elles sont incessibles et insaisissables et payables dans les mêmes conditions que l'indemnité journalière. — Les arrérages des rentes courent à partir du jour du décès ou de la consolidation de la blessure, sans se cumuler avec l'indemnité journalière ou la provision. — Dans les cas où le montant de l'indemnité ou de la provision excède les arrérages dus jusqu'à la date de la fixation de la rente, le tribunal peut ordonner que le surplus sera précompté sur les arrérages ultérieurs dans la proportion qu'il détermine. — S'il y a assurance, l'ordonnance du président ou le jugement fixant la rente allouée spécifie que l'assureur est substitué au chef d'entreprise dans les termes du titre IV, de façon à supprimer tout recours de la victime contre ledit chef d'entreprise.

17. (*Loi 22 mars* 1902.) Les jugements rendus en vertu de la présente loi sont susceptibles d'appel selon les règles du droit commun. Toutefois l'appel, sous réserve des dispositions de l'article 449 du Code de procédure civile, devra être interjeté dans les trente jours de la date du jugement s'il est contradictoire, et, s'il est par défaut, dans la quinzaine à partir du jour où l'opposition ne sera plus recevable. — L'opposition ne sera plus recevable en cas de jugement par défaut contre partie, lorsque le jugement aura été signifié à personne, passé le délai de quinze jours à partir de cette signification. — La cour statuera d'urgence dans le mois de l'acte d'appel. Les parties pourront se pourvoir en cassation. — Toutes les fois qu'une expertise médicale sera ordonnée, soit par le juge de paix, soit par le tribunal ou par la cour d'appel, l'expert ne pourra être le médecin qui a soigné le blessé, ni un médecin attaché à l'entreprise ou à la société d'assurance à laquelle le chef d'entreprise est affilié.

18. (*Loi 22 mars* 1902.) L'action en indemnité prévue par la présente loi se prescrit par un an à dater du jour de l'accident, ou de la clôture de l'enquête du juge de paix, ou de la cessation du payement de l'indemnité temporaire. — L'article 55 de la loi du 10 août 1871 et l'article 124 de la loi du 5 avril 1884 ne sont pas applicables aux instances suivies contre les départements ou les communes, en exécution de la présente loi.

19. (*Loi* 31 *mars* 1905.) La demande en revision de l'indemnité fondée sur une aggravation ou une atténuation de l'infirmité de la victime, ou son décès par suite des conséquences de l'accident, est ouverte pendant trois ans à compter, soit de la date à laquelle cesse d'être due l'indemnité journalière, s'il n'y a point eu attribution de rente, soit de l'accord intervenu entre les parties ou de la décision judiciaire passée en force de chose jugée, même si la pension a été remplacée par un capital en conformité de l'article 21. — Dans tous les cas, sont applicables à la revision les conditions de compétence et de procédure fixées par les articles 16, 17 et 22. Le président du tribunal est saisi par voie de simple déclaration au greffe. — S'il y a accord entre les parties, conforme aux prescriptions de la présente loi, le chiffre de la rente revisée est fixé par ordonnance du président, qui donne acte de cet accord en spécifiant, sous peine de nullité, l'aggravation ou l'atténuation de l'infirmité. — En cas de désaccord, l'affaire est renvoyée devant le tribunal, qui est saisi par la partie la plus diligente et qui statue comme en matière sommaire et ainsi qu'il est dit à l'article 16. — Au cours des trois années pendant lesquelles peut s'exercer l'action en revision, le chef d'entreprise pourra désigner au président du tribunal un médecin chargé de le renseigner sur l'état de la victime. — Cette désignation, dûment visée par le président, donnera audit médecin accès trimestriel auprès de la victime. Faute par la victime de se prêter à cette visite, tout payement d'arrérages sera suspendu par décision du président qui convoquera la victime par simple lettre recommandée. — Les demandes prévues à l'article 9 doivent être portées devant le tribunal au plus tard dans le mois qui suit l'expiration du délai imparti pour l'action en revision.

20. Aucune des indemnités déterminées par la présente loi ne peut être attribuée à la victime qui a intentionnellement provoqué l'accident. — Le tribunal a le droit, s'il est prouvé que l'accident est dû à une faute inexcusable de l'ouvrier, de diminuer la pension fixée au titre Iᵉʳ. — Lorsqu'il est prouvé que l'accident est dû à la faute inexcusable du patron ou de ceux qu'il s'est substitués dans la direction, l'indemnité pourra être majorée, mais sans que la rente ou le total des rentes allouées puisse dépasser soit la réduction, soit le montant du salaire annuel. — (*Loi* 22 *mars* 1902.) En cas de poursuites criminelles, les pièces de procédure seront communiquées à la victime ou à ses ayants droit. — Le même droit appartiendra au patron ou à ses ayants droit.

21. (*Loi* 31 *mars* 1905.) Les parties peuvent toujours, après détermination du chiffre de l'indemnité due à la victime de l'accident, décider que le service de la pension sera suspendu et remplacé, tant que l'accord subsistera, par tout autre mode de réparation. — En dehors des cas prévus à l'article 3, la pension ne pourra être remplacée par le payement d'un capital que si elle n'est pas supérieure à 100 francs et si le titulaire est majeur. Ce rachat ne pourra être effectué que d'après le tarif spécifié à l'article 28.

22. (*Loi 22 mars 1902.*) Le bénéfice de l'assistance judiciaire est accordé de plein droit, sur le visa du procureur de la République, à la victime de l'accident ou à ses ayants droit devant le président du tribunal civil et devant le tribunal. — Le procureur de la République procède comme il est prescrit à l'article 13 (paragraphes 2 et suivants) de la loi du 22 janvier 1851, modifiée par la loi du 10 juillet 1901. — (*Loi 17 avril 1906.*) « Le bénéfice de l'assistance judiciaire s'applique de plein droit à l'acte d'appel et, le cas échéant, à l'acte par lequel est signifié le désistement de l'appel. Le premier président de la cour, sur la demande qui lui sera adressée à cet effet, désignera l'avoué près la cour dont la constitution figurera dans l'acte d'appel, et commettra un huissier pour le signifier. » — Si la victime de l'accident se pourvoit devant le bureau d'assistance judiciaire pour en obtenir le bénéfice en vue de toute la procédure d'appel, elle sera dispensée de fournir les pièces justificatives de son indigence. — Le bénéfice de l'assistance judiciaire s'étend de plein droit aux instances devant le juge de paix, à tous les actes d'exécution mobilière et immobilière et à toute contestation incidente à l'exécution des décisions judiciaires. — L'assisté devra faire déterminer par le bureau d'assistance judiciaire de son domicile la nature des actes et procédure d'exécution auxquels l'assistance s'appliquera.

TITRE IV. — GARANTIES

23. La créance de la victime de l'accident ou de ses ayants droit relative aux frais médicaux, pharmaceutiques et funéraires ainsi qu'aux indemnités allouées à la suite de l'incapacité temporaire de travail, est garantie par le privilège de l'article 2101 du Code civil et y sera inscrite sous le n° 6. — Le payement des indemnités pour incapacité permanente de travail ou accidents suivis de mort est garanti conformément aux dispositions des articles suivants.

24. A défaut, soit par les chefs d'entreprise débiteurs, soit par les sociétés d'assurances à primes fixes ou mutuelles, ou les syndicats de garantie liant solidairement tous leurs adhérents, de s'acquitter, au moment de leur exigibilité, des indemnités mises à leur charge à la suite d'accidents ayant entraîné la mort ou une incapacité permanente de travail, le payement en sera assuré aux intéressés par les soins de la Caisse nationale des retraites pour la vieillesse, au moyen d'un fonds spécial de garantie constitué comme il va être dit et dont la gestion sera confiée à ladite caisse.

25. Pour la constitution du fonds spécial de garantie, il sera ajouté au principal de la contribution des patentes des industriels visés par l'article 1er, quatre centimes (0 fr. 04) additionnels. Il sera perçu sur les mines une taxe de cinq centimes (0 fr. 05) par hectare concédé. — Ces taxes pourront, suivant les besoins, être majorées ou réduites par la loi de finances.

26. La Caisse nationale des retraites exercera un recours contre les chefs d'entreprise débiteurs, pour le compte desquels des sommes auront été payées par elles, conformément aux dispositions qui précèdent. — En cas d'assurance du chef d'entreprise, elle jouira, pour le remboursement de ses avances, du privilège de l'article 2102 du Code civil sur l'indemnité due par l'assureur et n'aura plus de recours contre le chef d'entreprise. — Un règlement d'administration publique déterminera les conditions d'organisation et de fonctionnement du service conféré par les dispositions précédentes à la Caisse nationale des retraites et, notamment, les formes du recours à exercer contre les chefs d'entreprise débiteurs ou les sociétés d'assurances et les syndicats de garantie, ainsi que les conditions dans lesquelles les victimes d'accidents ou leurs ayants droit seront admis à réclamer à la caisse le payement de leurs indemnités. — Les décisions judiciaires n'emporteront hypothèque que si elles sont rendues au profit de la caisse des retraites exerçant son recours contre les chefs d'entreprise ou les compagnies d'assurances.

27. (*Loi 31 mars* 1905.) Les compagnies d'assurances mutuelles ou à primes fixes contre les accidents, françaises ou étrangères, sont soumises à la surveillance et au contrôle de l'État et astreintes à constituer des réserves ou cautionnements dans les conditions déterminées par un règlement d'administration publique. — Le montant des réserves mathématiques et des cautionnements sera affecté par privilège au payement des pensions et indemnités. — Les syndicats de garantie seront soumis à la même surveillance, et un règlement d'administration publique déterminera les conditions de leur création et de leur fonctionnement. — A toute époque, un arrêté du ministre du commerce peut mettre fin aux opérations de l'assureur qui ne remplit pas les conditions prévues par la présente loi ou dont la situation financière ne donne pas des garanties suffisantes pour lui permettre de remplir ses engagements. Cet arrêté est pris après avis conforme du comité consultatif des assurances contre les accidents du travail, l'assureur ayant été mis en demeure de fournir ses observations par écrit dans un délai de quinzaine. Le comité doit émettre son avis dans la quinzaine suivante. — Le dixième jour, à midi, à compter de la publication de l'arrêté du *Journal officiel*, tous les contrats contre les risques régis par la présente loi cessent de plein droit d'avoir effet, les primes restant à payer ou les primes payées d'avance n'étant acquises à l'assureur qu'en proportion de la période d'assurance réalisée, sauf stipulation contraire dans les polices. — Le comité consultatif des assurances contre les accidents du travail est composé de vingt-quatre membres, savoir : deux sénateurs et trois députés élus par leurs collègues ; le directeur de l'assurance et de la prévoyance sociales ; le directeur du travail ; le directeur général de la Caisse des dépôts et consignations ; trois membres agrégés de l'institut des actuaires français ; le président du tribunal de commerce de la Seine ou un président de section délégué par lui ; le président de la chambre de commerce de Paris ou un membre délégué par lui ; deux ouvriers membres du conseil supérieur du travail ; un professeur de la faculté de droit de Paris ; deux directeurs ou administrateurs de sociétés mutuelles d'assurances contre les accidents du travail ou syndicats de garantie ; deux directeurs ou administrateurs de sociétés anonymes ou en commandite d'assurances contre les accidents du travail ; quatre personnes spécialement compétentes en matière d'assurances contre les accidents du travail. Un décret détermine le mode de nomination et de renouvellement des membres ainsi que la désignation du président, du vice-président et du secrétaire. — Les frais de toute nature résultant de la surveillance et du contrôle seront couverts au moyen de contributions proportionnelles au montant des réserves ou cautionnements, et fixés annuellement, pour chaque compagnie ou association, par arrêté du ministre du commerce. (V. *Décret* 28 *février* 1899, *art.* 18.)

28. Le versement du capital représentatif des pensions allouées en vertu de la présente loi ne peut être exigé des débiteurs. — Toutefois, les débiteurs qui désireront se libérer en une fois pourront verser le capital représentatif de ces pensions à la caisse nationale des retraites, qui établira à cet effet, dans les six mois de la promulgation de la présente loi, un tarif tenant compte de la mortalité des victimes d'accidents et de leurs ayants droit. — Lorsqu'un chef d'entreprise cesse son industrie, soit volontairement, soit par décès, liquidation judiciaire ou faillite, soit par cession d'établissement, le capital représentatif des pensions à sa charge devient exigible de plein droit et sera versé à la caisse nationale des retraites. Ce capital sera déterminé au jour de son exigibilité, d'après le tarif visé au paragraphe précédent. — Toutefois, le chef d'entreprise ou ses ayants droit peuvent être exonérés du versement de ce capital, s'ils fournissent des garanties qui seront à déterminer par un règlement d'administration publique. •

TITRE V. — DISPOSITIONS GÉNÉRALES

29. Les procès-verbaux, certificats, actes de notoriété, significations, jugements et autres actes faits ou rendus en vertu et pour l'exécution de la présente loi, sont délivrés gratuitement, visés pour timbre et enregistrés gratis lorsqu'il y a lieu à la formalité de l'enregistrement. — Dans les six mois de la promulgation de la présente loi, un décret déterminera les émoluments des greffiers de justice de paix pour leur assistance et la rédaction des actes de notoriété, procès-verbaux, certificats, significations, jugements, envois de lettres recommandées, extraits, dépôts de la minute d'enquête au greffe, et pour tous les actes nécessités par l'application de la présente loi, ainsi que les frais de transport auprès des victimes et d'enquête sur place.

30. (*Loi* 31 *mars* 1905.) Toute convention contraire à la présente loi est nulle de plein droit. Cette nullité, comme la nullité prévue au deuxième alinéa de l'article 16 et au troisième alinéa de l'article 19, peut être poursuivie par tout intéressé devant le tribunal visé auxdits articles. — Toutefois, dans ce cas, l'assistance judiciaire n'est accordée que dans les conditions du droit commun. — La décision qui prononce la nullité fait courir à nouveau, du jour où elle devient définitive, les délais impartis soit pour la prescription, soit pour la revision. — Sont nulles de plein droit et de nul effet les obligations contractées, pour rémunération de leurs services, envers les intermédiaires qui se chargent, moyennant émoluments convenus à l'avance, d'assurer aux victimes d'accidents ou à leurs ayants droit le bénéfice des instances ou des accords prévus aux articles 15, 16, 17 et 19. — Est passible d'une amende de 16 francs à 300 francs et, en cas de récidive dans l'année de la condamnation, d'une amende de 500 francs à 2,000 francs, sous réserve de l'application de l'article 463 du Code pénal : 1° tout intermédiaire convaincu d'avoir offert les services spécifiés à l'alinéa précédent ; 2° tout chef d'entreprise ayant opéré, sur le salaire de ses ouvriers ou employés, des retenues pour l'assurance des risques mis à sa charge par la présente loi ; 3° toute personne qui, soit par menace de renvoi, soit par refus ou menace de refus des indemnités dues en vertu de la présente loi, aura porté atteinte ou tenté de porter atteinte au droit de la victime de choisir son médecin ; 4° tout médecin ayant, dans des certificats délivrés pour l'application de la présente loi, sciemment dénaturé les conséquences des accidents.

31. Les chefs d'entreprise sont tenus, sous peine d'une amende de un à quinze francs (1 à 15 fr.), de faire afficher dans chaque atelier la présente loi et les règlements d'administration relatifs à son exécution. — En cas de récidive dans la même année, l'amende sera de seize à cent francs (16 à 100 fr.). — Les infractions aux dispositions des articles 11 et 31 pourront être constatées par les inspecteurs du travail.

32. Il n'est point dérogé aux lois, ordonnances et règlements concernant les pensions des ouvriers, apprentis et journaliers appartenant aux ateliers de la marine et celles des ouvriers immatriculés des manufactures d'armes dépendant du ministère de la guerre.

33 La présente loi ne sera applicable que trois mois après la

publication officielle des décrets d'administration publique qui doivent en régler l'exécution.

34. Un règlement d'administration publique déterminera les conditions dans lesquelles la présente loi pourra être appliquée à l'Algérie et aux colonies.

Voir Décrets des 28 février 1899, 5 mars 1899, 31 mai 1900, 23 mars 1902.

LOI du 24 mai 1899, étendant, en vue de l'application de la loi du 9 avril 1898, les opérations de la Caisse nationale d'assurances en cas d'accidents.

ART. 1er. Les opérations de la Caisse nationale d'assurances en cas d'accidents, créée par la loi du 11 juillet 1868, sont étendues aux risques prévus par la loi du 9 avril 1898, pour les accidents ayant entraîné la mort ou une incapacité permanente, absolue ou partielle. — Les tarifs correspondants seront, avant le 1er juin 1899, établis par la Caisse nationale d'assurances en cas d'accidents et approuvés par décret rendu sur le rapport du ministre du commerce, de l'industrie, des postes et des télégraphes et du ministre des finances. — Les primes devront être calculées de manière que les risques et les frais généraux d'administration de la caisse soient entièrement couverts, sans qu'il soit nécessaire de recourir à la subvention prévue par la loi du 11 juillet 1868.

2. La loi du 9 avril 1898 ne sera appliquée qu'un mois après le jour où la caisse des accidents aura publié ses tarifs au *Journal officiel* et admis les industriels à contracter des polices, et où ces tarifs auront été approuvés par décret rendu sur le rapport du ministre du commerce, de l'industrie, des postes et des télégraphes, et du ministre des finances. — En aucun cas, cette prorogation ne pourra excéder le 1er juillet 1899.

LOI de finances du 13 avril 1900.

ART. 34. Pour les délivrances d'actes visés dans l'article 29 de la loi du 9 avril 1898, les greffiers et les officiers ministériels ont droit à un émolument. Un règlement d'administration publique déterminera les frais de transport des juges de paix (1). — En cas de conciliation et sur le vu de l'ordonnance du président du tribunal, le greffier délivre à l'administration de l'enregistrement et des domaines, contre l'adversaire de l'assisté, sur état taxé par le président du tribunal, un exécutoire de dépens qui comprend les avances faites par le Trésor, ainsi que les droits, frais et émoluments dus aux greffiers et aux officiers ministériels à l'occasion de l'enquête préalable et de la conciliation.

(1) *Voir Décret du 31 mai 1900, relatif aux frais de transport des juges de paix, en matière d'accident du travail.*

LOI du 12 avril 1906, étendant à toutes les exploitations commerciales les dispositions de la loi du 9 avril 1898 sur les accidents du travail.

ART 1er. La législation sur les responsabilités des accidents du travail est étendue à toutes les entreprises commerciales.

2. A partir de la promulgation du décret prévu à l'article 4 et pendant les trois mois qui suivront, les contrats d'assurance contre les accidents, souscrits antérieurement à cette promulgation pour des entreprises visées à l'article 1er et ne garantissant pas le risque prévu par les lois des 9 avril 1898, 22 mars 1902 et 31 mars 1905, pourront être dénoncés par l'assureur ou par l'assuré. — La dénonciation s'effectuera, soit au moyen d'une déclaration au siège social ou chez l'agent local, dont il sera donné récépissé, soit par acte extrajudiciaire, soit par lettre recommandée. Le contrat se trouvera ainsi intégralement résilié le dixième jour, à midi, à compter du jour de la déclaration, de la signification de l'acte extrajudiciaire ou du dépôt à la poste de la lettre recommandée. — Les primes restant à payer ne seront acquises à l'assureur qu'en proportion de la période d'assurance réalisée jusqu'au jour de la résiliation. Les primes payées d'avance pour assurances à forfait ne lui resteront acquises, et seulement jusqu'à concurrence de six mois de risque au maximum à compter du jour de la résiliation, que si le contrat n'a pas été dénoncé par lui ; le surplus sera restitué à l'assuré.

3. Les contrats mixtes par lesquels l'assureur s'est engagé, d'une part, à garantir l'assuré contre le risque de la loi de 1898, si celle-ci était déclarée applicable, et, dans le cas contraire, à le couvrir du risque de la responsabilité civile, seront intégralement résiliés, s'ils ont été dénoncés dans les formes et délais prévus à l'article précédent. La dénonciation de l'assuré restera toutefois sans effet si, dans la huitaine de cette dénonciation, l'assureur lui remet un avenant garantissant expressément, sans aucune augmentation de prime, le risque défini par les lois des 9 avril 1898, 22 mars 1902 et 31 mars 1905. — A l'expiration du délai de trois mois visé à l'article précédent, le silence des deux parties aura pour effet, sans autres formalités, de rendre le contrat applicable au risque déterminé par les lois des 9 avril 1898, 22 mars 1902 et 31 mars 1905.

4. La taxe prévue par l'article 25 de la loi du 9 avril 1898 continuera à être perçue pour les exploitations assujetties par ladite loi, y compris tous les ateliers. Elle sera réduite à un centime et demi pour les exploitations exclusivement commerciales, y compris les chantiers de manutention ou de dépôt. La liste desdites exploitations sera arrêtée dans les six mois de la promulgation de la présente loi par décret rendu sur la proposition des ministres

du commerce et des finances, après avis du comité consultatif des assurances contre les accidents du travail. Elle sera soumise tous les cinq ans à la sanction législative. — Des décrets rendus dans la même forme pourront modifier le taux de la taxe spécifiée à l'alinéa précédent, dans les limites du maximum prévu à l'article 25 du *Journal officiel* au moins trois mois avant l'ouverture de l'exercice à partir duquel la modification deviendrait applicable.

5. Les exploitations régies par les lois des 9 avril 1898 et 30 juin 1899 qui ne sont pas soumises à l'impôt des patentes contribueront au fonds de garantie dans les conditions ci-après. — Il sera perçu annuellement sur chaque contrat d'assurance une contribution dont le montant sera fixé tous les cinq ans par la loi de finances la proportion des primes, et sera recouvré, en même temps que les primes, par les sociétés d'assurances, les syndicats de garantie ou la caisse nationale d'assurance en cas d'accidents, qui en opéreront le versement au fonds de garantie. — En ce qui concerne les exploitants non assurés, il sera perçu, lors des liquidations de rentes mises à leur charge, une contribution dont le montant sera fixé dans les mêmes formes, en proportion du capital constitutif desdites rentes et sera recouvré, pour le compte du fonds de garantie, par les soins de l'administration de l'enregistrement. — Un règlement d'administration publique déterminera les conditions dans lesquelles seront effectués les versements des sociétés d'assurances en cas d'accidents et les recouvrements de l'administration de l'enregistrement, ainsi que toutes les mesures nécessaires pour assurer l'exécution du présent article. — Toute contravention aux prescriptions de ce règlement sera puni d'une amende de cent francs à mille francs (100 fr. à 1.000 fr.)

6. Les syndicats de garantie prévus à l'article 24 de la loi du 9 avril 1898 doivent, qu'il s'agisse d'entreprises industrielles ou commerciales, comprendre au moins 5,000 ouvriers assurés et 10 chefs d'entreprises adhérents, dont 5 ayant au moins 300 ouvriers, ou bien 2,000 ouvriers assurés et 300 chefs d'entreprises adhérents, dont 30 ayant au moins chacun 3 ouvriers. — Ces syndicats sont autorisés par décrets rendus en Conseil d'Etat, après avis du comité consultatif des assurances contre les accidents du travail. Ils peuvent être autorisés par arrêtés ministériels lorsque leurs statuts sont conformes à des statuts-types approuvés par décret rendu en Conseil d'Etat, après avis du comité susvisé.

7. Un règlement d'administration publique déterminera les conditions dans lesquelles la présente loi pourra être appliquée à l'Algérie et aux colonies..

8. La présente loi entrera en vigueur trois mois après la promulgation du décret prévu au deuxième alinéa de l'article 4.

Voir Décrets des 27 décembre 1906, 18 février 1907 et 9 mars 1907.

LOI du 18 juillet 1907 ayant pour objet la faculté d'adhésion à la législation des accidents du travail.

ART. 1er. Tout employeur non assujetti à la législation concernant les responsabilités des accidents du travail peut se placer sous le régime de ladite législation pour tous les accidents qui surviendraient à ses ouvriers, employés ou domestiques, par le fait du travail ou à l'occasion du travail. — Il dépose à cet effet à la mairie du siège de son exploitation ou, s'il n'y a pas exploitation, à la mairie de sa résidence personnelle, une déclaration dont il lui est remis gratuitement récépissé et qui est immédiatement transcrite sur un registre spécial tenu à la disposition des intéressés. Il doit présenter en même temps un carnet destiné à recevoir l'adhésion de ses salariés, sur lequel le maire appose son visa en faisant mention de la déclaration et de sa date. — Les formes de la déclaration et du carnet sont déterminées par décret. Le carnet doit être conservé par l'employeur pour être, le cas échéant, représenté en justice.

2. La législation sur les accidents du travail devient alors de plein droit applicable à tous ceux de ses ouvriers, employés ou domestiques qui auront donné leur adhésion, signée et datée en toutes lettres par eux, au carnet prévu par l'article précédent. — Si l'ouvrier, employé ou domestique, ne sait ou ne peut signer, son adhésion est reçue par le maire qui la mentionne sur le carnet. Il en est de même pour l'adhésion des mineurs et des femmes mariées, sans qu'ils aient besoin, à cet effet, de l'autorisation du père, tuteur ou mari.

3. L'employeur peut, pour l'avenir, faire cesser son assujettissement à la législation sur les accidents du travail par une déclaration spéciale à la mairie. Cette déclaration, dont il lui est immédiatement donné récépissé, est transcrite sur le registre visé à l'article 1er, à la suite de la déclaration primitive, ainsi que sur le carnet. — La cessation d'assujettissement n'a point effet vis-à-vis des ouvriers, employés ou domestiques qui ont accepté, dans les formes prévues à l'article précédent, d'être soumis à la législation sur les accidents du travail.

4. Si l'employeur n'est point par ailleurs obligatoirement assujetti à la législation sur les accidents du travail, il contribue au fonds de la garantie dans les conditions spécifiées par l'article 5 de la loi du 12 avril 1906.

Voir Décret du 30 juillet 1907.

LOI du 30 juin 1899 concernant les accidents causés dans les exploitations agricoles par l'emploi de machines mues par des moteurs inanimés.

ARTICLE UNIQUE. — Les accidents occasionnés par l'emploi de machines agricoles mues par des moteurs inanimés et dont sont victimes, par le fait ou à l'occasion du travail, les personnes, quelles qu'elles soient, occupées à la conduite ou au service de ces moteurs ou machines, sont à la charge de l'exploitant dudit moteur. — Est considéré comme exploitant l'individu ou la collectivité qui dirige le moteur ou le fait diriger par ses préposés. — Si la victime n'est pas salarié ou n'a pas un salaire fixe, l'indemnité due est calculée, selon les tarifs de la loi du 9 avril 1898, d'après le salaire moyen des ouvriers agricoles de la commune. — En dehors du cas ci-dessus déterminé, la loi du 9 avril 1898, modifiée par la loi du 22 mars 1902, n'est pas applicable à l'agriculture.

Assurances en cas de décès et d'accidents.

LOI du 11 juillet 1868 portant création de deux caisses d'assurances, l'une en cas de décès et l'autre en cas d'accidents résultant de travaux agricoles et industriels, modifiée par la loi du 28 décembre 1893.

ART. 1er. Il est créé, sous la garantie de l'Etat : — 1° Une caisse d'assurance ayant pour objet de payer, au décès de chaque assuré, à ses héritiers ou ayants droit, une somme déterminée suivant les bases fixées à l'article 2 ci-après ; — 2° Une caisse d'assurance en cas d'accidents, ayant pour objet de servir des pensions viagères aux personnes assurées qui, dans l'exécution de travaux agricoles ou industriels, seront atteintes de blessures entraînant une incapacité permanente de travail, et de donner des secours aux veuves et aux enfants mineurs des personnes assurées qui auront péri par suite d'accidents survenus dans l'exécution desdits travaux.

TITRE Ier. — DE LA CAISSE D'ASSURANCE EN CAS DE DÉCÈS

2. La participation à l'assurance est acquise par le versement de primes uniques ou de primes annuelles. — La somme à payer au décès de l'assuré est fixée conformément à des tarifs tenant compte : — 1° De l'intérêt composé à 4 o/o par an des versements effectués ; — 2° Des chances de mortalité, à raison de l'âge des déposants, calculées d'après la table dite de *Deparcieux*. — Les primes établies d'après les tarifs susénoncés seront augmentées de six pour cent.

3. Toute assurance faite moins de deux ans avant le décès de l'assuré demeure sans effet. Dans ce cas, les versements effectués sont restitués aux ayants droit, avec les intérêts simples à 4 o/o. — Il en est de même lorsque le décès de l'assuré, quelle qu'en soit l'époque, résulte de causes exceptionnelles qui seront définies dans les polices d'assurances.

4. Les sommes assurées sur une tête ne peuvent excéder trois mille francs. — Elles sont insaisissables et incessibles jusqu'à concurrence de la moitié, sans toutefois que la partie incessible ou insaisissable puisse descendre au-dessous de six cents francs.

5. Nul ne peut s'assurer s'il n'est âgé de seize ans au moins et de soixante au plus.

6. A défaut de payement de la prime annuelle dans l'année qui suivra l'échéance, le contrat est résolu de plein droit. Dans ce cas, les versements effectués, déduction faite de la part afférente aux risques courus, sont ramenés à un versement unique donnant lieu, au profit de l'assuré, à la liquidation d'un capital au décès. La déduction est calculée d'après les bases du tarif.

7. Les sociétés de secours mutuels approuvées conformément au décret du 26 mars 1852 sont admises à contracter des assurances collectives sur une liste indiquant le nom et l'âge de tous les membres qui la composent, pour assurer au décès de chacun d'eux une somme fixe qui, dans aucun cas, ne pourra excéder mille francs. — Ces assurances seront faites pour une année seulement et d'après des tarifs spéciaux déduits des règles générales arrêtées à l'article 2. — Elles pourront se cumuler avec les assurances individuelles.

TITRE II. — DE LA CAISSE D'ASSURANCES EN CAS D'ACCIDENTS

8. Les assurances en cas d'accidents ont lieu par année. L'assuré verse, à son choix et pour chaque année, huit francs, cinq francs ou trois francs.

9. Les ressources de la caisse en cas d'accidents se composent : — 1° Du montant des cotisations versées par les assurés, comme il est dit ci-dessus ; — 2° D'une subvention de l'Etat à inscrire annuellement au budget et qui, pour la première année, est fixée à un million ; — 5° Des dons et legs faits à la caisse.

10. Pour le règlement des pensions viagères à concéder, les accidents sont distingués en deux classes : — 1° Accidents ayant occasionné une incapacité absolue de travail ; — 2° Accidents ayant entraîné une incapacité permanente du travail de la profession. — La pension accordée pour les accidents de la seconde classe n'est que la moitié de la pension afférente aux accidents de la première.

11. La pension viagère due aux assurés, suivant la distinction de l'article précédent, est servie par la caisse des retraites, moyennant la remise qui lui est faite, par la caisse des assurances en cas d'accidents, du capital nécessaire à la constitution de ladite pension d'après les tarifs de la caisse des retraites.

Ce capital se compose, pour la pension en cas d'accidents de la première classe :

1° D'une somme égale à trois cent vingt fois le montant de la cotisation versée par l'assuré ;

2° D'une seconde somme égale à la précédente et qui est prélevée sur les ressources indiquées aux paragraphes 2 et 3 de l'article 9. — Le montant de la pension correspondant aux cotisations de cinq francs et de trois francs ne peut être inférieur à deux cents francs pour la première et à cent cinquante francs pour la seconde. La seconde partie du capital ci-dessus est élevée de manière à atteindre ces minima, lorsqu'il y a lieu.

12 Le secours à allouer, en cas de mort par suite d'accident, à la veuve de l'assuré, et, s'il est célibataire ou veuf sans enfants, à son père ou à sa mère sexagénaire, est égal à deux années de la pension à laquelle il aurait eu droit aux termes de l'article précédent. — L'enfant ou les enfants mineurs reçoivent un secours égal à celui qui est attribué à la veuve. — Les secours se payeront en deux annuités.

13. Les rentes viagères constituées en vertu de l'article 9 ci-dessus sont incessibles et insaisissables.

14. Nul ne peut s'assurer s'il n'est âgé de douze ans au moins.

15. Les administrations publiques, les établissements industriels, les compagnies de chemins de fer, les sociétés de secours mutuels autorisées peuvent assurer collectivement leurs ouvriers ou leurs membres par listes nominatives, comme il a été dit à l'article 7. — Les administrations municipales peuvent assurer de la même manière les compagnies ou subdivisions de sapeurs-pompiers contre les risques inhérents soit à leur service spécial, soit aux professions individuelles des ouvriers qui les composent. — Chaque assuré ne peut obtenir qu'une seule pension viagère. Si, dans le cas d'assurances collectives, plusieurs cotisations ont été versées sur la même tête, elles seront réunies, sans que la cotisation ainsi formée pour la liquidation de la pension puisse dépasser le chiffre de huit francs ou de cinq francs, fixé par la présente loi.

Dispositions générales

16. Les tarifs des deux caisses seront revisés tous les cinq ans, à partir de 1870. Ils seront, s'il y a lieu, modifiés par une loi. *Voir Loi 26 juillet 1893, art. 58, 59 ; Décret 28 décembre 1893.*

17. Les caisses d'assurances créées par la présente loi sont gérées par la Caisse des dépôts et consignations. — Toutes les recettes disponibles provenant soit des versements des assurés, soit des intérêts perçus par les caisses, sont successivement, et dans les huit jours au plus tard, employées en achat de rentes sur l'Etat. Ces rentes sont inscrites au nom de chacune des caisses qu'elles concernent. — Une commission supérieure, instituée sur les bases de la loi du 12 juin 1861, est chargée de l'examen des questions relatives aux deux caisses. — Cette commission présente, chaque année, un rapport sur la situation morale et matérielle des deux caisses d'assurances, lequel est communiqué au Sénat et au Corps législatif. *Voir Décret 28 décembre 1893.*

18. A dater de la promulgation de la présente loi, le Gouvernement fera préparer de nouvelles tables de mortalité, d'après les

données de l'expérience. — Il fera également dresser une statistique annuelle indiquant le nombre, la nature, les causes des accidents qui se produisent dans les différentes professions.

Voir Loi 26 juillet 1893, art. 59 ; Décret 28 décembre 1893.

19. Un règlement d'administration publique déterminera, d'après les bases posées dans la présente loi, les conditions spéciales des polices et la forme des assurances ; il désignera les agents de l'Etat par l'intermédiaire desquels les assurances pourront être contractées. — Les certificats, actes de notoriété et autres pièces exclusivement relatives à l'exécution de la présente loi seront délivrés gratuitement et dispensés des droits de timbre et d'enregistrement.

Voir Décret 10 août 1868, 28 novembre 1890, 28 décembre 1893, 27 avril 1900.

LOI du 17 juillet 1897 autorisant la caisse d'assurances en cas de décès à faire des assurances mixtes.

Art. 1er. La caisse d'assurances en cas de décès, instituée en vertu de la loi du 11 juillet 1868, est autorisée à passer, soit avec les sociétés de secours mutuels, au profit de leurs membres participants, soit avec des contractants individuels, faisant ou non partie des sociétés de secours mutuels, soit avec les chefs d'industrie au profit de leurs ouvriers, des contrats d'assurances mixtes, ayant pour but le payement d'un capital déterminé, soit aux assurés eux-mêmes, s'ils sont vivants à une époque fixée d'avance, soit à leurs ayants droit, et aussitôt après le décès, si les assurés meurent avant cette époque. — Ces assurances ne pourront se cumuler avec d'autres assurances individuelles, en cas de décès, que jusqu'à concurrence de 3,000 francs. — La durée du contrat devra être fixée de manière à ne pas reporter le terme de l'assurance après l'âge de soixante-cinq ans. — L'assuré pourra stipuler que moitié seulement de la somme assurée sera payable à ses ayants droit s'il décède au cours du contrat.

2. Pour pouvoir être l'objet d'une proposition d'assurance mixte, les intéressés devront répondre aux questions et se soumettre aux constatations médicales qui seront prescrites par les polices. En cas de rejet de la proposition, la décision ne devra pas être motivée. — L'assurance produira son effet dès la signature de la police.

3. Un règlement d'administration publique déterminera les conditions dans lesquelles la caisse d'assurances en cas de décès pourra organiser les assurances mixtes aux termes de l'article 1er de la présente loi, ainsi que les modalités du payement de la première prime et des primes ultérieures.

4. La Caisse nationale des retraites pour la vieillesse est autorisée à recevoir en un seul versement le capital, à quelque somme qu'il s'élève, qui proviendrait d'une assurance mixte contractée dans les conditions qui précèdent. Ce capital servira à la constitution d'une rente viagère immédiate ou différée sur la tête de l'assuré et de son conjoint, ou, en cas de décès au cours de l'assurance, sur la tête du conjoint survivant, dans les conditions prévues par la loi du 20 juillet 1886.

Voir Décret du 27 avril 1900.

LOI du 19 juillet 1907 relative à la caisse nationale d'assurance en cas de décès.

ART. 1ᵉʳ. Les fonds de la caisse nationale d'assurance en cas de décès peuvent recevoir les emplois prévus pour la caisse nationale des retraites par l'article 22 de la loi du 20 juillet 1886.

2. Les sommes assurées par la caisse nationale d'assurance en cas de décès sont cessibles entre conjoints.

3. Le capital assuré par les contrats d'assurances pour la vie entière peut être versé en une seule fois à la caisse nationale des retraites pour constituer, dans les conditions prévues par la loi du 20 juillet 1886, une rente viagère immédiate ou différée sur la tête du conjoint survivant. — Pour ces mêmes contrats, les intéressés auront la faculté de demander l'application de l'article 2 de la loi du 17 juillet 1897, sur les assurances mixtes.

Caisses de Retraite, Secours et Prévoyance.

LOI du 27 décembre 1895 concernant les caisses de retraite, de secours et de prévoyance fondées au profit des employés et ouvriers.

ART. 1er. En cas de faillite, de liquidation judiciaire ou de déconfiture, lorsque, pour une institution de prévoyance, il aura été opéré des retenues sur les salaires, ou que des versements auront été reçus par le chef de l'entreprise, ou que lui-même se sera engagé à fournir des sommes déterminées, les ouvriers, employés ou bénéficiaires sont admis de plein droit à réclamer la restitution de toutes les sommes non utilisées conformément aux statuts. — Cette restitution s'étendra, dans tous les cas, aux intérêts convenus des sommes ainsi retenues, reçues ou promises par le chef de l'entreprise. A défaut de convention, les intérêts seront calculés d'après les taux fixés annuellement pour la Caisse nationale des retraites pour la vieillesse. — Les sommes ainsi déterminées et non utilisées conformément aux statuts deviendront exigibles en cas de fermeture de l'établissement industriel ou commercial. — Il en sera de même en cas de cession volontaire, à moins que le cessionnaire ne consente à prendre les lieu et place du cédant.

2. La Caisse des dépôts et consignations est autorisée à recevoir, à titre de dépôt, les sommes ou valeurs appartenant ou affectées aux institutions de prévoyance fondées en faveur des employés et ouvriers. — Les sommes ainsi reçues porteront intérêt à un taux égal au taux d'intérêt du compte des caisses d'épargne.

3. Dans les trois mois qui suivront la promulgation de la présente loi, toutes les sommes qui, à l'avenir, seront retenues sur les salaires des ouvriers et toutes celles que les chefs d'entreprise auront reçues ou se seront engagés à fournir en vue d'assurer des retraites devront être versées, soit à la Caisse nationale des retraites pour la vieillesse, au compte individuel de chaque ayant droit, soit à la Caisse des dépôts et consignations, soit à des caisses syndicales ou patronales spécialement autorisées à cet effet. — L'autorisation sera donnée par décret rendu dans la forme des règlements d'administration publique. Le décret fixera les limites du district, les conditions de fonctionnement de la caisse et son mode de liquidation. Il prescrira également les mesures à prendre pour assurer le transfert, soit à une autre caisse syndicale ou patronale, soit à la caisse nationale des retraites pour la vieil-

lesse, des sommes inscrites au livret de chaque intéressé. — Les sommes versées par les chefs d'entreprise dans la caisse syndicale ou patronale devront être employées, soit en rentes sur l'Etat, en valeurs du Trésor ou garanties par le Trésor, soit en obligations des départements, des communes, des chambres de commerce, en obligations foncières et communales du Crédit foncier, soit en prêts hypothécaires, soit enfin en valeurs locales énumérées ci-après, à la condition que ces valeurs émanent d'institutions existant dans les départements où elles fonctionnent : bons de mont-de-piété ou d'autres établissements reconnus d'utilité publique. Les titres seront nominatifs. — La gestion des caisses syndicales ou patronales sera soumise à la vérification de l'inspection des finances et au contrôle du receveur particulier de l'arrondissement du siège de la caisse. — Si des conventions spéciales interviennent entre les chefs d'entreprise et les ouvriers ou employés, en vue d'assurer à ceux-ci, à leurs veuves ou à leurs enfants, soit un supplément de rente viagère, soit des rentes temporaires ou des indemnités déterminées d'avance, le capital formant la garantie des engagements résultant desdites conventions devra être versé ou représenté à la Caisse des dépôts et consignations ou dans une des caisses syndicales ou patronales ci-dessus prévues.

4. Le seul fait du dépôt, opéré soit à la Caisse des dépôts et consignations, soit à toute autre caisse, des sommes ou valeurs affectées aux institutions de prévoyance, quelles qu'elles soient, confère aux bénéficiaires de ces institutions un droit de gage, dans les termes de l'article 2073 du Code civil, sur ces sommes et valeurs. Ce droit de gage s'exerce dans la mesure des droits acquis et des droits éventuels. — La restitution des retenues ou autres sommes affectées aux institutions de prévoyance qui, lors de la faillite ou de la liquidation, n'auraient pas été effectivement versées à l'une des caisses indiquées ci-dessus est garantie, pour la dernière année et ce qui sera dû sur l'année courante, par un privilège sur tous les biens meubles et immeubles du chef de l'entreprise, lequel prendra rang concurremment avec le privilège des salaires des gens de service établi par l'article 2101 du Code civil.

5. Pour toutes les contestations relatives à leurs droits dans les caisses de prévoyance, de secours et de retraite, les ouvriers et employés peuvent charger, à la majorité, un mandataire d'ester pour eux en justice, soit en demandant, soit en défendant.

6. Un règlement d'administration publique déterminera le mode de nomination du mandataire et les conditions suivant lesquelles seront effectués le dépôt et le retrait des sommes et valeurs appartenant ou affectées aux institutions de prévoyance. — Il déterminera de même le mode de liquidation des droits acquis et des droits éventuels, ainsi que le mode de restitution aux intéressés.

Voir Décret 14 octobre 1897.

Caisse de retraites pour la vieillesse.

LOI du 20 juillet 1886, relative à la Caisse nationale des retraites pour la vieillesse.

ART. 1er. À partir du 1er janvier 1887, la caisse des retraites, créée par la loi du 18 juin 1850, prendra le nom de : Caisse nationale des retraites pour la vieillesse ; elle fonctionnera, sous la garantie de l'Etat, dans les conditions ci-après énoncées.

2. La Caisse nationale des retraites pour la vieillesse est gérée par l'administration de la Caisse des dépôts et consignations, qui pourvoit aux frais de gestion. — (*L.* 26 *décembre* 1890, *art.* 58). A partir du 1er janvier 1891, les frais de gestion de la Caisse des retraites pour la vieillesse seront remboursés par cette caisse à la Caisse des dépôts et consignations.

3. Il est formé, auprès du ministère du commerce, une commission supérieure chargée de l'examen de toutes les questions qui concernent la Caisse nationale des retraites pour la vieillesse. — Cette commission présente chaque année au président de la République, sur la situation morale et matérielle de la caisse, un rapport qui est distribué au Sénat et à la Chambre des députés. — Elle est composée de seize membres, ainsi qu'il suit : 2 sénateurs nommés par le Sénat; — 2 députés nommés par la Chambre ; — 2 conseillers d'Etat nommés par le Conseil d'Etat ; — 2 présidents de sociétés de secours mutuels désignés par le ministre de l'intérieur; — 1 industriel désigné par le ministre du commerce. — Ces membres sont nommés pour trois ans. — Font partie de droit de la commission : — Le président de la chambre de commerce de Paris ; — Le directeur général de la Caisse des dépôts et consignations ; — Le directeur du commerce intérieur au ministère du commerce ; — Le directeur général de la comptabilité publique au ministère des finances; — Le directeur du mouvement général des fonds au ministère des finances ; — Le directeur de la dette inscrite au ministère des finances ; — Le directeur du secrétariat et de la comptabilité au ministère de l'intérieur. — La commission élit son président.

4. Le capital des rentes viagères est formé par les versements volontaires des déposants.

5. Les versements sont reçus et liquidés à partir d'un franc (1 fr.) et sans fraction de franc. — Ils peuvent être faits soit à capital aliéné, soit à capital réservé.

6. Le maximum de la rente viagère que la Caisse nationale des

retraites est autorisée à inscrire sur la même tête est fixé à douze cents francs (1.200 fr.).

7. (*L. 26 juillet* 1893, *art.* 61.) A partir du 1ᵉʳ janvier 1894, les sommes versées à la Caisse nationale des retraites pour la vieillesse dans une année, au compte de la même personne, ne pourront dépasser cinq cents francs (500 fr.). — Ne sont pas astreints à cette limite : — 1° Les versements effectués en vertu d'une décision judiciaire ; — 2° Les versements effectués par les administrations publiques avec les fonds provenant des cotisations annuelles des agents non admis au bénéfice de la loi du 9 juin 1853 sur les pensions civiles ; — 3° Les versements effectués par les sociétés de secours mutuels avec les fonds de retraite inaliénables déposés par elles à la Caisse des dépôts et consignations. — En aucun cas, ces versements ne pourront donner lieu à l'ouverture d'une pension supérieure à douze cents francs (1200 fr.).

8. Les rentes viagères constituées par la Caisse nationale des retraites sont incessibles et insaisissables jusqu'à concurrence de trois cent soixante francs (360 fr.).

9. Le montant de la rente viagère à servir est calculé conformément à des tarifs tenant compte pour chaque versement : — 1° De l'intérêt composé du capital, fixé conformément à l'article 12 de la présente loi ; — 2° Des chances de mortalité, en raison de l'âge des déposants et de l'âge auquel commence la retraite, calculées d'après les tables dites de Deparcieux. Ces tables seront ultérieurement rectifiées d'après les résultats dûment constatés des opérations de la caisse ; — 3° Du remboursement, au décès, du capital versé, si le déposant en a fait la demande au moment du versement.

10. L'entrée en jouissance de la pension est fixée, au choix du déposant, à partir de chaque année d'âge accomplie de cinquante à soixante-cinq ans. — Les tarifs sont calculés jusqu'à ce dernier âge. — Les rentes viagères au profit des personnes âgées de plus de soixante-cinq ans sont liquidées suivant les tarifs déterminés pour l'âge de soixante-cinq ans.

11. Dans le cas de blessures graves ou d'infirmités prématurées régulièrement constatées, conformément au décret du 28 décembre 1886, et entraînant incapacité absolue de travail, la pension peut être liquidée même avant cinquante ans et en proportion des versements faits avant cette époque. — Les pensions ainsi liquidées pourront être bonifiées à l'aide d'un crédit ouvert chaque année au budget du ministère de l'intérieur. — Dans aucun cas, le montant des pensions bonifiées ne pourra être supérieur au triple du produit de la liquidation, ni dépasser un maximum de trois cent soixante francs (360 fr.), bonification comprise. — La commission supérieure statuera sur toutes les demandes de bonification et devra en maintenir les concessions dans la limite des crédits disponibles.

12. Les tarifs établis en conformité de l'article 9 sont calculés sur un taux d'intérêt gradué par quart de franc. — Un décret du président de la République fixe, au mois de décembre de chaque année, en tenant compte du taux moyen des placements de fonds en rentes sur l'Etat effectués par la caisse pendant l'année, celui de ces tarifs qui doit être appliqué l'année suivante.

Ce décret est rendu sur la proposition du ministre des finances, après avis de la commission supérieure.

13. Les versements peuvent être faits au profit de toute personne âgée de plus de trois ans.

Les versements opérés par les mineurs âgés de moins de seize ans doivent être autorisés par leur père, mère ou tuteur.

Le versement opéré antérieurement au mariage reste propre à celui qui l'a fait.

Les femmes mariées, quel que soit le régime de leur contrat de mariage, sont admises à faire des versements sans l'assistance de leur mari.

Le versement fait pendant le mariage, par l'un des deux conjoints, profite séparément à chacun d'eux par moitié.

Peut, néanmoins, profiter à celui des conjoints qui l'effectue le versement opéré après que l'autre conjoint a atteint le maximum de rente ou après que les versements faits dans l'année au profit exclusif de celui-ci, soit antérieurement au mariage, soit par donation, ont atteint le maximum des versements annuels.

Le déposant marié qui justifiera, soit de sa séparation de corps, soit de sa séparation de bien contractuelle ou judiciaire, sera admis à effectuer des versements à son profit exclusif.

En cas d'absence ou d'éloignement d'un des deux conjoints depuis plus d'une année, le juge de paix peut accorder l'autorisation de faire des versements au profit exclusif du déposant.

Sa décision peut être frappée d'appel devant la chambre du conseil du tribunal de première instance.

14. Les étrangers résidant en France sont autorisés à faire des versements à la caisse des retraites pour la vieillesse aux mêmes conditions que les nationaux.

Toutefois, ces étrangers ne pourront jouir, en aucun cas, des bonifications dont il est parlé au deuxième paragraphe de l'article 11.

15. Le déposant qui a stipulé le remboursement à son décès du capital versé peut, à toute époque, faire abandon de tout ou partie de ce capital, à l'effet d'obtenir une augmentation de rente, sans qu'en aucun cas le montant total puisse excéder douze cents francs (1,200 fr.).

Le donateur qui a stipulé le retour du capital, soit à son profit, soit au profit des ayants droit du donataire, peut également, à toute époque, faire l'abandon du capital, soit pour augmenter la rente du donataire, soit pour se constituer à lui-même une rente, si la réserve avait été stipulée à son profit.

16. (*L.* 29 *mars* 1897, *art.* 45.) L'ayant droit à une rente viagère qui a fixé son entrée en jouissance à un âge inférieur à soixante-cinq ans peut, dans le trimestre qui précède l'ouverture de la rente, retarder de cinq années son entrée en jouissance, sans qu'elle puisse d'ailleurs être reportée au delà de soixante-cinq ans et sans que la rente, augmentée d'après les tarifs en vigueur, puisse excéder 1,200 francs, et enfin sans qu'il y ait lieu au remboursement d'une partie du capital déposé.

Le titulaire qui a invoqué le bénéfice du paragraphe 1er du présent article conserve néanmoins le droit d'obtenir, sur sa simple demande, la liquidation de sa pension à toute année d'âge accomplie pendant la période de cinq ans fixée par le dernier ajournement. Toutefois, cette demande de liquidation ne sera reçue que pendant les trois mois qui suivront la date à laquelle le déposant aura atteint l'âge définitivement choisi pour l'entrée en jouissance de sa rente. Chacune des rentes produite tant par l'ajournement antérieurement souscrit que par les versements ou abandons de capitaux postérieurs à cet ajournement est calculée à nouveau d'après les tarifs, aux époques où les différentes opérations, soit de versements, soit d'abandon ou d'ajournement, ont été effectuées.

17. Au décès du titulaire de la rente, avant ou après l'époque d'entrée en jouissance, le capital déposé est remboursé sans intérêt aux ayants droit si la réserve a été faite au moment du dépôt et s'il n'a pas été fait usage de la faculté accordée par l'article 15 ci-dessus.

Les certificats de propriété destinés aux retraits de fonds versés à la caisse des retraites de la vieillesse doivent être délivrés dans les formes et suivant les règles prescrites par la loi du 28 floréal an VII.

18. Le capital réservé reste acquis à la caisse des retraites en cas de déshérence ou par l'effet de la prescription, s'il n'a pas été réclamé dans les trente années qui auront suivi le décès du titulaire de la rente.

19. Sont remboursées sans intérêts les sommes qui, lors de la liquidation définitive, seraient insuffisantes pour produire une rente viagère de deux francs (2 fr.) ou qui dépasseraient soit la somme de mille francs (1,000 fr.) par année, soit le capital nécessaire pour produire une rente de douze cents francs (1,200 fr.).

Est également remboursée sans intérêts par la caisse toute somme versée irrégulièrement par suite de fausse déclaration sur les qualités civiles, noms et âge des déposants ; ces irrégularités ne peuvent être invoquées par le titulaire du livret ou ses représentants pour exiger le remboursement du capital.

20. Il est tenu à la Caisse des dépôts et consignations un grand

livre sur lequel les rentes viagères pour la vieillesse sont enregistrées.

Un double de ce grand-livre est conservé au ministère des finances.

L'extrait d'inscription à délivrer à la partie doit, pour former titre valable contre l'Etat, être revêtu du visa du contrôle institué près la Caisse des dépôts et consignations par la loi du 24 juin 1833.

21. Il est remis à chaque déposant un livret sur lequel sont inscrits les versements par lui effectués et les rentes viagères correspondantes.

22. Les fonds de la Caisse nationale des retraites sont employés en rentes sur l'Etat, en valeurs du Trésor ou, sur la proposition de la commission supérieure et avec l'autorisation du ministre des finances, soit en valeurs garanties par le Trésor, soit en obligations départementales et communales.

Les sommes nécessaires pour assurer le service des arrérages sont déposées en compte courant au Trésor.

Le taux de l'intérêt dudit compte est fixé par le ministre des finances et ne peut être inférieur au taux d'après lequel est calculé, pour l'année, le montant des rentes viagères à servir aux déposants.

23. La Caisse nationale des retraites établit chaque année le bilan de ses opérations.

24. Les certificats, actes de notoriété et autres pièces exclusivement relatives à l'exécution de la présente loi, seront délivrés gratuitement et dispensés des droits de timbre et d'enregistrement.

Voir Loi 30 mai 1899, art. 3.

25. Un règlement d'administration publique déterminera les mesures propres à assurer l'exécution de la présente loi et notamment : 1° les attributions et le mode de fonctionnement de la commission supérieure, 2° la forme des livrets et des extraits d'inscription; 3° le mode d'après lequel les versements seront faits soit directement par les déposants, soit pour leur compte par les caisses d'épargne et les associations de prévoyance mutuelle.

26. Dans un délai qui ne pourra excéder une année après la promulgation de la présente loi, l'administration de la Caisse des retraites devra s'être entendue avec les ministres des finances et des postes et télégraphes pour permettre les versements chez les comptables directs du Trésor et chez les receveurs des postes, soit en espèces, soit en timbres-poste.

27. Dans le délai de six mois après la promulgation de la présente loi, une instruction pratique résumant les avantages et le fonctionnement de la Caisse nationale des retraites sera rédigée, après avis de la commission supérieure, par l'administration de la caisse ; cette instruction sera affichée :

1° Dans toutes les mairies ;

2° Dans tous les bureaux des comptables directs du Trésor ;

3° Dans tous les bureaux de postes ;

4° Dans toutes les écoles publiques.

28. A partir du 1ᵉʳ janvier 1887, seront abrogées les lois des 18 juin 1850, 28 mai 1853, 7 juillet 1856, 12 juin 1861, 4 mai 1864, 20 décembre 1872, ainsi que toutes autres dispositions qui seraient contraires à la présente loi.

Voir Décret du 28 décembre 1886.

LOI du 31 décembre 1895, relative à la majoration des pensions de la Caisse nationale des retraites.

ART. 1er. Le crédit ouvert au chapitre 13 du budget du ministère du commerce et de l'industrie est affecté à la majoration des rentes viagères constituées au profit des titulaires de livrets individuels de la Caisse nationale des retraites pour la vieillesse et des membres des sociétés de secours mutuels ou de toute autre société de secours ou de prévoyance servant des pensions de retraite, qui justifieront de la continuité des versements exigés par la présente loi, âgés d'au moins soixante-cinq ans.

Voir Loi du 25 février 1901, art. 60.

2. Pour avoir droit à cette majoration, les titulaires de ces rentes, outre la condition d'âge indiquée à l'article précédent, devront :

1° Justifier qu'ils ne jouissent pas, y compris ladite rente viagère, d'un revenu personnel, viager ou non, supérieur à 360 francs.

Voir Loi du 30 mai 1899, art. 33.

2° Avoir effectué, pendant vingt-cinq années, consécutives ou non, des actes de prévoyance, soit par vingt-cinq versements annuels au moins opérés sur un livret de la caisse des retraites, soit par vingt-cinq cotisations régulières en qualité de membre participant d'une des sociétés visées à l'article 1er ayant, depuis le même temps, établi un fonds de retraites.

Des comptes annuels seront produits par ces sociétés à l'appui de leur demande.

A titre transitoire et pendant une période de dix années, à partir de 1885, le nombre d'années de prévoyance exigées de chaque pensionnaire, sera toutefois abaissé ainsi qu'il suit :

Quinze ans de prévoyance pour les pensionnaires qui demanderont la bonification de retraite en 1895 et, d'ailleurs, réuniront à cette date les conditions exigées ;

Seize ans pour ceux qui feront la demande en 1896, et ainsi de suite, en exigeant une année de plus à chaque exercice nouveau, jusqu'en 1905, date à laquelle la condition de vingt-cinq ans sera définitivement exigée de tous.

3. Un règlement d'administration publique déterminera la répartition au marc le franc des crédits ouverts pour la bonification des retraites. Ces crédits seront versés à la caisse nationale des retraites à capital aliéné. Les arrérages de ce capital ne pourront être dépassés, et les pensions servies, majoration comprise, ne devront pas s'élever à une somme annuelle supérieure à 360 francs.

— (*L.* 13 *juillet* 1896, *art.* 26.) La majoration ne pourra excéder le cinquième de la rente à majorer.

Sur l'avis de la commission supérieure de surveillance de la caisse nationale des retraites pour la vieillesse, des bonifications spéciales pourront être attribuées aux parents ayant élevé plus de trois enfants jusqu'à l'âge de trois ans accomplis.

Voir Loi du 13 avril 1898, art. 75.

4. Indépendamment des crédits ouverts annuellement au budget, le revenu de la moitié du produit de la vente des joyaux de la couronne formera une dotation spéciale affectée au service des pensions exceptionnelles créées en vertu de l'article 11 de la loi du 20 juillet 1886.

Le bénéfice de l'article 11 de la loi du 20 juillet 1886 est applicable aux membres participants des sociétés de secours mutuels.

La dotation mentionnée au paragraphe 1er du présent article est versée à la Caisse des dépôts et consignations, qui lui bonifiera un intérêt égal à celui qu'elle sert aux fonds des caisses d'épargne.

Caisse de Prévoyance des marins français.

LOI du 21 avril 1898 ayant pour objet la création d'une caisse de prévoyance entre les marins français contre les risques et accidents de leur profession.

————

TITRE Ier. — CONSTITUTION, RESSOURCES, CHARGES DE LA CAISSE

Art. 1er. Il est créé au profit des marins français une caisse nationale de prévoyance contre les risques et accidents de leur profession, annexée à la caisse des invalides, mais ayant son existence indépendante. — Font obligatoirement et exclusivement partie de cet établissement tous les inscrits maritimes à partir de l'âge de dix ans.

2. La caisse est revêtue de la personnalité civile. — Elle est alimentée : — 1° Par la cotisation des participants ; — 2° Par les apports des propriétaires ou armateurs de navires ou bateaux ; — 3° Par les dons ou legs des particuliers et par les subsides éventuels des départements, des communes, des établissements publics et des associations ; — 4° Lorsqu'il y a lieu, par des avances de l'Etat non productives d'intérêts, fixées conformément aux dispositions de l'article 14. — Les dons, legs et subsides peuvent être acceptés alors même qu'ils ont pour affectation spéciale la concession d'indemnités, secours ou pensions supplémentaires dans des cas déterminés ou au profit de régions expressément désignées.

3. Les cotisations à verser par les inscrits maritimes sont fixées à la moitié des taxes perçues sur leurs gains et salaires en faveur de la caisse des invalides de la marine, sans toutefois que ces cotisations puissent excéder deux francs (2 fr.) par mois pour les inscrits appartenant aux deux dernières catégories du tarif faisant suite à la présente loi.

Voir Loi du 30 mars 1902; Décret du 8 décembre 1902, qui ramène ce maximum à 1 fr. 33.

4. Les propriétaires ou armateurs de bateaux armés pour le long cours, le cabotage, la grande et la petite pêche, le pilotage et le bornage, ainsi que les propriétaires de bâtiments de plaisance munis de rôles d'équipage, sont assujettis au versement d'une cotisation égale au montant de celle acquittée par leurs équipages. — Par exception, les patrons propriétaires de bateaux se livrant à la petite pêche, au pilotage ou au bornage, qui montent eux-mêmes lesdits bateaux, ne sont assujettis qu'au verse-

ment des cotisations annuelles, fixées comme il suit : — 1° Pour les bateaux exerçant la navigation exclusivement dans la partie maritime des fleuves, rivières, étangs ou canaux aboutissant à la mer et dans l'intérieur des ports et bassins, trois francs (3 fr.) par homme ; — 2° Pour les bâtiments et embarcations pratiquant la petite pêche, le bornage ou le pilotage en mer, quatre francs (4 fr.) par homme.

Voir Loi du 30 mars 1902.

5. Les inscrits maritimes qui sont atteints de blessures ou de maladies ayant leur cause directe dans un accident ou un risque de leur profession survenu pendant la durée de leur dernier embarquement sur un navire français en les mettant dans l'impossibilité absolue et définive de continuer la navigation, ont droit à une pension viagère dite « demi-solde d'infirmité », fixée conformément au tarif annexé à la présente loi. — Si l'impossibilité de continuer la navigation n'est pas définitive, ils reçoivent une indemnité temporaire ou renouvelable calculée d'après le taux annuel prévu audit tarif.

Voir Décret du 20 décembre 1898, art. 1er.

6. Ont également droit à une pension fixée conformément au tarif susvisé les veuves des inscrits maritimes qui sont tués ou périssent par suite des causes et dans les conditions prévues à l'article précédent, ou qui meurent des conséquences des blessures ou des maladies énoncées audit article, pourvu que le mariage soit antérieur à l'origine desdites blessures ou maladies. — Si la femme titulaire de la pension instituée par le présent article se remarie et redevient veuve, elle ne peut prétendre, du chef de son second mari, à une deuxième pension de même nature que la première, à moins qu'elle ne renonce à celle dont elle jouissait déjà. — Ont droit à la même pension les veuves de marins morts en possession d'une des pensions déterminées par l'article 5, si le mariage est antérieur à l'accident ou à la maladie qui a déterminé l'octroi de cette pension. — La pension n'est jamais acquise à la femme divorcée ou contre laquelle a été prononcée la séparation de corps.

7. Après le décès du père et de la mère ou lorsque la mère veuve se trouve, conformément au dernier paragraphe de l'article 6, déchue de ses droits à la pension, les orphelins des inscrits décédés dans les conditions susdéfinies ou en possession d'une demi-solde d'infirmité, reçoivent, quel que soit leur nombre, et jusqu'à ce que le plus jeune ait accompli l'âge de seize ans, un secours annuel unique de taux égal à celui de la pension que leur mère avait ou aurait obtenue. — Est également, et dans les mêmes conditions, dévolue, comme secours annuel, aux orphelins du père, la pension de veuve demeurée libre par suite de l'option exercée conformément au paragraphe 2 de l'article précédent. Toutefois, les arrérages du secours annuel sont, dans ce cas,

payables à la mère tutrice des orphelins. — Les enfants naturels reconnus avant l'origine de la blessure ou de la maladie d'où procède le droit participent au secours dans la même mesure que les enfants légitimes. — A mesure que les aînés atteignent l'âge de seize ans, leur part est reversée sur les plus jeunes. — En cas de coexistence d'orphelins de différents lits venant en concurrence entre eux ou avec la veuve, la division du secours a lieu comme en matière de demi-solde, sous la réserve de la disposition énoncée au deuxième paragraphe du présent article.

Voir Décret du 20 décembre 1898, art. 8.

8. Il est alloué aux inscrits et aux veuves titulaires des pensions et indemnités accordées en vertu des articles 5 et 6 ci-dessus, pour chacun de leurs enfants âgés de moins de dix ans, un supplément annuel déterminé par le tarif annexé à la présente loi, à moins que, se trouvant en possession d'une demi-solde ou d'une pension dérivée de la demi-solde, ils ne reçoivent déjà ce supplément.

9. Lorsque les inscrits maritimes visés à l'article 5 ne laissent ni veuves ni orphelins, un secours annuel et viager dont le taux est déterminé par le tarif annexé à la présente loi est accordé à chacun de leurs ascendants au premier degré. — En cas de prédécès de l'un des ascendants ou de décès consécutif des deux ascendants au premier degré, le secours qui aurait été ou a été attribué à chacun des ascendants décédés est reporté sur les ascendants de degrés supérieurs de la même branche s'il en existe ; il est partagé également entre ces derniers, avec réversion sur le ou les survivants. — Les secours déterminés par le présent article ne sont payés qu'aux ascendants âgés d'au moins soixante ans et qui auraient eu droit à une pension alimentaire. En outre, le même ascendant ne peut être titulaire de plus d'un des secours accordés en vertu du présent article.

Voir Décret du 20 décembre 1898, art. 9.

10. Les pensions et allocations accordées en vertu des articles précédents sont réduites de moitié si les ayants droit jouissent déjà soit d'une pension militaire ou civile ou d'un secours d'orphelins payés sur les fonds de l'Etat, soit d'une demi-solde ou d'une pension de secours d'orphelins dérivée de la demi-solde.

11. Les dispositions ci-dessus ne font pas obstacle à ce que l'inscrit, ses ayants cause ou la caisse nationale de prévoyance subrogée à leurs droits demandent directement, suivant les principes et règles du droit commun, des indemnités aux personnes responsables des faits intentionnels ou fautes lourdes ayant déterminé la réalisation des accidents ou risques dont lesdits inscrits auront été victimes. — Les indemnités qui, dans ce cas, auront été consenties par les intéressés ou imposées par les tribunaux compétents viendront en déduction des sommes à payer en vertu de la présente loi.

12. Les pensions et autres allocations accordées en vertu de la présente loi sont incessibles et insaisissables. — Elles prennent cours : — Pour les inscrits, du jour où ils ont cessé de recevoir leurs salaires, conformément à l'article 262 du Code de commerce; — Pour les veuves, les orphelins et les ascendants, du jour du décès qui y ouvre des droits ou, en cas de disparition à la mer, du jour des dernières nouvelles.

13. La demi-solde d'infirmités est rayée si, à quelque époque que ce soit, le titulaire embarque à titre professionnel sur un navire ou bateau de commerce ou de pêche, ou sur un bâtiment de plaisance pourvu d'un rôle d'équipage.

14. Le payement des pensions, secours et indemnités à la charge de la caisse de prévoyance est garanti au moyen de la constitution annuelle du capital présumé nécessaire pour servir, jusqu'à leur extinction, les allocations accordées en vertu de la présente loi pendant l'année écoulée. Ce capital est calculé en appliquant au montant des pensions et secours concédés pendant l'année les règles suivies par la Caisse nationale des retraites, et en ajoutant au produit ainsi obtenu la somme des indemnités allouées et des frais d'administration dépensés pendant ladite année. Il est réalisé dans la caisse de l'institution au moyen : — 1° Des trois premières espèces de recette prévues à l'article 2 et afférentes à l'année, à l'exclusion toutefois des dons, legs et subsides ayant une affectation spéciale et supplémentaire ; — 2° S'il y a lieu, d'un prélèvement sur le fonds de réserve constitué en vertu de l'article 15 de la présente loi ; — 3° En cas d'insuffisance de ces ressources, d'avances remboursables de l'Etat égales au déficit.

15. Lorsque le produit des ressources ordinaires de la caisse dépasse le chiffre du capital nécessaire, l'excédent constitue une réserve destinée à couvrir, jusqu'à due concurrence, les déficits qui pourraient se produire ultérieurement et à rembourser les avances de l'Etat. — Lorsque le montant de cette réserve vient à atteindre un million et demi de francs (1,500,000 fr.) net, la cotisation à verser par les inscrits maritimes, en vertu de l'article 3, peut être réduite dans la proportion nécessaire pour ne pas augmenter la réserve au delà de ce chiffre. Les versements à effectuer par les propriétaires ou armateurs de bâtiments et patrons propriétaires de bateaux, en exécution de l'article 4, sont réduits dans la même proportion. — Si le fonds de réserve vient à tomber au-dessous de cinq cent mille francs (500,000 fr.), les contributions énumérées au précédent paragraphe sont relevées dans une proportion commune en vue de ramener ce fonds à son maximum.

16. Si le produit des ressources énumérées aux alinéas numérotés 1° et 2° de l'article 14 ne suffisent pas pour constituer le capital nécessaire et que l'Etat soit obligé de parfaire le déficit au moyen d'avances, ces avances devront, préalablement à toute

réduction des cotisations et des versements des participants, être remboursées à l'État, lorsque les recettes viendront à l'emporter sur les charges. — En cas de succession de déficits annuels ayant entraîné des avances de l'État, le taux des cotisations ou versements pourra être momentanément relevé dans la proportion nécessaire pour mettre la caisse à même d'équilibrer ses recettes et ses charges, sans que toutefois ce relèvement puisse excéder un tiers des contributions exigées des participants en conformité des articles 3 et 4.

17. Le taux des réductions et des relèvements des cotisations ou versements prévus aux articles 15 et 16, de même que le montant des remboursements à l'État sont fixés par décrets rendus sur la proposition des ministres de la marine et des finances, sur avis conforme du conseil d'administration institué par l'article 19. Les modifications de taux sont applicables à partir du 1er janvier de l'année qui suit le décret qui les prononce.

TITRE II. — ADMINISTRATION DE LA CAISSE, DISPOSITIONS DIVERSES

21. Pour faire valoir ses titres à l'une des allocations prévues dans l'article 5, l'inscrit doit, sous peine de déchéance, adresser au commissaire de l'inscription maritime, dans le délai de deux mois qui suit son débarquement ou son retour en France, s'il est débarqué à l'étranger ou aux colonies, une demande écrite ou verbale dont il lui est donné récépissé. — La même demande dont il est également donné récépissé doit, sous peine de déchéance, être adressée dans le délai d'un an à partir du jour de la mort de l'inscrit, ou dans le délai de deux ans à partir du jour de ses dernières nouvelles, s'il a disparu en mer, par les veuves, orphelins, ascendants ou tuteurs qui invoquent le bénéfice des articles 6 à 10. Dans le cas de disparition, la demande est instruite dès la décision du ministre de la marine établissant la disparition du marin ou la perte corps et biens du bâtiment ou de l'embarcation qu'il montait. — Un règlement d'administration publique déterminera les justifications à produire pour l'établissement du droit, ainsi que les délais dans lesquels ces justifications devront être présentées. En ce qui concerne la demi-solde d'infirmité, l'instruction comportera la visite par la commission spéciale instituée par l'article 1er de la loi du 11 avril 1881 et la constatation par cette commission que l'état de l'impétrant provient des causes et produit les conséquences spécifiées à l'article 5.

Voir Décret du 20 décembre 1898, art. 4 et 9.

22 Les demi-soldes d'infirmité, les pensions de veuves et les secours aux orphelins ou ascendants qui en dérivent sont accordés suivant la procédure en vigueur pour la concession de la demi-solde. — L'indemnité temporaire est accordée par décision

du ministre, après enquête administrative et pour une durée qui ne pourra excéder six mois. — Au delà de ce terme, elle peut, sur avis conforme de la commission de visite institué par l'article 1ᵉʳ de la loi du 11 avril 1881, être transformée, par décision du ministre, en une indemnité renouvelable de six mois en six mois, chaque renouvellement ayant lieu après enquête. Au bout de trois années à partir de la décision ministérielle spécifiée au précédent paragraphe, cette indemnité renouvelable est supprimée ou convertie, après une nouvelle visite, en demi-solde d'infirmité, conformément à l'article précédent.

Voir Décret du 20 décembre 1898, art. 4.

. . . .

26. Les pensions et secours annuels sont rayés du grand-livre après trois ans de non-réclamation des arrérages, sans que leur rétablissement donne lieu à aucun rappel d'arrérages antérieurs à la réclamation. — La même déchéance est applicable aux héritiers ou ayants cause des pensionnaires qui n'auront pas produit les justifications de leurs droits dans les trois ans qui suivront la date du décès de leur auteur. — Les arrérages de pension non payés, mais réclamés dans les trois ans qui ont suivi le décès du pensionnaire, ne sont plus passibles que de la prescription quinquennale.

27. Les actes de l'état civil, les certificats de notoriété et autres pièces relatives à l'exécution de la présente loi sont délivrés gratuitement par les maires ou par les syndics des gens de mer, et dispensés des droits de timbre et d'enregistrement.

28. Les règles en vigueur en ce qui concerne la liquidation et le payement des pensions dites de demi-solde sont applicables aux pensions et secours annuels concédés sur la caisse de prévoyance pour tout ce qui n'est pas spécifié par la présente loi.

29. La caisse de prévoyance supporte les dépenses spéciales d'administration qu'entraîne son fonctionnement.

30. La présente loi est applicable à l'Algérie, à la Martinique, à la Guadeloupe, à la Réunion, à la Guyane, aux îles Saint-Pierre et Miquelon et à toutes autres colonies où serait légalement organisée l'inscription maritime. — Elle deviendra exécutoire à partir du 1ᵉʳ janvier qui suivra la date de la promulgation de la présente loi.

Caisses de secours et de retraites des ouvriers mineurs.

LOI du 29 juin 1894 sur les caisses de secours et de retraites des ouvriers mineurs, modifiée par la loi du 16 juillet 1896.

TITRE Ier. — DISPOSITIONS GÉNÉRALES

ART 1er. Dans le délai de six mois à partir de la promulgation de la présente loi, les exploitants des mines, et les ouvriers et employés de ces exploitations, seront soumis aux obligations et jouiront des avantages édictés par les titres II et III ci-après, pour ce qui touche l'organisation et le fonctionnement des caisses de retraites et des caisses de secours. — Les employés et ouvriers dont les appointements dépassent deux mille quatre cents francs (2,400 fr.) ne bénéficieront que jusqu'à concurrence de cette somme des dispositions de la présente loi.

Voir Décret du 14 août 1894.

TITRE II. — DES PENSIONS DE RETRAITE

2. L'exploitant versera chaque mois, soit à la Caisse nationale des retraites pour la vieillesse, soit dans une des caisses prévues à l'article 4, pour la formation du capital constitutif des pensions de retraite, une somme égale à quatre pour cent (4 o/o) du salaire des ouvriers ou employés, dont moitié à prélever sur le salaire et moitié à fournir par l'exploitant lui-même — Les versements pourront être augmentés par l'accord des deux parties intéressées. Ces versements seront inscrits sur un livret individuel au nom de chaque ouvrier ou employé. Ils seront faits à capital aliéné. Toutefois, si le titulaire du livret le demande, le versement de la part prélevée sur son salaire sera fait à capital réservé. — L'exploitant pourra prendre à sa charge une fraction supérieure à la moitié du versement ou sa totalité.

Voir Décret du 14 août 1894.

3. Les pensions sont acquises et liquidées dans les conditions prévues à la loi du 20 juillet 1886 sur la Caisse nationale des retraites pour la vieillesse. — L'entrée en jouissance est fixée à cinquante-cinq ans; elle pourra être différée sur la demande de l'ayant droit, mais les versements cesseront, à partir de cet âge, d'être obligatoires.

Voir Décret du 14 août 1894.

4. Les exploitants de mines pourront obtenir l'autorisation de

créer des caisses syndicales ou patronales de retraite pour les ouvriers ou employés occupés dans leurs exploitations. — L'autorisation sera donnée par décret rendu dans la forme des règlements d'administration publique. Le décret fixera les limites du district, les conditions du fonctionnement de la caisse et son mode de liquidation. Il prescrira également les mesures à prendre pour assurer le transfert, soit à une autre caisse syndicale ou patronale, soit à la Caisse nationale des retraites pour la vieillesse, des sommes inscrites au livret de chaque intéressé. — Les fonds versés par les exploitants dans la caisse syndicale ou patronale devront être employés en rentes sur l'Etat, en valeurs du Trésor ou garanties par le Trésor, en obligations départementales ou communales; les titres seront nominatifs. — La gestion des caisses syndicales ou patronales sera soumise à la vérification de l'inspection des finances et au contrôle du receveur particulier de l'arrondissement du siège de la caisse.

5. Si des conventions spéciales interviennent entre les exploitants et leurs ouvriers ou employés dans le but d'assurer à ceux-ci, à leurs veuves ou à leurs enfants, soit un supplément de rente viagère, soit des rentes temporaires ou des indemnités déterminées d'avance, le capital formant la garantie des engagements résultant desdites conventions devra être versé ou représenté à la Caisse des dépôts et consignations ou dans les caisses à créer en vertu de l'article 4. — Les exploitants adresseront chaque année, par l'intermédiaire du préfet, au ministre des travaux publics, et dans les formes déterminées par lui, le compte rendu des mesures prises en exécution du précédent paragraphe.

TITRE III. — DES SOCIÉTÉS DE SECOURS

6. La caisse de chaque société de secours sera alimentée par : — 1° Un prélèvement sur le salaire de chaque ouvrier ou employé, dont le montant sera fixé par le conseil d'administration de la société, sans pouvoir dépasser deux pour cent (2 o/o) du salaire ; — 2° Un versement de l'exploitant égal à la moitié de celui des ouvriers ou employés ; — 3° Les sommes allouées par l'Etat sur les fonds de subventions aux sociétés de secours mutuels ; — 4° Les dons et legs ; — 5° Le produit des amendes encourues pour infraction aux statuts et de celles infligées aux membres participants par application du règlement intérieur de l'entreprise.

7. Les statuts des sociétés de secours doivent fixer : 1° la nature et la quotité des secours et des soins à donner aux membres participants que la maladie ou des infirmités empêcheraient de travailler ; 2° en cas de décès des membres participants, la nature et la quotité des subventions à allouer à leurs familles ou ayants droit. — Les statuts peuvent autoriser l'allocation de secours en argent et de soins médicaux et pharmaceutiques aux femmes et

enfants des membres participants et à leurs ascendants. Ils peuvent aussi prévoir des secours journaliers en faveur des femmes et des enfants des réservistes de l'armée active et des hommes de l'armée territoriale appelés à rejoindre leur corps, enfin des allocations exceptionnelles et renouvelables en faveur des veuves ou orphelins d'ouvriers ou employés décédés, après avoir participé à la société de secours.

8. En cas de maladie entraînant une incapacité de travail de plus de quatre jours, avec suppression de salaire, la caisse de la société de secours versera, à la fin de chaque semestre, au compte individuel du sociétaire participant à une caisse de retraites, une somme au moins égale à cinq pour cent (5 o/o) de l'indemnité de maladie prévue par les statuts. — L'obligation de ce versement cessera avec l'indemnité de maladie elle-même.

Voir Loi du 31 mars 1903, art. 90.

9. A défaut d'accord entre les intéressés, la circonscription de chaque société de secours sera fixée par un décret rendu en conseil d'Etat — Une même exploitation pourra être divisée en plusieurs circonscriptions de secours. — Une seule société pourra être établie pour les concessions ou exploitations voisines, appartenant soit à un seul exploitant, soit à plusieurs concessionnaires. — Les industries annexes des exploitations de mines pourront, à la demande des parties intéressées, et sous l'autorisation du ministre des travaux publics, être agrégées aux circonscriptions des sociétés de secours des mines.

10. La société est administrée par un conseil composé de neuf membres au moins. — Un tiers des membres est désigné par l'exploitant ; les deux autres tiers sont élus par les ouvriers ou employés parmi les membres participants dans les conditions indiquées aux articles suivants. — Il sera procédé en même temps, et dans les mêmes conditions, à la nomination de trois membres suppléants destinés à remplacer, en cas d'absence ou de vacance, les membres titulaires. — Si l'exploitant renonce, au moment d'une élection, à faire usage en tout ou en partie de la faculté qui lui est réservée par le précédent paragraphe, les membres du conseil non désignés par l'exploitant sont élus par les ouvriers et employés. — Les décisions prises par le conseil ne sont valables que si plus des deux tiers des suffrages ont été exprimés ; néanmoins, après une seconde convocation faite dans la forme ordinaire, les décisions sont prises à la majorité, quel que soit le nombre des suffrages exprimés. — Le conseil nomme parmi ses membres un président, un secrétaire, un trésorier.

11. Sont électeurs tous les ouvriers et employés, du fond et du jour, Français, jouissant de leurs droits politiques, inscrits sur la feuille de la dernière paye. — Sont éligibles, à la condition de savoir lire et écrire, et, en outre, de n'avoir jamais encouru de condamnations aux termes des dispositions, soit de la présente

loi, soit de la loi du 21 avril 1810 et du décret du 3 janvier 1813, soit des articles 414 et 415 du Code pénal, les électeurs âgés de vingt-cinq ans accomplis occupés depuis plus de cinq ans dans l'exploitation à laquelle se rattache la société de secours. Toute fois, dans les cinq premières années de l'exploitation, le nombre des années de service exigées sera réduit à la durée de l'exploitation elle-même. — Les électeurs sont convoqués pour la première fois par un arrêté du préfet qui fixe la date de l'élection, ainsi que les heures d'ouverture et de fermeture du scrutin. — Le vote a lieu à la mairie de la commune désignée dans l'arrêté de convocation parmi celles sur le territoire desquelles s'étend la circonscription. Le bureau électoral est présidé par le maire. — L'arrêté est publié et affiché, dans les communes intéressées, quinze jours au moins avant l'élection. Il est notifié à l'exploitant. — Dans les huit jours qui suivent cette notification, les listes électorales de la circonscription sont affichées, à la diligence de l'exploitant, aux lieux habituels pour les avis donnés aux ouvriers. — Un double de ces listes est, par les soins de l'exploitant, remis au maire qui est chargé de présider le bureau. — Sera puni des peines prévues aux articles 93 et suivants de la loi du 21 avril 1810 l'exploitant qui refuserait ou négligerait de se conformer aux prescriptions qui précèdent. — Le préfet peut, en outre, faire dresser et afficher les listes électorales aux frais de l'exploitant ; les frais rendus exécutoires par le préfet seront recouvrés comme en matière de contributions publiques. — Les opérations électorales subséquentes ont lieu dans le local indiqué, suivant les formes et aux conditions prescrites par les statuts. — (*Ainsi complété*, *Loi* 16 *juillet* 1896.) Ce local ne pourra être autre qu'une mairie. Pour ces opérations, le maire sera tenu de mettre une des salles de la mairie à la disposition de la société. — Les statuts peuvent en outre décider que la circonscription est divisée en sections électorales et fixer le nombre de conseillers à élire pour chacune, ce nombre ne pouvant, en aucun cas, être inférieur à deux conseillers. — Si le vote, soit pour la circonscription entière, soit pour une de ses sections électorales, a eu lieu dans plusieurs mairies, le juge de paix compétent pour connaitre des contestations prévues à l'article 13 ci-dessous est celui de la commune qui, lors de la convocation des électeurs, aura dû être désignée pour la réunion des résultats et la proclamation du vote.

12. Le vote a toujours lieu, au scrutin de liste, un dimanche. Nul n'est élu au premier tour de scrutin s'il n'a obtenu la majorité absolue des suffrages exprimés et un nombre de voix égal au quart du nombre des électeurs inscrits. Au deuxième tour de scrutin auquel il doit être procédé le dimanche suivant, la majorité relative suffit. En cas d'égalité de suffrages, le plus âgé des candidats est élu. — Les membres du conseil sont élus pour trois ans et renouvelables par tiers chaque année. — Il est pourvu, dans les six mois qui suivent la vacance, au remplacement des membres décédés, démissionnaires ou déchus des qualités requises pour l'éligibilité. Les nouveaux élus sont nommés pour le temps restant à courir jusqu'au terme assigné aux fonctions de ceux qu'ils remplacent.

13. Les contestations sur la formation des listes et sur la validité des opérations électorales sont portées, dans le délai de quinze jours à dater de l'élection, devant le juge de paix de la commune où les opérations ont eu lieu. Elles sont introduites par simple déclaration au greffe. — Le juge de paix statue dans les quinze jours de cette déclaration, sans frais ni forme de procédure et sur simple avertissement donné trois jours à l'avance à toutes les parties intéressées. — La décision du juge de paix est en dernier ressort, mais elle peut être déférée à la Cour de cassation — Le pourvoi n'est recevable que s'il est formé dans les dix jours de la notification de la décision Il n'est pas suspensif. Il est formé par simple requête déposée au greffe de la justice de paix, dénoncée aux défendeurs dans les dix jours qui suivent. Il est dispensé du ministère d'un avocat à la cour et jugé d'urgence sans frais ni amende. — Les pièces et mémoires fournis par les parties sont transmis sans frais par le greffier de la justice de paix au greffier de la Cour de cassation. La chambre des requêtes statue définitivement sur le pourvoi. — Tous les actes sont dispensés du timbre et enregistrés gratis.

14. Les statuts sont dressés par le premier conseil ; ils sont soumis, par l'intermédiaire du préfet, à l'approbation du ministre des travaux publics. Après l'approbation, ils sont notifiés à l'exploitant. — La décision du ministre peut être déférée au Conseil d'Etat, au contentieux. Le recours est dispensé des droits de timbre et d'enregistrement et peut être formé sans ministère d'avocat. — Toute modification aux statuts comporte une nouvelle approbation ministérielle. Les statuts sont affichés en permanence, par les soins de l'exploitant, aux lieux habituels des avis donnés aux ouvriers. Un exemplaire en est remis par l'exploitant, comme récépissé, à chaque ouvrier ou employé lors de l'embauchage.

15. Les sociétés de secours sont tenues de communiquer leurs livres, procès-verbaux et pièces comptables de toute nature au préfet et aux ingénieurs des mines. Cette communication a lieu sans déplacement, sauf dans le cas où il en serait ordonné autrement par arrêté du préfet. — Les sociétés adressent chaque année, par l'intermédiaire du préfet, aux ministres des travaux publics et de l'intérieur, et dans les formes déterminées par eux, le compte rendu de leur situation financière et un état des cas de maladie ou de mort éprouvés par les participants dans le cours de l'année.

16. A la fin de chaque année, le conseil d'administration fixe

sur les excédents disponibles, les sommes à laisser dans la caisse pour en assurer le service, et celles à déposer à la Caisse des dépôts et consignations. Ce dépôt devra être effectué par le conseil d'administration dans le délai d'un mois, sous la responsabilité solidaire de ses membres, sans préjudice, le cas échéant, de l'application de l'article 408 du Code pénal. -- Les administrations qui auraient effectué ou laissé effectuer un emploi de fonds non autorisé par les statuts encourent la même responsabilité et les mêmes pénalités. — Le total de la réserve ne pourra dépasser le double des recettes de l'année.

17. Dans le cas d'inexécution des statuts ou de violation des dispositions de la présente loi, la dissolution du conseil d'administration peut être prononcée par le ministre des travaux publics, après avis du conseil général des mines, sans préjudice de la responsabilité civile ou pénale encourue par les administrateurs. — Les électeurs devront être réunis pour procéder à la nomination du nouveau conseil, au plus tard dans un délai de deux mois. Dans l'intervalle, la caisse sera gérée par un délégué du préfet.

18. Les sociétés de secours actuellement existantes, et dont les statuts sont régulièrement approuvés par l'autorité administrative, conserveront leur organisation et leur mode de fonctionnement pour ce qui touche les obligations du présent titre, sauf dans le cas où leur transformation serait reconnue nécessaire par le ministre des travaux publics, sur l'avis du conseil général des mines. — Elles jouiront d'ailleurs des recettes prévues par l'article 6 qui précède.

19. Les statuts pourront décider que le service des secours sera confié à une compagnie d'assurances.

20. Les sociétés régulièrement constituées en conformité des articles qui précèdent bénéficieront des dispositions des lois sur les sociétés de secours mutuels et seront soumises aux obligations découlant de ces lois.

TITRE VI. -- DISPOSITIONS TRANSITOIRES ET RÉGLEMENTAIRES

(Voir Loi du 31 mars 1903, art. 84 et suiv.)

21. Les pensions déjà acquises à un titre quelconque, dont le service incombe à l'exploitant, seront fournies comme précédemment, suivant les règlements particuliers de l'entreprise.

22. Le montant des pensions en cours d'acquisition, dont le service incombe à l'exploitant, sera calculé par application des règlements ou des usages en vertu desquels ces pensions étaient précédemment accordées. — Si la rente acquise à raison des versements effectués en exécution de l'article 2 est inférieure au montant de la pension calculée comme il vient d'être dit, la diffé-

rence restera à la charge de l'exploitant. — Il pourra être dérogé aux dispositions des deux paragraphes qui précèdent par des conventions librement intervenues entre les exploitants et leurs ouvriers ou employés.

23. A partir de la mise en application de la présente loi, les caisses de prévoyance précédemment organisées avec le concours des ouvriers et employés, en vue d'assurer des secours et de constituer des rentes temporaires, des pensions de retraite d'âge, d'invalidité ou d'accidents, fonctionneront exclusivement pour l'exécution des engagements antérieurement contractés par lesdïtes caisses en ce qui concerne, tant les pensions acquises à un titre quelconque, que les pensions de retraite en cours d'acquisition. — Toutefois, dans le premier mois, les caisses assureront les secours et les soins aux malades en traitement.

Voir Décret du 25 juillet 1894.

24. Les intéressés seront appelés à se prononcer, dans un délai maximum de six mois, sur les mesures à prendre à raison des engagements précités, et sur le mode de réalisation des mesures nécessaires. — A défaut d'entente entre les exploitants, d'une part, et la majorité des ouvriers et employés, d'autre part, les deux parties pourront décider que le règlement des mesures à prendre et la fixation des versements à opérer seront confiés à la commission arbitrale instituée par l'article 26 ci-après. (*V. Décret du 19 décembre* 1894.) — Si les exploitants et la majorité des ouvriers et employés ne peuvent se mettre d'accord dans le délai de six mois susindiqué, ni sur les mesures à adopter, ni sur le recours de la commission arbitrale, les tribunaux nommeront à la requête de la partie la plus diligente, un liquidateur chargé d'assurer, au mieux des intérêts en présence, la liquidation de la caisse de prévoyance. — Le rapport du liquidateur sera soumis à l'homologation du tribunal.

25. Tout ouvrier ou employé au profit duquel une pension de retraite d'âge ou d'invalidité est actuellement en cours d'acquisition sera dispensé de la retenue prescrite par l'article 2, s'il déclare devant le maire de la commune de sa résidence qu'il entend renoncer au bénéfice de cet article. — Il lui sera délivré récépissé de cette déclaration. — Dans ce cas et pendant toute la durée de la renonciation, l'exploitant sera également dispensé du versement qui lui incombe aux termes du même article 2.

26. La commission arbitrale prévue par l'article 24 sera composée de sept membres permanents, nommés : — Deux par le conseil général des mines ; — Deux par la commission supérieure de la Caisse nationale des retraites pour la vieillesse ; — Deux par la cour d'appel de Paris, parmi les conseillers de la cour ; — Un par la Cour des comptes parmi les conseillers de la cour. — La commission élira son président et son secrétaire ; elle siégera au ministère des travaux publics ; ses fonctions seront gratuites. —

Le nombre des membres de la commission arbitrale sera porté à neuf par l'adjonction dans chaque affaire de deux membres désignés : l'un par les exploitants, l'autre par la majorité des ouvriers et employés. — La procédure se fera sans frais d'aucune sorte ; tous actes, documents et pièces quelconques à produire seront dispensés du timbre et enregistrés gratis.

Voir Décret du 19 décembre 1894.

27. Pour les différends qui naîtraient de l'exécution de la présente loi et qui seraient déférés aux tribunaux civils, il sera statué comme en matière sommaire et jugé d'urgence. — Les intéressés bénéficieront de l'assistance judiciaire. — Tous actes, documents et pièces quelconques à produire seront dispensés du timbre et enregistrés gratis. — Les intéressés agissant en nom collectif seront représentés par un mandataire nommé par eux à la majorité des voix, sans préjudice, pour chacun d'eux, du droit d'intervention individuelle.

Voir Décret du 25 juillet 1894, art. 22.

28. Le capital constitutif des rentes incombant soit aux exploitants, soit aux caisses de prévoyance, pourra être déposé, en totalité ou par années successives, à la Caisse nationale des retraites pour la vieillesse qui devra, en ce cas, inscrire les rentes au livret individuel de chaque ayant droit et en effectuer le payement à partir de l'âge fixé pour l'entrée en jouissance.

Voir Décret des 14 août 1894 ; 25 juillet 1894, art. 11.

29. Un règlement d'administration publique déterminera : la procédure à suivre pour l'introduction, l'instruction et la solution des affaires soumises à la commission arbitrale ; le nombre, le mode de nomination et les attributions des auxiliaires de l'instruction ; le mode de nomination du mandataire prévu à l'article 27, et, d'une manière générale, les mesures nécessaires à l'application des prescriptions de la présente loi.

30. Les infractions aux dispositions de l'article 5, paragraphe 2, et des articles 15 et 23 seront punies d'une amende de seize à deux cents francs (16 à 200 fr.). — En cas de mauvaise foi, le chiffre de l'amende pourra être porté à cinq cents francs (500 fr.). Les infractions pourront être constatées, concurremment avec les officiers de police judiciaire, par les ingénieurs et contrôleurs des mines.

31. Les exploitations des minières et carrières souterraines ou à ciel ouvert pourront être assimilées aux exploitations de mines pour l'application de la présente loi, en vertu de décrets rendus en Conseil d'État, sur la proposition du ministre des travaux publics.

Décret du 14 août 1894 ; Loi du 19 décembre 1894.

LOI du 19 décembre 1894 portant rectification de la loi du 29 juin 1894 sur les caisses de secours et de retraites des ouvriers mineurs.

ARTICLE UNIQUE. Le délai fixé pour l'application de la loi du 29 juin 1894, par ses articles 1 et 24, est prorogé jusqu'au 1er juillet 1895. — La commission instituée en vertu de l'article 26 de la loi précitée sera valablement saisie lorsque le recours prévu par l'article 24, paragraphe 2, de ladite loi aura été voté à la majorité des suffrages exprimés, à un premier ou à un second tour, pourvu que cette majorité soit supérieure au quart des inscrits, et sous la réserve que le vote soit émis avant le jugement homologuant le rapport du liquidateur. — Les opérations pour les votes à émettre en vertu de l'alinéa précédent et pour ceux nécessaires à la désignation des membres adjoints de la commission arbitrale seront faites suivant les formes prévues par le décret du 25 juillet 1894, en tout ce qui n'est pas contraire à la présente loi. — Le recours à la commission arbitrale en vertu de la présente loi arrête et annule toutes opérations de liquidation qui seraient en cours.

Voir Décret du 25 juillet 1894.

LOI de finances du 31 mars 1903.

84. Une somme de un million de francs (1.000,000 fr.) est affectée, chaque année, dans les conditions déterminées par la loi : — 1° Pour un tiers, à la majoration de la pension d'âge ou d'invalidité de plus de 50 francs acquise, ou en instance de liquidation au 1er janvier 1903, en faveur de tout ouvrier ou employé des mines de nationalité française, par application du titre IV de la loi du 29 juin 1894 sur les caisses de secours et de retraites des ouvriers mineurs ; — 2° Pour les deux autres tiers, à des allocations en faveur de tous autres ouvriers ou employés des mines, de nationalité française, âgés de cinquante-cinq ans au moins au 1er janvier 1903 et justifiant, à cette date, de trente années de travail salarié dans les mines françaises.

85. La majoration ne pourra élever la pension majorée au delà du chiffre de trois cent soixante francs (360 fr.), y compris tous autres revenus tant de l'intéressé que de son conjoint, mais indépendamment de tout salaire en argent ou en nature.

86. L'allocation prévue à l'article 84-2° sera limitée au chiffre de deux cent quarante francs (240 fr.), y compris tous autres revenus, tant de l'intéressé que de son conjoint, mais indépendamment de tout salaire en argent ou en nature et indépendamment aussi soit de la pension acquise exclusivement en vertu du titre II de la loi du 29 juin 1894, soit d'une pension de 50 francs au plus, liquidée au 1er janvier 1903, en vertu du titre IV de ladite loi. — Hors ce dernier cas, l'allocation du présent article ne peut se cumuler avec une retraite acquise ou qui viendrait à être acquise en vertu de ce titre IV. Un décret délibéré en conseil des ministres, faisant état des disponibilités résultant des extinctions, pourra relever jusqu'au chiffre de 360 francs le maximum prévu au paragraphe 1er du présent article.

87. La loi annuelle de finances déterminera le nombre de centimes additionnels à la redevance des mines qui devront être établis en représentation de la part contributive des exploitants aux allocations prévues à l'article 86. Cette part est fixée à la moitié de ces dépenses et des frais d'application de la présente loi.

88. Tout ouvrier ou employé qui voudra bénéficier des dispositions de la présente loi devra en faire la déclaration, soit en personne, soit par mandataire, au maire de la commune de son domicile. Les déclarations seront reçues, sous peine de forclusion, chaque année, du 1er janvier au dernier jour de février. Toutefois, pour la première année d'application de la loi, ce délai sera de quatre mois à compter de la date de la promulgation. La déclaration ne sera renouvelée qu'en cas de modifications survenues dans les titres invoqués par les intéressés. — La déclaration est

exempte de frais. — Elle sera établie dans les formes et accompagnée des justifications que fixera un arrêté du ministre des travaux publics. — La déclaration est rédigée par les soins du maire et signée par le déclarant. Il en est donné récépissé. — Le maire la transmet immédiatement au préfet avec son avis. — Elle est enregistrée à la préfecture dès sa réception sur un registre spécial.

89. (*Ainsi modifié, Loi* 21 *juillet* 1903.) Les déclarations sont soumises à une commission ainsi composée : — Le préfet ou son représentant, président ; — L'ingénieur en chef des mines ou un fonctionnaire de l'administration des mines délégué par lui ; — Le directeur des contributions directes ou un fonctionnaire de cette administration délégué par lui ; — Le directeur de l'enregistrement, des domaines et du timbre ou un fonctionnaire de cette administration délégué par lui ; — Un exploitant et un ouvrier des mines du département. — Le préfet désigne cet exploitant et cet ouvrier ; ce dernier devra être pris parmi les administrateurs des caisses de secours des mineurs élus par les ouvriers toutes les fois que ce sera possible. — Tous les deux devront, à moins d'impossibilité, appartenir à des entreprises différentes. — Dans les départements que désignera le ministre des travaux publics, il pourra être établi, à raison du nombre et de l'importance des exploitations, des commissions distinctes par arrondissement de sous-préfecture, ou par toute autre circonscription que fixeront des arrêtés du ministre des travaux publics. — Les déclarations reçues dans un département où n'existerait pas d'entreprise minière seront renvoyées à l'examen de la commission qui siège dans la circonscription où se trouve la mine dans laquelle l'ouvrier a fait le plus long séjour.

90. La commission examine et admet, s'il y a lieu, les titres invoqués dans les déclarations ; elle arrête le montant des revenus personnels et celui de la pension à majorer. — Une année ne peut entrer en compte dans la durée des services que si elle donne 220 jours au moins de travail salarié. — Est assimilé au travail salarié le temps pendant lequel l'ouvrier a chômé pour maladie ou pendant lequel il aurait reçu l'indemnité temporaire pour accident du travail, si, pendant ce temps, ont été faits sur son livret individuel les versements prévus par l'article 8 de la loi du 29 juin 1894.

91. Les décisions de la commission sont transmises, par les soins du préfet, au ministère des travaux publics, le 1er juillet de chaque année au plus tard. — D'après ces décisions, le ministre arrête le montant des majorations et des allocations, conformément aux règles tracées par les articles 94 et 95. — Tout déclarant reçoit, par les soins du préfet, avant le 31 décembre, avis de la décision prise par la commission sur sa déclaration. — Tout intéressé peut prendre communication de l'arrêté ministériel de répartition, dont une ampliation est déposée à cet effet, avant le 31 décembre, dans les bureaux de la préfecture ou sous-préfecture du chef-lieu de chaque sous-arrondissement minéralogique. Avis de ce dépôt est publié dans les journaux du département.

92. La commission peut toujours reviser, dans son travail annuel, la décision antérieure, soit sur la proposition du préfet, soit sur la requête présentée par le bénéficiaire. — La requête en revision du bénéficiaire est introduite dans les formes et délais prescrits pour les déclarations. — La nouvelle décision ainsi prise n'a pas d'effet sur les répartitions antérieures.

93. Les décisions de la commission ne peuvent être déférées au Conseil d'Etat que pour incompétence, excès de pouvoir ou violation de la loi. Le recours n'est ouvert qu'au préfet ou à l'intéressé. Il est dispensé d'avocat et a lieu sans frais. — Les recours au Conseil d'Etat contre les arrêtés ministériels de répartition sont dispensés d'avocat et ont lieu sans frais.

94. En cas d'insuffisance du crédit réservé par le paragraphe 1er de l'article 84 pour relever à 360 francs les pensions à majorer, chaque majoration sera réduite proportionnellement jusqu'à ce que le total soit compris dans les limites du crédit. — Les fractions de franc ne seront pas inscrites.

95. Le montant total du crédit affecté, en vertu de l'article 84, aux allocations de l'article 86 est réparti par parties égales entre tous les ayants droit admis par les commissions. — Les disponibilités provenant des extinctions viendront, chaque année, en accroissement des allocations à attribuer jusqu'à ce qu'elles aient atteint la limite fixée par l'article 86. — Les fractions de franc ne seront pas inscrites.

96. Les majorations et allocations sont dues à compter du premier jour du trimestre qui suit celui dans lequel a été faite la déclaration. Elles sont payables par quart, à partir du 1er janvier de l'année qui suit la date de la décision de la commission prévue à l'article 89, de trimestre en trimestre et à terme échu. — Elles sont incessibles et insaisissables. Les sommes non perçues sont prescrites, au profit du Trésor, trois ans après leur échéance.

97. Les certificats, actes de notoriété et autres pièces exclusivement relatives à l'exécution des dispositions des articles 84 à 96 de la présente loi seront délivrés gratuitement et dispensés des droits de timbre et d'enregistrement.

98. Tout exploitant qui a constitué des pensions d'âge ou d'invalidité en vertu du titre IV de la loi du 29 juin 1894 est tenu, dans la première quinzaine de janvier de chaque année, d'adresser au préfet, dans la forme que fixera le ministre des travaux publics, la liste des retraites ainsi créées par lui pendant l'année précédente. — Toute infraction au présent article est passible des pénalités prévues au titre X de la loi du 21 avril 1810.

DEUXIÈME PARTIE

DÉCRETS

Accidents du Travail.

DÉCRET du 28 février 1899 portant règlement d'administration publique pour l'exécution de l'article 26 de la loi du 9 avril 1898, concernant les responsabilités des accidents dont les ouvriers sont victimes dans leur travail.

TITRE Iᵉʳ. — CONDITIONS DANS LESQUELLES LES VICTIMES D'ACCIDENTS OU LEURS AYANTS DROIT SONT ADMIS A RECLAMER LE PAYEMENT DE LEURS INDEMNITES

Art. 1ᵉʳ. Tout bénéficiaire d'une indemnité liquidée en vertu de l'article 16 de la loi du 9 avril 1898, à la suite d'un accident ayant entraîné la mort ou une incapacité permanente de travail, qui n'aura pu obtenir le payement, lors de leur exigibilité, des sommes qui lui sont dues, doit en faire la déclaration au maire de la commune de sa résidence.

2. La déclaration est faite soit par le bénéficiaire de l'indemnité ou son représentant légal, soit par un mandataire ; elle est exempte de tous frais.

3. La déclaration doit indiquer : — 1° Les nom, prénoms, âge, nationalité, état civil, profession, domicile du bénéficiaire de l'indemnité ; — 2° Les nom et domicile du chef d'entreprise débiteur ou la désignation et l'indication du siège de la société d'assurances ou du syndicat de garantie qui aurait dû acquitter la dette à ses lieu et place ; — 3° La nature de l'indemnité et le montant de la créance réclamée ; — 4° L'ordonnance ou le jugement en vertu duquel agit le bénéficiaire ; — 5° Le cas échéant, les nom, prénoms, profession et domicile du représentant légal du bénéficiaire ou du mandataire.

4. La déclaration, rédigée par les soins du maire, est signée par le déclarant. — Le maire y joint toutes les pièces qui lui sont remises par le réclamant à l'effet d'établir l'origine de la créance, ses modifications ultérieures et le refus de payement opposé par le débiteur : chef d'entreprise, société d'assurance ou syndicat de garantie.

5. Récépissé de la déclaration et des pièces qui l'accompagnent est remis par le maire au déclarant. — La déclaration et les pièces produites à l'appui sont transmises par le maire au directeur général de la Caisse des dépôts et consignations dans les vingt-quatre heures.

6. Le directeur général de la Caisse des dépôts et consignations adresse, dans les quarante-huit heures à partir de sa réception, le dossier au juge de paix du domicile du débiteur, en l'invitant à convoquer celui-ci d'urgence par lettre recommandée.

7. Le débiteur doit comparaître au jour fixé par le juge de paix soit en personne, soit par mandataire. — Il lui est donné connaissance de la réclamation formulée contre lui. — Procès-verbal est dressé par le juge de paix des déclarations faites par le comparant, qui appose sa signature sur le procès-verbal.

8. Le comparant qui ne conteste ni la réalité ni le montant de la créance est invité par le juge de paix soit à s'acquitter par devant lui, soit à expédier au réclamant la somme due au moyen d'un mandat-carte et à communiquer au greffe le récépissé de cet envoi. — Cette communication doit être effectuée au plus tard le deuxième jour qui suit la comparution devant le juge de paix. — Le juge de paix statue sur le payement des frais de convocation. — Il constate, s'il y a lieu, dans son procès-verbal, la libération du débiteur.

9. Dans le cas où le comparant, tout en reconnaissant la réalité et le montant de sa dette, déclare ne pas être en état de s'acquitter immédiatement, le juge de paix est autorisé, si les motifs invoqués paraissent légitimes, à lui accorder pour sa libération un délai qui ne peut excéder un mois. (V. *Code civil, art.* 1244). — Dans ce cas, en vue du payement immédiat prévu à l'article 13 ci-dessous, le procès-verbal dressé par le juge de paix constate la reconnaissance de dette et l'engagement pris par le comparant de se libérer dans le délai qui lui a été accordé au moyen soit d'un versement entre les mains du caissier de la Caisse des dépôts et consignations à Paris ou des préposés de la caisse dans les départements, soit de l'expédition d'un mandat-carte payable au caissier général à Paris.

10. Si le comparant déclare ne pas être débiteur du réclamant ou n'être que partiellement son débiteur, le juge de paix constate dans son procès-verbal le refus total ou partiel de payement et les motifs qui en ont été donnés. — Il est procédé, pour l'acquittement de la somme non contestée, suivant les dispositions des articles 8 ou 9, tous droits restant réservés pour le surplus.

11. Au cas où le débiteur convoqué ne comparaît pas au jour fixé, le juge de paix procède dans la huitaine à une enquête à l'effet de rechercher : — 1° Si le débiteur convoqué n'a pas changé de domicile ; — 2° S'il a cessé son industrie soit volontairement,

soit par cession d'établissement, soit par suite de faillite ou de liquidation judiciaire et, dans ce cas, quel est le syndic ou le liquidateur, soit par suite de décès et, dans l'affirmative, par qui sa succession est représenté. — Le procès-verbal dressé par le juge de paix constate la non-comparution et les résultats de l'enquête.

12. Dans les deux jours qui suivent soit la libération immédiate du débiteur, soit sa comparution devant le juge de paix au cas où il a refusé le payement ou obtenu un délai, soit la clôture de l'enquête dont il est question en l'article précédent, le juge de paix adresse au directeur général de la Caisse des dépôts et consignations le dossier et y joint le procès-verbal par lui dressé.

13. Dès la réception du dossier, s'il résulte du procès-verbal dressé par le juge de paix que le débiteur n'a pas contesté sa dette, mais ne s'en est pas libéré, ou si les motifs invoqués pour refuser le payement ne paraissent pas légitimes, le directeur général de la Caisse des dépôts et consignations remet au réclamant ou lui adresse, par mandat-carte, la somme à laquelle il a droit. Il fait parvenir également au greffier de la justice de paix le montant de ses déboursés et émoluments. — Il est procédé de même, si le débiteur ne s'est pas présenté devant le juge de paix et si la réclamation du bénéficiaire de l'indemnité paraît justifiée.

14. Dans le cas où les motifs invoqués par le comparant pour refuser le payement paraissent fondés ou en cas de non-comparution, si la réclamation formulée par le bénéficiaire ne semble pas suffisamment justifiée, le directeur général de la Caisse des dépôts et consignations renvoie, par l'intermédiaire du maire, au réclamant, le dossier par lui produit en lui laissant le soin d'agir contre la personne dont il se prétend le créancier conformément aux règles du droit commun. — Le montant des déboursés et émoluments du greffier est, en ce cas, acquitté par les soins du directeur général et imputé sur les fonds de garantie.

TITRE II. — DU RECOURS DE LA CAISSE DES RETRAITES POUR LE RECOUVREMENT DE SES AVANCES ET POUR L'ENCAISSEMENT DES CAPITAUX EXIGIBLES

15. Le recours de la Caisse nationale des retraites est exercé aux requête et diligence du directeur général de la Caisse des dépôts et consignations, dans les conditions énoncées aux articles suivants.

16. Dans les cinq jours qui suivent le payement fait au bénéficiaire de l'indemnité et au greffier de la justice de paix, conformément aux articles 13 et 14, ou à l'expiration du délai dont il est question à l'article 9, si le remboursement n'a pas été opéré dans ce délai, le directeur général de la Caisse des dépôts et consigna-

tions informe le débiteur, par lettre recommandée, du payement effectué pour son compte. — La lettre recommandée fait en même temps connaître que faute par le débiteur d'avoir remboursé dans un délai de quinzaine le montant de la somme payée, d'après un des modes prévus au dernier alinéa de l'article 9, le recouvrement sera poursuivi par la voie judiciaire.

17. A l'expiration du délai imparti par le deuxième alinéa de l'article 16 ci-dessus, il est délivré par le directeur général de la Caisse des dépôts et consignations, à l'encontre du débiteur qui ne s'est pas acquitté, une contrainte pour le recouvrement.

18. La contrainte décernée par le directeur général de la Caisse des dépôts et consignations est visée et déclarée exécutoire par le juge de paix du domicile du débiteur. — Elle est signifiée par ministère d'huissier.

19. L'exécution de la contrainte ne peut être interrompue que par une opposition formée par le débiteur et contenant assignation donnée au directeur général de la Caisse des dépôts et consignations, devant le tribunal civil du domicile du débiteur.

20. L'instance à laquelle donne lieu l'opposition à contrainte est suivie dans les formes et délais déterminés par l'article 65 de la loi du 22 frimaire an VII sur l'enregistrement.

21. Les frais de poursuites et dépens de l'instance auxquels a été condamné le débiteur débouté de son opposition sont recouvrés par le directeur général de la Caisse des dépôts et consignations au moyen d'un état de frais taxé sur sa demande et rendu exécutoire par le président du tribunal.

22. Lorsque le capital représentatif d'une pension est, conformément aux termes de l'article 28 de la loi du 9 avril 1898, devenu exigible par suite de la faillite ou de la liquidation judiciaire du débiteur, le directeur général de la Caisse des dépôts et consignations représentant la Caisse nationale des retraites pour la vieillesse demande l'admission au passif pour le montant de sa créance. — Il est procédé, dans ce cas, conformément aux dispositions des articles 491 et suivants du Code de commerce et de la loi du 4 mars 1889 sur la liquidation judiciaire.

23. En cas d'exigibilité du capital par suite d'une des circonstances prévues en l'article 28 de la loi du 9 avril 1898 autre que la faillite ou la liquidation judiciaire du débiteur, le directeur général de la Caisse des dépôts et consignations, par lettre recommandée, met en demeure le débiteur ou ses représentants d'opérer dans les deux mois qui suivront la réception de la lettre le versement à la Caisse nationale des retraites du capital exigible, à moins qu'il ne soit justifié que les garanties prescrites par le décret du 28 février 1899, portant règlement d'administration publique en exécution de l'article 28 de la loi ci-dessus visée, ont été fournies.

24. Si, à l'expiration du délai de deux mois, le versement

n'a pas été effectué ou les garanties exigées n'ont pas été fournies, il est procédé au recouvrement dans les mêmes conditions et suivant les formes énoncées aux articles 17 à 21 du présent décret.

25. En dehors des délais fixés par les dispositions qui précèdent, le directeur général de la Caisse des dépôts et consignations peut accorder au débiteur tous délais ou toutes facilités de payement. — Le directeur général peut également transiger.

TITRE III. — ORGANISATION DU FONDS DE GARANTIE

26. Le fonds de garantie institué par les articles 24 et 25 de la loi du 9 avril 1898 fait l'objet d'un compte spécial ouvert dans les écritures de la Caisse des dépôts et consignations.

27. Le ministre du commerce adresse au Président de la République un rapport annuel, publié au *Journal officiel*, sur le fonctionnement général du fonds de garantie visé par les articles 24 à 26 de la loi du 9 avril 1898.

28. Les recettes du fonds de garantie comprennent : — 1º Les versements effectués par le Trésor public, représentant le montant des taxes recouvrées en conformité de l'article 25 de la loi du 9 avril 1898; — 2º Les recouvrements effectués sur les débiteurs d'indemnités dans les conditions prévues aux titres I et II du présent décret; — 3º Les revenus et arrérages et le produit du remboursement des valeurs acquises en conformité de l'article 30 du présent décret; — 4º Les intérêts du fonds de roulement prévu au deuxième alinéa du même article.

29. Les dépenses du fonds de garantie comprennent : — 1º Les sommes payées aux bénéficiaires des indemnités, — 2º Les sommes versées sur des livrets individuels à la Caisse nationale des retraites pour la vieillesse et représentant les capitaux de pensions exigibles dans les cas prévus par l'article 28, paragraphe 3, de la loi du 9 avril 1898; — 3º Le montant des frais de toute nature auxquels donne lieu le fonctionnement du fonds de garantie.

30. Les ressources du fonds de garantie sont employées dans les conditions prescrites par l'article 22 de la loi du 20 juillet 1886. — Les sommes liquides reconnues nécessaires pour assurer le fonctionnement du fonds de garantie sont bonifiées d'un intérêt calculé à un taux égal à celui qui est adopté pour le compte courant ouvert à la Caisse des dépôts et consignations dans les écritures du Trésor public.

DÉCRET du 28 février 1899 portant règlement d'admi-nistration publique pour l'exécution de l'article 27 de la loi du 9 avril 1898, modifiée par le décret du 27 dé-cembre 1906.

TITRE Ier. — SOCIÉTÉS D'ASSURANCES MUTUELLES OU A PRIMES FIXES

CHAPITRE Ier. — Cautionnements et réserves.

ART. 1er. Toutes les sociétés qui pratiquent, dans les termes de la loi du 9 avril 1898, l'assurance mutuelle ou à primes fixes contre le risque des accidents de travail ayant entrainé la mort ou une incapacité permanente sont astreintes, pour ce risque, aux dispositions du présent titre.

2. Indépendamment des garanties spécifiées aux articles 2 et 4 du décret du 22 janvier 1868 et de la réserve mathématique, les sociétés anonymes d'assurances françaises ou étrangères à primes fixes doivent justifier de la constitution préalable d'un cautionne-ment fixé d'après des bases que détermine le ministre, sur l'avis du comité consultatif prévu à l'article 16 ci-après, et affecté, par privilège, au payement des pensions et indemnités, conformément à l'article 27 de la loi.

Voir Décret du 28 février 1899.

3. Le cautionnement est constitué, dans les quinze jours de la notification de la décision du ministre, à la Caisse des dépôts et consignations, en valeurs énumérées au troisième paragraphe de l'article 8 ci-dessous. Il est revisé chaque année. Les titres sont estimés au cours moyen de la Bourse de Paris au jour du dépôt.

4. Le cautionnement est versé au lieu où la société a son siège principal, dans les conditions déterminées par les lois et règle-ments en vigueur sur la consignation des valeurs mobilières. — Les intérêts des valeurs déposées peuvent être retirés par la so-ciété. Il en est de même, en cas de remboursement des titres avec primes ou lots, de la différence entre le prix de remboursement et le cours moyen à la Bourse de Paris, au jour fixé pour le rem-boursement, de la valeur sortie au tirage. — Le montant des remboursements, déduction faite de cette différence, doit être im-médiatement remployé en achat de valeurs visées au troisième paragraphe de l'article 8, sur l'ordre de la société, ou d'office en rentes sur l'Etat, si la société n'a pas donné d'ordres dans les quinze jours de la notification de remboursement faite, sous pli recommandé, par la Caisse des dépôts et consignations. — Il en est de même pour les fonds provenant d'aliénations de titres demandées par la société.

5. Les valeurs déposées ou les valeurs acquises en remploi de ces valeurs ne peuvent être retirées que : 1º dans le cas où le cautionnement exigible a été fixé, pour l'année courante, à un chiffre inférieur à celui de l'année précédente et jusqu'à concurrence de la différence ; 2º dans le cas où la société ayant versé à la Caisse nationale des retraites les capitaux constitutifs des rentes et indemnités assurées, justifie qu'elle a complètement rempli toutes ses obligations. Dans les deux cas, une décision du ministre du commerce est nécessaire.

6. Indépendamment des garanties spécifiées à l'article 29 du décret du 22 janvier 1868, les sociétés d'assurances mutuelles sont soumises aux dispositions des articles 2, 3, 4 et 5 ci-dessus. — Toutefois, le cautionnement qu'elles auront à verser est réduit de moitié pour celles de ces sociétés dont les statuts stipulent : — 1º Que la société ne peut assurer que tout ou partie des risques prévus par l'article 3 de la loi du 9 avril 1898 ; — 2º Qu'elle assure exclusivement, soit les ouvriers d'une seule profession, soit les ouvriers de professions appartenant à un même groupe d'industries, d'après une classification générale arrêtée à cet effet par le ministre du commerce, après avis du comité consultatif ; — 3º Que le maximum de contribution annuelle dont chaque sociétaire est passible pour le payement des sinistres est au moins double de la prime totale fixée par son contrat pour l'assurance de tous les risques, et triple de la prime partielle déterminée par le ministre du commerce, après avis du comité consultatif, pour les mêmes professions et pour les risques définis à l'article 23 de la loi.

Voir Décret du 28 février 1899.

7. Les sociétés anonymes d'assurances à primes fixes et les sociétés mutuelles d'assurances sont tenues de justifier, dès la deuxième année d'exploitation, de la constitution d'une *réserve mathématique* ayant pour minimum de valeur le montant des capitaux représentatifs des rentes et indemnités à servir à la suite d'accidents ayant entraîné la mort ou une incapacité permanente. — Les capitaux représentatifs sont calculés d'après un barème minimum déterminé par le ministre du commerce, après avis du comité consultatif.

8. Le montant de la réserve mathématique est arrêté chaque année, la société entendue, par le ministre du commerce et à l'époque qu'il détermine. — Cette réserve reste aux mains de la société. Elle ne peut être placée que dans les conditions suivantes : — 1º Pour les deux tiers au moins de la fixation annuelle, en valeurs de l'Etat ou jouissant d'une garantie de l'Etat ; en obligations négociables et entièrement libérées des départements, des communes et des chambres de commerce ; en obliga-

tions foncières et communales du Crédit foncier ; — 2° Jusqu'à concurrence du tiers au plus de la fixation annuelle, en immeubles situés en France et en premières hypothèques sur ces immeubles, pour la moitié au maximum de leur valeur estimative ; — 3° Jusqu'à concurrence d'un dixième, confondu dans le tiers précédent, en commandites industrielles ou en prêts à des exploitations industrielles de solvabilité notoire. — Pour la fixation prévue au paragraphe 1er du présent article, les valeurs mobilières sont estimées à leur prix d'achat. Si leur valeur totale descend au-dessous de ces prix de plus d'un dixième, un arrêté du ministre du commerce oblige la société à parfaire la différence en titres nouveaux, dans un délai qui ne peut être inférieur à deux ans ni supérieur à cinq ans. — Les immeubles sont estimés à leur prix d'achat ou de revient ; les prêts hypothécaires, les commandites industrielles ou les prêts à des sociétés industrielles, aux prix établis par actes authentiques.

9. Si les sociétés visées aux articles 2 et 6 ci-dessus ne font point elles-mêmes le service des rentes et indemnités attribuables aux termes de l'article 3 de la loi du 9 avril 1898 pour les accidents ayant entraîné la mort ou une incapacité permanente de travail, et si elles opèrent immédiatement le versement des capitaux constitutifs de ces rentes et indemnités à la Caisse nationale des retraites, il n'y a pas lieu pour elles à constitution de réserve mathématique. — Si ces sociétés versent seulement, dans les conditions susdésignées, une partie des capitaux constitutifs dont il s'agit, leur réserve mathématique est réduite proportionnellement.

Chapitre II. — Surveillance et contrôle.

10. Les sociétés visées à l'article 1er qui assurent d'autres risques que celui résultant de l'application de la loi du 9 avril 1898 pour le cas de mort ou d'incapacité permanente ou qui assurent concurremment un risque analogue dans des pays étrangers doivent établir, pour les opérations se rattachant à ce risque en France, une gestion et une comptabilité absolument distinctes.

11. (*Décret 27 déc.* 1906.) Toutes les sociétés doivent communiquer immédiatement au ministre du commerce dix exemplaires de tous les règlements, tarifs, polices, prospectus et imprimés distribués ou utilisés par elles. — Les polices doivent : — 1° Reproduire textuellement les articles 3, 9, 19 et 30 de la loi du 9 avril 1898 ; — 2° Spécifier qu'aucune clause de déchéance ne pourra être opposée aux ouvriers créanciers ; — 3° Stipuler que les contrats se trouveraient résiliés de plein droit dans le cas et dans les conditions prévus par l'article 27 de la loi du 9 avril 1898, modifié par la loi du 31 mars 1905.

12. Les sociétés doivent produire au ministre du commerce, aux dates fixées par lui : — 1° Le compte rendu détaillé annuel

de leurs opérations, avec des tableaux financiers et statistiques annexes dans les conditions déterminées par arrêté ministériel, après avis du comité consultatif. Ce compte rendu doit être délivré par les sociétés intéressées à toute personne qui en fait la demande, moyennant payement d'une somme qui ne peut excéder 1 franc ; — 2° L'état des salaires assurés et l'état des rentes et indemnités correspondant au risque spécifié à l'article 1er, ainsi que tous autres états ou documents manuscrits que le ministre juge nécessaires à l'exercice du contrôle.

13. Elles sont soumises à la surveillance permanente de commissaires-contrôleurs, sous l'autorité du ministre du commerce, et peuvent être en outre contrôlées par toute personne spécialement déléguée à cet effet par le ministre.

14. Les commissaires-contrôleurs sont recrutés, dans les conditions déterminées par arrêté du ministre du commerce, après avis du comité consultatif. — Ils prêtent serment de ne pas divulguer les secrets commerciaux dont ils auraient connaissance dans l'exercice de leurs fonctions. — Ils sont spécialement accrédités, pour des périodes fixées, auprès des sociétés qu'ils ont mission de surveiller. — Ils vérifient, au siège des sociétés, l'état des assurés et des salaires assurés, les contrats intervenus, les écritures et pièces comptables, la caisse, le portefeuille, les calculs des réserves et tous les éléments de contrôle propres, soit à établir les opérations dont résultent des obligations pour les sociétés, soit à constater la régulière exécution tant des statuts que des prescriptions contenues dans le décret du 22 janvier 1868, dans le présent décret et dans les arrêtés ministériels qu'il prévoit. — Ils se bornent à ces vérifications et constatations, sans pouvoir donner aux sociétés aucune instruction ni apporter à leur fonctionnement aucune entrave. — Ils rendent compte au ministre du commerce, qui seul prescrit, dans les formes et délais qu'il fixe, les redressements nécessaires.

15. A l'aide des rapports de vérification et des contre-vérifications auxquelles il peut faire procéder, soit d'office, soit à la demande des sociétés intéressées, le ministre du commerce présente chaque année au Président de la République un rapport d'ensemble établissant la situation de toutes les sociétés soûmises à la surveillance. — Il adresse, le cas échéant, à chacune des sociétés les injonctions nécessaires et la met en demeure d'y s'y conformer.

16. (*Décret 27 déc.* 1906.) Le comité consultatif des assurances contre les accidents du travail, institué auprès du ministre du travail et de la prévoyance sociale, doit être consulté dans les cas spécifiés par le présent décret et par les décrets du 28 février 1899, rendus pour l'exécution des articles 26 et 28 de la loi du 9 avril 1898. Il peut être saisi par le ministre de toutes autres questions relatives à l'application de ladite loi.

17. Le décret du 22 janvier 1868 demeure applicable aux sociétés régies par le présent décret, en toutes celles de ses dispositions qui ne lui sont pas contraires.

18. (*Décret* 27 *déc.* 1906.) Dès que, après fixation du cautionnement dans les conditions déterminées par les articles 2 et 6 ci-dessus, une société a effectué à la Caisse des dépôts et consignations le versement du montant de ce cautionnement, mention de cette formalité est faite au *Journal officiel* par les soins du ministre du travail et de la prévoyance sociale.

19. Les sociétés étrangères doivent accréditer auprès du ministre du commerce et de la Caisse des dépôts et consignations un agent spécialement préposé à la direction de toutes les opérations faites en France pour les assurances visées à l'article 1er. — Cet agent représente seul la société auprès de l'administration. Il doit être domicilié en France.

TITRE II. — SYNDICATS DE GARANTIE

20. Les syndicats de garantie prévus par la loi du 9 avril 1898 et par celle du 12 avril 1906, lient solidairement tous leurs adhérents pour le payement des rentes et indemnités attribuables en vertu desdites lois à la suite d'accidents ayant entraîné la mort ou une incapacité permanente. — La solidarité ne prend fin que lorsque le syndicat de garantie a liquidé entièrement ses opérations soit directement, soit en versant à la Caisse nationale des retraites l'intégralité des capitaux constitutifs des rentes et indemnités dues. — La liquidation peut être périodique.

21. Le fonctionnement de chaque syndicat est réglé par des statuts qui doivent être soumis avant toute opération à l'approbation de l'autorité compétente. — Cette approbation est donnée par décret rendu en Conseil d'Etat, sur le rapport du ministre du travail et de la prévoyance sociale, au vu des adhésions souscrites et des pièces justifiant des conditions prévues tant par l'article 6 de la loi du 12 avril 1906 que par l'article 20 ci-dessus. — Toutefois, si les statuts sont conformes aux statuts-types annexés au décret du 27 décembre 1906, l'approbation est donnée par arrêté du ministre du travail et de la prévoyance sociale, au vu des mêmes justifications.

22. Les syndicats de garantie sont tenus de communiquer immédiatement au ministre du travail et de la prévoyance sociale dix exemplaires de leur règlement intérieur ou de ses modifications successives, de tous tarifs, tableaux de risques, actes d'adhésion, convocations, ordres du jour d'assemblées générales et généralement tous imprimés ou documents quelconques mis à la disposition des adhérents ou du public. — Ils doivent produire au ministre aux dates qu'il fixe : — 1º Le compte rendu annuel des opérations ; — 2º L'état des adhérents et des salaires assurés, l'état des payements faits ou à faire en exécution de la loi et tous autres états et documents que le ministre juge utiles à l'exercice du contrôle. — Ils sont soumis à la même surveillance que les sociétés d'assurances contre les accidents du travail.

23. L'approbation visée à l'article 21 ci-dessus peut être révoquée par décret du Conseil d'Etat en cas d'inexécution des dispositions de la loi, des décrets et arrêtés ou des statuts.

24. Le décret ou l'arrêté portant révocation de l'autorisation, détermine le mode de liquidation du syndicat et désigne un ou plusieurs liquidateurs. — En cas de révocation d'autorisation, comme dans le cas de dissolution volontaire, toutes les charges pouvant incomber au syndicat font immédiatement l'objet d'un inventaire soumis à l'approbation du ministre du travail et de la prévoyance sociale, qui peut prescrire la consignation des valeurs composant l'actif. — La liquidation s'opère par voie de versements en capitaux à la Caisse nationale des retraites. L'état de ces versements est apuré par le ministre du travail et de la prévoyance sociale, sous réserve des droits des tiers.

25. Les contributions pour frais de surveillance sont fixées d'après le montant du cautionnement auquel serait astreinte une société d'assurances pour le même chiffre de salaires assurés.

26. Le décret ou l'arrêté portant approbation des statuts est publié au *Journal officiel* de la République française, au *Bulletin des lois* et dans un journal du département du siège du syndicat. Il est enregistré, avec les statuts, aux greffes du tribunal de commerce et de la justice de paix du même siège. — Le décret portant révocation de l'approbation est publié dans les conditions susindiquées. Il en est fait mention sur les registres des greffes susvisés, en marge du décret ou de l'arrêté d'autorisation.

DÉCRET du 28 février 1899 portant règlement d'admi-
nistration publique pour l'exécution du dernier alinéa
de l'article 28 de la loi du 9 mai 1898.

ART. 1er. Lorsqu'un chef d'entreprise cesse son industrie
dans les cas prévus par l'avant-dernier alinéa de l'article 28 de la
loi du 9 avril 1898, ce chef d'entreprise ou ses ayants-droit peuvent être exonérés du versement à la Caisse nationale des retraites
du capital représentatif des pensions à leur charge, s'ils justifient : — 1° Soit du versement de ce capital à une des sociétés
visées à l'article 18 du décret du 28 février 1899, portant règlement d'administration publique en exécution de l'article 27 de la
loi ci-dessus visée ; — 2° Soit de l'immatriculation d'un titre de
rente pour l'usufruit au nom des titulaires des pensions, le montant de la rente devant être au moins égal à celui de la pension ;
— 3° Soit du dépôt à la Caisse des dépôts et consignations, avec
affectation à la garantie des pensions, de titres spécifiés au paragraphe 3 de l'article 8 du décret précité. La valeur de ces titres,
établie d'après le cours moyen de la Bourse de Paris au jour du
dépôt, doit correspondre au chiffre maximum qu'est susceptible
d'atteindre le capital constitutif exigible par la Caisse nationale
des retraites. Elle peut être revisée tous les trois ans à la valeur
actuelle des pensions, d'après le cours moyen des titres au jour
de la revision ; — 4° Soit de l'affiliation du chef d'entreprise à un
syndicat de garantie liant solidairement tous ses membres et garantissant le payement des pensions ; — 5° Soit, en cas de cession
d'établissement, de l'engagement pris par le cessionnaire, vis-à-vis
du directeur général de la Caisse des dépôts et consignations, d'acquitter les pensions dues et de rester solidairement responsable
avec le chef d'entreprise.

2. Des arrêtés du ministre du commerce, pris après avis du
comité consultatif des assurances contre les accidents, règlent les
mesures nécessaires à l'application du présent décret.

DÉCRET du 23 mars 1902, relatif à l'exécution des articles 11 et 12 de la loi du 9 avril 1898 modifiée par la loi du 22 mars 1902.

Art. 1ᵉʳ. Pour chaque victime d'un accident ayant occasionné une incapacité de travail, dans les cas prévus par la loi du 9 avril 1898, la déclaration de l'accident, le récépissé de cette déclaration, le procès-verbal du maire, le dépôt du certificat médical, le récépissé de ce dépôt, la transmission de pièces à la justice de paix, l'avis au service d'inspection, seront établis conformément aux sept modèles annexés au présent décret. (Voir ces modèles au *Journal officiel* du 27 mars 1902.)

2. Le présent décret aura effet à dater du 1ᵉʳ mai 1902.

Sont rapportés, à la même date, les décrets des 30 juin et 18 août 1899.

DÉCRET du 5 mars 1899 fixant les émoluments alloués aux greffiers des justices de paix pour l'assistance aux actes de notoriété et pour les actes de la procédure réglée par la loi du 9 avril 1898 concernant les responsabilités dont les ouvriers sont victimes dans leur travail.

ART. 1er. Il est alloué aux greffiers des justices de paix : 1° Pour assistance aux actes de notoriété, 4 francs ; — 2° Pour assistance aux enquêtes sur place, ainsi qu'aux constatations auxquelles il est procédé par le juge de paix, non compris le temps de voyage, pour chaque vacation de trois heures, 4 francs ; — 3° Pour assistance à l'ensemble des opérations prévues par le règlement d'administration publique rendu en exécution de l'article 26 de la loi du 9 avril 1898, 2 francs ; — 4° Pour chaque envoi de lettre recommandée, déboursés non compris, 50 centimes ; — 5° Pour dépôt de rapport d'expert ou de pièces, 2 francs ; — 6° Pour transmission de l'enquête au président du tribunal, tous frais de port compris, 4 francs ; — 7° Pour toute mention au répertoire, 40 centimes ; — 8° Pour transport à plus de 2 kilomètres du chef-lieu du canton, par kilomètre parcouru, en allant et en revenant, si le transport est effectué par chemin de fer, 20 centimes ; si le transport a lieu autrement, 40 centimes.

DÉCRET du 31 mai 1900 relatif aux frais de transport des juges de paix en matière d'accidents de travail.

ART. 1er. Lorsque le juge de paix se transporte à plus de 2 kilomètres du chef-lieu de canton pour l'exécution de la loi du 9 avril 1898, il lui est alloué : 1° Par kilomètre parcouru, en allant et en revenant, si le transport est effectué par chemin de fer, 20 centimes ; si le transport a lieu autrement, 40 centimes ; — 2° Une indemnité de 4 francs. — Si les opérations exigent un déplacement de plus d'une journée, l'indemnité est de 6 francs par journée.

DÉCRET du 27 décembre 1906 approuvant les statuts-types de syndicats de garantie prévus par l'article 6 de la loi du 12 avril 1906.

Art. 1er. Sont approuvés, pour l'exécution de l'article 6 de la loi du 12 avril 1906, les statuts-types ci-annexés.

Annexe au Décret du 27 décembre 1906.

STATUTS-TYPES DE SYNDICATS DE GARANTIE

visés à l'article 6 de la Loi du 12 avril 1906.

TITRE Ier. — CONSTITUTION ET OBJET DU SYNDICAT

Art. 1er. Il est formé entre les adhérents aux présents statuts un syndicat de garantie solidaire.

2. Le syndicat a pour objet de garantir, dans les conditions déterminées par la loi du 9 avril 1898 et les lois postérieures sur la matière, tous ses membres contre les suites des responsabilités civiles des accidents du travail survenus à leur personnel.

3. La dénomination du syndicat est *Syndicat de garantie de*.....

4. Le syndicat a son siège social à..... Ce siège ne pourra être transféré dans une autre ville que par décision de l'assemblée générale.

5. La durée du syndicat est de.....

6. Les opérations du syndicat s'appliquent à..... (*spécifier ici les catégories d'exploitations*) pour les accidents survenus au personnel des entreprises ayant leur siège dans..... (*spécifier ici le territoire sur lequel rayonne le syndicat*).

7. Il ne sera définitivement constitué, sous réserve de l'approbation ministérielle, que lorsqu'il comprendra..... et lorsqu'une première assemblée générale, convoquée à la diligence des fondateurs, aura vérifié la réalisation de cette condition, nommé les membres du conseil d'administration, désigné, pour la première année, les commissaires institués par l'article 19 ci-après et constaté l'acceptation desdits administrateurs et commissaires. — Les membres du conseil d'administration sont nommés pour..... ; ils sont rééligibles. Le conseil se renouvelle par tiers.

8. L'assemblée générale visée à l'article précédent doit être composée de la moitié au moins des adhérents représentant le

quart des salaires assurés ou du quart des adhérents représentant la moitié de ces salaires. — Si l'assemblée générale ne réunit pas les conditions ci-dessus, elle ne peut prendre qu'une délibération provisoire ; dans ce cas, une nouvelle assemblée générale est convoquée à quinze jours au moins d'intervalle.

9. Tous les adhérents sont liés solidairement pour le payement des rentes et indemnités attribuables, en vertu de la législation sur la matière, à la uite d'accidents ayant entraîné la mort ou une incapacité permanente survenus postérieurement à leur adhésion au syndicat. — Les adhésions sont souscrites, soit pour la durée du syndicat, soit pour des périodes successives de..... années, ou pour la partie restant à courir de ces périodes. Toutefois, dans le cas où l'adhérent cesse son industrie, il peut résilier son adhésion pour l'avenir. — L'adhérent qui cesse de faire partie du syndicat continue à être solidairement tenu avec tous les autres pour le payement des rentes et indemnités dues par suite de sinistres survenus pendant les exercices durant lesquels il a adhéré au syndicat. Cette solidarité ne prend fin que lorsque le syndicat a liquidé entièrement ses charges pour lesdits exercices, soit directement, soit en versant à la Caisse nationale des retraites l'intégralité des capitaux constitutifs des rentes et indemnités dues. — Le syndicat peut, dans les conditions déterminées par le règlement intérieur, se décharger de tout ou partie de ses risques par voie de réassurance, tout en restant soumis à la responsabilité solidaire.

10. Les sinistres, quelle que soit la date à laquelle ils ont été connus, sont toujours supportés par l'exercice correspondant à l'année dans laquelle s'est produit l'accident. L'exercice prend cours le 1er janvier et finit le 31 décembre de chaque année.

TITRE II. — ADMINISTRATION ET FONCTIONNEMENT

11. Le syndicat est administré par un conseil d'administration composé de..... membres, élus par l'assemblée générale et choisis parmi les adhérents. — Le conseil d'administration élit parmi ses membres un président..... vice-présidents et..... secrétaires dont les fonctions durent un an. Ils sont rééligibles. — Le conseil d'administration se réunit au moins une fois par mois. La présence de la majorité des membres est nécessaire pour la validité des délibérations. Celles-ci sont prises à la majorité absolue des voix des membres du conseil. Le vote par procuration est interdit. — Il est dressé un procès-verbal de chaque séance du conseil d'administration, lequel est signé du président et du secrétaire.

12. Le conseil d'administration nomme, parmi ses membres ou en dehors d'eux, un directeur, qui dirige sous son autorité les opérations du syndicat.

13. Il est tenu chaque année, avant le 15 avril, une assemblée

générale pour approuver les comptes qui lui sont présentés conformément aux articles 19, 29 et 30 des présents statuts. — L'assemblée générale se compose de l'universalité des adhérents dont la solidarité n'a pas pris fin par la liquidation définitive des périodes pendant lesquelles leurs contrats ont eu cours.

14. Chaque membre de l'assemblée générale peut se faire représenter par un adhérent faisant lui-même partie de l'assemblée et porteur d'un pouvoir régulier sur papier libre. — Nul adhérent ne peut réunir plus de... voix pour l'assemblée générale constitutive, ni plus de... voix pour les autres assemblées générales, tant pour lui-même que comme mandataire. — Tout adhérent porteur de pouvoirs doit les déposer au siège social et les y faire enregistrer cinq jours au moins avant la réunion de l'assemblée générale, faute de quoi ces pouvoirs sont nuls et sans effet.

15. Dans toutes les assemblées générales, il est tenu une feuille de présence. Elle contient les noms et domiciles des membres présents. — Cette feuille, certifiée par le bureau de l'assemblée et déposée au siège social, doit être communiquée à tout adhérent.

16. L'assemblée générale est présidée par le président du conseil d'administration ou, à son défaut, par un vice-président. Elle a pour secrétaire un secrétaire du conseil. L'assemblée désigne deux assesseurs pour compléter le bureau.

17. L'assemblée générale ne peut délibérer valablement que si elle réunit le quart au moins des membres ayant le droit d'y assister ; si elle ne réunit pas ce nombre, une nouvelle assemblée est convoquée à huit jours au moins d'intervalle et elle délibère valablement, quel que soit le nombre des membres présents ou représentés. — Dans chaque assemblée générale il ne peut être valablement délibéré que sur les questions portées à l'ordre du jour. — L'ordre du jour ne peut contenir que les propositions émanant du conseil d'administration et celles qui lui auront été communiquées vingt jours au moins avant la réunion de l'assemblée générale avec la signature d'un dixième des adhérents au moins, ou de cent adhérents, si le dixième est supérieur à cent.

18. Les assemblées qui ont à délibérer sur des modifications aux statuts ou sur des propositions de continuation du syndicat au delà du terme fixé pour sa durée, ou de dissolution avant ce terme, ne sont régulièrement constituées et ne délibèrent valablement qu'autant qu'elles réunissent les conditions visées à l'article 8 ci-dessus pour l'assemblée générale constitutive. Toutefois, en cas de dissolution anticipée, si les deux convocations, prévues à l'article 8, n'ont pas donné de résultats, une troisième convocation sera faite, à quinze jours d'intervalle, et la délibération prise sera valable quel que soit le nombre des adhérents présents.

19. L'assemblée générale annuelle désigne un ou plusieurs commissaires choisis parmi les adhérents ne faisant pas partie du conseil d'administration pour faire un rapport à l'assemblée générale de l'année suivante sur la situation du syndicat, sur le bilan et sur les comptes présentés par le conseil d'administration. — Ce rapport doit mentionner les résultats du dernier exercice, ainsi que la situation de chacun des exercices antérieurs non définitivement réglés. — La délibération de l'assemblée contenant approbation du bilan et des comptes est nulle, si elle n'a été précédée du rapport des commissaires qui doit être imprimé et envoyé à tous les adhérents quinze jours avant la réunion.

20. Les commissaires ont droit, toutes les fois qu'ils le jugent convenable dans l'intérêt du syndicat, de prendre communication des livres et d'examiner les opérations du syndicat. Ils peuvent toujours, en cas d'urgence, convoquer l'assemblée générale.

21. Dans les quinze jours qui précèdent la réunion de l'assemblée générale, tout adhérent peut prendre ou faire prendre par un fondé de pouvoirs, au siège social, communication ou copie de l'inventaire et de la liste des membres composant l'assemblée générale.

22. Lorsqu'un exercice est définitivement apuré après expiration des délais de revision, une assemblée générale est immédiatement convoquée pour procéder à la vérification et, s'il y a lieu, à l'approbation des comptes dudit exercice. Elle statue, le cas échéant, sur l'application des dispositions des 3e et 4e alinéas de l'article 28 et de l'alinéa 1er de l'article 32.

23. Afin d'assurer l'exacte application des statuts, un règlement intérieur délibéré par l'assemblée générale et communiqué au ministre du travail avant sa mise en vigueur, règle dans leurs détails les rapports du syndicat et des adhérents.

24. Les actes d'adhésion remis aux adhérents doivent contenir les conditions spéciales de l'engagement, sa durée, ainsi que les clauses de résiliation et de tacite reconduction, s'il y a lieu. Ils constatent en outre la remise d'un exemplaire reproduisant le texte entier des statuts et du règlement intérieur et relatant le texte intégral des articles 3, 9, 19 et 30 de la loi du 9 avril 1898, ainsi que les autres dispositions prescrites par l'article 11 du décret du 28 février 1899, et l'article 21 dudit décret. — En cas de modifications des statuts ou du règlement intérieur, tout adhérent recevra également le texte desdites modifications.

25. Le bénéfice de la garantie du syndicat est acquis à l'adhérent à partir de la date fixée par l'acte d'adhésion.

26. Le règlement intérieur détermine le mode et les conditions des déclarations à faire en cas de sinistre par les adhérents. Il spécifie les productions de pièces nécessaires. — Les indemnités de sinistres sont payées aux victimes d'accidents ou à leurs ayants droit par le syndicat, sans que le syndicat puisse exciper, à l'en-

contre des ouvriers créanciers, des règlements de comptes ou contestations pouvant exister entre le syndicat et l'adhérent chez lequel l'accident s'est produit.

TITRE III. — ORGANISATION FINANCIÈRE

27. La cotisation de chaque adhérent est calculée au centime le franc des salaires payés par l'adhérent d'après un coefficient de risque indiqué sur l'acte d'adhésion. — L'assemblée générale peut astreindre, en outre, les adhérents à un droit d'entrée dont elle fixe la base, le taux et l'affectation.

28. Chaque année, le conseil d'administration détermine la cotisation à payer par 100 francs de salaire pour chaque profession. Les cotisations sont établies de manière à pouvoir couvrir, sur les propres ressources, toutes les charges de l'exercice, y compris la réserve complémentaire prévue à l'article 29 et le fonds de réserve prévu à l'article 32. — En cas d'insuffisance de ressources constatée dès l'établissement du bilan d'un exercice non encore définitivement liquidé, l'assemblée générale peut décider la perception de cotisations supplémentaires au prorata des cotisations versées dans l'année. — Cette perception devient obligatoire lors de la liquidation définitive de l'exercice, si l'insuffisance des ressources n'est pas, le cas échéant, couverte par le fonds de réserve. — Lorsqu'un exercice laisse un solde bénéficiaire, ce solde est réparti entre les adhérents, au prorata des cotisations, après que le prélèvement nécessaire pour constituer le fonds de réserve a été effectué.

29. Les opérations du syndicat sont réglées annuellement dans les conditions ci-après : — 1° Les capitaux constitutifs des rentes attribuées au cours d'un exercice, sont versés à la Caisse nationale des retraites, au plus tard dans le mois qui suit l'approbation des comptes de cet exercice par l'assemblée générale ; — 2° Pour toutes celles de ces rentes qui n'ont pas été constituées au cours de l'exercice, le bilan doit faire apparaître une somme égale à la valeur, au 31 décembre, des capitaux constitutifs à verser à la Caisse nationale des retraites évaluée d'après les tarifs établis par la Caisse nationale des retraites ; — En outre, pour les rentes dues à la suite d'accidents ayant entraîné une incapacité permanente, il est établi, jusqu'à l'expiration du délai légal de revision, une réserve complémentaire, calculée conformément au barème adopté pour les sociétés d'assurances contre les accidents du travail ; — 3° En ce qui concerne les accidents dont les conséquences sont encore inconnues ou qui n'ont pas encore pu donner lieu à attribution de rente, il doit être réservé au passif du bilan de l'exercice dans lequel ils sont survenus une provision suffisante pour y faire face ; — 4° Un exercice n'est définitivement réglé qu'après la constitution à la Caisse nationale des retraites de toutes les rentes dues à la suite des accidents survenus au cours dudit exercice et de l'acquittement de toutes les autres charges correspondantes.

30. Chaque année, le conseil d'administration soumet à l'assemblée générale l'inventaire du dernier exercice. — Cet inventaire est accompagné d'un compte de profits et pertes et d'un bilan donnant la situation, d'année en année, de chacun des exercices inventoriés antérieurement et non définitivement liquidés. — Ces documents doivent être publiés et tenus à la disposition de tout adhérent qui en fait la demande moyennant le payement d'une somme qui ne peut excéder 1 franc. — Il ne peut être attribué à chaque exercice que les recettes et les dépenses qui lui sont propres sauf emploi, le cas échéant, du fonds de réserve.

31. Le syndicat s'interdit toute spéculation. Les fonds ne peuvent être employés qu'au fonctionnement normal du syndicat pour l'exécution de la loi du 9 avril 1898. — Les placements correspondant aux provisions à effectuer en vertu des paragraphes 2 et 3 de l'article 29 ci-dessus, sont effectués dans les mêmes conditions que les placements analogues des sociétés d'assurances. — Les autres placements sont déterminés par l'assemblée générale.

32. Il est constitué un fonds de réserve au moyen : — 1° D'un prélèvement dont le *quantum* sera fixé par l'assemblée générale sur les excédents bénéficiaires après liquidation définitive des exercices ; — 2° D'un prélèvement de..... pour 100 sur le montant de toutes les cotisations. — Le fonds de réserve fait l'objet d'un compte spécial ; il est destiné à parer, en tout ou partie, aux insuffisances éventuelles de ressources de tous les exercices indistinctement. Toutefois, les sommes provenant du fonds de réserve ne pourront être affectées à un même exercice que jusqu'à concurrence de moitié, au maximum. Lorsque le fonds de réserve aura atteint la somme de... l'assemblée générale pourra, sur la proposition du conseil d'administration, décider que les prélèvements prévus au présent article seront, soit totalement, soit partiellement suspendus. — Le fonds de réserve est la propriété du syndicat. Aucun adhérent ou ancien adhérent n'en peut réclamer une part quelconque. — En cas de dissolution du syndicat, l'emploi à faire du fonds de réserve sera déterminé dans les conditions prévues à l'article 33 des présents statuts.

TITRE IV. — DISSOLUTION ET LIQUIDATION

33. En cas de dissolution volontaire du syndicat, une assemblée générale extraordinaire nomme un ou plusieurs liquidateurs, détermine leurs pouvoirs ainsi que la forme et la durée de la liquidation, et délibère, s'il y a lieu, sur la dévolution de l'actif restant disponible, après acquittement de toutes les charges, à une œuvre de prévoyance sociale. — Faute de délibération par

l'assemblée, il est statué, après avis du comité consultatif des assurances contre les accidents du travail, par un arrêté du ministre du travail, qui désigne les liquidateurs amiables chargés, sous son contrôle, de la liquidation des exercices non définitivement liquidés.

*DÉCRET du 18 février 1907 portant règlement d'adminis-
tration publique pour l'application de l'article 5 de la
loi du 12 avril 1906, qui étend à toutes les exploitations
commerciales la disposition de la loi du 9 avril 1898
sur les accidents du travail.*

ART. 1er. Pour les exploitations qui sont visées au premier
alinéa de l'article 5 de la loi du 12 avril 1906 et qui sont assurées
contre les risques prévus par ladite loi, la contribution pour le
fonds de garantie déterminée par la loi de finances doit apparaître
d'une façon distincte sur chaque quittance de primes.

2. Les syndicats de garantie et, pour tous les contrats d'assurances passibles de la contribution susvisée, les sociétés d'assurances doivent tenir, en deux parties, un répertoire, non sujet au
timbre, dûment coté et paraphé, soit par un des juges du tribunal
de commerce, soit par le juge de paix, mentionnant jour par jour,
sans blancs ni interligne et par ordre de numéros, les quittances
de primes émises et les quittances annulées. — Ledit répertoire
indique le numéro de chaque contrat, le nom de l'assuré, le montant de la prime d'assurance et le montant de la contribution. Il
est arrêté le dernier jour de chaque trimestre. — Il est vérifié au
siège social par les agents de l'enregistrement, auxquels à cet effet
seront représentés à toute réquisitions tous livres, registres,
polices, avenants et autres documents nécessaires.

3. Le versement des contributions encaissées au cours de chaque
trimestre est effectué, dans les quinze premiers jours du trimestre
suivant, au bureau de l'enregistrement du siège des sociétés ou
syndicats. — A l'appui de chaque versement est produit, pour le
trimestre écoulé, un état certifié conforme au répertoire prévu à
l'article 2 ci-dessus et indiquant : — 1o Le montant des quittances
émises pendant le trimestre ; — 2o Le montant des quittances annulées ; — 3o Le montant net des contributions encaissées. — Un
duplicata de cet état est en même temps adressé au ministre du
travail et de la prévoyance sociale.

4. Un décret rendu sur la proposition du ministre du travail
et de la prévoyance sociale et du ministre des finances déterminera les conditions spéciales dans lesquelles les versements
prévus aux articles précédents seront effectués au compte du
fonds de garantie par la Caisse nationale d'assurances en cas
d'accidents.

5. Pour les exploitations qui sont visées au premier alina de
l'article 5 de la loi du 12 avril 1906 et qui ne sont point assurées
contre les risques prévus par ladite loi, la contribution pour les

fonds de garantie, déterminée par la loi de finances, est perçue par le receveur de l'enregistrement du siège du tribunal ou de la Cour d'appel lors de l'enregistrement des ordonnances, jugements ou arrêts liquidant définitivement les rentes dues.

6. Les greffiers des tribunaux et des cours d'appel adressent à la fin de chaque année au receveur de l'enregistrement du siège du tribunal ou de la cour l'état des affaires d'accidents du travail dont leur greffe a été saisi et qui n'ont pas été suivies par les intéressés. Cet état doit, d'après les pièces de procédure, mentionner la profession du chef d'entreprise et spécifier s'il n'était point assuré.

DÉCRET du 9 mars 1907 déterminant les conditions de versement par la Caisse nationale d'assurances en cas d'accidents, de la contribution prévue par l'article 5 de la loi du 12 avril 1906 pour le fonds de garantie.

ART. 1er. La Caisse nationale d'assurances en cas d'accidents verse directement au compte du fonds de garantie, à l'expiration de chaque trimestre, le montant des contributions correspondant aux primes payées par les assurés non patentés et dont l'encaissement a été constaté dans les écritures au cours du trimestre écoulé. — Chaque versement est appuyé d'un état indiquant le total des primes encaissées et le total des contributions versées. Cet état est certifié conforme aux écritures de la Caisse nationale; un duplicata en est adressé en même temps au ministre du travail et de la prévoyance sociale.

DÉCRET du 30 juillet 1907, déterminant les formes des déclarations et du carnet prévus par la loi du 18 juillet 1907 ayant pour objet la faculté d'adhésion à la législation des accidents du travail.

Art. 1ᵉʳ. Les déclarations d'adhésion ou de cessation d'adhésion à la législation sur les accidents du travail, dans les termes de la loi du 18 juillet 1907, ainsi que les récépissés correspondants, doivent être établis conformément aux modèles I à IV annexés au présent décret.

2. Le carnet d'adhésions prévu par la loi du 18 juillet 1907 doit être conformément au modèle V annexé au présent décret.

Modèles annexés

MODÈLE I

Déclaration d'adhésion à la législation sur les accidents du travail.

(1) Nom, prénoms, profession et adresse de l'employeur.

(2) Date en toutes lettres.

(3) Date en toutes lettres.

Le soussigné (1). . . . .
déclare à M. le maire de la commune d. :
canton d. . . . .
arrondissement d . . . .
département d . . . .
conformément à l'article 1ᵉʳ de la loi du 18 juillet 1907, qu'il adhère à la législation sur les accidents du travail pour tous les accidents qui surviendraient à ses ouvriers, employés ou domestiques par le fait du travail ou à l'occasion du travail, à partir du (2). . . . . , ...
A. . . . ., le (3). . . 19. .

(Signature.)

. MODÈLE II

<table>
<tr><td>

DÉPARTEMENT

d . . . .

ARRONDISSEMENT

d . . . .

CANTON

d . . . .
—

</td><td>

République française.

_____

Mairie d . . . .

_____

*Récépissé de déclaration d'adhésion
à la législation sur les accidents du travail*
(Art. 1er de la loi du 18 juillet 1907).

_____

</td></tr>
</table>

(1) Nom et prénoms.

(2) Nom, prénoms, profession et adresse du déclarant.

(3) Date en toutes lettres.

Nous, soussigné (1) . . . .
maire de la commune d . . . .
donnons récépissé à M (2). . . . . .
de sa déclaration d'adhésion à la législation sur les accidents du travail qu'il a
déposée ce jour à la mairie.
         Fait à. . . ., le (3). . . 19. .
                        (*Signature.*)

MODÈLE III

Déclaration de cessation d'adhésion à la législation sur les accidents du travail.

(1) Nom, prénoms, profession et adresse de l'employeur.

(2) Date en toutes lettres.

Le soussigné (1). . . . .
déclare à M. le maire de la commune d. .
canton d . . . .
arrondissement d . . . .
département d . . . .
qu'à partir du (2) . . . .
il cesse par la présente déclaration d'adhérer à la législation sur les accidents du
travail, dans les termes de l'article 3 de la
loi du 18 juillet 1907, et qu'il annule par
suite, pour l'avenir, la déclaration d'adhésion à ladite législation qu'il avait faite
le . . . .
         A. . . . ., le . . . 19. .
                        (*Signature.*)

MODÈLE IV

d . . . .

ARRONDISSEMENT
d . . . .

CANTON
d . . . .
—

République française.

Mairie d . . . .

Récépissé de cessation d'adhésion à la législation sur les accidents du travail.
(Art. 3 de la loi du 18 juillet 1907).

(1) Nom et prénoms.

(2) Nom, prénoms, profession et adresse du déclarant.

(3) Date en toutes lettres.

Nous, soussigné (1). . . . .
maire de la commune d. . . . . . .
donnons récépissé à M (2) . . . .
de sa déclaration de cessation d'adhésion
à la législation sur les accidents du travail qu'il a déposée ce jour à la mairie.
Fait à . . . ., le (3) . . . . . 19. . .

(Signature.)

MODÈLE V

Carnet d'adhésions

(1) Nom, prénoms, profession et adresse de l'employeur.

à la législation sur les accidents du travail en ce qui concerne les salariés employés par M. (1). . . . .
. . . .
(Le présent carnet doit être conservé par l'employeur pour être, le cas échéant, représenté en justice.)

EXTRAITS DE LA LOI DU 9 AVRIL 1898

(Reproduire ici le texte des articles 2, 3, 4, 7, 8, 9, 10, 11, 12, 13, 14, 15, 16, 17, 18, 19, 20, 21, 22, 23 et 24 de la loi du 9 avril 1898 modifiée par celles des 22 mars 1902, 31 mars 1905 et 12 avril 1906.)

TEXTE DE LA LOI DU 18 JUILLET 1907
(Reproduire ici le texte de la loi.)

MENTION DE LA DÉCLARATION D'ADHÉSION

(1) Nom et prénoms.

(2) Nom, prénoms, profession et adresse du déclarant.

(3) Date en toutes lettres.

(4) Date en toutes lettres.

(5) Date en toutes lettres.

Nous, soussigné (1). . . . .
maire de la commune d . . . .
canton d . . . .
arrondissement d . . . .
département d . . . .
certifions au présent carnet d'adhésions que
M. (2) . . . .
. . . .
a déclaré le (3) . . . .
adhérer à la législation sur les accidents
du travail à partir du (4). . . . . . .
Fait à. . . . ., le (5). . . . 19. .

(Signature.)

MENTION DE LA DÉCLARATION DE CESSATION D'ADHÉSION

(1) Nom et prénoms.

(2) Nom, prénoms, profession et adresse du déclarant.

(3) Date en toutes lettres.

(4) Date en toutes lettres.

Nous, soussigné (1). . . . .
maire de la commune d . . . .
canton d . . . .
arrondissement d . . . .
département d . . . .
certifions au présent carnet d'adhésions
que M. (2) . . . .
. . . .
a déclaré le (3). . . . .
cesser d'adhérer à la législation sur les
accidents du travail.
Fait à. . . . ., le (4). . . . 19. .

(Signature.)

Adhésions.

Adhésion n° 1 (1).

(1) Ces formules d'adhésion peuvent être en nombre illimité.

Le soussigné (nom). . . . .
Prénoms . . . .
Né à . . . .
de nationalité. . . . .
Profession . . . .
demeurant à (lieu). . . département d. . .
rue. . . . . . . n°. . . . . .
Vu la déclaration ci-dessus relatée faite par M. . . . .
. . . .
le. . . . .
à la mairie d . . . .
par laquelle il adhère, conformément à l'article 1er de la loi du 18 juillet 1907, à la législation des accidents de travail, déclare adhérer également à ladite législation, conformément à l'article 2 de ladite loi.

(2) Date en toutes lettres.

A. . . . . ., le (2). . . . . 19. . .

(Signature.)

(Dans le cas où l'adhérent ne sait ou ne peut signer ou bien s'il s'agit d'un mineur ou d'une femme mariée, le maire doit remplir et signer la formule complémentaire suivante :)

(1) Nom et prénoms.

Nous, soussigné (1). . . . .
Maire de la commune d . . . .
canton d . . . .
arrondissement d . . . .
département d . . . .
certifions avoir reçu l'adhésion ci-dessus de M. . . . .

(2) Etre femme mariée, ou être mineur, ou ne savoir ou ne pouvoir signer.

. . . .
qui nous a déclaré expressément (2). . .
. . . .
de laquelle déclaration nous lui avons donné acte par la présente.

(3) Date en toutes lettres.

Fait à. . . . ., le (3). . . . 19. .

(Signature.)

Caisses d'assurances en cas de décès et d'accidents.

DÉCRET du 10 août 1868 portant règlement d'administration publique pour l'exécution de la loi du 11 juillet 1868 qui crée deux caisses d'assurances, l'une en cas de décès et l'autre en cas d'accidents résultant de travaux agricoles et industriels, modifié par décret du 13 août 1877.

TITRE Ier. — DE LA CAISSE D'ASSURANCE EN CAS DE DÉCÈS

ART. 1er. Toute personne qui veut contracter une assurance fait une proposition à l'administration de la Caisse des dépôts et consignations. — Cette proposition contient les nom et prénoms de l'assuré, sa profession, son domicile, le lieu et la date de sa naissance, la somme qu'il veut assurer, ainsi que les conditions spéciales de son assurance. Elle est signée par l'assuré ou par son mandataire spécial. Cette signature est légalisée par le maire de la résidence du signataire.

2. Les propositions d'assurance sont reçues, à Paris, à la Caisse des dépôts et consignations, et, dans les départements, par les trésoriers-payeurs généraux et par les receveurs particuliers des finances. — Elles sont également reçues par les percepteurs des contributions directes et les receveurs des postes. — Elles sont toujours accompagnées d'un versement qui comprend la prime entière, si l'assurance a lieu par prime unique, et la première annuité, si elle a lieu par primes annuelles.

3. Les propositions faites à Paris à la Caisse des dépôts et consignations, lorsqu'elles sont reconnues régulières, sont immédiatement suivies de la délivrance d'un livret formant police d'assurance. — Celles qui ont lieu dans le département sont transmises sans délai, avec le montant du versement, par le comptable qui les a reçues, à la direction générale qui, après les vérifications nécessaires, fait remettre le livret-police à l'assuré en échange du récépissé provisoire qui lui a été donné au moment du versement.

4. Le livret-police est revêtu du timbre de la Caisse des dépôts et consignations. Il porte un numéro d'ordre et reproduit les mentions indiquées dans la proposition d'assurance. — Il contient également par extrait les lois, décrets, instructions et tarifs concernant la caisse des assurances en cas de décès.

5. Les primes annuelles autres que la première peuvent être

versées par toute personne munie du livret, dans toute localité, entre les mains des comptables indiqués à l'article 2.

6. Chaque versement est constaté sur le livret-police par un enregistrement signé du comptable entre les mains duquel il a été opéré. — Cet enregistrement ne fait titre envers l'État qu'à la charge par l'assuré de le faire viser, dans les vingt-quatre heures, à Paris, pour les versements faits à la Caisse des dépôts et consignations, par le contrôleur près de cette caisse, et, dans les départements, pour les versements faits chez les trésoriers-payeurs généraux ou chez les receveurs particuliers des finances, par le préfet ou le sous-préfet. — Quant aux versements faits, à Paris ou dans les départements, entre les mains des percepteurs et des receveurs des postes, leur enregistrement sur le livret-police est visé, dans le même délai que ci-dessus, par le maire du lieu où le versement a été opéré.

7. Les registres matricules et les comptes individuels des assurés sont tenus à la direction générale de la Caisse des dépôts et consignations, qui conserve les propositions d'assurance et les pièces produites à l'appui.

8. Les assurés peuvent, à toute époque, adresser leur livret-police à la direction générale pour faire vérifier l'exactitude des mentions qui sont inscrites et leur conformité avec celles qui sont portées aux comptes individuels.

9. (*Décret* 13 *août* 1877.) Les propositions d'assurances et les premiers versements, lorsqu'ils sont faits par un même mandataire pour plusieurs assurés, sont accompagnés d'un bordereau en double expédition indiquant la prime afférente à chaque assuré. — Les versements subséquents doivent toujours figurer dans un bordereau distinct. — Le comptable délivre, dans la même forme que pour les versements individuels, un reçu provisoire collectif des versements effectués par le mandataire spécial. Ce reçu doit être rendu au comptable en échange, soit des livrets nouveaux transmis par la direction générale, soit des livrets anciens qui lui ont été remis lors du versement des primes ultérieures, et sur lesquels il doit enregistrer la somme versée applicable à chaque titulaire. Cet enregistrement est soumis, dans les vingt-quatre heures, au visa prescrit à l'article 6.

10. Les préfets et sous-préfets relèvent, sur un registre spécial, les sommes enregistrées au bordereau et sur chacun des livrets-polices, et adressent, dans le mois, un extrait dudit registre à la Caisse des dépôts et consignations pour servir d'élément de contrôle.

Les maires transmettent également à la Caisse des dépôts et consignations avis des visas par eux donnés, dans les délais et suivant les formes déterminés par le ministre des finances.

11. Les primes annuelles sont acquittées, chaque année, à l'échéance indiquée par la date du premier versement.

A défaut de payement dans les trente jours, il est dû des intérêts à 4 o/o, à partir de l'échéance jusqu'à l'expiration du délai d'un an, fixé à l'article 6 de la loi du 11 juillet 1868.

12. À toute époque, l'assuré peut anticiper la libération de sa police.

Sa proposition, à cet effet, est remise à l'un des comptables désignés dans l'article 2; elle est adressée par ce comptable à la Caisse des dépôts et consignations, avec le livret sur lequel cette caisse mentionne la modification du contrat.

13. (*Décret 13 août 1877.*) Dans l'application des tarifs, la prime est fixée d'après l'âge de l'assuré au moment où il contracte l'assurance, sans tenir compte du temps qui le sépare du prochain anniversaire de sa naissance.

14. (*Décret 13 août 1877.*) Les sommes dues par la caisse des assurances au décès de l'assuré sont payables aux héritiers ou ayants droit, à Paris, à la caisse générale, et dans les départements, à la caisse de ses préposés. Le payement a lieu sur une autorisation donnée par le directeur général de la Caisse des dépôts et consignations, auquel les demandes doivent être adressées, soit directement, soit par l'intermédiaire des préposés ou agents désignés à l'article 2.

Ces demandes doivent être accompagnées du livret-police et de l'acte de décès de l'assuré, ainsi que d'un certificat de propriété délivré dans les formes et suivant les règles prescrites par la loi du 28 floréal an VII, constatant les droits des réclamants.

Si la personne assurée a disparu en mer et qu'il ne soit pas possible de rapporter d'extrait mortuaire rédigé dans les termes du droit commun, il pourra y être suppléé par la production d'un certificat délivré par le ministère de la marine et constatant que le ministre a admis la preuve administrative du décès.

Voir Décret du 27 avril 1900, art. 12.

15. Les oppositions au payement des sommes assurées, ou les cessions desdites sommes dans les limites déterminées par l'article 4 de la loi du 11 juillet 1868, doivent être signifiées au directeur général de la Caisse des dépôts et consignations.

16. Dans le cas où le décès résulte de suicide, de duel ou de condamnation judiciaire, l'assurance demeure sans effet, conformément à l'article 3 de la loi du 11 juillet 1868.

17. (*Décret 13 août 1877.*) Les propositions d'assurances collectives pour une année au profit des sociétés de secours mutuels approuvées, sont faites par les présidents de ces sociétés et déposées, avec les versements correspondants, chez les comptables désignés à l'article 2. — Ces propositions sont accompagnées de listes nominatives comprenant les personnes assurées et indiquant la date de la naissance de chacune d'elles. — Les assurances collectives ont leur effet à partir du premier jour du mois qui suit la date du versement de la prime.

18. Le payement des sommes dues aux sociétés de secours mutuels, après décès d'un de leurs membres, se fait entre les mains du trésorier desdites sociétés, dûment autorisé. — Ce payement a lieu sur une autorisation donnée par le directeur général de la Caisse des dépôts et consignations, auquel la demande doit être adressée avec l'acte de décès du sociétaire.

19. En cas de perte du livret-police, il est pourvu à son remplacement dans les formes prescrites pour les titres de rentes sur l'Etat, sur la production d'une déclaration faite devant le maire de la commune où l'assuré a sa résidence.

TITRE II. — DE LA CAISSE D'ASSURANCE EN CAS D'ACCIDENTS

20. (*Décret 13 août 1877*.) Toute personne qui veut contracter une assurance en cas d'accident, sur sa tête ou sur celle d'un tiers, fait une proposition à l'administration de la Caisse des dépôts et consignations. Cette proposition contient les nom et prénoms de l'assuré, sa profession, son domicile, le lieu et la date de sa naissance et le taux de cotisation adopté. Elle est signée par l'assuré ou par la personne qui contracte au profit de celui-ci ; dans ce dernier cas, elle doit contenir les nom, profession et domicile du souscripteur.

21. (*Décret 13 août 1877*.) Les articles 2, 3, 4, 7 et 9 sont applicables aux assurances en cas d'accident.

22. (*Décret 13 août 1877*.) Les propositions d'assurances collectives par les administrations publiques, les établissements industriels, les compagnies de chemins de fer, les sociétés de secours mutuels autorisées, sont faites par les chefs, directeurs ou présidents desdites administrations, établissements, compagnies ou sociétés, et déposées chez les comptables désignés à l'article 2. — Ces propositions sont accompagnées de listes nominatives comprenant les personnes assurées, et indiquant la date de la naissance de chacune d'elles. — Les assurances collectives peuvent être conclues sans clause de substitution ou avec clause de substitution. — Dans le premier cas, la liste produite ne peut être modifiée, et il est délivré à chaque assuré un livret individuel. — Dans le second cas, au contraire, il n'est pas délivré de livret individuel, et le souscripteur de l'assurance, après avoir payé la prime calculée sur le nombre moyen d'ouvriers qu'il compte occuper pendant l'année, peut, pendant toute sa durée, faire mentionner sur la liste qu'il a produite les changements survenus dans le personnel assuré. A la fin de l'année, le montant définitif de la prime est arrêté d'après le nombre moyen des ouvriers occupés chaque jour, et donne lieu, soit à un versement complémentaire, soit à un remboursement, lesdits versement ou remboursement augmentés des intérêts à 4 o/o. — Les assurances collectives en cas d'accident ont leur effet à partir du jour où elles sont contractées, à moins que le souscripteur n'ait désigné dans la proposition d'assurance une époque ultérieure.

23. Un comité institué au chef-lieu de chaque arrondissement donne son avis sur les demandes de pensions viagères ou de secours présentées par les assurés domiciliés dans l'arrondissement ou par leurs ayants droit.

24. (*Décret 13 août 1877.*) Ce comité est composé, sous la présidence du préfet ou du sous-préfet ou de leur délégué, de quatre membres désignés par le préfet, savoir : l'ingénieur des ponts et chaussées ou des mines chargé du service de l'arrondissement ou, à son défaut, un agent désigné par lui, un médecin et deux membres de sociétés de secours mutuels, s'il en existe dans l'arrondissement. — A défaut de sociétés de secours mutuels, le préfet nomme deux membres pris parmi les chefs d'industrie, les contremaîtres ou les ouvriers des professions les plus répandues dans l'arrondissement. — A Paris et à Lyon, il est institué un comité par arrondissement municipal. Le maire en est président ; les autres membres sont désignés par le préfet qui, à défaut d'ingénieur, choisit parmi les architectes voyers.

25. Lorsqu'un assuré est atteint par un accident grave, le maire, sur l'avis qui lui en est donné, constate les circonstances, les causes et la nature de cet accident. — Il consigne sur son procès-verbal les déclarations des personnes présentes et ses observations personnelles.

26. Le maire charge un médecin de constater l'état du blessé, d'indiquer les suites probables de l'accident, et, s'il y a lieu, l'époque à laquelle il sera possible d'en déterminer le résultat définitif.

27. Le certificat dressé par le médecin est remis au maire, qui, après l'avoir dûment légalisé, le transmet au préfet ou au sous-préfet avec son procès-verbal.

28. Les pièces ci-dessus sont transmises, dans le plus bref délai, avec la demande de la partie intéressée, au comité institué par l'article 23 ci-dessus.

29. Ce comité donne son avis, dans les huit jours, sur les affaires susceptibles de recevoir une solution définitive. — Pour les autres, le comité surseoit jusqu'à production d'un nouveau certificat médical. — Ce certificat est dressé, après serment prêté devant le juge de paix, soit par le médecin membre du comité, soit par tout autre médecin désigné par le préfet ou le sous-préfet, sur la demande du comité. — Avis de la visite du médecin est donné, huit jours à l'avance, au maire de la commune, qui lui-même en avertit le blessé. — Celui-ci peut demander l'ajournement de la visite.

30. Les avis du comité sont adressés sans délai au préfet du département. — Le préfet les transmet, avec les pièces à l'appui, au directeur général de la caisse, qui statue.

DÉCRET du 28 novembre 1890 relatif aux primes à payer pour les assurances collectives contractées par les sociétés de secours mutuels aux deux caisses d'assurances en cas de décès et en cas d'accident.

ART. 1er. A partir du 1er décembre 1890, le montant de la prime à payer pour les assurances collectives contractées à la caisse d'assurances en cas de décès, au profit des sociétés de secours mutuels approuvées, calculé à l'aide de tarifs spéciaux dressés en exécution du paragraphe 2 de l'article 7 de la loi du 11 juillet 1868, sera augmenté ou diminué conformément à un coefficient de mortalité spécial déduit, pour chaque société, de sa mortalité moyenne constatée au cours des cinq dernières années d'assurance, qu'elles soient consécutives ou non.

2. Pour les sociétés qui contractent une première assurance, il sera fait application, sans modification, pour la première année seulement, des tarifs spéciaux susmentionnés. — Pour les sociétés assurées depuis moins de cinq ans, la prime calculée conformément au paragraphe précédent sera modifiée pour autant de cinquièmes qu'il y aura eu d'années d'assurance antérieures, d'après la mortalité moyenne constatée parmi les membres de la société compris dans ces assurances.

3. Dans aucun cas, les primes majorées ou minorées, conformément aux articles 1 et 2 ci-dessus, ne pourront dépasser le double ni descendre au-dessous de la moitié de leur chiffre primitif.

LOI des finances du 26 juillet 1893.

TITRE III. — MOYENS DE SERVICE ET DISPOSITIONS DIVERSES

. . . .
58. La Caisse des dépôts et consignations est autorisée à prélever sur le portefeuille de la caisse d'assurances en cas d'accidents le chiffre de rente 3 o/o nécessaire pour produire au cours de la Bourse au jour de l'opération une somme d'un million de francs qui sera attribuée à la caisse d'assurances en cas de décès à titre de dotation, tant pour la couvrir de ses pertes que pour lui constituer une réserve pour l'avenir.

59. Les modifications à apporter aux tarifs de la caisse d'assurances en cas de décès, en exécution de l'article 16 de la loi du 11 juillet 1868, seront à l'avenir, en ce qui concerne le taux de

DÉCRET du 27 avril 1900 portant règlement d'administration publique pour la détermination des conditions dans lesquelles les caisses d'assurances, en cas de décès, pourront organiser des assurances mixtes aux termes de la loi du 17 juillet 1897, modifié par le décret du 23 août 1906.

ART. 1ᵉʳ. Les assurances mixtes que la caisse d'assurance en cas de décès est autorisée à accepter par la loi du 17 juillet 1897 sont régies par les dispositions des décrets des 10 août 1868 et 13 août 1877, portant règlement d'administration publique pour l'exécution de la loi du 11 juillet 1868, sous réserve des modifications spéciales à ces assurances, apportées par les articles ci-après.

2. Toute personne qui veut contracter une assurance mixte fait une proposition au directeur général de la Caisse des dépôts et consignations. Cette proposition contient les nom et prénoms du proposant, sa profession, son domicile, le lieu et la date de sa naissance, la somme qu'il veut assurer. Elle indique à quel âge cette somme sera payée à l'assuré lui-même, s'il est vivant à cet âge. Elle énonce, s'il y a lieu, que la moitié seulement du capital sera payable aux ayants droit de l'assuré, s'il décède au cours du contrat ; elle mentionne si l'assurance sera contractée moyennant le payement d'une prime unique ou de primes annuelles payables chaque année en une seule fois, ou par fractions semestrielles, trimestrielles ou mensuelles, pendant la durée de l'assurance ou pendant une durée moindre. Elle contient l'engagement du proposant de répondre aux questions qui lui seront posées par le médecin visiteur, de se soumettre à l'examen de celui-ci et d'acquitter les frais de cet examen ; elle est datée et signée par le proposant ou par son mandataire verbal. Cette signature est légalisée par le maire de la résidence du signataire. — La proposition doit être accompagnée d'un extrait sur papier libre de l'acte de naissance du proposant.

3. La proposition d'assurance, accompagnée de l'acte de naissance produit à l'appui, est transmise sans délai par le préposé qui l'a reçue à la direction générale de la Caisse des dépôts et consignations. Après les vérifications nécessaires, le proposant reçoit avis du montant de la prime unique ou des primes périodiques au moyen desquelles il pourra garantir le payement du capital assuré dans les conditions mentionnées dans sa proposition et l'autorisation de se présenter chez le médecin qui devra procéder à l'examen médical. — Avis de cette autorisation est donné en même temps au médecin.

4. Dans chaque canton, il sera désigné par le préfet un ou plusieurs médecins visiteurs assermentés et chargés d'examiner les proposants. — Leur serment sera reçu soit par le préfet ou le sous-préfet, soit par le juge de paix du canton où résidera le médecin. — Le tarif de la visite médicale sera fixé par un arrêté du préfet du département.

5. (*Décret 23 août* 1906.) Le proposant, s'il n'est pas personnellement connu du médecin visiteur, doit, en se présentant chez celui ci, justifier de son identité, soit par l'attestation de deux témoins imposés au rôle des contributions directes de la commune, soit par la présentation de pièces d'identité.

6. Après que les témoins se sont retirés, le médecin visiteur adresse au proposant les questions contenues dans la première partie du questionnaire, et il y consigne les réponses qui lui sont faites ; il fait signer cette première partie par le proposant après lui en avoir donné connaissance. Si ce dernier ne peut ou né sait signer, le médecin en fait mention. — Il procède ensuite à l'examen médical, inscrit le résultat de ses observations dans la seconde partie du questionnaire, signe et adresse le tout au directeur général de la Caisse des dépôts et consignations.

7. Le directeur général de la Caisse des dépôts et consignations décide s'il y a lieu de refuser l'assurance ou de l'accepter. — Dans le premier cas, il informe le proposant de son refus, qui ne doit jamais être motivé. — Dans le second cas, il transmet un livret-police au comptable qui a reçu la proposition d'assurance. Celui-ci, après avoir fait opérer le versement de la prime unique ou de la première prime, mentionne ce versement sur le livret-police qu'il remet ensuite à l'assuré. — Le contrat d'assurance produit son effet à partir de ce versement.

8. Les assurances mixtes peuvent être contractées moyennant le payement soit d'une prime unique, soit de primes annuelles payables pendant toute la durée de l'assurance ou pendant une durée moindre. Le montant de ces primes est fixé à l'aide de tarifs établis d'après les mêmes bases que les tarifs applicables aux autres assurances faites par la caisse d'assurance en cas de décès, et la prime est déterminée d'après l'âge de l'assuré à la date du premier versement, l'assuré étant considéré comme ayant à cette date son année d'âge accomplie, plus une demi-année. — Les primes annuelles sont acquittées chaque année à l'échéance indiquée par la date du premier versement à partir de laquelle l'assurance a commencé à produire son effet, conformément à l'article 7 du présent décret. — Lorsque l'assuré a stipulé dans sa proposition d'assurance que le payement des primes annuelles serait effectué par fractions semestrielles, trimestrielles ou mensuelles, les périodes de six mois, trois mois ou un mois après lesquelles chaque fraction de prime est exigible sont comptées à partir de la date anniversaire de celle du premier versement. — Il

est tenu compte, pour la fixation du montant de la prime fractionnée, des intérêts courus entre l'échéance annuelle et les échéances semestrielles, trimestrielles ou mensuelles. — Ces intérêts sont calculés d'après un coefficient correspondant au taux du tarif en vigueur et qui est déterminé en observant que la prime annuelle, augmentée de ses intérêts au taux du tarif pendant un an, doit être égale au total des primes fractionnées augmentées de leurs intérêts respectifs depuis leur échéance jusqu'à la fin de l'année d'assurance. — En cas de décès d'un assuré au cours d'une assurance dont la prime était payable par fractions, la caisse d'assurance déduit de la somme à payer par elle aux ayants droit les fractions semestrielles, trimestrielles ou mensuelles restant dues sur l'année en cours au moment du décès.

9. Lorsque le montant total des primes ou fractions de primes restées impayées représentera une somme égale à l'ensemble des primes dues pour deux années entières, le contrat sera résolu de plein droit et le capital assuré sera réduit conformément aux règles tracées par l'article 6 de la loi du 11 juillet 1868.

10. Toute réticence, toute fausse déclaration de la part de l'assuré, soit dans la proposition d'assurance, soit dans les réponses faites au médecin visiteur, et qui seraient de nature à atténuer l'importance du risque ou à tromper sur l'identité de l'assuré, entraînent l'annulation de l'assurance, sans préjudice des poursuites qui pourraient être exercées conformément aux lois pénales. — Lorsque l'assurance est annulée pour les motifs énoncés dans le paragraphe précédent, la liquidation du contrat s'opère dans les conditions ci-après : — 1º S'il s'agit d'une assurance mixte pure et simple, la portion des primes versées correspondant au capital assuré, payable soit à l'assuré lui-même s'il est vivant à une époque fixée d'avance, soit à ses ayants droit et aussitôt après le décès s'il meurt avant cette époque, est remboursée sans intérêts, sous déduction des risques courus par la caisse; — 2º S'il s'agit d'une assurance complexe contractée dans les conditions prévues au dernier paragraphe de l article 1er de la loi du 17 juillet 1897 ; — a) La portion des primes versées correspondant au capital assuré payable soit à l'assuré lui-même s'il est vivant à une époque fixée d'avance, soit à ses ayants droit et aussitôt après le décès s'il meurt avant cette époque, est remboursée comme il est dit au paragraphe précédent; — b) Quant à la portion des primes correspondant au capital payable à l'assuré seul, s'il est vivant au terme de l'assurance elle reste acquise à la caisse, si le décès s'est produit en cours d'assurance et avant la découverte de la fraude, elle est remboursée sans intérêt à l'assuré s'il est vivant au moment de la découverte de la fraude, à ses ayants droit si son décès est survenu après l'expiration du terme fixé et avant la découverte de la fraude et le règlement de l'assurance.

11. Si le décès de l'assuré résulte de suicide, de duel ou de

condamnation judiciaire, l'assurance demeure sans effet et les primes versées, augmentées des intérêts simples calculés au taux du tarif, sont remboursées aux ayants droit dans les conditions indiquées à l'article suivant. — Dans aucun cas le montant du remboursement ne pourra excéder le capital assuré au décès.

12. Les sommes dues par la caisse d'assurance, soit à l'assuré lui-même, soit à ses ayants droit, sont payables dans les conditions indiquées à l'article 14 du décret du 10 août 1868, modifié par celui du 13 août 1877. Les pièces à produire à l'appui des demandes sont : en cas de payement à l'assuré, le livret-police et le certificat de vie de l'assuré ; le payement est fait en présence du bénéficiaire de l'assurance, si un bénéficiaire a été désigné ; en cas de payement aux ayants droit, le livret-police et l'acte de décès de l'assuré ainsi qu'un certificat de propriété délivré dans les formes et suivant les règles prescrites par la loi du 28 floréal an VII, constatant les droits des réclamants.

DÉCRET du 8 décembre 1904 approuvant le nouveau tarif de la Caisse nationale d'assurances en cas d'accidents.

ART. 1er. Est approuvé, en conformité de la loi du 24 mai 1899, le nouveau tarif établi par la Caisse nationale d'assurances en cas d'accidents et annexé au présent décret, sous réserve de la faculté pour la caisse de réduire ou de majorer les primes qui y figurent de 30 o/o de leur valeur, en raison des conditions particulières d'exploitation des entreprises assurées. — (*Décret 17 janvier 1907.*) Lorsque les professions présenteront des risques anormaux, la majoration prévue à l'alinéa précédent pourra être portée à 60 o/o.

2. Ledit tarif sera applicable à partir du 1er janvier 1905.

3. Pour les entreprises non dénommées au tarif, les primes seront déterminées par assimilation avec les entreprises y dénommées qui présentent des risques analogues.

4. Est rapporté à compter du 1er janvier 1905 le décret susvisé du 14 août 1900.

Voir le nouveau tarif ci-dessus visé, Journal officiel *du 21 août* 1900.

DÉCRET du 22 novembre 1906, approuvant le tarif complémentaire de la Caisse nationale d'assurances en cas d'accidents.

ART. 1er. Est approuvé, en conformité de la loi du 24 mai 1899, le tarif complémentaire établi par la Caisse nationale d'assurances en cas d'accidents et annexé au présent décret, sous réserve de la faculté pour la caisse de réduire ou de majorer les primes qui y figurent de 30 o/o de leur valeur en raison des conditions particulières d'exploitation des entreprises assurées. — Lorsque les professions présenteront des risques anormaux, la majoration prévue à l'alinéa précédent pourra être portée à 60 o/o.

2. Les primes indiquées au tarif ci-annexé correspondent à chacune des professions pouvant se rencontrer dans une même entreprise. Pour les professions non dénommées, les primes seront déterminées par assimilation avec les professions tarifées qui présentent des risques analogues.

3. Dorénavant la somme totale à acquitter annuellement par chaque entreprise industrielle ou commerciale, pour les contrats nouveaux passés avec la Caisse nationale d'assurances en cas d'accidents, ne pourra être inférieure à 8 francs.

Caisses de retraite, secours et prévoyance.

*DÉCRET du 14 octobre 1897 portant règlement d'admi-
nistration publique pour l'application de la loi du
27 décembre 1895 concernant les caisses de retraite.*

TITRE Ier. — DES CONDITIONS DE DÉPOT ET DE RETRAIT
DES SOMMES OU VALEURS ET DU MODE DE NOMINA-
TION DU MANDATAIRE.

Art. 1er. Les dépôts des fonds affectés aux institutions de
prévoyance qui sont effectués à la Caisse des dépôts et consignations, par application des articles 2 et 3 de la loi du 27 décembre
1895, peuvent être faits soit en numéraire, soit en valeurs.

2. Lors de l'ouverture de chaque compte, le directeur général
de la Caisse des dépôts et consignations fixe, après délibération
de la commission de surveillance, la somme au delà de laquelle
le solde créditeur en numéraire doit être converti en valeurs. Dès
que le maximum est dépassé, la Caisse peut mettre le déposant
en demeure de déterminer l'emploi en valeurs de l'excédent. —
A défaut de déclaration dans le délai d'un mois par le déposant
sur la nature des valeurs à acquérir, la Caisse peut faire d'office
emploi de l'excédent en rente 3 o/o perpétuelle, aux frais, risques
et périls de l'intéressé. — Les dépôts correspondant aux retenues
subies et aux subventions consenties pour une institution de prévoyance antérieurement au 1er janvier 1896 doivent être intégralement effectués en valeurs.

3. Si les valeurs déposées sont nominatives, la Caisse dénonce
le dépôt au Trésor ou aux sociétés, compagnies ou établissements
dont elles émanent, en mentionnant l'affectation légale qui en
résulte. — Cette dénonciation faite, il ne peut plus être effectué
de transfert, mutation ou délivrance de duplicata de titres que
sur production d'une mainlevée de la Caisse des dépôts et consignations.

4. Les sommes versées et les valeurs déposées à la Caisse des
dépôts et consignations sont reçues au lieu où l'exploitation a
son siège principal : pour Paris et le département de la Seine,
à la caisse générale ; pour les autres départements, aux caisses
des trésoriers-payeurs généraux, des receveurs particuliers et des
percepteurs préposés de la Caisse des dépôts et consignations.
— Chaque versement ou dépôt donne lieu à la délivrance d'un
récépissé établi au nom du déposant dans les conditions déterminées par la loi du 24 décembre 1896. — Les préfets et sous-

préfets mentionnent le nombre et la nature des valeurs comprises en chaque récépissé sur le registre spécial visé par l'article 3 du décret du 15 décembre 1875. — Les valeurs sont centralisées à Paris entre les mains du caissier général, qui en a la responsabilité.

5. Moyennant remboursement des frais de courtage et de timbre, la Caisse des dépôts et consignations fait, à la demande et pour le compte des déposants, les emplois des sommes affectées aux institutions de prévoyance en achats de valeurs énumérées à l'article 3 de la loi. — Dans les mêmes conditions et sur la remise de procurations régulières, elle fait procéder aux aliénations de valeurs, ainsi qu'à leur transfert en cas de cession d'entreprise. — Les versements complémentaires nécessaires pour libérer les valeurs déposées ne sont effectués par la Caisse des dépôts et consignations qu'autant que des provisions ont été faites ou que les ressources disponibles au compte ont été affectées à cet emploi par le déposant. — La Caisse des dépôts et consignations est chargée de recevoir aux échéances les arrérages ou intérêts dus sur les valeurs déposées. Elle encaisse, s'il y a lieu, les sommes provenant du remboursement total ou partiel des titres et des lots ou primes attribués.

6. Il est tenu par la Caisse, au nom de chaque institution de prévoyance, un compte courant spécial comprenant les sommes versées ou encaissées. Ce compte est réglé en capital et intérêts au 31 décembre de chaque année. Les intérêts annuels sont capitalisés à cette date ; ils ne sont liquidés et payés en cours d'année que sur demande spéciale et pour un compte intégralement soldé. — Les recettes sont imputées au compte courant, valeur au dernier jour de la dizaine ; les dépenses, valeur au premier jour de la dizaine pendant laquelle elles sont effectuées.

7. Le retrait des sommes et valeurs existant au compte d'une institution de prévoyance ne peut être opéré que sur la demande et la quittance des personnes qui, d'après les statuts ou le règlement de l'institution, sont chargées de sa gestion. — Dans tous les cas, chaque retrait effectué doit être porté à la connaissance des intéressés par voie d'avis placardés à tous les sièges de l'entreprise. — La demande de retrait est adressée : à Paris, au directeur général de la Caisse des dépôts et consignations ; dans les départements, au préposé qui a reçu le dépôt. Il y est donné suite dans les dix jours de la réception de la demande.

8. Sur la demande faite dans les mêmes conditions, la Caisse des dépôts et consignations opère directement le transfert à la Caisse nationale des retraites pour la vieillesse des sommes à imputer aux comptes individuels des ayants droit. — Les versements prévus au paragraphe précédent ainsi qu'à l'article 16 du présent décret et au paragraphe 2 de l'article 3 de la loi ne sont pas soumis à la limite de 500 francs assignée par la loi du 26 juillet

1893 aux sommes versées dans une année au compte de la même personne.

9. Les dépôts et les retraits de sommes ou valeurs dans les caisses syndicales ou patronales ne peuvent être effectués que dans les conditions prévues par les statuts de ces caisses approuvés par les décrets d'autorisation visés au 2e alinéa de l'article 3 de la loi.

10. Lorsque, par application de l'article 5 de la loi, plusieurs des intéressés veulent constituer un mandataire unique pour les représenter devant les tribunaux civils, ils présentent à cet effet, au juge de paix du canton dans lequel est situé le siège principal de l'exploitation, une requête signée de chacun d'eux et indiquant la nature et les circonstances du différend, ainsi que les noms, prénoms, emplois et domiciles de tous les signataires. Ils joignent à cette requête une formule de mandat spécial sur papier libre. — Dans les dix jours de la réception de la requête, et si cette requête ne porte point désignation unanime d'un mandataire, le juge de paix fait afficher à la mairie du siège principal de l'exploitation la date fixée par lui pour le dépouillement des mandats individuels des requérants. Chacun d'eux, sur une formule du modèle joint à la requête, adresse au juge de paix, pour la date fixée et sous pli fermé, un mandat rempli et signé par lui. — Le juge de paix fait procéder au dépouillement et à l'émargement des mandats en audience publique et proclame mandataire collectif pour ester en justice la personne désignée par la majorité absolue des mandants. Il lui délivre une expédition du procès-verbal des opérations, qui lui tient lieu de mandat collectif.

TITRE II. — DU MODE DE LIQUIDATION DES DROITS ACQUIS ET DES DROITS ÉVENTUELS

11. En ce qui concerne les dépôts effectués au profit des institutions de retraite, la liquidation des droits acquis et des droits éventuels, dans les conditions prévues par l'article 4 de la loi, est effectuée au prorata du capital constitutif des pensions, calculé d'après la table de mortalité et le taux d'intérêt qui sont en vigueur à la Caisse nationale des retraites pour la vieillesse au moment de la liquidation.

12. Le capital constitutif d'une pension en cours de service est la somme qu'il faudrait aliéner pour constituer, à l'âge du titulaire, une rente viagère immédiate égale à la pension servie.

13. Le capital constitutif d'une pension en cours de formation est la somme qu'il faudrait aliéner pour constituer, à l'âge du titulaire, une rente viagère différée proportionnelle à la pension qu'il aurait obtenue au moment de sa mise à la retraite, d'après les statuts ou règlements de l'institution à liquider, ou, à défaut, d'après les précédents de cette institution.

l'intérêt et les chances de mortalité, déterminées par un décret du président de la République rendu sur la proposition du ministre du commerce, de l'industrie et des colonies après avis de la commission supérieure des caisses d'assurances. — Le taux de l'intérêt sera fixé en tenant compte des placements effectués par la caisse et gradué par quart de franc. — Les chances de mortalité seront calculées d'après les tables dites de Deparcieux et ultérieurement d'après de nouvelles tables de mortalité établies suivant les données de l'expérience conformément à l'article 18 de la loi précitée. — Lorsque des modifications seront apportées au tarif, elles ne s'appliqueront qu'aux assurances nouvelles contractées à partir du 1er janvier qui suivra la date du décret les déterminant.

Voir Décret du 28 décembre 1893.

DÉCRET du 13 décembre 1907 qui fixe l'intérêt composé du capital dont il est tenu compte dans les tarifs d'après lesquels est calculé le montant des primes à payer pour les assurances en cas de décès, souscrites à partir du 1er janvier 1908.

ART. 1er. Le taux de l'intérêt composé du capital dont il est tenu compte dans les tarifs d'après lesquels est calculé le montant des primes à payer pour les assurances en cas de décès, souscrites à partir du 1er janvier 1908, est fixé à 3 fr. 25 pour cent.

2. Les tarifs sont établis à l'aide de la table de mortalité dite de Deparcieux.

14. Si l'institution de retraite comporte réversibilité totale ou partielle des pensions ou s'il est intervenu une des conventions visées par le dernier alinéa de l'article 3 de la loi, la liquidation s'opère d'après les mêmes principes.

15. En ce qui concerne les dépôts affectés à une institution de secours ou de prévoyance, il y a droit acquis jusqu'à concurrence des allocations qui, au moment de la liquidation, seraient dues au titulaire d'après les statuts, règlements ou usages de l'institution. — Le droit éventuel de chaque participant dans une institution de secours est représenté pour une somme égale aux cotisations acquittées par lui pendant les douze mois qui ont précédé la liquidation et aux subventions correspondantes.

16. Lorsque la liquidation du gage a été homologuée judiciairement, la Caisse dépositaire se dessaisit, soit par transfert à la Caisse nationale des retraites pour la vieillesse en vue de constitution d'une rente viagère, dans les conditions et à l'époque d'entrée en jouissance que déterminent les intéressés, conformément aux lois et décrets qui régissent cet établissement, soit par voie de versement direct aux intéressés s'ils en font la demande écrite.

Caisse de retraites pour la vieillesse.

DÉCRET du 28 décembre 1886 sur le fonctionnement de la Caisse des retraites pour la vieillesse.

Art 1er Les versements de 1 franc au moins, et sans fraction de franc, sont reçus, à Paris, à la Caisse des dépôts et consignations ; dans les départements, par les trésoriers-payeurs généraux et receveurs particuliers des finances, et en Algérie par les trésoriers-payeurs et les payeurs particuliers. Ils sont en outre reçus chez les percepteurs et chez les receveurs des postes. — Lorsque, le déposant étant marié, le versement doit, conformément au paragraphe 5 de l'article 13 de la loi du 20 juillet 1886, profiter par moitié à son conjoint, aucun versement n'est reçu s'il n'est de 2 francs ou multiple de 2 francs.

2. Tout déposant qui, soit par lui-même, soit par un intermédiaire, opère un premier versement, fait connaître ses nom, prénoms, qualité civile, nationalité, âge, profession et domicile. — Il produit son acte de naissance ou, à défaut, un acte de notoriété qui en tienne lieu, délivré dans les formes prescrites par l'article 71 du Code civil. Ces actes sont délivrés gratuitement et dispensés des droits de timbre et d'enregistrement, avec mention de l'usage auquel ils sont destinés. — Il déclare : — S'il entend faire l'abandon du capital versé, ou s'il veut que ce capital soit remboursé, lors de son décès, à ses ayants droit; — A quelle année d'âge accomplie, à partir de la cinquantième année, il a l'intention d'entrer en jouissance de la rente viagère.

3. Si le déposant est marié, il fait, en ce qui concerne son conjoint, les productions et déclarations énoncées dans l'article précédent. — A défaut de déclaration sur l'abandon ou la réserve du capital, et sur l'âge fixé pour l'entrée en jouissance, les conditions de la déclaration que le déposant fait pour lui-même deviennent communes à son conjoint. — Dans le cas prévu au paragraphe 8 de l'article 13 de la loi du 20 juillet 1886, le déposant produit l'autorisation accordée par le juge de paix ou par la chambre du conseil du tribunal de première instance. — Lorsque cette autorisation s'applique à des versements faits par une société de secours mutuels, ou par tout autre intermédiaire versant pour le compte de plusieurs déposants, elle peut comprendre tous les versements effectués depuis l'absence ou l'éloignement du conjoint. Dans ce cas, elle doit indiquer d'une manière précise la date du premier versement auquel elle se rapporte.

4. En cas de séparation de biens contractuelle, le déposant produit un extrait de son contrat de mariage. — En cas de sépa-

ration de corps ou de biens, il doit produire l'extrait du jugement qui a prononcé la séparation Cet extrait doit être accompagné des certificats et attestations prescrits par l'article 548 du Code de procédure civile, et en outre, dans le cas prévu par l'article 1444 du Code civil, des justifications établissant que la séparation de biens a été exécutée.

5. Le mineur âgé de moins de seize ans doit justifier que le versement par lui effectué, la désignation de l'âge auquel il veut entrer en jouissance de la rente viagère, et la condition d'abandon ou de réserve du capital, ont été autorisés par ses père, mère ou tuteur. — L'autorisation peut être donnée d'une manière générale pour tous les versements que le mineur effectuera ; elle est toujours révocable. — Si le mineur n'a ni père, ni mère, ni tuteur, ou en cas d'empêchement de celui qui aurait qualité pour l'autoriser, il peut y être suppléé par le juge de paix.

6. S'il survient un changement dans les qualités civiles ou dans la nationalité du déposant, il est tenu de le déclarer au premier versement qui suit. — Il produit en même temps les justifications qui pourraient être nécessaires pour constater le changement survenu, et notamment, en cas de divorce, le jugement qui l'a prononcé. — Dans le cas de déclaration tardive ou erronée, la caisse pourra rectifier, conformément aux pièces produites, les versements effectués irrégulièrement, lorsque la bonne foi du déposant sera établie et qu'il ne résultera de cette rectification aucun préjudice pour l'institution.

Voir Décret du 14 août 1894.

7. Si un déposant veut soumettre de nouveaux versements à des conditions autres que celles qu'il a fixées pour ses versements antérieurs, il est tenu d'en faire la déclaration, et les versements faits avant cette nouvelle déclaration restent soumis aux conditions des déclarations précédentes.

8. Dans le cas où le versement est effectué par un tiers, et de ses deniers, les déclarations et productions exigées par les articles 2, 6 et 7 doivent être faites en ce qui concerne le titulaire de la rente. — Si le versement a lieu au profit d'une femme mariée, le consentement du mari doit, en outre, être produit. — Le tiers donateur doit, indépendamment des déclarations et productions ci-dessus, faire connaître s'il entend stipuler en sa faveur le remboursement du capital au décès du titulaire de la rente, ou s'il fait cette réserve au profit des ayants droit de celui-ci, en indiquant si cette réserve est ou non subordonnée à la faculté par le titulaire d'aliéner le capital réservé. — Le donateur peut, en outre, par application des dispositions de l'article 1891 du Code civil, stipuler que la rente créée par ses versements sera incessible et insaisissable en totalité. — Si cette clause n'a pas été insérée dans la déclaration au moment du versement, le donateur qui veut l'introduire postérieurement au contrat ne peut le faire

qu'avec le concours et le consentement du donataire. — Il peut être délivré au donateur, sur sa demande, un certificat constatant la réserve du capital à son profit.

. . . .

13. Le montant de chaque versement autre que le premier est constaté par un enregistrement porté au livret et signé par le comptable qui reçoit le versement. — Cet enregistrement ne forme titre envers l'Etat qu'à la charge par le déposant de le faire viser dans les vingt-quatre heures : — 1° A Paris, pour les versements à la Caisse des dépôts et consignations, par le contrôleur près cette caisse ; — 2° Dans les départements, pour les versements faits par les trésoriers-payeurs généraux et receveurs particuliers des finances, par le préfet ou le sous-préfet ; — 3° En Algérie, pour les versements faits chez les trésoriers-payeurs et payeurs particuliers, par le fonctionnaire civil ou militaire chargé du contrôle des récépissés à talon. — Quant aux versements faits à Paris ou dans les départements entre les mains des percepteurs et des receveurs des postes, leur enregistrement sur le livret est contrôlé par la Caisse des dépôts et consignations, dans le délai de dix jours pour les versements effectués directement, et dans le délai de deux mois pour les versements faits par des intermédiaires au nom de plusieurs déposants. Pour les versements faits en Algérie, ces délais sont augmentés en raison des distances. — Les livrets sont transmis immédiatement à cet effet à la Caisse des dépôts et consignations. — Le comptable délivre un reçu provisoire non soumis au visa, au dos duquel le déposant ou son représentant donne décharge au moment où le livret lui est rendu.

14. Des bulletins-retraites, destinés à réaliser au moyen des timbres-poste ordinaires le versement minimum d'un franc prescrit par l'article 5 de la loi du 20 juillet 1886, seront mis à la disposition du public et délivrés gratuitement dans les bureaux de tous les comptables chargés du service de la Caisse nationale des retraites. — Le bulletin devra indiquer les nom et prénoms du titulaire ; les timbres seront collés dans les cases préparées à cet effet, et, lorsqu'ils atteindront la somme de 1 franc, ce bulletin pourra être remis à la caisse d'un préposé qui le recevra comme argent, pourvu que les timbres ne soient ni altérés, ni maculés, ni déchirés. — Lorsque le déposant est marié, une somme égale doit être versée au nom du conjoint, soit en bulletins-retraites, soit en numéraire.

. . . .

18. Trois mois après le versement effectué, le déposant, ou le porteur de son livret, a le droit de demander l'inscription sur le livret de la rente viagère correspondante. — Cette inscription est faite par le comptable qui a reçu le dépôt, à l'aide des renseignements qui lui sont transmis par Caisse des dépôts et consigna-

tions ; elle peut avoir lieu chez tout autre préposé de la Caisse des retraites, si le déposant en fait la demande. — Toutefois, en ce qui concerne les versements effectués chez les percepteurs et les receveurs des postes, la rente correspondante est inscrite par la Caisse des dépôts et consignations lors de l'envoi qui lui est fait du livret conformément à l'article 13. — A l'époque de l'entrée en jouissance de la rente viagère, le montant en sera définitivement fixé et inscrit au grand-livre de la Caisse nationale des retraites, conformément aux règles en vigueur relativement à la dette viagère. — A cet effet, le titulaire du livret devra en faire l'envoi au directeur général de la Caisse des dépôts et consignations, en l'accompagnant de son certificat de vie.

19. Le déposant qui veut profiter de la faculté qui lui est accordée par les articles 15 et 16 de la loi du 20 juillet 1886, soit de faire l'abandon de tout ou partie du capital réservé, soit de reporter à une autre année d'âge accomplie la jouissance de sa rente, doit constater son intention par une déclaration. — Dans le cas de l'abandon d'un capital réservé, cette déclaration doit être signée par la partie intéressée ou par son mandataire spécial. — Cet abandon ne peut jamais donner lieu au remboursement anticipé d'une partie du capital déposé.

20. Dans le cas prévu par l'article 11 de la loi du 20 juillet 1886, les blessures graves ou infirmités prématurées susceptibles de faire obtenir aux déposants à la Caisse des retraites la liquidation de leur pension avant l'âge primitivement fixé pour l'entrée en jouissance, sont constatées au moyen : — 1° D'un certificat émané des médecins qui ont donné leurs soins aux déposants ; — 2° D'une attestation émanée de l'autorité municipale ; à Paris, cette attestation est délivrée par le commissaire de police ; — 3° D'un certificat émané d'un médecin désigné par le préfet ou sous-préfet et assermenté.

21. Indépendamment des pièces mentionnées à l'article 20, les déposants dont la profession déclarée emporte rémunération, à quelque titre que ce soit, par l'Etat, les départements, les communes ou les établissements publics, doivent justifier, par une pièce émanée de leurs supérieurs, qu'ils ont cessé d'occuper leur emploi ou leur fonction.

22. Les certificats et attestations mentionnés à l'article 20 doivent établir que les déposants sont dans l'incapacité absolue de travailler.

27. L'extrait d'inscription à délivrer, conformément à l'article 20 de la loi du 20 juillet 1886, énonce les nom, prénoms, date de naissance et qualité civile du titulaire, ainsi que le montant annuel et trimestriel de la rente. La remise de cet extrait est faite, pour Paris et le département de la Seine, à la Caisse des dépôts et consignations et, pour les autres départements, par les pré-

posés de la Caisse nationale des retraites. En cas de veuvage, la femme titulaire d'une rente viagère de la vieillesse fait immatriculer son titre sous sa qualité de veuve, en justifiant du décès du mari. — En cas de perte du titre, il est pourvu à son remplacement dans les formes prescrites pour le remplacement d'un extrait d'inscription nominative de rente sur l'Etat. Le duplicata est délivré dans le trimestre d'échéance qui suit celui pendant lequel la demande a été formée.

28. Après l'inscription au grand-livre de la Caisse nationale des retraites des rentes viagères définitivement liquidées, les livrets sont frappés d'un timbre constatant cette inscription avant d'être rendus aux titulaires.

29. Conformément aux articles 1974 et 1975 du Code civil, toute somme versée au profit d'une personne morte au jour du versement, ou atteinte de la maladie dont elle est morte dans les vingt jours du versement, est remboursée sans intérêts.

30. Les tarifs dressés en exécution des articles 9 et 12 de la loi du 20 juillet 1886 sont établis sur l'unité de franc et calculés par trimestre pour le versement, et par année pour la jouissance. Les calculs sont effectués jusqu'à la quatrième décimale inclusivement.

31. Pour l'application des tarifs, les trimestres commencent les 1er janvier, 1er avril, 1er juillet et 1er octobre. — L'âge du déposant est calculé comme si ce déposant était né le premier jour du trimestre qui a suivi la date de la naissance. — L'intérêt de tout versement n'est compté qu'à partir du premier jour du trimestre qui suit la date du versement. — La rente viagère commence à courir du premier jour du trimestre qui suit celui dans lequel le déposant a accompli l'année d'âge à laquelle il aura déclaré vouloir entrer en jouissance de la rente. — L'année d'âge est toujours considérée comme accomplie pour les déposants âgés de plus de soixante-cinq ans. — Les arrérages sont acquis au titulaire de la rente jusqu'au jour du décès.

32. Les arrérages des rentes viagères sont payés trimestriellement les 1er mars, 1er juin, 1er septembre et 1er décembre de chaque année, la première échéance comprenant seulement le montant des deux premiers mois échus depuis l'époque d'entrée en jouissance. — Ce payement est fait au porteur de l'extrait d'inscription et sur la production d'un seul certificat de vie pour chaque titulaire, quel que soit le nombre de trimestres échus. Il est effectué, pour le département de la Seine, par le caissier général de la Caisse des dépôts et consignations et les percepteurs ; pour les autres départements, chez les trésoriers-payeurs généraux et receveurs des finances ou par l'entremise des percepteurs des contributions directes. — Lors du payement des arrérages, le préposé peut retenir, pour les faire réunir, les titres multiples appartenant à un même rentier. Les certificats à produire, soit pour l'ins-

cription des rentes viagères de la vieillesse, soit pour le payement des arrérages desdites rentes, sont exemptés des droits de
timbre et peuvent être délivrés soit par les notaires, soit par le
maire de la résidence du rentier.

33. Conformément à l'article 2277 du Code civil, les arrérages
non perçus se prescrivent par cinq ans. — Les rentes dont les
arrérages n'auront point été réclamés pendant trois années consécutives seront présumées éteintes et rejetées des états de payement. — Elles ne pourront y être rétablies que sur la justification
de l'existence du titulaire.

36. Les décrets des 27 mars 1851, 18 août 1853, 10 septembre 1859 et 27 juillet 1861 sont et demeurent abrogés, ainsi que
toutes autres dispositions qui seraient contraires au présent
décret.

Caisses de secours contre le chômage.

DÉCRET du 9 septembre 1905 portant règlement des subventions aux caisses de secours contre le chômage.

ART. 1ᵉʳ. Les caisses qui viennent en aide à leurs membres en chômage, soit par des secours sur place, soit par des secours de route ou de déplacement, participent aux subventions de l'Etat, en faveur des caisses de chômage, lorsqu'elles satisfont aux conditions déterminées par le présent décret. — Le chômage involontaire par manque de travail donne seul droit aux subventions de l'Etat.

2. Les subventions sont accordées : — 1° Aux caisses composées des membres exerçant la même profession, des métiers similaires ou des professions connexes concourant à l'établissement de produits déterminés, à condition que le nombre des membres soit de 100 au minimum ; — 2° Aux caisses locales composées comme les précédentes et comprenant au moins 50 membres, à condition qu'elles soient subventionnées par les communes ; — 3° Dans les communes de moins de 20,000 habitants aux caisses locales composées de membres appartenant à diverses professions, à condition qu elles soient subventionnées par les communes et comprennent au moins 50 membres ; — 4° Aux caisses organisées en vue des secours de route par des unions d'associations et alimentées par des cotisations globales de chaque association adhérente, à condition que les ressources normales de ces associations soient constituées par les cotisations de leurs membres. — En ce qui concerne les caisses visées par les trois premiers paragraphes, ne sont considérés comme adhérents que les membres actifs ne devant pas plus de trois mois de cotisation.

3. A l'appui de sa première demande, chaque caisse doit fournir au ministère du commerce un exemplaire de ses statuts et règlements. — Toute modification apportée aux statuts et règlements doit être aussitôt communiquée au ministère du commerce.

4. La caisse doit assurer un service gratuit de placement des chômeurs.

5. Les caisses n'ont droit aux subventions qu'après avoir fonctionné pendant six mois.

6. Les statuts ou règlements des caisses allouant des secours sur place doivent fixer la cotisation par membre actif affectée au service du chômage involontaire, le montant et la durée des indemnités de chômage et, le cas échéant, le montant des indemnités de départ. — Les statuts ou règlements des caisses allouant

des secours de route doivent établir le mode de calcul et le taux de ces secours, le maximum de chaque indemnité et la somme qu'un membre actif, et, dans le cas du paragraphe 4 de l'article 2, un chômeur, peut toucher dans une période déterminée.

7. En outre, les statuts ou règlements devront contenir les dispositions suivantes : — *a*) Chaque membre actif ne peut faire partie que d'une seule caisse de chômage pour chaque nature de secours ; — *b*) Il n'a droit à l'indemnité que six mois après son inscription à la caisse ; — *c*) Le chômeur est tenu d'accepter l'emploi de sa profession qui lui est indiqué par la caisse ; — *d*) Il est tenu de signer trois fois par semaine au moins, aux heures de travail, sur un registre déposé au siège de la caisse ou aux endroits désignés par elle. Toutefois, la commission prévue à l'article 20 pourra accepter un autre mode de contrôle inscrit dans les statuts et offrant des garanties équivalentes, notamment en ce qui concerne les secours de route ; — *e*) Le chômeur qui, par des moyens frauduleux, aura touché ou tenté de toucher les indemnités est, suivant le cas, exclu de la caisse ou privé de ses droits pendant un temps déterminé.

8. Si les cotisations par membre actif affectées au service du chômage involontaire ne sont pas inscrites sur un registre spécial, la caisse doit justifier de l'application de l'article 11. — La comptabilité des dépenses de chômage involontaire doit être entièrement distincte de celle des autres services de la caisse ou de l'association.

9. Si l'indemnité de chômage est supérieure à 2 fr. par jour, la subvention ne sera calculée que sur cette dernière somme.

10. Si la durée de l'indemnité de chômage dépasse 60 jours par période de 12 mois, la subvention ne portera que sur les indemnités allouées à chaque chômeur pendant 60 jours.

- 11. Une caisse n'est pas admise à participer aux subventions pour le semestre écoulé si, pendant le semestre, les cotisations versées, au titre du chômage involontaire, par les membres actifs, ne sont pas au moins égales au tiers des indemnités allouées aux chômeurs. — Toutefois, à titre exceptionnel, les sommes prélevées par une caisse sur ses fonds de réserve pourront être assimilées aux cotisations.

12. La subvention ne peut dépasser 16 pour cent du montant des indemnités versées, en conformité des statuts, par chaque caisse pendant le semestre sous réserve des règles posées aux articles 9 et 10. — Ce maximum est majoré de moitié pour les caisses fonctionnant dans trois départements au moins, et comptant 1,000 membres actifs au minimum.

13. (*Décret* 20 *avril* 1906.) Le crédit alloué par la loi de finances est divisé en deux parties égales, afférentes à chaque répartition semestrielle. — Pour chacune de ces répartitions, le ministre du commerce fixe, conformément à l'article 12,

le taux d'après lequel le crédit est réparti entre les caisses. La décision ministérielle est insérée au *Journal officiel* et au *Bulletin de l'Office du travail.*

14. (*Décret 20 avril* 1906.) Le montant des subventions est fixé par arrêté ministériel dans les six mois qui suivent le dernier jour du semestre auquel elles s'appliquent. — L'imputation de la dépense correspondante est déterminée par la date de l'arrêté ministériel visé au présent article.

15. Les caisses doivent envoyer, six semaines au plus après chaque semestre, un état fourni par l'administration et dûment certifié indiquant : — *a*) Le nombre des membres actifs, ou, pour les caisses visées au quatrième paragraphe de l'article 2, le nombre des associations adhérentes; — *b*) Le produit des cotisations ; — *c*) Les recettes diverses ; — *d*) Le nombre des chômeurs, des journées de chômage et le montant total des secours sur place ; — *e*) Le nombre et le montant des indemnités de départ et des secours de route ; — *f*) Pour chaque jour ou chaque semaine du semestre, le nombre des chômeurs indemnisés. Les caisses divisées en sections fourniront ce renseignement par section. — L'état contiendra, s'il y a lieu, l'indication des fonds de réserve de la caisse.

16. Les relevés prévus par l'article précédent pourront être remplacés, en vertu d'une autorisation ministérielle, après avis de la commission des caisses de chômage, par un exemplaire du compte financier de la caisse, lorsque celui-ci est publié et contient les détails suffisants.

17. Les reçus individuels des sommes versées aux chômeurs devront figurer sur des registres à souche ou à émargement. Les reçus devront contenir toutes les indications propres à justifier la dépense.

18. Les articles 8, paragraphe 1, et 11 (*Erratum : Journal officiel*, 22 septembre 1905), ne sont pas applicables aux caisses qui ne font que le secours de route.

19. Les caisses sont (*Erratum : Journal officiel*, 22 septembre 1905) tenues de fournir au ministre du commerce les explications qui leur seront demandées et, le cas échéant, de laisser contrôler la comptabilité spéciale au chômage involontaire. — Toute fraude ou tentative de fraude expose la caisse qui s'en est rendue coupable à une exclusion temporaire prononcée par arrêté ministériel après avis de la commission. — La commission, avant de donner son avis, devra provoquer les explications écrites ou verbales des administrateurs de la caisse.

DÉCRET du 25 juillet 1894 portant règlement d'admi-
nistration publique pour l'exécution de la loi du
29 juin 1894 sur les Caisses de secours et de retraite
des ouvriers mineurs.

TITRE Ier. — DE LA TRANSFORMATION DES ANCIENNES CAISSES ET DU RECOURS A LA COMMISSION ARBI-TRALE

Art. 1er. Dans le délai d'un mois à partir de la promulgation du présent décret, le conseil d'administration de chacune des caisses de prévoyance mentionnées dans l'article 23 de la loi du 29 juin 1894 arrête, l'exploitant entendu, un projet de règlement sur les mesures à prendre en raison des engagements antérieurs de la caisse et sur le mode de réalisation des ressources nécessaires. — Ce projet est notifié à l'exploitant.

2. Si l'exploitant donne son adhésion au projet du règlement proposé, il en fait afficher le texte, pendant une semaine, aux lieux habituels pour les avis donnés aux ouvriers. — Pendant le même délai, il est ouvert, au siège habituel du conseil d'adminis-tration, un registre où tous les intéressés peuvent consigner leurs observations. — Si, à la suite de cette enquête, l'accord s'établit entre l'exploitant et le conseil d'administration sur des modifica-tions à introduire dans le projet de règlement, le texte est amendé en conséquence et affiché de nouveau, à la diligence de l'exploi-tant, pendant une semaine, comme il est dit au paragraphe 1er. Le texte définitif est soumis au vote des ouvriers et employés dans les formes prescrites aux articles 4 à 6 ci-après.

3. Faute, par le conseil d'administration, d'avoir notifié son projet de règlement à l'exploitant dans le délai d'un mois, l'ex-ploitant peut dresser et notifier au conseil d'administration, dans un délai maximum de deux semaines, le projet de règlement qu'il entend proposer. — Ce projet est soumis à l'instruction réglée par l'article 2.

4. Ont droit de voter les ouvriers et anciens ouvriers, employés et anciens employés du fond et du jour, majeurs, des deux sexes, qui ont sur la caisse, à raison de son fonctionnement dans le passé, soit des droits acquis, soit des droits en cours d'acquisi-tion, et ceux qui seraient appelés, s'il y a lieu, par le règlement, à contribuer à la constitution des ressources nécessaires au fonc-tionnement de la caisse dans l'avenir.

5. Le conseil d'administration dresse la liste des personnes ayant droit de voter, fixe les jour, lieu et heure du vote pour cha-

que section, et désigne la section chargée de centraliser les résultats du vote. Le jour choisi ne peut être qu'un dimanche. — La liste et l'avis de convocation sont affichés, une semaine au moins à l'avance, par les soins de l'exploitant, aux lieux habituels pour les avis donnés aux ouvriers et employés. — Les réclamations concernant la liste sont adressées au conseil d'administration, qui opère les rectifications nécessaires.

6. Le vote a lieu au scrutin secret, par oui ou par non. — Chaque bureau est présidé par un membre du conseil d'administration de la caisse, commis à cet effet par celui-ci et désigné dans l'avis de convocation. — A défaut d'un de ses membres, le conseil peut désigner un des votants de la section pour présider le bureau. — Le président est assisté du plus âgé et du plus jeune des votants présents au moment de la formation du bureau. — Aussitôt après avoir été proclamés, les résultats du vote de chaque section sont transmis à la section centrale, dont le président proclame le résultat général. — Ce résultat est immédiatement affiché comme il est dit à l'article 2. — Chaque bureau dresse en double exemplaire le procès-verbal de ses opérations ; il y consigne, outre ses observations, les réclamations qui lui ont été présentées. — Procès-verbal spécial est dressé, par le bureau de la section centrale, pour la proclamation du résultat général.

7. Le règlement n'est définitivement adopté que s'il a réuni la majorité absolue des personnes inscrites sur la liste.

8. Le règlement adopté est certifié, en triple exemplaire, par le conseil d'administration de la caisse et par l'exploitant. — Un exemplaire est déposé au greffe de la justice de paix du siège principal de l'exploitation, un autre est conservé par l'exploitant, et un troisième par le conseil d'administration.

9. Si, dans un délai d'une semaine à partir de la notification qui lui est faite d'après l'article 1er, l'exploitant n'a pas donné son adhésion au règlement proposé par le conseil d'administration ou aux modifications introduites après l'enquête prescrite par l'article 2, les inscrits sont appelés par le conseil d'administration de la caisse, au moyen d'un avis affiché à la diligence de l'exploitant, une semaine d'avance et dans les formes prescrites aux articles 4 et 6, à voter sur le recours à la commission arbitrale. — Il en est de même si le règlement proposé, soit par le conseil d'administration, soit, à son défaut, par l'exploitant, n'a pas été ratifié par la majorité des inscrits.

10. Une heure, au moins, avant qu'il soit procédé, dans aucune des sections de vote, à la clôture du scrutin, l'exploitant remet sous pli cacheté, au bureau de la section centrale, une déclaration faisant connaître s'il accepte ou non le recours à la commission arbitrale. — Le pli est ouvert immédiatement après la proclamation du résultat général. — La déclaration, dûment paraphée par

le bureau, est mentionnée au procès-verbal auquel elle demeure annexée.

11. En cas d'accord sur le recours à la commission arbitrale, et dans la semaine qui suit la proclamation du résultat général du scrutin, l'exploitant notifie, par écrit, au conseil d'administration de la caisse, le nom du membre de la commission qu'il est appelé à désigner aux termes de l'article 26 de la loi du 29 juin 1894. — L'élection du membre qui doit, aux termes du même article, être désigné par la majorité des ouvriers et employés, a lieu à la majorité absolue, suivant les formes prescrites aux articles 4 à 6 du présent règlement. — Si le 1er tour de scrutin n'a pas donné de résultats, il est procédé, le dimanche suivant, à un deuxième tour, où l'élection a lieu à la majorité relative.

12. En cas de décès ou de démission du membre élu par les inscrits, il est procédé à son remplacement, au plus tard dans le délai d'un mois, par voie d'élection conformément à l'article précédent. — En cas de décès ou de démission du membre désigné par l'exploitant, celui-ci notifie, dans le même délai, tant au ministre des travaux publics qu'au conseil d'administration de la caisse, le nom du membre choisi par lui pour remplacer le membre décédé ou démissionnaire.

13. Nul ne peut être désigné comme membre de la commission arbitrale s'il n'est Français, jouissant de ses droits civils et politiques.

14. Dans les cas de recours à la commission arbitrale, le conseil d'administration de la caisse transmet, sous bordereau récapitulatif, au sous-préfet : — 1° Les statuts de la caisse, en vigueur au moment de la promulgation de la loi ; — 2° La situation active et passive de la caisse à cette date ; — 3° Le compte rendu des opérations de la caisse, en recettes et en dépenses, pendant les dix derniers exercices ; — 4° Le texte des diverses propositions de règlement rejetées par les intéressés ; — 5° La notification adressée au conseil par l'exploitant, à l'effet de désigner le membre appelé par celui-ci à siéger à la commission arbitrale ; — 6° L'original des procès-verbaux de toutes les opérations de vote auxquelles il a été procédé en vertu des articles précédents ; ensemble tous les documents relatifs à ces opérations. — Le sous-préfet donne récépissé du dépôt et le transmet au préfet, qui l'envoie au ministre des travaux publics.

TITRE II. — DE LA COMMISSION ARBITRALE

15. Le ministre des travaux publics fait procéder, par le conseil général des mines, à la nomination de deux membres permanents de la commission arbitrale et provoque, par l'intermédiaire des ministres compétents, la nomination des autres membres. — Dès qu'il a reçu avis de toutes les nominations, il convoque les membres permanents et invite la société à se constituer. — La composition et la constitution de la commission sont, par les soins du ministre des travaux publics, insérées au *Journal officiel*.

16. En cas de décès ou de démission de l'un des membres de la commission, le ministre des travaux publics est immédiatement avisé par le président. Il est pourvu, suivant les formes prévues au présent décret, au remplacement du membre décédé ou démissionnaire.

17. Un ingénieur des mines, désigné par le ministre des travaux publics, est attaché à la commission comme secrétaire adjoint, avec voix consultative. — Un chef ou un sous-chef de bureau du ministère des travaux publics, également désigné par le ministre, est chargé de la tenue des écritures et de la conservation des archives.

18. Le ministre des travaux publics peut, sur la demande du président, adjoindre, pour chaque affaire, à la commission, en qualité d'auxiliaires de l'instruction, en vue de procéder à toutes enquêtes, constatations et vérifications de comptes, deux ingénieurs des mines et deux fonctionnaires de l'administration des finances désignés par le ministre des finances.

19. La commission peut entendre toutes personnes et ordonner toutes enquêtes, vérifications et autres mesures d'instruction, soit par un de ses membres, soit par un des auxiliaires mentionnés à l'article précédent.

20. La commission ne peut statuer valablement qu'en nombre impair et lorsque cinq au moins de ses membres participent à la décision. — Si le nombre des membres présents est pair, le sort décide lequel des membres permanents doit s'abstenir.

21. Les décisions sont notifiées en la forme administrative, tant à l'exploitant qu'au conseil d'administration de la caisse ; elles sont portées à la connaissance du ministre des travaux publics. La décision définitive sur le fond est, en outre, affichée par les soins de l'exploitant, aux lieux habituels pour les avis donnés aux ouvriers et employés ; il en est déposé une expédition au greffe de la justice de paix que cette décision aura indiquée.

TITRE III. — DU MANDATAIRE COLLECTIF

22. Lorsque, par application de l'article 27, paragraphe 4, de la loi du 29 juin 1894, plusieurs intéressés veulent constituer un mandataire unique pour les représenter devant les tribunaux civils, ils présentent, à cet effet, au juge de paix du canton où se trouve le siège principal de l'exploitation de la mine, une requête signée de chacun d'eux indiquant la nature et les circonstances du différend, ainsi que les noms, prénoms et domiciles de tous les signataires.

23. Le juge de paix convoque les intéressés à l'effet d'élire

leur mandataire collectif. — Les convocations sont faites par avis collectif affiché à la porte de la mairie du siège principal de l'exploitation, deux semaines au moins avant la réunion. Elles indiquent le jour, l'heure, le lieu et l'objet de la séance.

24. Les intéressés peuvent se faire représenter par un fondé de pouvoir, sans que le même mandataire puisse être porteur, au plus, de dix pouvoirs.

25. Il est dressé, par les soins du juge de paix, une liste d'émargement d'après les énonciations de la requête.

26. Le juge de paix préside la réunion. Avant l'ouverture du scrutin, il délivre à chaque intéressé un nombre de bulletins de vote paraphés, revêtus du timbre de la justice de paix, égal au nombre de voix dont celui-ci dispose soit en son nom personnel, soit comme fondé de pouvoir. — Il appelle auprès de lui, comme assesseurs, le plus âgé et le plus jeune des signataires présents, et déclare le scrutin ouvert. Le bureau vérifie, d'après les signatures apposées au bas de la requête, tant les émargements que les pouvoirs, prononce la clôture du scrutin, procède au dépouillement et proclame le résultat de l'élection.

27. Nul n'est élu mandataire collectif s'il n'a réuni la majorité absolue des intéressés ayant signé la requête.

28. Le juge de paix dresse, en double exemplaire, un procès-verbal des opérations du scrutin. Ce procès-verbal contient la reproduction de la requête; il relate les observations et réclamations qui se seraient produites relativement aux opérations de vote. L'un des exemplaires est déposé au greffe de la justice de paix, l'autre est remis au mandataire élu et lui tient lieu de pouvoir.

29. Nul ne peut être choisi comme mandataire collectif s'il n'est Français, jouissant de ses droits civils et politiques.

Voir Décret du *14 août 1894.*

Caisses de secours et de retraite des ouvriers mineurs.

DÉCRET du 14 août 1894 portant règlement d'adminis-tration publique pour l'exécution des articles 1, 2, 3 et 28 de la loi du 29 juin 1894 sur les Caisses de secours et de retraite des ouvriers mineurs.

ART 1ᵉʳ. Les dispositions du décret du 28 décembre 1886, portant règlement d'administration publique pour l'exécution de la loi du 20 juillet 1886, sur la Caisse nationale des retraites pour la vieillesse, sont applicables aux versements effectués à cette caisse au compte des ouvriers mineurs, conformément à la loi du 29 juin 1894, sous la réserve des modifications énoncées aux articles ci-après.

2. L'exploitant qui, aux termes de l'article 2 de la loi précitée, effectue des versements à la Caisse nationale des retraites au nom de ses ouvriers, produit les déclarations de versement et les bordereaux prévus par les articles 2, 3, 6, 7, 16 et 19 du décret du 28 décembre 1886, ainsi que les pièces énoncées dans le même décret, à l'appui des déclarations, sans être tenu néanmoins de fournir, en ce qui concerne les versements effectués au profit des mineurs et des femmes mariées, les consentements et autorisations requis par les articles 5 et 8 dudit décret. — Dans le cas où les versements ont lieu au profit d'un ouvrier déjà titulaire d'un livret individuel de la Caisse nationale des retraites pour la vieillesse, l'exploitant n'a à produire qu'une déclaration à l'appui de son premier versement, fait en exécution de la loi du 29 juin 1894. — L'exploitant peut se faire représenter, comme intermédiaire, par un agent accrédité par lui.

3. La déclaration à souscrire au nom de chaque ouvrier, lors du premier versement, conformément à l'article 2 du décret précité, fixe uniformément l'entrée en jouissance à cinquante-cinq ans et s'applique également à la partie du versement à la charge de l'exploitant et à celle provenant d'un prélèvement sur le salaire de l'ouvrier ou employé. — Elle fait connaître si le versement doit être en totalité à capital aliéné ou si, pour la part provenant du salaire, il est soumis à la condition de réserve du capital, soit pour l'ouvrier, soit pour son conjoint. — Lorsque la réserve du capital est stipulée, la déclaration mentionne la portion des versements de l'ouvrier à laquelle cette clause est applicable et indique au profit de qui doit être payé le capital assuré par suite de cette réserve.

4. Dans le cas où, conformément au paragraphe 2 de l'article 3 de la loi du 29 juin 1894, la délivrance de la rente, fixée primi-

tivement à cinquante-cinq ans, est différée, l'entrée en jouissance des rentes correspondant aux versements déjà effectués est ajournée à soixante ans et, ensuite, s'il y a lieu, à soixante-cinq ans, et l'entrée en jouissance des rentes afférentes aux versements qui seraient faits ultérieurement est fixée également à soixante ans, puis à soixante-cinq ans. — Le titulaire qui a atteint l'âge de cinquante-cinq ans conserve néanmoins le droit d'obtenir, sur sa simple demande, la liquidation de sa pension à toute année d'âge accomplie en dehors des termes ci-dessus fixés. — Dans ce cas, chacune des rentes produites, tant par l'ajournement à soixante ans que par les versements ou abandon de capitaux postérieurs à cet ajournement, est calculée à nouveau d'après les tarifs en vigueur aux époques où les différentes opérations soit de versement, soit d'abandon ou d'ajournement, ont été effectuées.

5. Les versements que l'exploitant doit effectuer mensuellement, conformément à l'article 2 de la loi du 29 juin 1894, sont reçus à la Caisse des dépôts et consignations, à Paris, et chez les trésoriers-payeurs généraux et les receveurs particuliers des finances, dans les départements. — L'exploitant peut être autorisé soit par le ministre des finances, soit par le ministre des postes et télégraphes, sur l'avis du ministre des travaux publics, à se servir de l'entremise du percepteur ou du receveur des postes, pour effectuer ses versements à la Caisse nationale des retraites.

6. Les bordereaux de versement sont établis de manière à permettre d'y inscrire les trois versements à effectuer pendant chaque trimestre et leur total. — Ces versements donnent lieu à la délivrance de récépissés provisoires visés au contrôle et mentionnés sur le bordereau, qui reste entre les mains du déposant. — A l'expiration du trimestre, le total des versements mensuels est porté sur les livrets individuels. — Pour les ouvriers qui quittent l'exploitation en cours de trimestre, il est produit un bordereau spécial avec les livrets y afférents Chaque livret est ensuite adressé au comptable chez lequel l'ouvrier aura déclaré vouloir le retirer. — L'inscription de la rente viagère, acquise par les versements, est faite dans les conditions prévues aux paragraphes 1 et 2 de l'article 18 du décret du 28 décembre 1896.

7. En ce qui concerne la liquidation des caisses de prévoyance prévue par l'article 28 de la loi du 29 juin 1894, les productions exigées pour la constitution des livrets individuels seront celles qui seront prévues par les articles 2 et suivants du présent décret — Les rentes seront liquidées d'après le tarif de la Caisse nationale des retraites, en vigueur à la date où le versement a été opéré. — Les versements prévus au paragraphe précédent ne sont pas soumis à la limite de 500 francs, assignée par la loi du 26 juillet 1893 aux sommes versées dans une année au compte de la même personne,

LIVRE V

ASSISTANCE

PREMIÈRE PARTIE

LOIS

Assistance judiciaire.

LOI du 22 janvier 1851 (29 novembre - 7 décembre 1850),
sur l'assistance judiciaire, modifiée par la loi du
10 juillet 1901.

TITRE Iᵉʳ. — DE L'ASSISTANCE JUDICIAIRE
EN MATIÈRE CIVILE

CHAPITRE Iᵉʳ. — Des formes dans lesquelles l'assistance
judiciaire est accordée.

ART. 1ᵉʳ. (*Loi 10 juillet* 1901.) L'assistance judiciaire peut être
accordée, en tout état de cause, à toutes personnes, ainsi qu'à tous
établissements publics ou d'utilité publique, et aux associations
privées ayant pour objet une œuvre d'assistance et jouissant de la
personnalité civile, lorsque à raison de l'insuffisance de leurs
ressources, ces personnes, établissements et associations se trouvent dans l'impossibilité d'exercer leurs droits en justice, soit en
demandant, soit en défendant — Elle est applicable : 1° à tous
les litiges portés devant les tribunaux civils, les juges des référés,
la chambre du conseil, les tribunaux de commerce, les juges de
paix, les cours d'appel, la Cour de cassation, les conseils de préfecture, le Conseil d'Etat, le tribunal des conflits et aux parties
civiles devant les juridictions d'instruction et de répression ;
2° en dehors de tout litige, aux actes de juridiction gracieuse et
aux actes conservatoires.

2. (*Loi 10 juillet* 1901.) L'assistance judiciaire s'étend de plein
droit aux actes et procédures d'exécution à opérer en vertu des
décisions en vue desquelles elle a été accordée ; elle peut en
outre être accordée pour tous actes et procédures d'exécution à
opérer en vertu de décisions obtenues sans le bénéfice de cette
assistance ou de tous actes, même conventionnels, si les ressources

de la partie qui poursuit l'exécution sont insuffisantes ; le tout sauf ce qui sera dit dans l'article 4 ci-après.

3. (*Loi* 10 *juillet* 1901.) L'admission à l'assistance judiciaire est prononcée . — 1° Pour les instances qui doivent être portées devant les justices de paix, les tribunaux de simple police, les tribunaux civils et correctionnels, les tribunaux de commerce, les conseils de préfecture, les cours d'assises, par un bureau établi au chef-lieu judiciaire de l'arrondissement où siège la juridiction compétente, et composé : 1° du directeur de l'enregistrement et des domaines ou d'un agent de cette administration délégué par lui ; 2° d'un délégué du préfet ; 3° de trois membres pris parmi les anciens magistrats, les avocats ou anciens avocats, les avoués ou anciens avoués, les notaires ou anciens notaires; ces trois membres seront nommés par le tribunal civil ; néanmoins, dans les arrondissements où il y aura au moins quinze avocats inscrits au tableau, un de ces trois membres sera nommé par le conseil de discipline de l'ordre des avocats, et un autre par la chambre des avoués près le tribunal civil, le troisième sera choisi par le tribunal comme il est dit ci-dessus ; — 2° Pour les instances qui doivent être portées devant une cour d'appel, par un bureau établi au siège de la cour et composé : 1° du directeur de l'administration de l'enregistrement et des domaines ou d'un agent de cette administration délégué par lui , 2° d'un délégué du préfet ; 3° et de cinq autres membres choisis de la manière suivante : deux par la cour, en assemblée générale, parmi les citoyens des qualités énoncées sous le n° 3 du paragraphe précédent ; deux par le conseil de discipline de l'ordre des avocats ; et un par la chambre de discipline des avoués à la cour ; — 3° Pour les pourvois devant la Cour de cassation, le Conseil d'Etat et le tribunal des conflits, par un bureau établi à Paris et composé de sept membres parmi lesquels deux délégués du ministre des finances ; trois autres membres sont choisis, savoir : pour le bureau près la Cour de cassation, par la cour en assemblée générale, parmi les anciens membres de la cour, les avocats et les anciens avocats au Conseil d'Etat et à la Cour de cassation, les professeurs et les anciens professeurs de droit ; et, pour le bureau près le Conseil d'Etat et le tribunal des conflits, par le Conseil d'Etat en assemblée générale, parmi les anciens conseillers d'Etat, les anciens maîtres des requêtes, les anciens préfets, les avocats et les anciens avocats au Conseil d'Etat et à la Cour de cassation. — Près de ces deux bureaux, les deux derniers membres sont nommés par le conseil de discipline de l'ordre des avocats au Conseil d'Etat et à la Cour de cassation.

4. (*Loi* 10 *juillet* 1901.) Dans le cas où l'assistance judiciaire s'étend de plein droit aux actes et procédure d'exécution, conformément à la première disposition de l'article 2, le bureau qui l'a précédemment accordée doit cependant, sur la demande

de l'assisté, déterminer la nature des actes et procédures d'exécution auxquelles elle s'appliquera. — Dans le cas prévu par la deuxième disposition dudit article 2, l'assistance judiciaire est prononcée par le bureau établi près le tribunal civil de première instance du domicile de la partie qui la sollicite, lequel détermine également la nature des actes et procédures d'exécution pour lesquels l'assistance est donnée. — Pour les instances que les actes et procédures d'exécution ainsi déterminés peuvent dans les deux cas faire naître, soit entre l'assisté et la partie poursuivie, soit entre l'assisté et un tiers, le bénéfice de la précédente décision du bureau subsiste en ce qui concerne la constatation de l'insuffisance des ressources, mais l'assistance sera prononcée au fond par le bureau compétent selon les distinctions établies en l'article 3 qui précède.

5. (*Loi 10 juillet* 1901.) Lorsque le nombre des affaires l'exige, tout bureau peut, en vertu d'une décision du ministre de la justice, prise sur l'avis de la juridiction près de laquelle ce bureau est établi, être divisé en plusieurs sections. — Dans ce cas, les règles prescrites par l'article 3, relativement au nombre des membres du bureau et à leur nomination, s'appliquent à chaque section.

6. (*Loi 10 juillet* 1901.) Chaque bureau d'assistance judiciaire ou chaque section nomme son président. — Les fonctions de secrétaire sont remplies par le greffier de la cour ou du tribunal près duquel le bureau est établi, ou par un de ses commis assermentés ; et pour le bureau établi près le Conseil d'Etat et le tribunal des conflits, par le secrétaire général près le Conseil d'Etat ou par un secrétaire de section délégué par lui. — Le bureau ne peut délibérer qu'autant que la moitié plus un de ses membres est présente, non compris le secrétaire qui n'a pas voix délibérative. Les décisions sont prises à la majorité : en cas de partage, la voix du président est prépondérante. — Toutefois, dans les cas d'extrême urgence, l'admission provisoire pourra être prononcée par le bureau, quel que soit le nombre des membres présents, le président ou à son défaut le membre le plus ancien, ayant voix prépondérante, et même par un seul membre. — Dans ces mêmes cas, par exception : 1° le magistrat du ministère public auquel doit être adressée la demande d'assistance judiciaire pourra d'office, s'il y a lieu, convoquer le bureau ; 2° ce bureau même s'il n'a, dans l'espèce, qualité que pour recueillir des renseignements dans les termes de l'article 8, aura cependant, si les circonstances l'exigent, le droit de prononcer l'admission provisoire. — Lorsque l'admission n'aura été, dans les conditions qui précèdent, que provisoire, le bureau compétent statuera à bref délai sur le maintien ou le refus de l'assistance demandée

7 (*Loi 10 juillet* 1901.) Les membres du bureau, autres que les délégués de l'administration, sont soumis au renouvellement au commencement de chaque année judiciaire et dans le mois qui suit la rentrée ; les membres sortants peuvent être réélus.

8. (*Loi* 10 *julllet* 1901.) Toute personne qui réclame l'assistance judiciaire adresse sa demande écrite, sur papier libre ou verbale, au procureur de la République du tribunal de son domicile. — Elle peut également adresser cette demande, écrite sur papier libre ou verbale, au maire de son domicile, qui la transmet immédiatement, en ce cas, au procureur de la République ci-dessus indiqué, avec les pièces justificatives. — Ce magistrat en fait la remise au bureau établi près ce tribunal, lequel bureau doit statuer dans le plus bref délai possible. Si ce bureau n'est pas en même temps celui établi près la juridiction compétente pour statuer sur le litige, il se borne à recueillir des renseignements, tant sur l'insuffisance des ressources que sur le fond de l'affaire. Il peut entendre les parties. Si elles ne sont pas accordées, il transmet, par l'intermédiaire du procureur de la République, la demande, le résultat de ses informations et les pièces au bureau établi près la juridiction compétente.

9. (*Loi* 10 *juillet* 1901.) Si la juridiction devant laquelle l'assistance judiciaire a été admise se déclare incompétente et que, par suite de cette décision, l'affaire soit portée devant une autre juridiction de même nature ou de même ordre, le bénéfice de l'assistance subsiste devant cette dernière juridiction. — Celui qui a été admis à l assistance judiciaire devant une première juridiction continue à en jouir sur l'appel interjeté contre lui, dans le cas même où il se rendrait incidemment appelant. Il continue pareillement à en jouir sur le pourvoi formé contre lui en cassation, devant le Conseil d'Etat ou le tribunal des conflits. — Lorsque c'est l'assisté qui émet un appel principal, ou qui forme un pourvoi, il ne peut, sur cet appel ou sur ce pourvoi, jouir de l'assistance judiciaire qu'autant qu il y est admis par une décision nouvelle. Pour y parvenir, il doit adresser sa demande accompagnée de la copie signifiée, ou d'une expédition délivrée avec le bénéfice de l'assistance judiciaire, de la décision contre laquelle il entend former appel ou pourvoi, savoir : — S'il s'agit d'un appel à porter devant le tribunal civil, au procureur de la République près ce tribunal ; — S'il s'agit d'un appel à porter devant la cour d'appel, au procureur général près cette cour ; — S'il s'agit de pourvois, savoir : en cassation, au procureur général près la Cour de cassation ; devant le Conseil d'Etat, au secrétaire général du conseil ; devant le tribunal des conflits, au secrétaire du tribunal. — Le magistrat auquel la demande est adressée en fait la remise au bureau compétent.

10. (*Loi* 10 *juillet* 1901.) Quiconque demande à être admis à l'assistance judiciai.e doit fournir : — 1° Un extrait du rôle de ses contributions ou un certificat du percepteur de son domicile

constatant qu'il n'est pas imposé ; — 2°. Une déclaration attestant qu'il est, à cause de l'insuffisance de ses ressources, dans l'impossibilité d'exercer ses droits en justice et contenant l'énumération détaillée de ses moyens d'existence, quels qu'ils soient. — Le réclamant affirme la sincérité de sa déclaration devant le maire de la commune de son domicile ; le maire lui en donne acte au bas de la déclaration.

11. (*Loi* 10 *juillet* 1901.) Le bureau prend toutes les informations nécessaires pour s'éclairer sur l'insuffisance des ressources du demandeur, si l'instruction déjà faite par le bureau du domicile du demandeur, dans le cas prévu par l'article 8, ne lui fournit pas, à cet égard, des documents suffisants. — Il donne avis à la partie adverse qu'elle peut se présenter devant lui, soit pour contester l'insuffisance des ressources, soit pour fournir des explications sur le fond. — Si elle comparaît, le bureau emploie ses bons offices pour opérer un arrangement amiable.

12. (*Loi* 10 *juillet* 1901.) Les décisions du bureau ne contiennent que l'exposé sommaire des faits et moyens, et la déclaration que l'assistance est accordée ou qu'elle est refusée, sans expression de motifs dans l'un ni dans l'autre cas. — Les décisions du bureau ne sont susceptibles d'aucun recours. — Néanmoins le procureur général, après avoir pris communication de la décision d'un bureau établi près un tribunal civil et des pièces à l'appui, peut, sans retard de l'instruction ou du jugement, déférer cette décision au bureau établi près la cour d'appel, pour y être réformée s'il y a lieu. — Le procureur général près la Cour de cassation, le secrétaire général du Conseil d'Etat, le secrétaire du tribunal des conflits et le procureur général près la cour d'appel peuvent aussi se faire renvoyer les décisions des bureaux d'assistance qui ont été rendues dans une affaire sur laquelle le bureau d'assistance établi près l'une ou l'autre juridiction est appelé à statuer, si ce dernier bureau fait la demande. — Hors les cas prévus par les deux paragraphes précédents, les décisions du bureau ne peuvent être communiquées qu'au procureur de la République, à la personne qui a demandé l'assistance et à ses conseils ; le tout sans déplacement. — Elles ne peuvent être produites ni discutées en justice, si ce n'est devant la police correctionnelle, dans le cas prévu par l'article 26 de la présente loi.

CHAPITRE II. — Des effets de l'assistance judiciaire.

13. (*Loi* 10 *juillet* 1901.) Dans les trois jours de l'admission à l'assistance judiciaire, le président du bureau envoie, par l'intermédiaire du magistrat du ministère public, au président de la juridiction compétente ou au juge compétent, un extrait de la décision portant seulement que l'assistance est accordée : il y joint les pièces de l'affaire. — Si la cause est portée devant une cour ou un

tribunal civil, le président invite le bâtonnier de l'ordre des avocats, le président de la chambre des avoués et le syndic des huissiers, à désigner l'avocat, l'avoué et l'huissier qui prêteront leur
ministère à l'assisté. — S'il n'existe pas de bâtonnier ou s'il n'y a
pas de chambre de discipline des avoués, la désignation est faite
par le président du tribunal. — Si la cause est portée devant un
conseil de préfecture, un tribunal de commerce ou devant un juge
de paix, le président du conseil, le président du tribunal ou le
juge de paix se borne à inviter le syndic des huissiers à désigner
un huissier. — Si la cause est portée devant la Cour de cassation, le Conseil d'Etat ou le tribunal des conflits, le président de
la Cour de cassation, du Conseil d'Etat ou du tribunal des conflits, selon le cas, invite le président du conseil de l'ordre des
avocats près le Conseil d'Etat à commettre un membre de l'ordre
qui prêtera son ministère à l'assisté dans les affaires où ce ministère est obligatoire, et le syndic des huissiers, s'il y a lieu, à désigner un huissier. — S'il s'agit d'actes et procédures d'exécution,
les pièces sont transmises au président du tribunal civil du lieu
où l'exécution doit se poursuivre, lequel invite le syndic des huissiers et, s'il y a lieu, le président de la chambre des avoués, à
désigner l'huissier et l'avoué qui prêteront leur ministère à l'assisté. — Ces désignations doivent être faites dans le plus bref
délai. — Dans le délai de trois jours, déterminé au paragraphe 1er
qui précède, le secrétaire du bureau envoie un extrait de la décision au receveur de l'enregistrement.

14. (*Loi* 10 *juillet* 1901.) L'assisté est dispensé provisoirement
du payement des sommes dues au Trésor pour droits de timbre,
d'enregistrement et de greffe, ainsi que de toute consignation d'a-
mende. — Il est aussi dispensé provisoirement du payement des
sommes dues aux greffiers, aux officiers ministériels et aux avocats pour droits, émoluments et honoraires. — Les actes de la procédure faite à la requête de l'assisté sont visés pour timbre et
enregistrés en débet. — Le visa pour timbre est donné sur l'original au moment de son enregistrement. — Les actes et titres produits par l'assisté, pour justifier de ses droits et qualités, sont
pareillement visés pour timbre et enregistrés en débet. — Si ces
actes et titres sont du nombre de ceux dont les lois ordonnent
l'enregistrement dans un délai déterminé, les droits d'enregistrement deviennent exigibles immédiatement après le jugement définitif; il en est de même des sommes dues pour contravention aux
lois sur le timbre. — Si ces actes et titres ne sont pas du nombre
de ceux dont les lois ordonnent l'enregistrement dans un délai
déterminé, les droits d'enregistrement de ces actes et titres sont
assimilés à ceux des actes de la procédure. — Le visa pour timbre
et l'enregistrement en débet doivent mentionner la date de la
décision qui admet au bénéfice de l'assistance judiciaire ; ils n'ont
d'effet, quant aux actes et titres produits par l'assisté, que pour le

procès dans lequel la production a eu lieu. — Les frais de transport des juges, des officiers ministériels et des experts, les honoraires de ces derniers, les taxes des témoins dont l'audition a été autorisée par le tribunal ou le juge, et en général tous les frais dus à des tiers non officiers ministériels, sont avancés par le Trésor, conformément à l'article 118 du décret du 18 juin 1811. Le paragraphe 6 du présent article s'applique au recouvrement de ces avances.

15. (*Loi* 10 *juillet* 190:.) Le ministère public est entendu dans toutes les affaires dans lesquelles l'une des parties a été admise au bénéfice de l'assistance judiciaire.

16. (*Loi* 10 *juillet* 1901.) Les notaires, greffiers et tous autres dépositaires publics ne sont tenus à la délivrance gratuite des ac.es et expéditions réclamés par l'assisté que sur une ordonnance du juge de paix ou du président.

17. (*Loi* 10 *juillet* 1901.) En cas de condamnation aux dépens prononcée contre l'adversaire de l'assisté, la taxe comprend tous les droits, frais de toute nature, honoraires et émoluments auxquels l'assisté aurait été tenu s'il n'y avait pas eu assistance judiciaire.

18. (*Loi* 10 *juillet* 1901.) Dans le cas prévu par l'article précédent, la condamnation est prononcée et l'exécutoire est délivré au nom de l'administration de l'enregistrement et des domaines, qui en poursuit le recouvrement comme en matière d'enregistrement, sauf le droit pour l'assisté de concourir aux actes de poursuite, conjointement avec l'administration, lorsque cela est utile pour exécuter les décisions rendues et en conserver les effets. — Les frais, faits sous le bénéfice de l'assistance judiciaire, des procédures d'exécution et des instances relatives à cette exécution entre l'assisté et la partie poursuivie qui auraient été discontinuées ou suspendues pendant plus d'une année, sont réputés dus par la partie poursuivie, sauf justifications ou décisions contraires. L'exécutoire est délivré conformément au paragraphe 1er qui précède. — Il est délivré un exécutoire séparé au nom de ladite administration pour les droits qui, ne devant pas être compris dans l'exécutoire délivré contre la partie adverse, restent dus par l'assisté au Trésor, conformément au 6e paragraphe de l'article 14. — L'administration de l'enregistrement et des domaines fait immédiatement aux divers ayants droit la distribution des sommes recouvrées. — La créance du Trésor, pour les avances qu'il a faites, ainsi que pour tous droits de greffe, d'enregistrement et de timbre, a la préférence sur celle des autres ayants droit.

19. (*Loi* 10 *juillet* 1901.) En cas de condamnation aux dépens prononcée contre l'assisté, il est procédé, conformément aux règles tracées par l'article précédent, au recouvrement des sommes dues au Trésor, en vertu des paragraphes 6 et 9 de l'article 14.

20. (*Loi* 10 *juillet* 1901.) Les greffiers seront tenus, dans le mois du jugement contenant liquidation des dépens ou de la taxe des frais par le juge, de transmettre au receveur de l'enregistrement l'extrait du jugement ou l'exécutoire, sous peine de dix francs (10 fr.) d'amende par chaque extrait de jugement ou chaque exécutoire non transmis dans ledit délai.

Chapitre III. — Du retrait de l'assistance judiciaire.

. **21.** (*Loi* 10 *juillet* 1901.) Le bénéfice de l'assistance judiciaire peut être retiré en tout état de cause, même après la fin des instances et procédures pour lesquelles elle a été accordée : — 1° S'il survient à l'assisté des ressources reconnues suffisantes ; — 2° S'il a surpris la décision du bureau par une déclaration frauduleuse.

22. Le retrait de l'assistance peut être demandé, soit par le ministère public, soit par la partie adverse. — Il peut aussi être prononcé d'office par le bureau. — Dans tous les cas, il est motivé.

23. L'assistance judiciaire ne peut être retirée qu'après que l'assisté a été entendu ou mis en demeure de s'expliquer.

24. Le retrait de l'assistance judiciaire a pour effet de rendre immédiatement exigibles les droits, honoraires, émoluments et avances de toute nature, dont l'assisté avait été dispensé. — Dans tous les cas où l'assistance judiciaire est retirée, le secrétaire du bureau est tenu d'en informer immédiatement le receveur de l'enregistrement, qui procédera au recouvrement et à la répartition, suivant les règles tracées en l'article 18 ci-dessus.

25. L'action tendant au recouvrement de l'exécutoire délivré à la régie de l'enregistrement et des domaines, soit contre l'assisté, soit contre la partie adverse, se prescrit par dix ans. — La prescription de l'action de l'adversaire de l'assisté contre celui-ci, pour les dépens auxquels il a été condamné envers lui reste soumise au droit commun.

26. Si le retrait de l'assistance a pour cause une déclaration frauduleuse de l'assisté, relativement à son indigence, celui-ci peut, sur l'avis du bureau, être traduit devant le tribunal de police correctionnelle et condamné, indépendamment du payement des droits et frais de toute nature, dont il avait été dispensé, à une amende égale au montant total de ses droits et frais, sans que cette amende puisse être au-dessous de cent francs, et à un emprisonnement de huit jours au moins et de six mois au plus. — L'article 463 du Code pénal est applicable.

27. Les dispositions de la loi du 7 août 1850 sont applicables : — 1° A toutes les causes qui sont de la compétence des conseils de prud'hommes, et dont les juges de paix sont saisis dans les lieux où ces conseils ne sont pas établis ; — 2° A toutes les contestations énoncées dans les numéros 3 et 4 de l'article 5 de la loi du 25 mai 1838.

TITRE II. — DE L'ASSISTANCE JUDICIAIRE EN MATIÈRE CRIMINELLE ET CORRECTIONNELLE

28. Il sera pourvu à la défense des accusés devant les cours d'assises, conformément aux dispositions de l'article 294 du Code d'instruction criminelle.

29. Les présidents des tribunaux correctionnels désigneront un défenseur d'office aux prévenus poursuivis à la requête du ministère public, ou détenus préventivement, lorsqu'ils en feront la demande, et que leur indigence sera constatée, soit par les pièces désignées dans l'article 10, soit par tous autres documents.

30. Les présidents des cours d'assises et les présidents des tribunaux correctionnels pourront, même avant le jour fixé pour l'audience, ordonner l'assignation des témoins qui leur seront indiqués par l'accusé ou le prévenu indigent, dans le cas où la déclaration de ces témoins serait jugée utile pour la découverte de la vérité. — Pourront être également ordonnées d'office toutes productions et vérifications de pièces. — Les mesures ainsi prescrites seront exécutées à la requête du ministère public.

31. La présente loi pourra, par des règlements d'administration publique, être appliquée aux colonies et à l'Algérie.

Assistance médicale gratuite.

LOI du 15 juillet 1893 sur l'assistance médicale gratuite.

TITRE Ier. — ORGANISATION DE L'ASSISTANCE MÉDICALE

ART. 1er. Tout Français malade, privé de ressources, reçoit gratuitement de la commune, du département ou de l'Etat, suivant son domicile de secours, l'assistance médicale à domicile ou, s'il y a impossibilité de le soigner utilement à domicile, dans un établissement hospitalier. — Les femmes en couches sont assimilées à des malades. — Les étrangers malades, privés de ressources, seront assimilés aux Français toutes les fois que le gouvernement aura passé un traité d'assistance réciproque avec leur nation d'origine.

2. La commune, le département ou l'Etat peuvent toujours exercer leur recours, s'il y a lieu, soit l'un contre l'autre, soit contre toutes personnes, sociétés ou corporations tenues à l'assistance médicale envers l'indigent malade, notamment contre les membres de la famille de l'assisté désignés par les articles 205, 206, 207 et 212 du Code civil.

3. Toute commune est rattachée pour le traitement de ses malades à un ou plusieurs des hôpitaux les plus voisins. — Dans le cas où il y a impossibilité de soigner utilement un malade à domicile, le médecin délivre un certificat d'admission à l'hôpital. Ce certificat doit être contresigné par le président du bureau d'assistance ou son délégué. — L'hôpital ne pourra réclamer à qui de droit le remboursement des frais de journées qu'autant qu'il représentera le certificat ci-dessus.

4. Il est organisé dans chaque département, sous l'autorité du préfet et suivant les conditions déterminées par la présente loi, un service d'assistance médicale gratuite pour les malades privés de ressources. — Le conseil général délibère dans les conditions prévues par l'article 48 de la loi du 10 août 1871 : — 1° Sur l'organisation du service de l'assistance médicale, la détermination et la création des hôpitaux auxquels est rattaché chaque commune ou syndicat de communes ; — 2° Sur la part de la dépense incombant aux communes et au département.

5. A défaut de délibération du conseil général sur les objets prévus à l'article précédent, ou en cas de la suspension de la délibération en exécution de l'article 49 de la loi du 10 août 1871, il peut être pourvu à la réglementation du service par un

décret rendu dans la forme des règlements d'administration publique.

TITRE II. — DOMICILE DE SECOURS

6. Le domicile de secours s'acquiert : — 1° Par une résidence habituelle d'un an dans une commune postérieurement à la majorité ou à l'émancipation ; — 2° Par la filiation. L'enfant a le domicile de secours de son père. Si la mère a survécu au père, ou si l'enfant est un enfant naturel reconnu par sa mère seulement, il a le domicile de sa mère. En cas de séparation de corps ou de divorce des époux, l'enfant légitime partage le domicile de l'époux à qui a été confié le soin de son éducation (V. *Code civ., art.* 302); — 3° Par le mariage. La femme, du jour de son mariage, acquiert le domicile de secours de son mari. Les veuves, les femmes divorcées ou séparées de corps, conservent le domicile de secours antérieur à la dissolution du mariage ou au jugement de séparation. (V. *Loi 6 février* 1893.) — Pour les cas non prévus dans le présent article, le domicile de secours est le lieu de la naissance jusqu'à la majorité ou à l'émancipation.

7. Le domicile de secours se perd : — 1° Par une absence ininterrompue d'une année postérieurement à la majorité ou à l'émancipation ; — 2° Par l'acquisition d'un autre domicile de secours. — Si l'absence est occasionnée par des circonstances excluant toute liberté de choix de séjour ou par un traitement dans un établissement hospitalier situé en dehors du lieu habituel de résidence du malade, le délai d'un an ne commence à courir que du jour où ces circonstances n'existent plus.

8. A défaut de domicile de secours communal, l'assistance médicale incombe au département dans lequel le malade privé de ressources aura acquis son domicile de secours. — Quand le malade n'a ni domicile de secours communal ni domicile de secours départemental, l'assistance médicale incombe à l'État.

9. Les enfants assistés ont leur domicile de secours dans le département au service duquel ils appartiennent, jusqu'à ce qu'ils aient acquis un autre domicile de secours.

TITRE III. — BUREAU ET LISTE D'ASSISTANCE

10. Dans chaque commune, un bureau d'assistance assure le service de l'assistance médicale. — La commission administrative du bureau d'assistance est formé par les commissions administratives réunies de l'hospice et du bureau de bienfaisance, ou par cette dernière seulement quand il n'existe pas d'hospice dans la commune. — A défaut d'hospice ou de bureau de bienfaisance, le bureau d'assistance est régi par la loi du 21 mai 1873 (articles 1 à 5), modifiée par la loi du 5 août 1879, et possède, outre les attributions qui lui sont dévolues par la présente loi, tous les droits et attributions qui appartiennent au bureau de bienfaisance.

11. Le président du bureau d'assistance a le droit d'accepter, à titre conservatoire, des dons et legs et de former, avant l'autorisation, toute demande en délivrance. — Le décret du président de la République ou l'arrêté du préfet qui interviennent ultérieurement ont effet du jour de cette acceptation. — Le bureau d'assistance est représenté en justice et dans tous les actes de la vie civile par un de ses membres que ses collègues élisent, à cet effet, au commencement de chaque année. — L'administration des fondations, dons et legs qui ont été faits aux pauvres ou aux communes, en vue d'assurer l'assistance médicale, est dévolue au bureau d'assistance. — Les bureaux d'assistance sont soumis aux règles qui régissent l'administration et la comptabilité des hospices, en ce qu'elles n'ont rien de contraire à la présente loi.

Voir Décret du 8 octobre 1899.

12. La commission administrative du bureau d'assistance, sur la convocation de son président, se réunit au moins quatre fois par an. — Elle dresse, un mois avant la première session ordinaire du conseil municipal, la liste des personnes qui, ayant dans la commune leur domicile de secours, doivent être, en cas de maladie, admises à l'assistance médicale, et elle procède à la revision de cette liste un mois avant chacune des trois autres sessions. — Le médecin de l'assistance ou un délégué des médecins de l'assistance, le receveur municipal et un des répartiteurs désignés par le sous-préfet, peuvent assister à la séance avec voix consultative.

13. La liste d'assistance médicale doit comprendre nominativement tous ceux qui seront admis aux secours, lors même qu'ils sont membres d'une même famille.

14. La liste est arrêtée par le conseil municipal, qui délibère en comité secret : elle est déposée au secrétariat de la mairie. — Le maire donne avis du dépôt par affiches aux lieux accoutumés.

15. Une copie de la liste et du procès-verbal constatant l'accomplissement des formalités prescrites par l'article précédent est en même temps transmise au sous-préfet de l'arrondissement. — Si le préfet estime que les formalités prescrites par la loi n'ont pas été observées, il défère les opérations, dans les huit jours de la réception de la liste, au conseil de préfecture, qui statue dans les huit jours et fixe, s'il y a lieu, le délai dans lequel les opérations annulées seront refaites.

16. Pendant un délai de vingt jours à compter du dépôt, les réclamations en inscription ou en radiation peuvent être faites par tout habitant ou contribuable de la commune. — (*Loi 13 avril 1898, art.* 58.) Le droit de réclamer l'inscription ou la radiation

devant la commission cantonale appartient également au préfet du département ou à son délégué.

17. Il est statué souverainement sur ces réclamations, le maire entendu ou dûment appelé,, par une commission cantonale composée du sous-préfet de l'arrondissement, du conseiller général, d'un conseiller d'arrondissement dans l'ordre de nomination et du juge de paix du canton. — Le sous-préfet ou, à son défaut, le juge de paix préside la commission.

18. Le président de la commission donne, dans les huit jours, avis des décisions rendues au sous-préfet et au maire, qui opèrent sur la liste les additions ou les retranchements prononcés.

19. En cas d'urgence, dans l'intervalle de deux sessions, le bureau d'assistance peut admettre provisoirement, dans les conditions de l'article 12 de la présente loi, un malade non inscrit sur la liste. — En cas d'impossibilité de réunir à temps le bureau d'assistance, l'admission peut être prononcée par le maire, qui en rend compte, en comité secret, au conseil municipal dans sa plus prochaine séance.

20. En cas d'accident ou de maladie aiguë, l'assistance médicale des personnes qui n'ont pas le domicile de secours dans la commune où s'est produit l'accident ou la maladie incombe à la commune, dans les conditions prévues à l'article 21, s'il n'existe pas d'hôpital dans la commune. — L'admission de ces malades à l'assistance médicale est prononcée par le maire, qui avise immédiatement le préfet et en rend compte, en comité secret, au conseil municipal dans sa plus prochaine séance. — Le préfet accuse réception de l'avis et prononce dans les dix jours sur l'admission aux secours de l'assistance.

21. Les frais avancés par la commune en vertu de l'article précédent, sauf pour les dix premiers jours de traitement, sont remboursés par le département d'après un état régulier dressé conformément au tarif fixé par le conseil général. — Le département qui a fourni l'assistance peut exercer son recours contre qui de droit. Si l'assisté a son domicile de secours dans un autre département, le recours est exercé contre le département, sauf la faculté pour ce dernier d'exercer à son tour son recours contre qui de droit.

22. L'inscription sur la liste prévue à l'article 12 continue à valoir pendant un an, au regard des tiers, à partir du jour où la personne inscrite a quitté la commune, sauf la faculté pour la commune de prouver que cette personne n'est plus en situation d'avoir besoin de l'assistance médicale gratuite.

23. Le préfet prononce l'admission aux secours de l'assistance médicale des malades privés de ressources et dépourvus d'un domicile de secours communal. — Le préfet est tenu d'adresser, au commencement de chaque mois, à la commission départementale ou au ministre de l'intérieur, suivant que l'assistance in-

combe au département ou à l'Etat, la liste nominative des malades ainsi admis pendant le mois précédent aux secours de l'assistance médicale.

TITRE IV. — SECOURS HOSPITALIERS

24. Le prix de journée des malades placés dans les hôpitaux aux frais des communes, des départements ou de l'Etat est réglé, par arrêté du préfet, sur la proposition des commissions administratives de ces établissements et après avis du conseil général du département, sans qu'on puisse imposer un prix de journée inférieur à la moyenne du prix de revient constaté pendant les cinq dernières années.

25. Les droits résultant d'actes de fondations, des édits d'union ou de conventions particulières sont et demeurent réservés. — Il n'est pas dérogé à l'article 1er de la loi du 7 août 1851. — Tous les lits dont l'affectation ne résulte pas des deux paragraphes précédents ou qui ne seront pas reconnus nécessaires aux services des vieillards ou incurables, des militaires, des enfants assistés et des maternités, seront affectés au service de l'assistance médicale.

TITRE V. — DÉPENSES, VOIES ET MOYENS

26. Les dépenses du service de l'assistance médicale se divisent en dépenses ordinaires et dépenses extraordinaires : — Les dépenses ordinaires comprennent : — 1° Les honoraires des médecins, chirurgiens et sages-femmes du service d'assistance à domicile ; — 2° Les médicaments et appareils ; — 3° Les frais de séjour des malades dans les hôpitaux. — Ces dépenses sont obligatoires. Elles sont supportées par les communes, le département et l'Etat, suivant les règles établies par les articles 27, 28 et 29. — Les dépenses extraordinaires comprennent les frais d'agrandissement et de construction d'hôpitaux. — L'Etat contribuera à ces dépenses par des subventions dans la limite des crédits votés. — Chaque année, une somme sera à cet effet inscrite au budget.

27. Les communes dont les ressources spéciales de l'assistance médicale et les ressources ordinaires inscrites à leur budget seront insuffisantes pour couvrir les frais de ce service sont autorisées à voter des centimes additionnels aux quatre contributions directes ou des taxes d'octroi pour se procurer le complément des ressources nécessaires. — Les taxes d'octroi votées en vertu du paragraphe précédent seront soumises à l'approbation de l'autorité compétente, conformément aux dispositions de l'article 137 de la loi du 5 avril 1884. — La part que les communes seront obligées de demander aux centimes additionnels ou aux taxes d'octroi ne pourra être moindre de 20 o/o ni supérieure à

90 0/0 de la dépense à couvrir, conformément au tableau A ci-annexé.

28. Les départements, outre les frais qui leur incombent de par les articles précédents, sont tenus d'accorder aux communes qui auront été obligées de recourir à des centimes additionnels ou à des taxes d'octroi, des subventions d'autant plus fortes que leur centime sera plus faible, mais qui ne pourront dépasser 80 0/0 ni être inférieures à 10 0/0 du produit de ces centimes additionnels ou taxes d'octroi conformément au tableau A précité. — En cas d'insuffisance des ressources spéciales de l'assistance médicale et des ressources ordinaires de leur budget, ils sont autorisés à voter des centimes additionnels aux quatre contributions directes dans la mesure nécessitée par la présente loi.

29. L'Etat concourt aux dépenses départementales de l'assistance médicale par des subventions aux départements dans une proportion qui variera de 10 à 70 0/0 du total de ces dépenses couvertes par des centimes additionnels et qui sera calculée en raison inverse de la valeur du centime départemental par kilomètre carré, conformément au tableau B ci-annexé. — L'Etat est en outre chargé : — 1° Des dépenses occasionnées par le traitement des malades n'ayant aucun domicile de secours ; — 2° Des frais d'administration relatifs à l'exécution de la présente loi.

TITRE VI. — DISPOSITIONS GÉNÉRALES

30. Les communes, les départements, les bureaux de bienfaisance et les établissements hospitaliers possédant, en vertu d'actes de fondations, des biens dont le revenu a été affecté par le fondateur à l'assistance médicale des indigents à domicile, sont tenus de contribuer aux dépenses du service de l'assistance médicale jusqu'à concurrence dudit revenu, sauf ce qui a été dit à l'article 25.

31. Tous les recouvrements relatifs au service de l'assistance médicale s'effectuent comme en matière de contributions directes. — Toutes les recettes du bureau d'assistance pour lesquelles les lois et règlements n'ont pas prévu un mode spécial de recouvrement s'effectuent sur les états dressés par le président. — Ces états sont exécutoires après qu'ils ont été visés par le préfet ou le sous-préfet. — Les oppositions, lorsque la matière est de la compétence des tribunaux ordinaires, sont jugées comme affaires sommaires, et le bureau peut y défendre sans autorisation du conseil de préfecture.

32. Les certificats, significations, jugements, contrats, quittances et autres actes faits en vertu de la présente loi et exclusivement relatifs au service de l'assistance médicale, sont dispensés du timbre et enregistrés gratis lorsqu'il y a lieu à la formalité de l'enregistrement, sans préjudice du bénéfice de la loi du 22 janvier 1851 sur l'assistance judiciaire.

Voir Loi 22 frimaire an VII, art. 70, § 2.

33. Toutes les contestations relatives à l'exécution soit de la délibération du conseil général prise en vertu de l'article 4, soit du décret rendu en vertu de l'article 5, ainsi que les réclamations des commissions administratives relatives à l'exécution de l'arrêté préfectoral prévu à l'article 24, sont portées devant le conseil de préfecture du département du requérant et, en cas d'appel, devant le Conseil d'Etat. — Les pourvois devant le Conseil d'Etat dans les cas prévus au paragraphe précédent sont dispensés de l'intervention de l'avocat.

34. Les médecins du service de l'assistance médicale gratuite ne pourront être considérés comme inéligibles au conseil général ou au conseil d'arrondissement à raison de leur rétribution sur le budget départemental.

35. Les communes ou syndicats de communes qui justifient remplir d'une manière complète leur devoir d'assistance envers leurs malades peuvent être autorisés par une décision spéciale du ministre de l'intérieur, rendue après avis du conseil supérieur de l'assistance publique, à avoir une organisation spéciale.

36. Sont abrogées les dispositions du décret-loi du 24 vendémiaire an II, en ce qu'elles ont de contraire à la présente loi.

Assistance obligatoire aux vieillards.

LOI du 14 juillet 1905 relative à l'assistance obligatoire aux vieillards, aux infirmes et aux incurables privés de ressources.

TITRE Iᵉʳ. — ORGANISATION DE L'ASSISTANCE

ART. 1ᵉʳ. Tout Français privé de ressources, incapable de subvenir par son travail aux nécessités de l'existence et, soit âgé de plus de soixante-dix ans, soit atteint d'une infirmité ou d'une maladie reconnue incurable, reçoit, aux conditions ci-après, l'assistance instituée par la présente loi.

2. L'assistance est donnée par la commune où l'assisté a son domicile de secours ; à défaut de domicile de secours communal, par le département où l'assisté a son domicile de secours départemental ; à défaut de leur domicile de secours, par l'Etat. — La commune et le département reçoivent, pour le payement des dépenses mises à leur charge par la présente loi, les subventions prévues au titre IV.

3. Le domicile de secours, soit communal, soit départemental, s'acquiert et se perd dans les conditions prévues aux articles 6 et 7 de la loi du 15 juillet 1893 ; toutefois le temps requis pour l'acquisition et la perte de ce domicile est porté à cinq ans. A partir de soixante-cinq ans, nul ne peut acquérir un nouveau domicile de secours ni perdre celui qu'il possède. — Les enfants assistés, infirmes ou incurables, parvenus à la majorité, ont leur domicile de secours dans le département au service duquel ils appartenaient, jusqu'à ce qu'ils aient acquis un autre domicile de secours.

4. La commune, le département ou l'Etat, qui a secouru, par un des modes prévus au titre III de la présente loi, un vieillard, un infirme ou un incurable dont l'assistance ne lui incombait pas en vertu des dispositions qui précèdent, a droit au remboursement de ses avances, jusqu'à concurrence d'une année de secours. La répétition des sommes ainsi avancées peut s'exercer pendant cinq ans ; mais la somme à rembourser ne pourra être supérieure au montant de la dépense qu'aurait nécessitée l'assistance si elle avait été donnée au domicile de secours prévu par les articles 2 et 3.

5. La commune, le département ou l'Etat peuvent toujours exercer leur recours s'il y a lieu, et avec le bénéfice, à leur profit, de la loi du 10 juillet 1901, soit contre l'assisté, si on lui reconnaît ou s'il lui survient des ressources suffisantes, soit contre toutes personnes ou sociétés tenues de l'obligation d'as-

sistance, notamment contre les membres de la famille de l'assisté désignés par les articles 205, 206, 207 et 212 du Code civil et dans les termes de l'article 208 du même Code. — Ce recours ne peut être exercé que jusqu'à concurrence de cinq années de secours.

6. Le service de l'assistance aux vieillards, aux infirmes et aux incurables est organisé, dans chaque département, par le conseil général délibérant dans les conditions prévues à l'article 48 de la loi du 10 août 1871 — Si le conseil général refuse ou néglige de délibérer, ou si sa délibération est suspendue par application de l'article 49 de la loi du 10 août 1871, il peut être pourvu à l'organisation du service par un décret rendu dans la forme des règlements d'administration publique.

TITRE II. — ADMISSION A L'ASSISTANCE

7. Chaque année, un mois avant la première session ordinaire du conseil municipal, le bureau d'assistance dresse la liste des vieillards, des infirmes et des incurables qui, remplissant les conditions prescrites par l'article 1er et résidant dans la commune, ont fait valoir, dans leur demande écrite, leurs titres au service d'assistance institué par la présente loi. Il propose en même temps le mode d'assistance qui convient à chacun d'eux, et, si ce mode de secours est l'assistance à domicile, il indique la quotité de l'allocation mensuelle à leur accorder. La liste préparatoire ainsi dressée est divisée en deux parties : la première, comprenant les vieillards, les infirmes et les incurables qui ont leur domicile de secours dans la commune ; la seconde, ceux qui ont leur domicile de secours dans une autre commune, ou qui n'ont aucun domicile de secours. — Une copie de cette liste, accompagnée de toutes les demandes d'admission à l'assistance, est adressée au conseil municipal ; une autre est envoyée au préfet. — Il est procédé à la revision de la liste un mois avant chacune des trois autres sessions du conseil municipal, et en cas de besoin dans le cours de l'année. — A défaut par le bureau de dresser cette liste, elle est établie d'office par le conseil municipal.

8. Le conseil municipal, délibérant en comité secret sur la totalité des demandes préalablement soumises au bureau d'assistance, qu'elles figurent ou non sur la liste préparatoire, prononce l'admission à l'assistance des personnes ayant leur domicile de secours dans la commune et règle les conditions dans lesquelles elles seront assistées soit à domicile, soit dans un établissement hospitalier.

9. La liste ainsi arrêtée par le conseil municipal est déposée au secrétariat de la mairie, et avis de ce dépôt est donné par affiches aux lieux accoutumés. — Une copie de la liste est en même temps adressée au préfet du département. — Pendant un délai de vingt jours à compter du dépôt, tout vieillard, infirme ou in-

curable dont la demande a été rejetée par le conseil municipal peut présenter sa réclamation à la mairie; dans le même délai, tout habitant ou contribuable de la commune peut réclamer l'inscription ou la radiation des personnes omises ou indûment portées sur la liste. — Le même droit appartient au préfet et au sous-préfet.

10. Les décisions du conseil municipal relatives au taux de l'allocation mensuelle sont susceptibles de recours dans les mêmes conditions.

11. Il est statué, par décision motivée dans le délai d'un mois, sur ces réclamations, le maire et le réclamant entendus ou dûment appelés, par une commission cantonale composée du sous-préfet de l'arrondissement, du conseiller général, d'un conseiller d'arrondissement dans l'ordre de nomination, du juge de paix du canton, d'une personne désignée par le préfet, d'un délégué des bureaux d'assistance du canton et d'un délégué des sociétés de secours mutuels existant dans le canton. — Le sous-préfet, ou à son défaut le juge de paix, préside la commission. — Le président de la commission donne, dans les huit jours, avis des décisions rendues au préfet et au maire, qui opèrent sur la liste les additions ou les retranchements prononcés et en donnent également avis aux parties intéressées. — Ces décisions peuvent être déférées par toute personne intéressée, dans un délai de vingt jours à partir de la notification, au ministre de l'intérieur, qui saisit la commission centrale instituée par l'article 17. Ce recours n'est pas suspensif.

12. Dans le cas où le conseil municipal refuse ou néglige de prendre la délibération prescrite par l'article 8, la liste est, sur l'invitation du préfet, arrêtée d'office, dans le délai d'un mois, par la commission cantonale mentionnée à l'article précédent. — A défaut par la commission cantonale de remplir les obligations qui lui sont imposées par la présente loi, il est statué, dans le délai de deux mois, par la commission centrale.

13. Dès la réception des listes mentionnées à l'article 7, le préfet invite les conseils municipaux des communes où des postulants ont leur domicile de secours, à statuer à leur égard dans les conditions prévues aux articles 8 et suivants. — Il invite la commission départementale à statuer, conformément à l'article 14, à l'égard de ceux qui, n'ayant pas de domicile de secours communal, ont leur domicile de secours dans le département. — Il transmet enfin, avec son avis et les pièces justificatives, aux préfets des départements intéressés, les noms des postulants ayant leur domicile de secours, soit communal, soit départemental, dans un autre département, et au ministre de l'intérieur, les noms de ceux qui n'ont aucun domicile de secours.

14. La commission départementale prononce l'admission à l'assistance des vieillards, des infirmes et des incurables qui ont

le domicile de secours départemental ; elle règle les conditions dans lesquelles ils seront assistés. Ses décisions sont provisoirement exécutoires. Toutefois, le conseil général peut les réformer. — En cas de rejet de la demande ou de refus de statuer dans le délai de deux mois, soit par la commission départementale, soit par le conseil général, l'intéressé peut se pourvoir devant le ministre de l'intérieur, qui saisit la commission centrale. Le même droit appartient au préfet.

15. Sont également susceptibles de recours les décisions de la commission départementale et du conseil général relatives au taux de l'allocation mensuelle.

16. L'admission à l'assistance des vieillards, des infirmes et des incurables qui n'ont aucun domicile de secours, est prononcée par le ministre de l'intérieur, sur l'avis de la commission instituée par l'article suivant.

17. Une commission centrale composée de quinze membres du conseil supérieur de l'assistance publique élus par leurs collègues et de deux membres du conseil supérieur de la mutualité élus par leurs collègues statue définitivement sur les recours formés en vertu des articles 11, 14 et 15 et donne son avis sur l'admission à l'assistance de l'Etat.

18. L'assistance doit être retirée lorsque les conditions qui l'ont motivée ont cessé d'exister. — Le retrait est prononcé, suivant les cas, par le conseil municipal, la commission départementale ou le ministre de l'intérieur. Il donne lieu aux mêmes recours.

TITRE III. — MODES D'ASSISTANCE

19. Les vieillards, les infirmes et les incurables ayant le domicile de secours communal ou départemental reçoivent l'assistance à domicile. Ceux qui ne peuvent être utilement assistés à domicile sont placés, s'ils y consentent, soit dans un hospice public, soit dans un établissement privé ou chez des particuliers, ou enfin dans les établissements publics ou privés où le logis seulement, et indépendamment d'une autre forme d'assistance, leur est assuré. — Le mode d'assistance appliqué à chaque cas individuel n'a aucun caractère définitif.

20. L'assistance à domicile consiste dans le payement d'une allocation mensuelle. — Le taux de cette allocation est arrêté, pour chaque commune, par le conseil municipal, sous réserve de l'approbation du conseil général et du ministre de l'intérieur. — Il ne peut être inférieur à cinq francs (5 fr.) ni, à moins de circonstances exceptionnelles, supérieur à vingt francs (20 fr.). S'il est supérieur à vingt francs, la délibération du conseil général est soumise à l'approbation du ministre de l'intérieur, qui statue après avis du conseil supérieur de l'assistance publique. — Dans le cas où il excéderait trente francs (30 fr.), l'excédent n'entre en compte

ni pour le calcul des remboursements à effectuer en vertu de l'article 4, ni pour la détermination de la subvention du département et de l'Etat prévue au titre IV. — Au cas où la personne admise à l'assistance dispose déjà de certaines ressources, la quotité de l'allocation est diminuée du montant de ces ressources. Toutefois, celles provenant de l'épargne, notamment d'une pension de retraite que s'est acquise l'ayant droit, n'entrent pas en décompte si elles n'excèdent pas soixante francs (60 fr.). Cette quotité est élevée de soixante francs à cent vingt francs pour les ayants droit justifiant qu'ils ont élevé au moins trois enfants jusqu'à l'âge de seize ans. Dans le cas où les ressources dépassent ces chiffres, l'excédent n'entre en décompte que jusqu'à concurrence de moitié sans que les ressources provenant de l'épargne et l'allocation d'assistance puissent ensemble dépasser la somme de quatre cent quatre-vingts francs (480 fr.). — Les ressources fixes et permanentes provenant de la bienfaisance privée entrent seules en décompte jusqu'à concurrence de moitié avec la limite maximum de 480 francs.

21. La jouissance de l'allocation commence du jour fixé par la délibération prononçant l'admission à l'assistance. — Le bureau de bienfaisance ou d'assistance décide, suivant la situation de l'intéressé, si l'allocation doit être remise en une seule fois ou par fractions ; il peut décider que tout ou partie de l'allocation sera donnée en nature. — L'allocation est incessible et insaisissable Elle est payée au lieu de résidence de l'intéressé, soit à lui-même, soit, en cas de placement familial, à une personne désignée par lui et agréée par le maire, soit enfin, en cas de secours en nature ou de fractionnement de la mensualité, au receveur du bureau de bienfaisance ou d'assistance. Le règlement d'administration publique, prévu à l'article 41, déterminera les règles de comptabilité à appliquer à ce service.

22. Lorsque la commune ne possède pas d'hospice ou lorsque l'hospice existant est insuffisant, les vieillards, les infirmes et les incurables ayant le domicile de secours communal sont placés dans les hospices ou dans les établissements privés choisis par le conseil municipal sur la liste dressée par le conseil général conformément à l'article suivant, soit enfin chez des particuliers.

23. Le conseil général désigne les hospices et les hôpitaux-hospices qui seront tenus de recevoir les vieillards, les infirmes et les incurables qui ne peuvent être assistés à domicile. — Le nombre des lits à leur affecter dans ces établissements est fixé, chaque année, par le préfet, les commissions administratives entendues. — Le prix de journée est réglé par le préfet, sur la proposition des commissions administratives et après avis du conseil général, sans qu'on puisse imposer un prix de journée inférieur à la moyenne du prix de revient constaté pendant les cinq dernières années. Il est revisé tous les cinq ans. — Au cas où l'hospitalisé dispose de certaines ressources, le prix de journée est dû par la commune, le département ou l'Etat, qui réalisent à leur profit le montant des déductions prévues à l'article 20.

24. Le conseil général désigne les établissements privés qui peuvent, en cas d'insuffisance des hospices, recevoir des vieillards, des infirmes et des incurables, et il approuve les traités passés pour leur entretien. — L'exécution des traités est soumise au contrôle de l'autorité publique. — Le conseil général fixe les conditions générales du placement des assistés dans les familles étrangères.

25. Les vieillards, les infirmes et les incurables qui sont dépourvus de tout domicile de secours sont placés dans des établissements publics ou privés désignés par le ministre de l'intérieur, à moins que le préfet ou la commission centrale d'assistance ne les ait admis à l'assistance à domicile ; ils reçoivent, dans ce cas, une allocation fixée dans les limites indiquées à l'article 20.

26. Les frais de visite occasionnés par la délivrance des certificats médicaux aux infirmes et aux incurables, et les frais de transport des assistés sont supportés, s'il y a lieu, par la commune, par le département ou par l'Etat, suivant que ceux-ci sont le domicile de secours communal ou départemental, ou qu'ils sont dépourvus de domicile de secours. — Si les assistés n'ont pas leur domicile de secours dans la commune où ils résident, celle-ci fait l'avance de ces frais, sauf remboursement par la commune ou le département à qui incombe l'assistance, ou par l'Etat.

TITRE IV. — VOIES ET MOYENS

27. Sont obligatoires pour les communes, dans les conditions des articles 136 et 149 de la loi du 5 avril 1884, les dépenses d'assistance mises à leur charge par la présente loi. — Les communes pourvoient à ces dépenses à l'aide : 1° des ressources spéciales provenant des fondations ou des libéralités faites en vue de l'assistance aux vieillards, aux infirmes et aux incurables, à moins que les conditions desdites fondations ou libéralités ne s'y opposent ; 2° de la participation éventuelle du bureau de bienfaisance et de l'hospice ; 3° des recettes ordinaires ; 4° en cas d'insuffisance, d'une subvention du département, calculée conformément au tableau A, et d'une subvention directe et complémentaire de l'Etat, calculée conformément au tableau C, en ne tenant compte pour le calcul des subventions que de la portion de dépense couverte au moyen de ressources provenant de l'impôt, d'impositions ou de taxes dont la perception est autorisée par les lois.

28. Sont obligatoires pour les départements, dans les conditions des articles 60 et 61 de la loi de 1871 . — 1° Les dépenses d'assistance mises à leur charge par les articles 2 et 26 ; — 2° Les subventions à allouer aux communes par application de l'article précédent ; — 3° Les frais d'administration départementale du service. — En cas d'insuffisance des ressources spéciales et des revenus ordinaires disponibles, et il est pourvu à ces dépenses à l'aide : — 1° D'impositions ou de taxe dont la perception est autorisée par les lois ; — 2° D'une subvention de l'Etat, calculée conformément au tableau B, sur la portion de dépense couverte au moyen des ressources provenant des revenus ordinaires ou de l'impôt.

29. Indépendamment des subventions à allouer, en vertu des articles précédents, l'Etat est chargé : — 1° Des frais de l'assistance aux vieillards, aux infirmes et aux incurables n'ayant aucun domicile de secours ; — 2° Des frais généraux d'administration et de contrôle occasionnés par l'exécution de la présente loi.

30. Les bureaux de bienfaisance, les hospices et les hôpitaux-hospices possédant, en vertu de fondations ou de libéralités, des biens dont le revenu a été spécialement affecté à l'assistance à domicile des vieillards, des infirmes et des incurables seront tenus de contribuer à l'exécution de la présente loi, conformément aux conditions de la donation, jusqu'à concurrence dudit revenu.

31. Les hospices communaux sont tenus de recevoir gratuitement, autant que leurs ressources propres le permettent, les vieillards, les infirmes et les incurables ayant leur domicile de secours dans la commune où est situé l'établissement et qui ont été désignés pour l'hospitalisation conformément à l'article 19. — Ls même obligation incombe aux hospices intercommunaux et cantonaux à l'égard des vieillards, des infirmes et des incurables ayant leur domicile de secours dans les communes au profit desquelles ces hospices ont été fondés.

32. L'Etat contribue, par des subventions, aux dépenses de construction ou d'appropriation d'hospices nécessités par l'exécution de la présente loi. Cette contribution est déterminée en raison inverse de la valeur du centime communal ou départemental, en raison directe des charges extraordinaires de la commune ou du département, et encore en raison de l'importance des travaux à exécuter conformément à des règles qui seront établies par un règlement d'instruction publique. — Si les travaux sont entrepris par plusieurs départements, en conformité des articles 89 et 90 de la loi du 10 août 1871 ou par un syndicat de communes, la subvention est fixée distinctement pour chacun des départements et pour chacune des communes participant à la dépense. — Les projets doivent être préalablement approuvés par le ministre de l'intérieur. — La loi de finances de chaque exercice déterminera le chiffre maximum des subventions à accorder pendant l'année.

33. Pour les trois années 1907, 1908, 1909, la loi de finances de chaque exercice déterminera la somme que le ministre de l'intérieur sera autorisé à engager pour les subventions allouées aux départements et aux communes en exécution de la présente loi.

TITRE V. — COMPÉTENCE

34. Les contestations relatives au domicile de secours sont jugées par le conseil de préfecture du département où le vieillard, l'infirme ou l'incurable a sa résidence.

35. En cas de désaccord entre les commissions administratives des hospices et le préfet, et entre les commissions administratives des bureaux de bienfaisance et des hospices, et les conseils municipaux sur l'exécution des dispositions contenues aux articles 23, 27, 30 et 31, il est statué par le conseil de préfecture du département où est situé l'établissement.

36. Les décisions du conseil de préfecture peuvent être attaquées devant le conseil d'Etat. — Le pourvoi est jugé sans frais et dispensé du timbre et du ministère d'avocat.

TITRE VI. — DISPOSITIONS DIVERSES

37. Un règlement d'administration publique déterminera les conditions d'application de la présente loi à la ville de Paris, en ce qui concerne les articles 7, 8, 9, 10, 11, 12, 13, 21, 22, 23, 30 et 31.

38. Les certificats, significations, jugements, contrats, quittances et autres actes faits en vertu de la présente loi et ayant exclusivement pour objet le service de l'assistance aux vieillards, aux infirmes et aux incurables, sont dispensés du timbre et enregistrés gratis, lorsqu'il y a lieu à la formalité de l'enregistrement.

39. Tout inculpé, aux termes des articles 269, 270, 271 et 274 du Code pénal, qui prétendra faire valoir ses titres à l'assistance, pourra obtenir, s'il y a lieu, un sursis à la poursuite et être ultérieurement renvoyé, selon les cas, des fins de cette poursuite. — Toutefois, les dispositions du présent article ne sont pas applicables en cas de récidive.

40. Il n'est pas dérogé aux lois relatives aux aliénés. — Sont abrogés les articles 43 de la loi du 20 mars 1897, 61 de la loi du 30 mars 1902 et toutes autres dispositions contraires à la présente loi.

41. La présente loi sera applicable à partir du 1er janvier 1907. — Des règlements d'administration publique détermineront, s'il y a lieu, les mesures nécessaires pour assurer son exécution.

DEUXIÈME PARTIE
DÉCRETS

DÉCRET du 14 avril 1906 relatif aux recettes et dépenses du service de l'assistance obligatoire aux vieillards, aux infirmes et aux incurables privés de ressources.

ART. 1er. Les recettes et les dépenses du service de l'assistance obligatoire aux vieillards, aux infirmes et aux incurables privés de ressources sont centralisées au budget départemental et soumises aux règles générales de la comptabilité départementale.

2. Le budget départemental comprend en recettes : — 1° La quote-part des communes, y compris la subvention directe de l'État déterminé par le tableau C annexé à la loi, et les sommes versées par les établissements de bienfaisance au cas prévu par l'article 30 de la loi du 14 juillet 1905 ; — 2° Les subventions de l'État au département et les sommes dues par l'État pour les assistés n'ayant aucun domicile de secours ; — 3° Le produit des remboursements effectués en vertu des articles 4 et 5 de la loi du 14 juillet 1905 ; — 4° Le produit des dons et legs et autres recettes éventuelles.

3. Le budget départemental comprend en dépenses : — 1° Les allocations mensuelles ; — 2° Les frais d'hospitalisation, soit dans les hospices publics, soit dans les établissements privés ; — 3° Les frais d'entretien chez les particuliers ; — 4° Les frais d'entretien dans les établissements publics ou privés, où le logis seulement est assuré au bénéficiaire ; — 5° Les frais de visite occasionnés par la délivrance des certificats médicaux ; — 6° Les frais de transport des assistés , — 7° Les frais d'administration de service dans les départements. — Les dépenses sont acquittées au moyen des recettes prévues à l'article 2 ci-dessus et du contingent départemental, notamment des subventions aux communes.

4. La quote-part à verser par chaque commune, en vertu du paragraphe 1er de l'article 2 ci-dessus, est provisoirement fixée au chiffre constaté dans le dernier compte réglé. — Le versement en est effectué par quart à l'expiration de chaque trimestre. — Elle est réglée définitivement lors de la clôture des comptes de l'exercice.

5. Des états annexés au budget départemental font ressortir en recettes et en dépenses les opérations du service de l'assis-

tance aux vieillards, aux infirmes et aux incurables privés de ressources.

6. Les allocations mensuelles sont mandatées par le préfet au nom du receveur du bureau de bienfaisance ou, à défaut de bureau de bienfaisance, au nom du receveur du bureau d'assistance de la commune où résident les intéressés. — Le mandat est accompagné d'un état arrêté par le préfet, indiquant la somme revenant à chacun des assistés.

7. (*Décret* 22 *novembre* 1907.) Chaque mois, il est remis à l'assisté par le bureau de bienfaisance ou, à défaut de bureau de bienfaisance, par le bureau d'assistance, un bon visé par un de ses membres et sur la remise duquel l'allocation est payée par le comptable après signature, pour acquit, par la partie prenante. — Les commissions administratives du bureau de bienfaisance ou du bureau d'assistance désignent, avec approbation du préfet, celui ou ceux de leurs membres qui seront chargés du visa. — Si l'allocation mensuelle doit être payée par fractions, il est délivré autant de bons qu'il doit être effectué de payements.

8. Si l'assisté n'habite pas dans la commune où réside le comptable chargé du payement, il peut faire parvenir directement à ce dernier le bon acquitté, et les fonds sont adressés par la poste à l'intéressé.

9. L'allocation mensuelle est payée à la fin de chaque mois, à terme échu. Toutefois, les allocations versées aux hospices, conformément à l'article 3, sont mandatés directement tous les trois mois.

10. Avis du décès des assistés est donné au préfet, dans un délai de cinq jours : 1º par le maire, pour les bénéficiaires qui habitent la commune et qui jouissent d'une allocation mensuelle ou bénéficient d'un placement familial ; 2º par l'administration hospitalière pour les assistés hospitalisés.

11. Les arrérages de l'allocation mensuelle sont dus jusqu'au jour du décès des assistés.

12. Les receveurs hospitaliers font ressortir dans des chapitres spéciaux de leur compte les opérations en recettes et en dépenses faites pour l'application de la loi du 14 juillet 1905.

13. Un arrêté concerté entre le ministre de l'intérieur et le ministre des finances déterminera : — 1º Le modèle du bon prévu à l'article 7 ; — 2º Les pièces justificatives en recettes et en dépenses du service de l'assistance aux vieillards, aux infirmes et aux incurables privés de ressources.

LIVRE VI

DES CAISSES D'ÉPARGNE

PREMIÈRE PARTIE

LOIS

Caisse d'épargne postale.

LOI du 9 avril 1881 qui crée une caisse d'épargne postale.

ART. 1er. Il est institué une caisse d'épargne publique sous la garantie de l'État ; elle est placée sous l'autorité du ministre des postes et des télégraphes et prend le nom de *Caisse d'épargne postale*. Les bureaux de poste français seront appelés, au fur et à mesure, par des arrêtés ministériels, à participer au service de la caisse d'épargne postale. Tout déposant muni d'un livret de la caisse d'épargne peut continuer ses versements et opérer ses retraits dans tous les bureaux de poste français dûment organisés en agences de cette caisse. L'administration des postes représentera l'État dans ses rapports avec les déposants.

2. (*Loi 29 juillet 1883.*) Les fonds de la caisse d'épargne postale seront versés à la Caisse des dépôts et consignations. Ils produiront à la caisse d'épargne, à partir du jour de leur versement jusques et non compris le jour du retrait, un intérêt de trois francs vingt-cinq centimes pour cent (3 fr. 25 c. p. 100) par an.

3. Un intérêt de trois francs pour cent (3 fr. p. 100) sera servi aux déposants par la caisse d'épargne. Cet intérêt partira du 1er ou du 16 de chaque mois après le jour du versement. Il cessera de courir à partir du 1er ou du 16 qui aura précédé le jour du remboursement. Au 31 décembre de chaque année, l'intérêt acquis s'ajoutera au capital et deviendra lui-même productif d'intérêts. Les fractions de franc ne produiront pas d'intérêts.

Voir Décret du 18 mars 1885 ; 19 décembre 1885.

4. Le taux de l'intérêt fixé par les deux articles précédents ne pourra être modifié que par une loi.

5. Les frais d'administration de la caisse d'épargne postale seront prélevés sur les sommes dont elle bénéficiera : — 1° Par suite de la différence entre l'intérêt servi par le Trésor et l'intérêt dont on tiendra compte aux déposants ; — 2° Par suite de la différence d'intérêt produit par les arrérages des valeurs achetées en

exécution de l'article 19 et le taux de trois francs vingt-cinq centimes pour cent servi à la caisse postale. En cas d'insuffisance, il y sera pourvu au moyen des intérêts de la dotation dont il est parlé à l'article 16.

6. L'administration des postes ouvrira un compte à toute personne par laquelle ou au nom de laquelle des fonds auront été versés, à titre d'épargne, dans un bureau de poste. Elle délivrera gratuitement, au nom des bénéficiaires, un livret sur lequel seront inscrits les versements, les retraits de fonds et les intérêts acquis. Nul ne pourra être titulaire de plus d'un livret à la caisse d'épargne postale, sous peine de perdre l'intérêt des sommes inscrites sur le second livret et les livrets de date ultérieure. Si plusieurs livrets ont la même date, la perte de l'intérêt portera sur la totalité des dépôts constatés par ces livrets. Les mineurs sont admis à se faire ouvrir des livrets sans l'intervention de leur représentant légal Ils pourront retirer, sans cette intervention, mais seulement après l'âge de seize ans révolus, les sommes figurant sur les livrets ainsi ouverts, sauf opposition de la part de leur représentant légal. Les femmes mariées, quel que soit le régime de leur contrat de mariage, seront admises à se faire ouvrir des livrets sans l'assistance de leurs maris ; elles pourront retirer sans cette assistance les sommes inscrites aux livrets ainsi ouverts, sauf opposition de la part de leurs maris.

Voir Décret du 31 août 1881 ; Loi du 29 octobre 1885, art. 3 et 5; 19 décembre 1885.

7. Tout déposant dont le crédit sera suffisant pour acheter dix francs (10 fr.) de rente au minimum pourra faire opérer cet achat, sans frais, par la caisse d'épargne postale. L'achat de rente pourra être supérieur à dix francs (10 fr.), si la situation du crédit le comporte.

Voir Décret du 31 août 1881, art. 34.

8. Chaque versement ne pourra être inférieur à un franc. Le compte ouvert à chaque déposant ne pourra excéder le chiffre de deux mille francs (2,000 fr.), versés en une ou plusieurs fois.

Voir Décret du 30 novembre 1882, art. 1er ; Loi du 29 octobre 1885, art. 5; Décret du 22 juillet 1889; 13 février 1901.

9. Dès qu'un compte dépassera, par les versements et la capitalisation des intérêts, le chiffre de deux mille francs (2,000 fr.), il en sera donné avis au déposant par lettre chargée. Si, dans les trois mois qui suivront cet avis, le déposant n'a pas réduit son crédit, il lui sera acheté d'office et sans frais vingt francs (20 fr.) de rente sur l'Etat. Le service des intérêts sur l excédent sera suspendu à partir de la date de l'avis jusqu'au jour de la réduction du compte.

Voir décret du 31 août 1881, art. 30 ; 19 décembre 1885 ; Loi du 5 août 1895, art. 4; Décret du 13 février 1901.

10. Lorsque le déposant n'aura pas retiré les titres de rente

achetés pour son compte, dans le cas prévu par l'article précédent, la caisse d'épargne en touchera les arrérages et les inscrira comme nouveau versement au crédit du titulaire.

11. La demande de retrait devra être déposée à l'avance, et le remboursement aura lieu dans un délai de huit jours au maximum pour la France continentale. Des délais supplémentaires seront fixés par décret pour les opérations nécessitant l'intervention d'un bureau situé en dehors de la France continentale.

12. Dans le cas de force majeure, des décrets rendus, le Conseil d'Etat entendu, pourront autoriser la caisse d'épargne postale à n'opérer le remboursement que par acomptes de cinquante francs (50 fr.) au minimum et par quinzaine.

Voir Décret du 19 décembre 1885.

13. Les sociétés de secours mutuels seront admises à faire des versements à la caisse d'épargne postale, et le compte ouvert à leur crédit pourra atteindre le chiffre de huit mille francs (8,000 fr.). Les institutions de coopération, de bienfaisance et autres sociétés de même nature pourront être admises à faire des versements dans les mêmes conditions, après en avoir obtenu l'autorisation du ministre. Au delà de ce chiffre, il leur sera fait application des articles 9 et 10 ci-dessus ; toutefois, le montant de la rente achetée d'office pour leur compte sera de cent francs (100 fr.)

Voir Décret du 31 août 1881, art. 34; Loi du 29 octobre 1885, art. 5 ; Décret du 19 décembre 1885 ; 13 février 1901.

14. Le montant d'un livret n'ayant donné lieu depuis trente ans à aucun versement, à aucun remboursement, ni à aucune autre opération faite sur la demande du déposant, cessera d'être productif d'intérêts et devra être remboursé à l'ayant droit. Si l'ayant droit ne peut être connu, ou si, par une cause quelconque, le remboursement ne peut être opéré, la somme inscrite à son crédit sera convertie en un titre de rente sur l'Etat, qui sera consigné à la Caisse des dépôts et consignations. Seront également consignées les inscriptions de rente achetées soit d'office, soit à la demande du titulaire, et non retirées dans le délai de trente ans. Par exception, pour les placements faits sous la condition, stipulée par le donateur ou le testateur, que le titulaire n'en pourra disposer qu'après une époque déterminée, le délai de trente ans ne courra qu'à partir de cette époque. Du jour de la consignation, et jusqu'à la réclamation des déposants, le service des arrérages de la rente est suspendu. Les reliquats des placements en rente et les dépôts qui, en raison de leur insuffisance, n'auraient pu être convertis en rente, seront acquis à la caisse d'épargne. La caisse d'épargne est autorisée à se décharger de toutes quittances et pièces et de tous livrets qui ont plus de trente ans de date.

Voir Décret du 31 août 1881, art. 34; 19 décembre 1885 ; 13 février 1901.

15. Des dons et legs pourront être faits au profit de la caisse d'épargne postale, dans les formes et selon les règles prescrites pour les établissements d'utilité publique.

16. La caisse d'épargne postale possédera une dotation qui sera formée, savoir : 1º Du boni réalisé sur les frais d'administration, lorsque ceux-ci n'atteindront pas le produit du prélèvement de vingt-cinq centimes destiné à couvrir ces frais, — 2º Des dons et legs qui pourraient être consentis par des tiers : — 3º Des produits des reliquats de dépôts attribués à la caisse d'épargne dans les conditions prévues à l'avant-dernier alinéa de l'article 14 ; — 4º De la capitalisation des intérêts de ces divers fonds demeurés libres après le prélèvement autorisé par l'article 5 ; — 5º Enfin, de la différence d'intérêt produit par les arrérages des valeurs achetées en exécution de l'article 19 et le taux de trois francs vingt-cinq centimes pour cent servi à la caisse postale, après le prélèvement autorisé par l'article 5. Les fonds constituant cette dotation ne pourront être aliénés qu'en vertu d'une loi.

17. Le ministre des postes et des télégraphes présentera chaque année un rapport sur la situation et les opérations de la caisse d'épargne postale. Ce rapport sera publié au *Journal officiel* et distribué au Sénat et à la Chambre des députés.

18. Un règlement d'administration publique déterminera le mode de contrôle de la caisse d'épargne postale.

19. La Caisse des dépôts et consignations devra faire emploi de toutes les sommes déposées par la caisse d'épargne postale. Cet emploi aura lieu en valeurs de l'Etat français. La différence d'intérêt produit par les arrérages de ces valeurs et le taux de trois francs vingt-cinq centimes pour cent servi à la caisse postale accroîtra la dotation instituée par l'article 16, après prélèvement, s'il y a lieu, des sommes nécessaires pour couvrir les frais d'administration. (V. *Loi 26 décembre* 1890.) Néanmoins, pour satisfaire aux remboursements qui pourraient être réclamés, la Caisse des dépôts et consignations conservera, par son compte courant au Trésor, une réserve du cinquième des versements qui lui seront effectués, sans que cette réserve puisse excéder cent millions de francs.

20. Les imprimés, écrits et actes de toute espèce nécessaires pour le service de la caisse d'épargne postale seront exempts des formalités du timbre et de l'enregistrement.

Voir Décret du 19 décembre 1885 ; 13 février 1901.

21. Les paragraphes 2 et 3 de l'article 3, 4 et 5 de l'article 6, les articles 8, 9, 12 et 13, le dernier paragraphe de l'article 14 et l'article 20 sont applicables aux caisses d'épargne ordinaires. Toutefois, cette disposition ne recevra son effet qu'à partir du jour où la caisse d'épargne postale aura commencé à fonctionner. Nul ne pourra être en même temps titulaire d'un livret de caisse d'épargne postale et d'un livret de caisse d'épargne ordinaire, sous peine de perdre l'intérêt de la totalité des sommes déposées.

Voir Décret du 31 août 1881, art. 18 ; 3 août 1882; 30 novembre 1882 ; 27 avril 1885; 29 octobre 1885 ; 22 juillet 1889 ; 14 décembre 1889; 31 décembre 1896 ; 27 décembre 1899.

LOI du 3 août 1882 tendant à créer des timbres spéciaux pour la constatation des versements sur les livrets de la caisse d'épargne postale.

ART . 1ᵉʳ. Le ministre des postes et des télégraphes est autorisé à créer des timbres spéciaux, dits timbres-épargne, de un à mille francs, destinés à constater, sur les livrets des déposants à la caisse d'épargne postale, ou caisse nationale d'épargne, les versements effectués dans les bureaux de poste en conformité de la loi du 9 avril 1881, et du règlement d'administration publique du 31 août suivant. — Au moment de chaque versement, il sera apposé sur le livret, en présence du déposant, le nombre de timbres nécessaires pour représenter exactement la somme versée, laquelle continuera d'être inscrite en francs dans la colonne des sommes reçues. — Pour former titre envers la caisse, les timbres-épargne devront être frappés du timbre à date du bureau de poste et être revêtus de la signature du receveur.

Voir Loi du 9 avril 1881; Décret du 31 août 1881.

Caisses d'épargne.

LOI du 20 juillet 1895 sur les caisses d'épargne.

ART. 1er. Les caisses d'épargne ordinaires sont tenues de verser à la Caisse des dépôts et consignations toutes les sommes qu'elles reçoivent des déposants ; ces sommes sont employées par la Caisse des dépôts, sous la réserve des fonds jugés nécessaires pour assurer le service des remboursements : — 1° En valeurs de l'Etat ou jouissant d'une garantie de l'Etat ; — 2° En obligations négociables et entièrement libérées des départements, des communes, des chambres de commerce, en obligations foncières et communales du Crédit foncier. — Les achats et les ventes de valeurs sont effectués avec publicité et concurrence, sur la désignation de la commission de surveillance instituée par les lois des 28 avril 1816 et 6 avril 1876, et avec l'approbation du ministre des finances. Les achats et ventes de valeurs autres que les rentes pourront être opérés sans publicité ni concurrence. — Les sommes non employées ne peuvent excéder dix pour cent (10 o/o) du montant des dépôts au 1er janvier. Elles sont placées soit en compte courant au Trésor dans les mêmes conditions que les autres éléments de la dette flottante portant intérêt, soit en dépôt à la Banque de France. La partie déposée en compte courant au Trésor ne peut dépasser cent millions de francs (100.000.000 fr.)

Voir Décret du 15 avril 1852, art. 10.

2. Tout déposant dont le crédit sera de somme suffisante pour acheter dix francs (10 fr.) de rente au moins peut faire opérer cet achat en titres nominatifs, sans frais, par les soins de l'administration de la caisse d'épargne. La rente pourra également lui être attribuée au cours moyen du jour de l'opération, par un prélèvement sur le portefeuille représentant les fonds des caisses d'épargne. — Dans le cas où le déposant ne retire pas les titres achetés pour son compte, l'administration de la caisse d'épargne en reste dépositaire et reçoit les arrérages et primes de remboursement, au crédit du titulaire. Elle peut également les faire vendre sur la demande du déposant. — Le capital provenant de cette vente, déduction faite des frais de négociation, sera porté au nom du déposant à un compte spécial et sans intérêts.

3. Les conseils d'administration des caisses d'épargne peuvent rembourser à vue les fonds déposés ; mais les remboursements ne sont exigibles que dans un délai de quinzaine. — Toutefois, en cas de force majeure, un décret rendu sur la proposition des ministres des finances et du commerce, le Conseil d'Etat entendu, peut

limiter les remboursements à la somme de cinquante francs (50 fr.) par quinzaine. Des délais supplémentaires seront fixés par décret pour les opérations nécessitant l'intervention d'un bureau ou d'une caisse situés en dehors de la France continentale. — Les dispositions relatives au remboursement seront portées à la connaissance des déposants par une inscription placée en tête du livret et affichée dans le local des caisses d'épargne.

4. Le compte ouvert à chaque déposant ne peut pas dépasser le chiffre de quinze cents francs (1.500 fr.) L'article 9 de la loi du 9 avril 1881 sera applicable aux comptes qui dépasseront ce maximum. (V. *Loi 22 juin* 1845.) — Les comptes qui, au moment de la promulgation de la présente loi, dépasseront le chiffre de 1.500 francs, ne pourront pas être l'objet de versements nouveaux; ils continueront à produire des intérêts, mais ils devront être ramenés à la limite maximum de 1.500 francs dans un délai de cinq ans à partir du 1er janvier qui suivra la promulgation de la présente loi. Si, à l'expiration dudit délai, cette prescription n'a pas été exécutée, le compte sera ramené à 1.500 francs au moyen d'un achat de rente sur l'État effectué d'office et sans avis préalable. — Il sera remis annuellement au ministre du commerce, par chaque caisse d'épargne, un état des livrets dont le chiffre dépasserait le maximum autorisé. — Le montant total des versements opérés du 1er janvier au 31 décembre ne pourra dépasser quinze cents francs (1.500 fr.). — Ces dispositions ne sont pas applicables aux opérations faites par les sociétés de secours mutuels et par les institutions spécialement autorisées à déposer aux caisses d'épargne ordinaires. Le maximum des dépôts faits par ces sociétés et institutions peut s'élever à quinze mille francs (15.000 fr.).

5. L'intérêt à servir aux caisses d'épargne ordinaires par la Caisse des dépôts et consignations est déterminé en tenant compte du revenu des valeurs du portefeuille et du compte courant avec le Trésor représentant les fonds provenant des caisses d'épargne. — Les variations de ce taux d'intérêt auront lieu par fractions indivisibles de vingt-cinq centimes pour cent (0 fr. 25 o/o). — Lorsqu'il y aura lieu de modifier le taux, le nouvel intérêt à servir aux caisses d'épargne sera fixé, avant le 1er novembre, pour l'exercice suivant, par un décret rendu sur la proposition du ministre du commerce et du ministre des finances, après avis de la commission de surveillance de la Caisse des dépôts et consignations et de la commission supérieure instituée par l'article 11 de la présente loi.

6. Il est institué par la Caisse des dépôts et consignations un fonds de réserve et de garantie qui ne pourra pas dépasser dix pour cent (10 o/o) du montant des dépôts. Seront affectés à cette réserve : — 1° Le fonds de réserve actuel ; — 2° La différence entre les intérêts servis chaque année aux caisses d'épargne et le revenu des valeurs du portefeuille et du compte courant avec le

Trésor, sans que cette différence puisse être inférieure à vingt-cinq centimes pour cent (o fr. 25 o/o) du montant total des fonds des caisses d'épargne ; — 3° Les intérêts et les primes d'amortissement provenant de ce fonds lui-même ; — 4° Les retenues d'intérêts imposées aux titulaires de plusieurs livrets conformément à l'article 18 de la présente loi. — Peuvent seuls être imputés sur ce fonds : — 1° Les pertes qui viendraient à résulter, soit de différences d'intérêts, soit d'opérations ayant pour but d'assurer le service des remboursements ; — 2° Les sommes à prélever, soit à titre définitif, soit à titre d'avances, en cas d'insuffisance de la fortune personnelle d'une caisse d'épargne, pour faire face aux pertes déjà constatées ou qui seraient ultérieurement reconnues dans sa gestion ; — 3° Les frais de contrôle spécial institué par l'article 12.

7. Le fonds de réserve est géré par la Caisse des dépôts, sous le contrôle de la commission de surveillance qui arrête les sommes à prélever dans les cas de perte prévus par l'article 6. — Il est rendu compte de ces opérations dans un chapitre spécial du rapport annuel présenté au Sénat et à la Chambre des députés par la commission de surveillance, conformément à l'article 114 de la loi du 28 avril 1816.

8. Les caisses d'épargne ordinaires prélèvent sur le produit de leurs placements une somme suffisante pour faire face aux frais de loyer et d'administration et à l'établissement d'une réserve spéciale dans les conditions prescrites par l'article 9. — Ce prélèvement sera de vingt-cinq centimes pour cent (o fr. 25 o/o) au moins et ne pourra pas dépasser cinquante centimes pour cent (o fr. 50 o/o) sur l'ensemble des comptes des déposants. Le taux d'intérêt payé par les caisses d'épargne aux déposants peut être gradué selon l'importance des comptes. — Les livrets sur lesquels le mouvement des retraits et des dépôts, y compris le solde antérieur, n'aura pas dépassé la somme de cinq cents francs (500 fr.) pendant le courant de l'année pourront être favorisés soit par un système de primes, soit par une graduation du taux. — Les livrets collectifs des sociétés de secours mutuels et des institutions spécialement autorisées à déposer aux caisses d'épargne jouiront, quel que soit le chiffre de leur dépôt, de l'intérêt accordé à la catégorie des livrets les plus favorisés. — La moyenne de l'intérêt servi aux déposants, soit à titre d'intérêt, soit à titre de prime, ne pourra, en aucun cas, dépasser le chiffre de l'intérêt accordé par la Caisse des dépôts et consignations, déduction faite du prélèvement déterminé ci-dessus, sauf le cas prévu par le dernier paragraphe de l'article 10. — Les caisses d'épargne sont autorisées à émettre des bons ou timbres d'un prix inférieur à 1 franc et à recevoir ces coupures, lorsque, réunies, elles représentent le montant du versement minimum autorisé. — Le règlement de chaque caisse d'épargne, fixant le taux des primes ou des intérêts

gradués, sera publié trois mois au moins avant son application ; il sera communiqué au ministre qui, dans les trente jours à partir de la réception, pourra l'annuler pour violation de la loi. La décision du ministre sera susceptible de recours devant le Conseil d'Etat.

9. Chaque caisse d'épargne ordinaire doit créer un fonds de réserve et de garantie qui se compose : — 1° De sa dotation existante et des dons et legs qui pourraient lui être attribués ; — 2° De l'économie réalisée sur la retenue prescrite à l'article précédent ; — 3° Des intérêts et des primes d'amortissement provenant de ce fonds lui-même. — Toutes les pertes résultant de la gestion de la caisse d'épargne devront être imputées sur ce fonds de réserve, qui constitue sa fortune personnelle.

10. Les caisses d'épargne sont autorisées à employer leur fortune personnelle : — 1° En valeurs de l'Etat ou jouissant d'une garantie de l'Etat ; — 2° En obligations négociables et entièrement libérées des départements, des communes, des chambres de commerce ; — 3° En obligations foncières et communales du Crédit foncier ; — 4° En acquisition ou construction des immeubles nécessaires à l'installation de leurs services. — Elles pourront en outre employer la totalité du revenu de leur fortune personnelle et le cinquième du capital de cette fortune : — En valeurs locales énumérées ci-dessous, à la condition que ces valeurs émanent d'institutions existant dans le département où les caisses fonctionnent : bons de monts-de-piété ou d'autres établissements reconnus d'utilité publique ; prêts aux sociétés coopératives de crédit ou à la garantie d'opérations d'escompte de ces sociétés ; acquisition ou construction d'habitations à bon marché ; prêts hypothécaires aux sociétés de construction de ces habitations ou aux sociétés de crédit qui, ne les construisant pas elles-mêmes, ont pour objet d'en faciliter l'achat ou la construction, et en obligations de ces sociétés. — Les caisses d'épargne seront tenues, dans les cas prévus par le paragraphe précédent, d'adresser au ministre du commerce, chaque année, dans la première quinzaine de février, l'état des opérations de l'année précédente. Le ministre pourra toujours, sur l'avis de la commission supérieure, suspendre l'exercice de ce mode d'emploi. — Lorsque le fonds de réserve et de garantie représentera au minimum deux pour cent (2 o/o) des dépôts, un cinquième du boni annuel pourra être employé à l'augmentation du taux d'intérêt servi aux porteurs des livrets sur lesquels le mouvement des retraits et des dépôts, y compris le solde antérieur, n'aura pas dépassé la somme de cinq cents francs (500 fr.) pendant le courant de l'année.

11 ..... Les membres élus et les membres désignés par le ministre sont nommés pour trois ans ; la commission élit son président. — Un chef de bureau du ministère du commerce, désigné par le ministre, remplit les fonctions de secrétaire avec

voix consultative. — Le président de cette commission aura entrée, avec voie délibérative, à la commission de surveillance instituée près de la Caisse des dépôts et consignations par l'article 2 de la loi du 6 avril 1876. Il devra être convoqué à toutes les séances où il sera discuté des questions intéressant les caisses d'épargne.

12. Il sera prélevé sur le fonds de réserve prévu par l'article 6 ci-dessus une somme annuelle de deux cent mille francs (200,000 fr.) destinée à organiser le contrôle des opérations des caisses d'épargne par les receveurs particuliers et les trésoriers-payeurs généraux, et par des inspecteurs des finances spécialement désignés pour ces opérations de vérification. — Un règlement d'administration publique, rendu sur la proposition des ministres des finances et du commerce, après avis du Conseil d'Etat et de la commission supérieure instituée par l'article 11, déterminera les règles applicables au fonctionnement de ce contrôle. — Ce règlement fixera également les conditions d'emploi du crédit de 200,000 francs dont la répartition sera faite chaque année par le ministre des finances.

13. Il est interdit de donner le nom de caisse d'épargne à tout établissement qui n'aurait pas été autorisé conformément aux prescriptions de la loi du 5 juin 1835. Les fondateurs et directeurs des établissements constitués en contravention au présent article sont passibles d'une amende de 25 fr. à 3,000 fr. et d'un emprisonnement de trois mois à deux ans. Les tribunaux peuvent ordonner l'insertion et l'affichage des jugements et la suppression de la dénomination de caisse d'épargne, à peine de dommages-intérêts à fixer pour chaque jour de retard. L'article 463 du Code pénal est applicable aux condamnations prononcées en vertu du présent article.

14. Aucune opération faite dans les caisses d'épargne ordinaires par les déposants et nécessitant un mouvement de fonds et de valeurs n'est valable et ne forme titre contre la caisse d'épargne que si le reçu délivré sur le livret porte, outre la signature du caissier, le visa et la signature de l'administrateur ou de l'agent chargé du contrôle. — La disposition du paragraphe précédent est affichée en permanence dans les bureaux où elle doit recevoir son exécution, et imprimée sur la couverture des livrets.

15. Dans le cas où des documents de comptabilité prescrits par les règlements n'auraient pas été produits en temps utile, le ministre compétent peut les faire dresser d'office et aux frais de la caisse d'épargne.

16. Les livrets des caisses d'épargne sont nominatifs. — Toute somme versée à une caisse d'épargne est, au regard de la caisse, la propriété du titulaire du livret. — Les mineurs sont admis à se faire ouvrir des livrets sans l'intervention de leur représentant

légal Ils pourront retirer sans cette intervention, mais seulement après l'âge de seize ans révolus, les sommes figurant sur les livrets ainsi ouverts, sauf opposition de la part de leur représentant légal. — Les femmes mariées, quel que soit le régime de leur contrat de mariage, seront admises à se faire ouvrir des livrets sans l'assistance de leur mari ; elles pourront retirer sans cette assistance les sommes inscrites aux livrets ainsi ouverts, sauf opposition de la part du mari. Dans ce cas, il sera sursis au retrait du dépôt et ce pendant un mois à partir de la dénonciation qui en sera faite à la femme, par lettre recommandée, à la diligence de la caisse d'épargne. — Passé ce délai, et faute par la femme de s'être pourvue contre ladite opposition par les voies de droit, le mari pourra toucher seul le montant du livret si le régime sous lequel il est marié lui en donne le droit.

17. L'opposition prévue à l'article précédent sera signifiée aux caisses d'épargne dans la forme des actes extrajudiciaires. — Elle produira, à l'égard des caisses, les mêmes effets que l'opposition prévue au Code de procédure civile.

18. Nul ne peut être en même temps titulaire d'un livret de caisse nationale d'épargne et d'un livret de caisse d'épargne ordinaire ou de plusieurs livrets, soit de caisse nationale d'épargne, soit des caisses d'épargne ordinaires, sous peine de perdre l'intérêt de la totalité des sommes déposées.

Voir Loi du 6 avril 1901.

19. Est admise à circuler en franchise et sous enveloppe fermée la correspondance de service échangée entre les caisses d'épargne, d'une part, et les préfets et sous-préfets, les trésoriers-payeurs généraux et receveurs des finances, d'autre part.

20. A partir de la promulgation de la présente loi, les sommes qui, en vertu de l'article 4 de la loi du 7 mai 1853, étaient placées en rentes et celles qui étaient attribuées aux caisses d'épargne par le même article seront prescrites à l'égard des déposants. Elles seront réparties entre les caisses d'épargne, à concurrence des deux cinquièmes, et les sociétés de secours mutuels possédant des caisses de retraites, à concurrence des trois cinquièmes. — Un règlement d'administration publique déterminera les conditions de la répartition entre les sociétés de secours mutuels approuvées et reconnues d'utilité publique.

21. L'intérêt à servir par la Caisse nationale d'épargne à ses déposants sera calculé et établi dans les conditions et suivant le mode déterminés par l'article 5, en tenant compte du prélèvement nécessaire pour couvrir les frais d'administration de la caisse. — Ce prélèvement ne pourra être inférieur à cinquante centimes pour cent (0 fr 50 0/0) ; il devra être suffisant pour que le taux d'intérêt en résultant soit toujours inférieur de soixante-quinze centimes pour cent (0 fr. 75 0/0) à celui qui sera servi aux

caisses d'épargne ordinaires par la Caisse des dépôts et consignations.

22. A l'avenir, l'existence d'une caisse d'épargne ordinaire ou d'une succursale dans une commune fera obstacle à l'ouverture, dans cette même commune, d'une autre caisse d'épargne ou d'une succursale relevant d'une autre caisse.

23. Les certificats de propriété et actes de notoriété exigés par les caisses d'épargne pour effectuer le remboursement, le transfert ou le renouvellement des livrets appartenant aux titulaires décédés ou déclarés absents, seront visés pour timbre et enregistrés gratis.

24. Les saisies-arrêts et oppositions de toute nature, formées auprès des caisses d'épargne, n'auront d'effet que pendant cinq années à compter de leur date, et, si elles n'avaient pas été renouvelées dans l'intervalle, elles seraient rayées d'office à l'expiration de ce délai.

25. Toutes les dispositions inscrites aux trois premiers paragraphes de l'article 1er et aux articles 2, 3, 4, 8, 16, 17, 18, 21, 23 et 24 de la présente loi sont applicables à la Caisse nationale d'épargne.

26. Toutes dispositions antérieures contraires à la présente loi sont et demeurent abrogées.

LOI du 6 avril 1901 relative aux retenues à opérer
sur les doubles livrets de la caisse d'épargne.

ARTICLE UNIQUE. La retenue des intérêts prévue par l'article 18 de la loi du 20 juillet 1895 ne peut pas remonter à plus de trois ans à compter du jour de la constatation de la contravention. — La présente loi sera applicable aux livrets sur lesquels la retenue aurait été opérée postérieurement au 1er janvier 1900.

DEUXIÈME PARTIE

DÉCRETS

Caisse d'épargne postale.

DÉCRET du 31 août 1881 pour l'exécution de la loi du 9 avril 1881 portant création d'une caisse d'épargne postale.

. . . .

TITRE III. — OPÉRATIONS EFFECTUÉES DANS LES BUREAUX DE POSTE

Art. 11. Tout déposant qui fait, pour la première fois, un versement à la caisse d'épargne postale, doit former en même temps une demande de livret où il énonce ses nom de famille, prénoms, âge, date et lieu de naissance, demeure et profession, et déclare qu'il n'est titulaire d'aucun autre livret, soit à la caisse d'épargne postale, soit d'une caisse d'épargne privée. — . . . . .

12. Les premiers versements effectués à la caisse d'épargne postale sont soumis aux règles ci-après : — 1° Quiconque vient faire un premier versement doit déclarer s'il verse pour son compte ou pour le compte d'un tiers ; — 2° Lorsque le déposant déclare verser pour son propre compte, la demande de livret est signée par lui, ou, s'il ne sait pas signer, le receveur des postes en fait mention sur la demande et signe ladite mention ; — 3° A l'égard de la femme qui déclare être veuve, on ajoute à ses nom et prénoms les nom et prénoms du mari décédé ; — 4° Lorsque la femme qui fait un premier versement est en puissance de mari, si elle entend bénéficier des dispositions du dernier alinéa de l'article 6 de la loi du 9 avril 1881, elle le déclare et indique les nom et prénoms du mari. Dans le cas contraire, elle doit être assistée de ce dernier, et la demande de livret est signée simultanément par le mari et la femme. Si l'un d'eux ne sait pas signer, le receveur en fait mention comme il est dit ci-dessus ; — 5° Quand un premier versement est fait directement par un enfant mineur, en exécution de l'avant-dernier alinéa de l'article 6 de la loi précitée, la demande de livret énonce les nom et prénoms du père, et, si le père n'existe plus, de la mère, ou, à défaut de celle-ci, du tuteur. — Si le versement est fait pour le compte d'un enfant mineur par son représentant légal, c'est ce dernier

qui signe la demande ; toute personne qui verse pour un tiers doit signer la demande. Toutefois, la signature d'un bienfaiteur qui désire rester inconnu n'est pas requise ; elle est remplacée par une attestation signée du receveur des postes. Si le versement est effectué en vertu d'une disposition testamentaire, mention est faite du testament sur la demande ; — 7° Les sociétés de secours mutuels sont inscrites sous le nom distinctif adopté par la société. Lorsqu'il est fait un premier versement, le mandataire de la société est tenu de déposer à la caisse d'épargne un exemplaire de ses statuts, et on exige, pour tous les versements sans exception, la production des pièces indiquées aux statuts pour la validité des placements de fonds. La demande, signée par le mandataire, doit, en outre, indiquer si la société a été reconnue comme établissement d'utilité publique (loi du 15 juillet 1850) ou si elle a été approuvée par le préfet (décret du 26 mars 1852). — Ces dispositions sont également applicables aux institutions de coopération, de bienfaisance et autres sociétés de même nature, dont les versements sont autorisés par M. le ministre des postes et télégraphes.

13. Les livrets délivrés par suite de versements faits par un tiers à titre de libéralité ou en vertu d'un testament, peuvent être soumis à certaines conditions. Les seules conditions admises sont les suivantes : 1° Le livret est déclaré incessible ; — 2° Le remboursement est différé : s'il s'agit d'un majeur, le terme du délai doit être une date fixe ; s'il s'agit d'un mineur, on peut indiquer le jour de sa majorité ou une époque plus éloignée, ou la célébration de son mariage.

14. Les pièces encaissées à titre de premier versement par les receveurs des postes donnent lieu à la délivrance d'une quittance à souche échangeable dans un délai de trois jours (non compris le jour du versement et les dimanches et jours fériés) contre un livret de caisse d'épargne postale. — Le livret est le titre du déposant ; il est toujours nominatif. Les livrets numérotés à la direction centrale portent la signature du directeur départemental. . . . .

15. Les versements postérieurs sont reçus par les receveurs des postes sur la présentation du livret, sans qu'il y ait à fournir d'autres justifications. Il est interdit aux receveurs et à leurs commis de se rendre porteurs de livrets appartenant à des tiers ou de faire pour eux quelque opération privée que ce soit près de la caisse d'épargne. — Les versements donnent lieu à la délivrance d'une quittance extraite du journal à souche prescrit à l'article précédent. La quittance énonce le numéro ainsi que les nom et prénoms du titulaire du livret, et elle contient l'avis que le livret sera rendu au déposant dans le délai de trois jours indiqué au même article. . . . .

•   •   •   •   •   •   •   •   •   •   •   •   •   •   •   •   •   •

17. Tout déposant qui veut se faire rembourser tout ou partie de son compte adresse directement au ministre des postes et des télégraphes une demande de remboursement indiquant le numéro de son livret, la somme à rembourser et le bureau de poste où il désire toucher. Cette demande est rédigée sur un bulletin préparé par l'administration. Des exemplaires du bulletin de remboursement sont mis à la disposition du public dans tous les bureaux de poste admis à participer au service de la caisse d'épargne. — La demande de remboursement ne peut être faite que par le titulaire du livret et doit être signée par lui ou, s'il ne sait signer, par le receveur du lieu où il réside. — Si le titulaire n'a pas signé la demande de livret, sa signature sur la demande de remboursement est certifiée par le maire ou le commissaire de police de la commune où il réside.

Voir Loi 14 décembre 1889, art. 8.

18. Les autorisations de remboursement délivrées en exécution de l'article 6 sont adressées directement aux déposants, en temps utile pour que les délais déterminés par l'article 11 de la loi du 9 avril 1881 soient observés. Elles sont inscrites sur le bulletin de remboursement. Le même jour un duplicata de l'autorisation, sous le titre d'avis d'émission, est envoyé au receveur des postes appelé à effectuer le remboursement. — Les délais pour le remboursement, prescrits par l'article 11 de la loi du 9 avril 1881, courent à partir de la date constatée par le timbre de la poste sur la demande de remboursement.

Voir Loi du 14 décembre 1889, art. 8.

19. Les remboursements sont effectués sur la production de l'autorisation émanée de la direction centrale. Le receveur doit préalablement comparer cette autorisation sur l'avis d'émission ; puis, s'il y a identité, il inscrit sur le livret le montant de la somme remboursée; il y appose sa signature et le timbre à date du bureau, et il fait acquitter l'autorisation par le titulaire du livret, en ayant soin de s'assurer que la signature de la partie prenante est semblable à celle de la demande de remboursement ; cette dernière signature ayant dû elle-même être rapprochée de la demande du livret conservée à l'administration centrale.

Voir Loi du 14 décembre 1889, art. 8.

20. Lorsqu'il s'agit d'une femme mariée qui a fait son premier versement avec l'assistance du mari, le remboursement est fait au mari et à la femme, s'ils sont présents l'un et l'autre, et on leur fait signer à tous deux la quittance. Si un seul est présent, on le fait signer et on annexe à la quittance le consentement écrit et signé de l'autre. — Pour le mineur admis à obtenir un livret sans l'assistance de son représentant légal, le remboursement ne peut être opéré, s'il a moins de seize ans, qu'en présence et sur le consentement écrit de son représentant légal. — Pour le mineur dont le livret a été délivré avec le concours de son représentant légal, la quittance est souscrite par la personne chargée de l'administration de ses biens ou de sa tutelle.

Voir Loi du 14 décembre 1889, art. 8.

21. Si le déposant ne se présente pas lui-même, le tiers qui le remplace doit produire une procuration sous seing privé, à moins qu'il ne soit porteur du brevet original ou d'une procuration authentique, générale et spéciale, contenant pouvoir de toucher et de donner quittance. Dans l'un et l'autre cas, le mandataire souscrit la quittance à laquelle la procuration reste annexée, indépendamment de la mention qui en est faite sur la quittance même. — Quand le déposant ne sait ou ne peut signer, et que son identité est constante, la quittance peut être remplacée par un certificat signé de deux témoins. Le receveur des postes appose également sa signature sur cette pièce, afin d'attester que la formalité s'est accomplie en sa présence. — Les quittances pour les remboursements à une société de secours mutuels ou de toute autre institution analogue sont signées par un délégué ou un mandataire porteur de toutes les pièces suffisantes pour justifier de l'accomplissement des formalités exigées par les statuts en ce qui concerne les retraits de fonds. Si les statuts ne renferment aucune prévision sur ce point, le délégué ou mandataire doit être porteur d'une procuration revêtue des signatures de tous les membres composant le conseil d'administration de la société.

Voir Loi du 14 décembre 1889, art. 4.

22. Le titulaire d'un livret dont le montant n'est disponible qu'après un certain délai doit, pour obtenir le remboursement, fournir la preuve de l'expiration du délai. Si le remboursement a été subordonné, pour une fille mineure, à la condition de son mariage, l'acte de célébration doit être accompagné du consentement du mari au payement demandé. — En cas de cession faite au profit d'un tiers du montant d'un livret par le titulaire, le cessionnaire doit justifier de son identité. La cession peut être faite par acte authentique ou par acte sous seing privé enregistré. Elle doit être signifiée régulièrement à la caisse d'épargne et accompagnée de la production du livret.

Voir Loi du 14 décembre 1889, art. 4

23. Toutes les fois qu'il y a lieu de rembourser des fonds après le décès du titulaire du livret, il est fait au dos de la quittance un extrait succinct des pièces produites pour justifier de la qualité des héritiers, donataires, légataires et autres ayants droit, et la quittance est souscrite par les ayants droit ou leurs mandataires. — Quand l'administration des domaines, appelée à recueillir une succession à titre de déshérence, se présente pour recevoir le montant d'un livret ayant appartenu à un déposant décédé *ab intestat* et sans avoir laissé d'héritiers connus, elle doit justifier de l'ac-

complissement des formalités prescrites par les articles 769 et 770 et suivants du Code civil.

Voir Loi du 14 décembre 1889, art. 4.

24. Lorsque, dans le mois qui suit la date de l'autorisation de remboursement, le déposant ne s'est pas présenté pour toucher la somme qui lui revient, sa demande est considérée comme nulle, et l'avis d'émission est renvoyé aa ministre des postes et des télégraphes. — Le remboursement ne peut avoir lieu que sur une nouvelle demande de la partie et une nouvelle autorisation de l'administration centrale.

Voir Loi du 14 décembre 1889, art. 4.

25. Dans le cas où le déposant viendrait à perdre sa quittance à souche, il y sera suppléé par une déclaration de perte formée par le déposant et légalisée par le maire ou le commissaire de police de sa résidence. Les livrets ne devront toutefois être rendus que sur l'autorisation du directeur départemental apposée sur la déclaration de perte.

26. En cas de perte d'un livret, l'ayant droit doit adresser au ministre des postes et des télégraphes une déclaration de perte légalisée par le maire ou par le commissaire de police, et le livret est remplacé par un duplicata dans le délai d'un mois à partir de l'arrivée de la demande à l'administration centrale. Il est pris note au registre matricule de la délivrance du duplicata. Le solde du compte de l'ancien livret est inscrit sur le nouveau comme premier article (capital et intérêts). — Si le livret primitif vient à être retrouvé, il est rendu à l'agent comptable de la caisse d'épargne et annulé, après que toutes les pages en ont été biffées.

Voir Loi du 14 décembre 1889, art. 9.

. . . .

TITRE IV. — RAPPORTS DE LA CAISSE D'ÉPARGNE AVEC LA CAISSE DES DÉPOTS ET AVEC L'ADMINISTRATION DES FINANCES.

. . . .

34. Les achats de rentes, effectués conformément aux dispositions des articles 7, 9, 13 et 14 de la loi du 9 avril 1881, ont lieu par l'entremise de la Caisse des dépôts et consignations, au cours moyen du jour de l'opération.

35. Les rentes achetées sur la demande des déposants sont nominatives ou mixtes, au choix des parties. Il n'est toutefois acheté de rentes mixtes que lorsque les parties sont aptes à posséder cette nature de rentes. Les inscriptions sont remises, contre reçu, à l'agent comptable de la caisse d'épargne postale, chargé de les faire parvenir aux ayants droit. — Le prix d'achat de ces rentes est inscrit au débit du titulaire sur le livre des comptes courants individuels. Il doit en outre être porté, comme le serait un remboursement ordinaire, sur le livret du titulaire, au moment de la remise de l'inscription de rente entre ses mains.

36. Les rentes achetées d'office sont exclusivement nominatives. Les achats sont faits conformément à l'article 2 de la loi du 30 juin 1851. Lorsque, pour une cause quelconque, il n'est pas possible de remettre aux titulaires les titres de rentes achetées en leur nom, ces titres sont conservés à la Caisse des dépôts et consignations. A mesure des échéances, les arrérages en sont portés au débit de la Caisse des dépôts et au crédit des titulaires, sur le livre des comptes courants individuels.

Voir Code civil, art. 769, 770 ; Loi du 30 janvier 1851 ; 9 avril 1881 ; Décret du 23 février 1882 ; 3 août 1882 ; 30 novembee 1882 ; 19 avril 1883 ; 18 mars 1885 ; 29 octobre 1885 ; 22 juillet 1889.

DÉCRET du 30 novembre 1882 relatif au fonctionnement des caisses d'épargne postales.

ART. 1er. Toute personne qui désire obtenir un livret de la caisse nationale d'épargne, et tout déposant déjà titulaire d'un livret de ladite caisse, peuvent réaliser, au moyen de timbres-poste ordinaires de cinq (0,05) et de dix (0,10) centimes, le versement minimum d'un franc, prescrit par l'article 8 de la loi du 9 avril 1881.

2. Il sera délivré gratuitement, dans tous les bureaux de poste, à tous ceux qui en feront la demande, des formules dites « bulletins d'épargne », sur lesquelles ils indiqueront eux-mêmes les nom de famille et prénoms de la personne qui doit en faire usage. — Les numéros du livret, sur lequel le montant des bulletins d'épargne aura été porté comme versement, seront indiqués sur ces bulletins par les soins du receveur des postes qui les aura reçus.

3. Tout possesseur d'un bulletin d'épargne à son nom, quelle que soit sa qualité civile, tout représentant d'un mineur, notamment quand il s'agit des enfants des écoles primaires publiques ou privées, se borne à coller sur le bulletin les timbres-poste destinés à l'épargne. Lorsque ces timbres atteignent la somme d'un franc, il peut faire le versement de ce bulletin à un bureau de poste qui le reçoit pour comptant, pourvu que lesdits timbres ne soient ni altérés, ni maculés, ni déchirés. — Le versement, fait en timbres-poste, est ensuite inscrit en francs sur le livret du déposant, s'il est déjà titulaire d'un livret de la caisse nationale d'épargne, ou, dans le cas contraire, donne lieu à la délivrance d'un livret. — Il ne pourra être versé, au moyen de timbres-poste, pour le compte d'une même personne, plus de dix francs par mois. — Les timbres-poste, employés à représenter l'épargne, seront, après examen de leur état, oblitérés par les soins de la direction départementale des postes et des télégraphes.

Voir Loi du 9 avril 1881 ; Décret du 31 août 1881.

DÉCRET du 27 avril 1885 concernant les versements de moins de 1 franc au profit des titulaires de livrets d'une série marine dans les bureaux de poste.

ART. 1er. Les versements effectués dans les bureaux de poste en vertu de l'article 9, § 5, du décret du 18 mars 1885 au profit des titulaires de livrets d'une série marine peuvent être inférieurs au minimum de 1 franc déterminé par l'article 8 de la loi du 9 avril 1881 ou comprendre des fractions de franc. Les fractions de franc ne produisent pas d'intérêts en faveur des déposants.

Voir Décret du 22 juillet 1889.

Caisses d'épargne

DÉCRET du 24 septembre 1896 relatif au contrôle et aux vérifications des opérations des caisses d'épargne.

ART. 1ᵉʳ. Les opérations des caisses d'épargne et de leurs succursales sont placées sous le contrôle des trésoriers-payeurs généraux et receveurs particuliers des finances ; elles sont également soumises aux vérifications de l'inspection générale des finances. — La caisse d'épargne de Paris est placée sous la surveillance directe du ministre des finances qui en fait vérifier, quand il le juge convenable, la situation par l'inspection générale des finances.

2. Le contrôle des trésoriers-payeurs généraux et des receveurs particuliers s'exerce : — Par la présence de ces fonctionnaires ou de leurs fondés de pouvoirs aux séances d'opérations des caisses d'épargne toutes les fois qu'ils le jugent nécessaire ; — Par le rapprochement des livrets individuels présentés à la caisse avec la comptabilité et les documents de contrôle ; — Par la vérification sur place, au moins une fois par année, de la caisse et des écritures. — Des instructions concertées entre le ministre des finances et le ministre du commerce détermineront les règles de détail relatives à ce contrôle et donneront la nomenclature des pièces que les caisses d'épargne auront à fournir aux fonctionnaires de l'administration des finances.

3. Les receveurs des finances veillent à ce que les encaisses leur soient exactement versées, sous la seule réserve des fonds jugés nécessaires pour assurer le service conformément à l'article 1ᵉʳ de la loi du 20 juillet 1895.

4. Ils signalent les retards dans la production des documents de comptabilité qui sont prescrits par les règlements et qu'il y aurait lieu de faire dresser d'office, aux frais de la caisse d'épargne, en exécution de l'article 15 de la loi susvisée.

5. Les inspecteurs des finances, les trésoriers-payeurs généraux et les receveurs particuliers doivent, avant toute vérification, en donner avis au président du conseil des directeurs ou administrateurs, ou à celui qui le remplace, afin qu'il puisse y assister, s'il le juge convenable. — Ils communiquent le résultat de leurs constatations au comptable vérifié ou, le cas échéant, à l'agent dont il dépend, afin de le mettre en mesure de présenter ses observations. — Ils font la même communication au président du conseil des directeurs ou des administrateurs. Leurs rapports et procès-verbaux sont envoyés, avec les observations du comptable

et des directeurs ou administrateurs, au ministre des finances, qui les transmet au ministre du commerce et se concerte avec lui sur la suite à leur donner.

6. En cas de déficit constaté, les inspecteurs et les receveurs des finances peuvent prononcer la suspension du caissier. — Ils peuvent, en cas d'autres irrégularités constatées, prendre provisoirement, d'après l'autorisation préalable du ministre du commerce et du ministre des finances, toute mesure d'urgence jugée nécessaire et procéder notamment à l'appel total ou partiel des livres, à charge d'en donner avis au président du conseil des directeurs ou administrateurs.

7. Les agents des caisses d'épargne sont tenus de prêter leur concours aux vérifications effectuées tant par les inspecteurs des finances que par les trésoriers généraux et les receveurs particuliers. Ils doivent leur présenter leurs fonds et valeurs et leur communiquer tous livres, registres, pièces et documents utiles à la vérification.

10. Sont abrogées les dispositions du décret du 15 avril 1852 en ce qu'elles ont de contraire au présent décret.

Voir Décret du 15 avril 1852; Loi du 20 juillet 1895; Décret du 27 juin 1898.

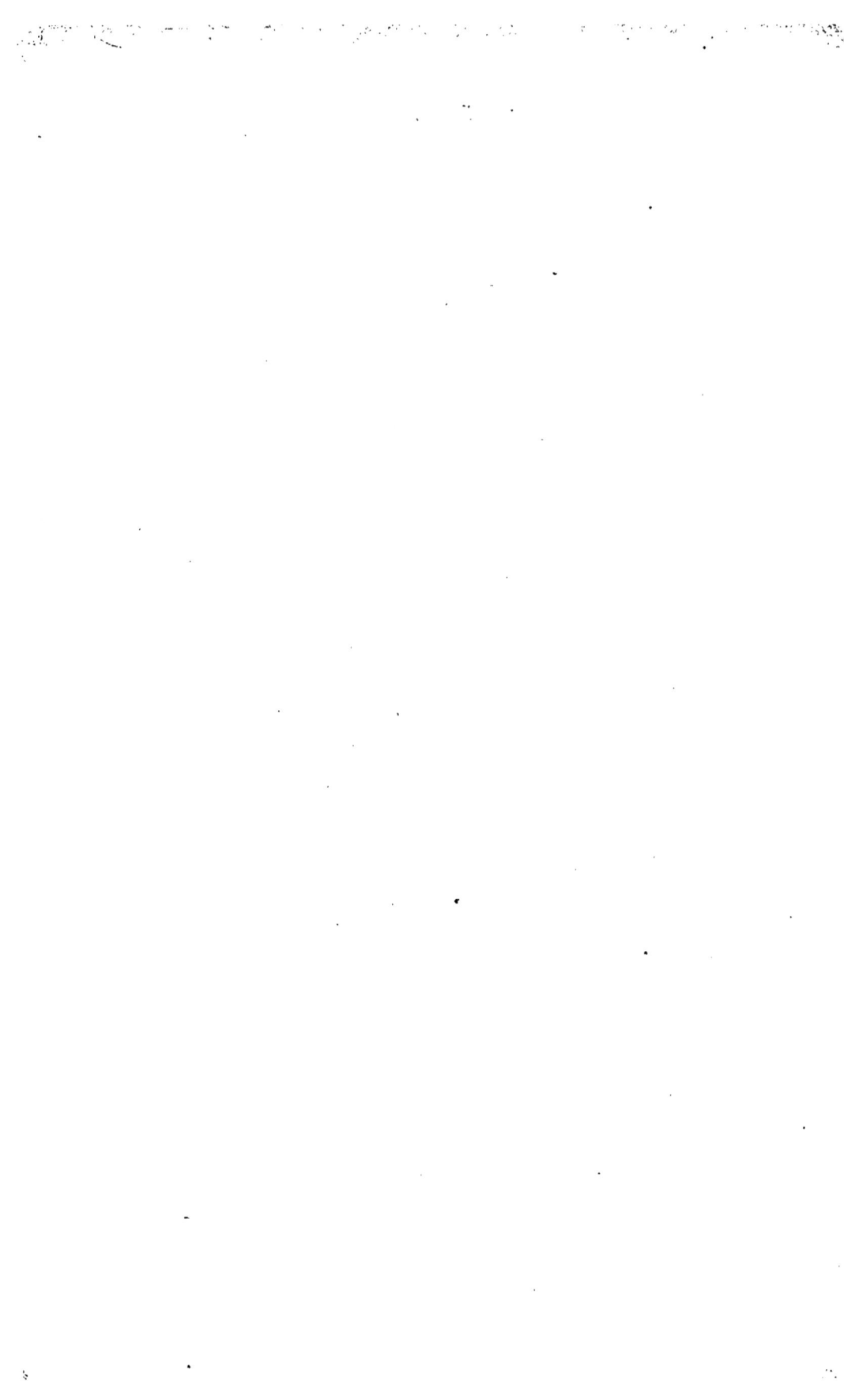

LIVRE VII

LOIS TERRIENNES

PREMIÈRE PARTIE

LOIS

Crédit et Sociétés agricoles.

LOI du 5 novembre 1894 relative à la création de sociétés de crédit agricole, modifiée par les lois du 20 juillet 1901 et du 16 janvier 1908.

Art. 1er. (*Loi 16 janvier* 1908.) Des sociétés de crédit agricole peuvent être constituées soit par la totalité ou par une partie des membres d'un ou plusieurs syndicats professionnels agricoles, soit par la totalité ou une partie des membres d'une ou plusieurs sociétés d'assurances mutuelles agricoles régies par la loi du 4 juillet 1900 ; elles ont exclusivement pour objet de faciliter et même de garantir les opérations concernant l'industrie agricole et effectuées par ces syndicats et ces sociétés d'assurances ou par des membres de ces syndicats ou de ces sociétés d'assurances. — Ces sociétés peuvent recevoir des dépôts de fonds en comptes courants avec ou sans intérêts, se charger, relativement aux opérations concernant l'industrie agricole, des recouvrements et des payements à faire pour les syndicats ou pour les membres de ces syndicats. Elles peuvent, notamment, contracter les emprunts nécessaires pour constituer ou augmenter leur fonds de roulement. — Le capital social ne peut être formé par des souscriptions d'actions. Il pourra être constitué à l'aide de souscriptions des membres de la société. Ces souscriptions formeront des parts qui pourront être de valeur inégale ; elles seront nominatives et ne seront transmissibles que par voie de cession aux membres des syndicats et avec l'agrément de la société. — La société ne pourra être constituée qu'après versement du quart du capital souscrit. — Dans le cas où la société serait constituée sous la forme de société à capital variable, le capital ne pourra être réduit par les reprises des apports des sociétaires sortants au-dessous du montant du capital de fondation.

2. Les statuts détermineront le siège et le mode d'administration de la société de crédit, les conditions nécessaires à la modification de ces statuts et à la dissolution de la société, la composition du capital et la proportion dans laquelle chacun de ses membres contribuera à sa constitution. — Ils détermineront le maximum des dépôts à recevoir en comptes courants. — Ils régleront l'étendue et les conditions de la responsabilité qui incombera à chacun des sociétaires dans les engagements pris par la société. — Les sociétaires ne pourront être libérés de leurs engagements qu'après la liquidation des opérations contractées par la société antérieurement à leur sortie.

3. Les statuts détermineront les prélèvements qui seront opérés au profit de la société sur les opérations faites par elle. — Les sommes résultant de ces prélèvements, après acquittement des frais généraux et payement des intérêts des emprunts et du capital social, seront d'abord affectées, jusqu'à concurrence des trois quarts au moins, à la constitution d'un fonds de réserve, jusqu'à ce qu'il ait atteint au moins la moitié de ce capital. — Le surplus pourra être réparti, à la fin de chaque exercice, entre les syndicats et entre les membres des syndicats au prorata des prélèvements faits sur leurs opérations. Il ne pourra, en aucun cas, être partagé, sous forme de dividende, entre les membres de la société. — A la dissolution de la société, ce fonds de réserve et le reste de l'actif seront partagés entre les sociétaires, proportionnellement à leur souscription, à moins que les statuts n'en aient affecté l'emploi à une œuvre d'intérêt agricole.

4. Les sociétés de crédit autorisées par la présente loi sont des sociétés commerciales, dont les livrets doivent être tenus conformément aux prescriptions du Code de commerce. — Elles sont exemptes du droit de patente ainsi que de l'impôt sur les valeurs mobilières.

5. Les conditions de publicité prescrites pour les sociétés commerciales ordinaires sont remplacées par les dispositions suivantes : — Avant toute opération, les statuts, avec la liste complète des administrateurs ou directeurs et des sociétaires, indiquant leurs noms, profession, domicile, et le montant de chaque souscription, seront déposés, en double exemplaire, au greffe de la justice de paix du canton où la société a son siège principal. Il en sera donné récépissé. — Un des exemplaires des statuts et de la liste des membres de la société sera, par les soins du juge de paix, déposé au greffe du tribunal de commerce de l'arrondissement. — Chaque année, dans la première quinzaine de février, le directeur ou un administrateur de la société déposera, en double exemplaire, au greffe de la justice de paix du canton, avec la liste des membres faisant partie de la société à cette date, le tableau sommaire des recettes et des dépenses, ainsi que des opérations effectuées dans l'année précédente. Un des exem-

plaires sera déposé par les soins du juge de paix au greffe du tribunal de commerce. — Les documents déposés au greffe de la justice de paix et du tribunal de commerce seront communiqués à tout requérant.

6. *(Loi 20 juillet* 1901.) Les membres chargés de l'administration de la société seront personnellement responsables, en cas de violation des statuts ou des dispositions de la présente loi, du préjudice résultant de cette violation.

En outre, au cas de fausse déclaration relative aux statuts ou aux noms et qualités des administrateurs, des directeurs ou des sociétaires, ils pourront être poursuivis et punis d'une amende de seize francs (16 fr.) à cinq cents francs (500 fr.).

7. La présente loi est applicable à l'Algérie et aux colonies.

LOI du 31 mars 1899, ayant pour but l'institution des caisses régionales de crédit agricole mutuel et les encouragements à leur donner, ainsi qu'aux sociétés et aux banques locales de crédit agricole mutuel, modifiée par les lois du 25 décembre 1900 et 29 décembre 1906.

Art. 1er. L'avance de quarante millions de francs (40.000.000 fr.) et la redevance annuelle à verser au Trésor par la Banque de France, en vertu de la convention du 31 octobre 1896, approuvée par la loi du 17 novembre 1897, sont mises à la disposition du Gouvernement pour être attribuées à titre d'avances sans intérêts aux caisses régionales de crédit agricole mutuel qui seront constituées d'après les dispositions de la loi du 5 novembre 1894.

(*Loi 29 décembre* 1906.) « Le Gouvernement peut, en outre, prélever sur les redevances annuelles et remettre gratuitement auxdites caisses régionales des avances spéciales destinées aux sociétés coopératives agricoles et remboursables dans un délai maximum de vingt-cinq années.

« Ces avances ne pourront dépasser le tiers des redevances versées annuellement par la Banque de France dans les caisses du Trésor, en vertu de la convention du 31 octobre 1896, approuvée par la loi du 17 novembre 1897. »

2. Les caisses régionales ont pour but de faciliter les opérations concernant l'industrie agricole effectuées par les membres des sociétés locales de crédit agricole mutuel de leur circonscription et garanties par ces sociétés.

À cet effet, elles escomptent les effets souscrits par les membres des sociétés locales et endossés par ces sociétés.

Elles peuvent faire à ces sociétés les avances nécessaires pour la constitution de leurs fonds de roulement.

Toutes autres opérations leur sont interdites.

Voir loi du 29 décembre 1906, art. 2.

3. (*Loi 25 décembre* 1900). « Le montant des avances faites aux caisses régionales ne pourra excéder le quadruple du montant du capital versé en espèces. »

Ces avances ne pourront être faites pour une durée de plus de cinq ans. Elles pourront être renouvelées.

Elles deviendront immédiatement remboursables en cas de violation des statuts ou de modifications à ces statuts qui diminueraient les garanties de remboursement.

4. *Abrogé par Loi du 29 décembre 1906, art. 5.*

5. Un décret, rendu sur l'avis de la commission, fixera les moyens de contrôle et de surveillance à exercer sur les caisses régionales.

Les statuts de ces caisses devront être déposés au ministère de l'agriculture.

Ces statuts indiqueront la circonscription territoriale des sociétés, la nature et l'étendue de leurs opérations et leur mode d'administration. Ils détermineront la composition du capital social, la proportion dans laquelle chaque sociétaire pourra contribuer à sa constitution, ainsi que les conditions de retrait, s'il y a lieu, le nombre des parts dont les 2/3 au moins seront réservés de préférence aux sociétés locales, l'intérêt à allouer aux parts, lequel ne pourra dépasser cinq pour cent (5 o/o) du capital versé, le maximum des dépôts à recevoir en comptes courants et le maximum des bons à émettre, lesquels réunis ne pourront excéder les 3/4 du montant des effets en portefeuille, les conditions et les règles applicables à la modification des statuts et à la liquidation de la société.

6. Le ministre de l'agriculture adressera, chaque année, au président de la République un compte rendu des opérations faites en exécution de la présente loi, lequel sera publié au *Journal officiel.*

LOI *du 4 juillet 1900 relative à la constitution des sociétés ou caisses d'assurances mutuelles agricoles.*

ARTICLE UNIQUE. Les sociétés ou caisses d'assurances mutuelles agricoles qui sont gérées et administrées gratuitement, qui n'ont en vue et qui, en fait, ne réalisent aucun bénéfice, sont affranchies des formalités prescrites par la loi du 24 juillet 1867 et le décret du 28 janvier 1868, relatifs aux sociétés d'assurances. — Elles pourront se constituer en se soumettant aux prescriptions de la loi du 21 mars 1884 sur les syndicats professionnels. — Les sociétés ou caisses d'assurances mutuelles agricoles ainsi créées seront exemptes de tous droits de timbre et d'enregistrement autres que le droit de timbre de 10 centimes prévu par le paragraphe 1er de l'article 18 de la loi des 23 et 25 août 1871.

LOI du 29 décembre 1906 autorisant des avances aux sociétés coopératives agricoles.

ART. 1ᵉʳ. L'article 1ᵉʳ de la loi du 31 mars 1899 est ainsi complété.

Voir Loi du 31 mars 1899, art. 1ᵉʳ.

2. Les caisses régionales sont chargées de faciliter les opérations concernant l'industrie agricole, effectuées par les sociétés coopératives agricoles, régulièrement affiliées à une caisse locale de crédit mutuel régie par la loi du 5 novembre 1894.

Elles garantissent le remboursement, à l'expiration des délais fixés, des avances spéciales qui leur sont faites pour les sociétés coopératives agricoles.

Toutes opérations autres que celles prévues par le présent article et par la loi du 31 mars 1899, leur sont interdites.

3. Les caisses régionales recevront des sociétés coopératives agricoles, sur les avances spéciales qu'elles auront remises à celles-ci, un intérêt qui sera fixé par elles et approuvé par le Gouvernement, après avis de la commission prévue à l'article 5.

4. Les demandes d'avances émanant des sociétés agricoles devront indiquer, d'une manière précise, l'emploi des fonds sollicités ; elles seront présentées au Gouvernement par l'intermédiaire des caisses régionales de crédit agricole mutuel.

Pourront seules recevoir les avances prévues à l'article 1ᵉʳ de la présente loi, quel que soit d'ailleurs leur régime juridique, les sociétés coopératives agricoles constituées par tout ou partie des membres d'un ou plusieurs syndicats professionnels agricoles, en vue d'effectuer ou de faciliter toutes les opérations concernant soit la production, la transformation, la conservation ou la vente des produits agricoles provenant exclusivement des exploitations des associés, soit l'exécution de travaux agricoles d'intérêt collectif, sans que ces sociétés aient pour but de réaliser des bénéfices commerciaux.

5. La répartition des avances aux caisses régionales de crédit agricole, tant en vertu de la présente loi que de la loi du 31 mars 1899, sera faite par le ministre de l'agriculture sur l'avis d'une commission spéciale et dont les membres, à l'exception des membres de droit, sont nommés par décret pour quatre années, composée ainsi qu'il suit :

Le ministre de l'agriculture, président ;

Quatre sénateurs ;

Six députés ;

Un membre du conseil d'Etat ;

Un membre de la cour des comptes ;

Le gouverneur de la Banque de France ;

Le directeur général de la comptabilité publique ;

Le directeur du mouvement général des fonds ;

Un inspecteur général des finances ;

Le directeur général des eaux et forêts ;

Le directeur de l'agriculture ;

Le directeur du secrétariat, du personnel central et de la comptabilité ;

Le directeur de l'hydraulique et des améliorations agricoles ;

Le directeur des haras ;

Le chef de service des caisses régionales de crédit agricole mutuel ;

Six inspecteurs généraux ou inspecteurs du ministère de l'agriculture ;

Trois membres du conseil supérieur de l'agriculture ;

Huit représentants choisis parmi les membres des caisses de crédit agricole mutuel, régionales ou locales, ou des sociétés coopératives agricoles.

En dehors des membres permanents de la commission, les inspecteurs généraux et inspecteurs de l'agriculture, les inspecteurs des améliorations agricoles et les inspecteurs des caisses de crédit agricole mutuel chargés de rapports sont appelés à les soutenir devant la commission avec voix consultative.

Est abrogé l'article 4 de la loi du 31 mars 1899.

6. Un décret rendu après avis de la commission de répartition des avances, sous le contreseing des ministres de l'agriculture et des finances, déterminera limitativement la nature des opérations que pourront entreprendre les sociétés coopératives agricoles susceptibles de recevoir des avances de l'État.

La commission de répartition déterminera la durée de chaque prêt, ainsi que le montant de l'avance, qui ne pourra excéder le double du capital de la société coopérative agricole, versé en espèces.

Cette avance spéciale deviendra immédiatement remboursable en cas de violation des statuts ou de modifications à ces statuts qui diminueraient les garanties de remboursement.

7. Des règlements d'administration publique détermineront, pour les sociétés coopératives agricoles qui demanderont des avances par l'intermédiaire et avec la garantie des caisses régionales de crédit agricole, en vertu de la présente loi, la procédure à suivre, les dispositions éventuelles que devront contenir les statuts, le mode et la forme des enquêtes préliminaires d'ordre économique et technique à ouvrir par les services intéressés du ministère de l'agriculture, la surveillance à exercer sur l'emploi des avances qui ne devront pas être détournées de leur affectation, les garanties d'ordre général à prendre pour assurer le remboursement des prêts, ainsi que les moyens de contrôle à exercer sur ces sociétés coopératives agricoles pour sauvegarder les intérêts du Trésor.

Habitations à bon marché et petite propriété.

LOI du 12 avril 1906 modifiant et complétant la loi du 30 novembre 1894 sur les habitations à bon marché.

ART. 1ᵉʳ. Il sera établi dans chaque département un ou plusieurs comités de patronage des habitations à bon marché et de la prévoyance sociale. Ces comités ont pour mission d'encourager toutes les manifestations de la prévoyance sociale, notamment la construction de maisons salubres et à bon marché, soit par des particuliers ou des sociétés en vue de les louer ou de les vendre à des personnes peu fortunées, notamment à des travailleurs vivant principalement de leur salaire, soit par les intéressés eux-mêmes pour leur usage personnel.

2. Ces comités sont institués par décret du Président de la République, après avis du conseil général et du conseil supérieur des habitations à bon marché. Le même décret détermine l'étendue de leur circonscription et fixe le nombre de leurs membres dans la limite de neuf au moins et de douze au plus. — Le tiers des membres du comité est nommé par le conseil général, qui le choisit parmi les conseillers généraux, les maires et les membres des chambres de commerce ou des chambres consultatives des arts et manufactures de la circonscription du comité. — Les deux autres tiers sont désignés, dans les conditions déterminées par un arrêté du ministre du commerce, de l'industrie et du travail, pris après avis du comité permanent du conseil supérieur, visé à l'article 14 de la présente loi, parmi les personnes spécialement versées dans les questions de prévoyance, d'hygiène, de construction et d'économie sociale. — Ces comités ainsi constitués font leur règlement, qui est soumis à l'approbation du préfet. Ils désignent leur président et leur secrétaire. Ce dernier peut être pris en dehors du comité. — Ces comités sont nommés pour trois ans. — Leur mandat peut être renouvelé.

3. Ces comités peuvent recevoir des subventions de l'État, des départements et des communes, ainsi que des dons et legs, aux conditions prescrites par l'article 910 du Code civil pour les établissements d'utilité publique. — Toutefois, ils ne peuvent posséder d'autres immeubles que celui qui est nécessaire à leurs réunions. — Ils peuvent faire des enquêtes, ouvrir des concours d'architecture, distribuer des prix d'ordre et de propreté, accorder des encouragements pécuniaires et, plus généralement, employer les moyens de nature à provoquer l'initiative en faveur de la cons-

truction et de l'amélioration des maisons à bon marché. — Dans le cas où ces comités cesseraient d'exister, leur actif après liquidation pourra être dévolu, sur l'avis du conseil supérieur institué à l'article 14 ci-après, aux sociétés de construction des habitations à bon marché, aux associations de prévoyance et aux bureaux de bienfaisance de la circonscription.

4. Le département doit subvenir aux frais de local et de bureau des comités, ainsi qu'aux frais de déplacements nécessaires pour l'application de la présente loi suivant le tarif et dans les conditions déterminées par le conseil général. — Il peut prendre à sa charge les jetons de présence qui seraient alloués, à titre d'indemnité de déplacement, aux membres des comités n'habitant pas la localité où se tiendraient les réunions.

5. Les avantages concédés par la présente loi s'appliquent aux maisons destinées à l'habitation collective lorsque la valeur locative réelle de chaque logement ne dépasse pas, au moment de la construction, le chiffre fixé, pour chaque commune, tous les cinq ans, par une commission siégeant au chef-lieu du département et composée d'un juge au tribunal civil, d'un conseiller général et d'un agent des contributions directes, désignés par le préfet. Les maires seront admis à présenter verbalement ou par écrit leurs observations sur la fixation de cette valeur locative, dans leurs communes respectives. — Ce chiffre ne peut être supérieur aux maxima déterminés ci-après, ni inférieur de plus d'un quart auxdits maxima : — 1° Communes au-dessous de 1,001 habitants, 140 fr. ; — 2° Communes de 1,001 à 2,000 habitants, 200 fr. ; — 3° Communes de 2,001 à 5,000 habitants, 225 fr. ; — 4° Communes de 5,001 à 30,000 habitants et banlieue des communes de 30,001 à 200,000 habitants, dans un rayon de 10 kilom., 250 fr. ; — 5° Communes de 30,001 à 200,000 habitants, banlieue des communes de 200,001 habitants et au-dessus dans un rayon de 15 kilom., et grande banlieue de Paris, c'est-à-dire communes dont la distance aux fortifications est supérieure à 15 kilom. et n'excède pas 40 kilom., 325 fr. ; — 6° Petite banlieue de Paris, dans un rayon de 15 kilom., 400 fr. ; — 7° Communes de 200,001 habitants et au-dessus, 440 fr.; — 8° Ville de Paris, 550 fr. — Le bénéfice de la loi est acquis par cela seul que la destination principale de l'immeuble est d'être affectée à des habitations à bon marché. Toutefois, les exénorations d'impôts accordées par l'article 9 de la présente loi ne s'appliqueront qu'aux parties de l'immeuble réellement occupées par des logements à bon marché. — Bénéficieront également des avantages de la loi les maisons individuelles dont la valeur locative réelle ne dépassera pas de plus d'un cinquième le chiffre déterminé par la commission ci-dessus prévue. Seront considérés comme dépendances de la maison pour l'application de la loi, sauf en ce qui concerne l'exemption temporaire d'impôt foncier, les jardins d'une superficie de 5 ares au

plus attenant aux constructions ou les jardins de 10 ares au plus
non attenant aux constructions et possédés dans la même localité
par les mêmes propriétaires. — Pour l'application de la présente
loi, la valeur locative des maisons ou logements sera déterminée
par le prix de loyer porté dans les baux, augmenté, le cas
échéant, du montant des charges autres que celles de salubrité
(eau, vidange, etc.) et d'assurance contre l'incendie ou sur la vie.
S'il n'existe pas de bail, la valeur locative des maisons individu-
duelles sera fixée à cinq cinquante-six pour cent (5,56 o/o) du
prix de revient réel de l'immeuble. Les propriétaires devront justifier de l'exactitude des bases d'évaluation par la production de
tous documents utiles (baux, contrats, devis, mémoires, etc.). A
défaut de justifications ou en cas de justifications insuffisantes, la
valeur locative sera déterminée suivant les règles prévues par
l'article 12, paragraphe 3, de la loi du 15 juillet 1880. — Les
comités de patronage certifieront la salubrité des maisons et logements qui doivent bénéficier des avantages de la loi. S'ils refu-
sent ce certificat ou s'ils négligent de le délivrer dans les trois
mois de la demande qui leur en sera faite, les intéressés pourront se pourvoir devant le ministre du commerce, de l'industrie
et du travail, qui statuera, après avis du préfet et du comité permanent. Ils pourront soumettre à l'approbation du ministre du
commerce, de l'industrie et du travail, des règlements indiquant les conditions que devront remplir les constructions pour
être agréées.

6. Les bureaux de bienfaisance et d'assistance, les hospices et
hôpitaux peuvent, avec l'autorisation du préfet, employer une
fraction de leur patrimoine, qui ne pourra excéder un cinquième,
soit à la construction de maisons à bon marché, soit en prêts aux
sociétés de construction de maisons à bon marché et aux sociétés
de crédit, qui ne construisant pas elles-mêmes, ont pour objet de
faciliter l'achat, la construction ou l'assainissement de ces maisons, soit en obligations ou actions de ces sociétés, lesdites actions
entièrement libérées et ne pouvant dépasser les deux tiers du
capital social. — Les communes et les départements peuvent employer leurs ressources en prêts en obligations ou, dans les conditions ci-dessus spécifiées, en actions, sous réserve : 1° que les
maisons ne puissent être aliénées au-dessous du prix de revient,
ni louées à des prix inférieurs à quatre pour cent (4 o/o) de ce
prix ; ce revenu sera considéré comme un revenu net de toutes
charges et notamment de l'amortissement en trente années pour
les maisons individuelles et en soixante années pour les maisons
collectives ; 2° que ces emplois de fonds soient préalablement
approuvés par décision du ministre du commerce, de l'industrie et
du travail, après avis du comité permanent du conseil supérieur
des habitations à bon marché, aux délibérations duquel partici-
pera, pour ces affaires, le directeur de l'administration départe-

mentale et communale au ministère de l'intérieur. — Sous réserve d'approbation dans les mêmes formes, les communes et les départements peuvent faire apport aux sociétés susvisées de terrains ou de constructions, pourvu que la valeur attribuée à ces apports ne soit pas inférieure à leur valeur réelle, établie par expertise. — Ils peuvent de même : 1° céder de gré à gré aux sociétés susvisées des terrains ou constructions, sans que le prix de cession puisse être inférieur à la moitié de leur valeur réelle établie par expertise ; 2° garantir, jusqu'à concurrence de trois pour cent (3 o/o) au maximum, le dividende des actions ou l'intérêt des obligations désdites sociétés pendant dix années au plus à compter de leur constitution. — La Caisse des dépôts et consignations reste autorisée à employer, jusqu'à concurrence du cinquième, le fonds de réserve et de garantie des caisses d'épargne en obligations négociables des sociétés de construction et de crédit visées au présent article.

7. La caisse d'assurances en cas de décès, instituée par la loi du 11 juillet 1868, est autorisée à passer avec les acquéreurs ou les constructeurs de maisons à bon marché, qui se libèrent du prix de leur habitation au moyen d'annuités, des contrats d'assurances temporaires ayant pour but de garantir à la mort de l'assuré, si elle survient dans la période d'années déterminée, le payement de tout ou partie des annuités restant à échoir. — Le chiffre maximum du capital assuré est égal au prix de revient de l'habitation à bon marché Si l'assurance est contractée au moyen d'une prime unique, dont le prêteur bénéficiaire fait l'avance à l'emprunteur, le chiffre maximum indiqué ci-dessus est augmenté de la prime unique nécessaire pour assurer à la fois ledit chiffre et cette dernière prime. La prime d'assurance sera versée directement à la caisse nationale par le prêteur bénéficiaire lors de la souscription de l'assurance. — Tout signataire d'une proposition d'assurance faite dans les conditions du paragraphe 1er du présent article devra répondre aux questions et se soumettre aux constatations médicales qui lui seront prescrites par les polices. En cas de rejet de la proposition, la décision ne devra pas être motivée. L'assurance produira son effet dès la signature de la police. — La somme assurée sera, dans le cas du présent article, cessible en totalité dans les conditions fixées par les polices. — La durée du contrat devra être fixée de manière à ne reporter aucun payement éventuel de prime après l'âge de soixante-cinq ans.

8. Lorsqu'une maison individuelle construite dans les conditions édictées par la présente loi figure dans une succession et qu cette maison est occupée au moment du décès de l'acquéreur ou du constructeur par le défunt, son conjoint ou l'un de ses enfants, il est dérogé aux dispositions du Code civil ainsi qu'il est dit ci-après : 1° Si le conjoint survivant est copropriétaire de

la maison, au moins pour moitié, et s'il l'habite au moment du décès, l'indivision peut, à sa demande, être maintenue pendant cinq ans à partir du décès et continuée ensuite de cinq ans en cinq ans jusqu'à son propre décès ? Si la disposition de l'alinéa précédent n'est point appliquée et si le défunt laisse des descendants, l'indivision peut être maintenue, à la demande du conjoint ou de l'un de ses descendants, pendant cinq années à partir du décès. Dans le cas où il se trouve des mineurs parmi les descendants, l'indivision peut être continuée pendant cinq années à partir de la majorité de l'aîné des mineurs, sans que sa durée totale puisse, à moins d'un consentement unanime, excéder dix ans. Dans ces divers cas, le juge de paix prononce le maintien ou la continuation de l'indivision, après avis du conseil de famille, s'il y a lieu ; — 2° Chacun des héritiers et le conjoint survivant, s'il a un droit de copropriété, a la faculté de reprendre la maison sur estimation. Lorque plusieurs intéressés veulent user de cette faculté, la préférence est accordée d'abord à celui que le défunt a désigné, puis à l'époux, s'il est copropriétaire pour moitié au moins. Toutes choses égales, la majorité des intéressés décide. A défaut de majorité, il est procédé par voie de tirage au sort. S'il y a contestation sur l'estimation de la maison, cette estimation est faite par le comité de patronage et homologuée par le juge de paix. Si l'attribution de la maison doit être faite par la majorité ou par le sort, les intéressés y procèdent sous la présidence du juge de paix, qui dresse procès-verbal des opérations. — Les dispositions du présent article sont applicables à toute maison quelle que soit la date de sa construction, dont la valeur locative n'excédera pas les limites fixées à l'article 5.

9. Sont affranchies de la contribution foncière et de la contribution des portes et fenêtres, les maisons individuelles ou collectives destinées à être louées ou vendues et celles construites par les intéressés eux-mêmes, pourvu qu'elles remplissent les conditions prévues à l'article 5. — Cette exemption sera d'une durée de douze années à compter de l'achèvement de la maison. Elle cesserait de plein droit si, par suite de transformations ou d'agrandissements, l'immeuble perdait le caractère d'une habitation à bon marché et acquérait une valeur sensiblement supérieure au maximum légal. — Pour être admis à jouir du bénéfice de la présente loi, on devra produire, dans les formes et les délais fixés par l'article 9, paragraphe 3, de la loi du 8 août 1890, une demande qui sera instruite et jugée comme les réclamations pour décharge et réduction de contributions directes. Cette demande pourra être formulée dans la déclaration exigée par le même article de ladite loi de tout propriétaire ayant l'intention d'élever une construction passible de l'impôt foncier. — Les parties des bâtiments dont il est question au présent article destinées à l'habitation personnelle donneront lieu, conformément à l'article 2 de la loi du

4 août 1844, à l'augmentation du contingent départemental dans la contribution personnelle mobilière à raison du vingtième de leur valeur locative réelle, à dater de la troisième année de l'achèvement des bâtiments comme si ces bâtiments ne jouissaient que de l'immunité ordinaire d'impôt foncier accordée par l'article 88 de la loi du 3 frimaire an VII aux maisons nouvellement construites ou reconstruites. — Sont exemptées de la taxe établie par l'article 1er de la loi du 20 février 1849, dans les termes de la loi du 14 décembre 1875 et par dérogation à l'article 2 de la loi du 31 mars 1903, les sociétés, quelle qu'en soit la forme, qui ont pour objet exclusif la construction et la vente des maisons auxquelles s'applique la présente loi. — La taxe continuera à être perçue pour les maisons exploitées par la société ou mises en location par elle.

10. Les actes constatant la vente de maisons individuelles à bon marché, construites par les bureaux de bienfaisance et d'assistance, hospices ou hôpitaux, les caisses d'épargne, les sociétés de construction ou par des particuliers, sont soumis aux droits de mutation établis par les lois en vigueur. — Toutefois, lorsque le prix aura été stipulé payable par annuités, la perception de ce droit pourra, sur la demande des parties, être effectuée en plusieurs fractions égales, sans que le nombre de ces fractions puisse excéder celui des annuités prévues au contrat ni être supérieur à cinq. Il sera justifié, par un certificat du maire de la commune de la situation que l'immeuble a été reconnu exempt de l'impôt foncier, par application des articles 5 et 9, ou que, tout au moins, une demande d'exemption a été formée dans les conditions prévues par ces articles. Ce certificat sera délivré sans frais, en double original, dont l'un sera annexé au contrat de vente et l'autre déposé au bureau de l'enregistrement, lors de l'accomplissement de la formalité. — Le payement de la première fraction du droit aura lieu au moment où le contrat sera enregistré ; les autres fractions seront exigibles d'année en année et seront acquittées dans le trimestre qui suivra l'échéance de chaque année, de manière que la totalité du droit soit acquittée dans l'espace de quatre ans et trois mois au maximum à partir du jour de l'enregistrement du contrat. — Si la demande d'exemption d'impôt foncier qui a motivé le fractionnement de la perception vient à être définitivement rejetée, les droits non encore acquittés seront immédiatement recouvrés. — Dans le cas où, par anticipation, l'acquéreur se libérerait entièrement du prix avant le payement intégral du droit, la portion restant due deviendrait exigible dans les trois mois du règlement définitif. Les droits seront dus solidairement par l'acquéreur et le vendeur. — L'enregistrement des actes visés au présent article sera effectué dans les délais fixés et, le cas échéant, sous les peines édictées par les lois en vigueur. Tout retard dans le payement de la seconde fraction ou des fractions

subséquentes des droits rendra immédiatement exigible la totalité des sommes restant dues au Trésor. Si la vente est résolue avant le payement complet des droits, les termes acquittés ou échus depuis plus de trois mois demeureront acquis au Trésor ; les autres tomberont en non-valeur. — La résolution volontaire ou judiciaire du contrat ne donnera ouverture qu'au droit de trois francs (3 fr.)

11. Les actes nécessaires à la constitution et à la dissolution des associations de construction ou de crédit actuellement existantes ou à créer, telles qu'elles sont définies dans la présente loi, sont dispensés du timbre et enregistrés gratis, s'ils remplissent les conditions prévues par l'article 53, paragraphe 3, n° 4, de la loi du 22 frimaire an VII. Les pouvoirs en vue de la représentation aux assemblées générales sont dispensés du timbre. Ces sociétés sont exonérées des droits de timbre pour leurs titres d'actions et d'obligations. Toutefois, elles restent soumises au droit de timbre-quittance, établi par l'article 18 de la loi du 23 août 1871.

12. Les mêmes sociétés sont dispensées de toute patente et de l'impôt sur le revenu, attribué aux actions, parts d'intérêts et obligations.

13. Les sociétés ne seront admises au bénéfice de ces diverses faveurs qu'autant que leurs statuts approuvés par le ministre du commerce, de l'industrie et du travail, sur les avis du comité de patronage et du conseil supérieur institué par l'article 14, limiteront leurs dividendes annuels à un chiffre maximum. Toutefois ces avis ne seront pas nécessaires lorsque les statuts seront conformes aux statuts-types arrêtés par le ministre du commerce, de l'industrie et du travail, après avis du comité permanent. — L'approbation pourra être retirée dans la même forme, s'il est établi après enquête que les sociétés font des opérations de construction ou de crédit sur des maisons ne répondant pas aux conditions prévues par la présente loi. — Les sociétés actuellement existantes jouiront, au même titre que celles qui se fonderont après la promulgation de la loi, des faveurs et immunités qu'elle concède, à la condition de modifier leurs statuts, le cas échéant, conformément à ses prescriptions.

14 Il est constitué, auprès du ministre du commerce, de l'industrie et du travail, un conseil supérieur des habitations à bon marché auquel doivent être soumis tous les règlements à faire en vertu de la présente loi et, d'une façon générale, toutes les questions concernant les logements économiques. — Les comités de patronage lui adresseront, chaque année, dans le courant de janvier, un rapport détaillé sur leurs travaux. Le conseil supérieur en donnera le résumé, avec ses observations, dans un rapport d'ensemble adressé au Président de la République.

15. Un règlement d'administration publique détermine les

mesures propres à assurer l'application des dispositions qui précèdent, et notamment : 1° l'organisation et le fonctionnement du
conseil supérieur des habitations à bon marché et des comités de
patronage ; 2° les dispositions que doivent contenir les statuts des
sociétés de construction et de crédit, pour que ces sociétés puissent bénéficier des faveurs de la loi ; 3° les conditions dans lesquelles la caisse d'assurances en cas de décès peut organiser des
assurances temporaires ; 4° la procédure à suivre pour l'application de l'article 8.

16. Les emplois en valeurs locales autorisés par l'article 10 de
la loi du 20 juillet 1895 sont étendus : 1° aux actions des sociétés
visées à l'article 6, pourvu que les actions ainsi acquises soient
entièrement libérées et ne puissent dépasser les deux tiers du
capital social ; 2° à des prêts hypothécaires, amortissables par
annuités, au profit de particuliers désireux d'acquérir ou de cons-
truire des habitations à bon marché, dans les termes de la présente loi. — Les diverses facultés d'emplois de fonds prévues pour
les habitations à bon marché par l'article 10 de la loi du 20 juillet
1895 et par le présent article s'appliqueront dans les mêmes conditions : 1° pour les jardins ouvriers dont la contenance n'excédera pas 10 ares ; 2° pour l'établissement de bains-douches destinés aux personnes visées à l'article 1er.

17. La présente loi est applicable à l'Algérie.

18. Les lois des 30 novembre 1894 et 31 mars 1896 sont abrogées. — Toutefois elles restent applicables à toutes les habitations qui se trouvent actuellement en situation d'en bénéficier.

LOI du 10 avril 1908 relative à la petite propriété et aux maisons à bon marché.

ART. 1ᵉʳ. Tous les avantages prévus par la loi du 12 avril 1906 pour les maisons à bon marché, sauf l'exemption temporaire d'impôt foncier, s'appliquent aux jardins ou champs n'excédant pas un hectare.

Les terrains visés au paragraphe précédent bénéficient, en outre, des avantages prévus aux articles ci-après, pourvu :

1º Que la valeur locative réelle du logement de l'acquéreur n'excède pas, au moment de l'acquisition, les deux tiers du chiffre fixé pour la commune par la Commission instituée en vertu de l'article 5 de la loi précitée ;

2º Que le prix d'acquisition, y compris les charges, ne dépasse pas douze cents francs (1,200 fr.),

3º Que l'acquéreur s'engage, vis-à-vis de la Société qui lui aura consenti un prêt hypothécaire dans les conditions indiquées à l'article 2 de la présente loi, à cultiver lui-même ce terrain ou à le faire cultiver lui-même par les membres de sa famille.

Si l'acquéreur est déjà, au moment de l'acquisition, propriétaire d'un terrain bâti ou non bâti, la contenance et la valeur de ce terrain viennent en déduction des chiffres fixés aux paragraphes précédents.

2. Des prêts au taux de 2 o/o peuvent être consentis par l'Etat aux sociétés régionales de crédit immobilier qui ont pour objet :

1º De consentir aux emprunteurs remplissant les conditions prévues par la présente loi des prêts hypothécaires individuels, destinés soit à l'acquisition de champs ou-jardins dans les termes indiqués à l'article 1ᵉʳ, soit à l'acquisition ou à la construction de maisons individuelles à bon marché ;

2º De faire des avances aux sociétés d'habitations à bon marché, constituées selon la loi du 12 avril 1906 pour celles de leurs opérations effectuées en conformité du paragraphe précédent.

3. Chacun des emprunteurs visés à l'article 2 doit remplir les conditions suivantes :

1º Posséder, au moment de la conclusion du prêt hypothécaire, le cinquième au moins du prix du terrain ou de la maison ;

2º Passer avec la caisse nationale d'assurance en cas de décès un contrat à prime unique garantissant le payement des annuités qui resteraient à échoir au moment de sa mort, le montant de cette prime pouvant être incorporé au prêt hypothécaire ;

3º Etre muni d'un certificat administratif constatant qu'il a été satisfait aux conditions imposées, soit par l'article 1ᵉʳ de la présente loi s'il s'agit de l'acquisition d'un champ ou jardin, soit par l'article 5 de la loi du 12 avril 1906 s'il s'agit de l'acquisition ou de la construction d'une maison individuelle ; dans ce dernier cas, l'emprunteur doit également obtenir, avant la conclusion du prêt, le certificat de salubrité prévu à l'article 5 de la loi de 1906 précitée.

4. Pour obtenir des prêts de l'Etat, les sociétés régionales de crédit immobilier devront se constituer sous la forme anonyme et au capital minimum de deux cent mille francs (200,000 fr.).

Les actions ne pourront être libérées de plus de moitié, à moins d'autorisation spéciale donnée par décret, sur la proposition du ministre des finances et du ministre du travail et de la prévoyance sociale, après avis du Conseil supérieur des habitations à bon marché.

Le dividende annuel à servir aux actionnaires ne devra pas dépasser 4 o/o.

Les sommes restant dues par une société ne pourront dépasser le chiffre obtenu en ajoutant au quadruple de la partie versée du capital social le montant de la partie non appelée.

5. Les sociétés locales de crédit immobilier qui rempliront les conditions requises aux articles 2 et 4 pourront bénéficier des dispositions de la présente loi

6. Le total des avances que pourra faire l'Etat aux sociétés de crédit immobilier, dans les conditions de la présente loi, est fixé à cent millions de francs (100,000,000 de fr.).

Le ministre des finances est autorisé à se procurer les fonds nécessaires, dans les limites d'un crédit ouvert chaque année par la loi de finances, au moyen d'avances qui pourront être faites au Trésor par la Caisse nationale des retraites pour la vieillesse. Ces avances seront représentées par des titres d'annuité, dont les intérêts seront réglés trimestriellement, au taux fixé pour le tarif de ladite caisse, conformément à l'article 12 de la loi du 20 juillet 1886, et en vigueur au moment de la réalisation de chaque avance.

Les prêts aux sociétés sont effectués, pour le compte de l'Etat, par la Caisse nationale des retraites sur la désignation d'une commission spéciale instituée auprès du ministère du travail par l'article 8 de la présente loi. Les frais d'administration afférents à ce service sont remboursés chaque année à la Caisse nationale.

7. Les remboursements à effectuer par les sociétés sont passibles d'intérêts de retard calculés au taux de 4 o/o à partir de leur échéance, s'ils n'ont pas été opérés dans le mois de cette échéance.

Le recouvrement des sommes non remboursées dans un délai de trois mois et des intérêts de retard y relatifs est poursuivi par l'agent judiciaire du Trésor.

8. La commission d'attribution des prêts est nommée par décret

sur la proposition du ministre du travail et de la prévoyance sociale pour une durée de cinq ans, elle est composée de seize membres, ainsi qu'il suit :

Le ministre du travail, président ;

Deux sénateurs ;

Deux députés ;

Un membre du Conseil d'Etat;

Un membre de la Cour des comptes ;

Deux fonctionnaires du ministère des finances;

Le directeur général de la Caisse des dépôts et consignations ou son délégué ;

Le directeur de l'assurance et de la prévoyance sociales ou son délégué ;

Le directeur de l'hydraulique et des améliorations agricoles ou son délégué ;

Deux représentants des sociétés régionales de crédit immobilier;

Deux membres du Conseil supérieur des habitations à bon marché.

Le décret désigne le vice-président de la commission, ainsi qu'un chef ou sous-chef de bureau du ministère du travail et de la prévoyance sociale qui remplit les fonctions de secrétaire.

9. En ce qui concerne les contrats d'assurance temporaire que les emprunteurs hypothécaires doivent passer avec la caisse nationale d'assurance en cas de décès, conformément à l'article 3 de la présente loi, le proposant sera soumis à la visite du médecin désigné par elle.

Toutefois, il en sera dispensé lorsqu'il aura, deux ans au moins avant l'acquisition de la maison, du champ ou du jardin, formé une demande d'assurance et opéré à la caisse nationale un versement égal de 1 o/o du capital à garantir, sans que la somme versée puisse être inférieure à 10 francs. La souscription de la police devra être effectuée dans un délai d'une année après l'expiration de la période de deux ans visée ci-dessus, et la somme versée viendra en déduction de la prime unique. Si la police n'est pas souscrite dans le délai fixé, le versement restera acquis à la caisse nationale.

10. Un règlement d'administration publique, rendu sur la proposition du ministre du travail et du ministre des finances déterminera toutes les mesures propres à assurer l'application des dispositions qui précèdent, et notamment :

1° Les clauses que devront contenir les statuts des sociétés de crédit immobilier, pour que ces sociétés puissent recevoir, après avis du Conseil supérieur des habitations à bon marché, l'approbation du ministre du travail, en vue de bénéficier des faveurs accordées par la présente loi et par celle du 12 avril 1906, ainsi que les conditions dans lesquelles serait retirée cette approbation aux sociétés qui ne se conformeraient pas à la présente loi;

2° Le mode et le délai d'établissement du certificat administratif visé à l'article 3 ;

3° Les conditions dans lesquelles la caisse d'assurance, en cas de décès, effectuera les opérations d'assurance visées aux articles 3 et 9 ;

4° Les dispositions qui devront être insérées dans les contrats passés entre la Caisse nationale des retraites opérant pour le compte de l'Etat et les sociétés de crédit immobilier, en vue d'assurer l'exécution de la présente loi.

11. Les opérations effectuées par la caisse d'épargne, en exécution de l'article 10 de la loi du 12 avril 1906, pourront être faites au taux réduit de 2 o/o lorsqu'elles seront faites au profit de personnes remplissant les conditions requises par l'article 3 de la présente loi.

12 La présente loi est applicable à l'Algérie.

LOI du 12 juillet 1909 portant constitution d'un bien de famille insaisissable

TITRE Iᵉʳ. — CONSTITUTION D'UN BIEN DE FAMILLE

Art. 1ᵉʳ. Il peut être constitué, au profit de toute famille, un bien insaisissable qui portera le nom de bien de famille.

Les étrangers ne pourront jouir des prérogatives de la présente loi qu'après avoir été autorisés, conformément à l'article 13 du Code civil, à établir leur domicile en France.

2. Le bien de famille pourra comprendre soit une maison ou portion divise de maison, soit à la fois une maison et des terres attenantes ou voisines, occupées et exploitées par la famille. La valeur dudit bien, y compris celle des cheptels et immeubles par destination, ne devra pas, lors de sa fondation, dépasser huit mille francs (8,000 fr.).

3. La constitution est faite :

Par le mari sur ses biens personnels, sur ceux de la communauté ou, avec le consentement de la femme, sur les biens qui appartiennent à celle-ci et dont il a l'administration.

Par la femme, sans l'autorisation du mari ou de justice, sur les biens dont l'administration lui a été réservée ;

Par le survivant des époux ou l'époux divorcé, s'il existe des enfants mineurs, sur ses biens personnels ;

Par l'aïeul ou l'aïeule, suivant les distinctions ci-dessus, qui recueille ses petits-enfants orphelins de père et de mère, ou moralement abandonnés ;

Par le père ou la mère, sans descendants légitimes, d'un enfant naturel reconnu ou d'un enfant adopté.

Toute personne capable de disposer pourra constituer un bien de famille au profit d'une autre personne réunissant elle-même les conditions exigées par la loi pour pouvoir le constituer.

4. Le bien de famille ne peut être établi que sur un immeuble non indivis.

Il ne peut en être constitué plus d'un par famille.

Toutefois, lorsque le bien est d'une valeur inférieure à 8,000 fr., il peut être porté à cette valeur au moyen d'acquisitions qui sont soumises aux mêmes conditions et formalités que la fondation.

Le bénéfice de la constitution du bien de famille reste acquis alors même que, par le seul fait de la plus-value postérieure à la constitution, le chiffre de 8,000 fr. se trouverait dépassé.

5. La constitution du bien ne peut porter sur un immeuble grevé d'un privilège ou d'une hypothèque, soit conventionnelle, soit judiciaire, lorsque les créanciers ont pris inscription antérieu-

rement à l'acte constitutif ou, au plus tard, dans le délai fixé à l'article 6 ci-après.

Les hypothèques légales, même inscrites avant l'expiration de ce délai, ne font pas obstacle à la constitution et conservent leur effet.

Celles qui prendraient naissance postérieurement pourront être valablement inscrites, mais l'exercice du droit de poursuite qu'elles confèrent sera suspendu jusqu'à la désaffectation du bien.

6. La constitution du bien de famille résulte d'une déclaration reçue par un notaire, d'un testament ou d'une donation.

Cet acte contient la description détaillée de l'immeuble avec l'estimation de sa valeur, ainsi que les nom, prénoms, profession et domicile du constituant, et, s'il y a lieu, du bénéficiaire de la constitution.

Il reste affiché pendant deux mois par extrait sommaire et au moyen de placards manuscrits apposés sans procès-verbal d'huissier à la justice de paix et à la mairie de la commune où les biens sont situés.

Un avis est, en outre, inséré par deux fois, à quinze jours d'intervalle, dans un journal du département recevant les annonces légales.

7. Jusqu'à l'expiration de ce délai de deux mois, pourront être inscrits tous privilèges et hypothèques garantissant des créances antérieures à la constitution du bien. Pendant ce même délai, les créanciers chirographaires seront admis à former, en l'étude du notaire rédacteur de l'acte, opposition à la constitution.

8. A l'expiration du délai de deux mois, l'acte est soumis, avec toutes les pièces justificatives, à l'homologation du juge de paix.

Celui-ci ne donnera son homologation qu'après s'être assuré :

1° Par les pièces produites, et s'il les juge insuffisantes, par un rapport d'expert commis d'office, de la valeur des immeubles constituant le bien de famille ;

2° Qu'il n'existe ni privilège ni hypothèque autres que ceux visés à l'article 5 ;

3° Que mainlevée a été donnée de toutes les oppositions ;

4° Que les bâtiments sont assurés contre les risques de l'incendie.

9. Dans le mois qui suivra son homologation, l'acte de constitution de bien sera transcrit, à peine de nullité.

TITRE II. — RÉGIME DU BIEN DE FAMILLE

10. A partir de la transcription, le bien de famille ainsi que ses fruits sont insaisissables, même en cas de faillite ou de liquidation judiciaire ; il n'est fait exception qu'en faveur des créanciers antérieurs qui se sont conformés aux dispositions qui précédent, pour conserver l'exercice de leurs droits.

Il ne peut être ni hypothéqué, ni vendu à réméré.

Néanmoins, les fruits pourront être saisis pour le payement :

1° Des dettes résultant de condamnations en matière criminelle, correctionnelle ou de simple police ;

2° Des impôts afférents au bien et des primes d'assurances contre l'incendie ;

3° Des dettes alimentaires.

Le propriétaire ne peut renoncer à l'insaisissabilité du bien de famille.

11. Le propriétaire peut aliéner tout ou partie du bien de famille ou renoncer à la constitution. Mais, s'il est marié ou s'il a des enfants mineurs, l'aliénation ou la renonciation sera subordonnée, dans le premier cas, au consentement de la femme donné devant le juge de paix et, dans le second cas, à l'autorisation du conseil de famille, qui ne l'accordera que s'il estime l'opération avantageuse aux mineurs. Sa décision sera sans appel.

12. En cas d'expropriation pour cause d'utilité publique, si l'un des époux est prédécédé et s'il existe des enfants mineurs, le juge de paix ordonnera les mesures de conservation et de remploi qu'il estimera nécessaires.

13. Dans le cas de substitution volontaire d'un bien de famille à un autre, la constitution du premier bien est maintenue jusqu'à ce que la constitution du second soit définitive.

14. En cas de destruction partielle ou totale du bien, l'indemnité d'assurance est versée à la Caisse des dépôts et consignations pour demeurer affectée à la reconstitution de ce bien et, pendant un an, à dater du payement de l'indemnité, elle ne peut être l'objet d'aucune saisie, sans préjudice pourtant des dispositions de l'article 10 ci-dessus.

Les compagnies d'assurances ne sont, en aucun cas, garantes du défaut de remploi.

15. Il en sera de même pour l'indemnité allouée à la suite d'une expropriation pour cause d'utilité publique.

La femme pourra exiger l'emploi des indemnités d'assurances ou d'expropriation soit en immeubles, soit en rentes sur l'Etat français, à concurrence d'un maximum de 8,000 fr.

16. Le tribunal civil statue, la femme et, en cas de prédécès de l'un des époux, le représentant légal des mineurs appelés, sur toutes les demandes relatives à la validité de la constitution, de la renonciation à la constitution, de l'aliénation totale ou partielle du bien de famille.

L'affaire est jugée comme en matière sommaire.

La femme n'a besoin d'aucune autorisation pour poursuivre en justice l'exercice des droits que lui confère la présente loi.

17. L'insaisissabilité subsiste même après la dissolution du mariage sans enfants au profit du survivant des époux, s'il est propriétaire du bien.

18. Elle peut également se prolonger par l'effet du maintien de l'indivision prononcée dans les conditions et pour la durée ci-après déterminées.

S'il existe des mineurs au moment du décès de l'époux propriétaire de tout ou partie du bien, le juge de paix peut, soit à la requête du conjoint survivant, du tuteur ou d'un enfant majeur, soit à la demande du conseil de famille, ordonner la prolongation de l'indivision jusqu'à la majorité du plus jeune, et allouer, s'il y a lieu, une indemnité pour ajournement du partage, aux héritiers qui sont ou qui deviennent majeurs et ne profitent pas de l'habitation.

19. Le survivant des époux, s'il est copropriétaire du bien et s'il habite la maison, a la faculté de réclamer, à l'exclusion des héritiers, l'attribution intégrale du bien sur estimation.

Ce droit s'ouvre à son profit, soit au décès de son conjoint, si tous les descendants sont majeurs ou, même lorsqu'il y a des mineurs, si la demande en maintien d'indivision a été rejetée, soit à la majorité des enfants, lorsque l'indivision a été maintenue.

20. Il est constitué auprès du ministre de l'agriculture un conseil supérieur de la petite propriété rurale auquel doivent être soumis tous les règlements à faire en vertu de la présente loi et, d'une façon générale, toutes les dispositions intéressant la petite propriété rurale.

L'organisation et le fonctionnement de ce conseil seront fixés par le règlement d'administration publique prévu à l'article 21

21. Un règlement d'administration publique déterminera les mesures d'application de la présente loi.

DEUXIÈME PARTIE

DÉCRETS

Crédit et Sociétés agricoles.

DÉCRET du 11 avril 1905 relatif au fonctionnement et à la surveillance des caisses régionales de crédit agricole et abrogeant le décret du 6 mai 1900.

Art. 1er. La commission de répartition des avances aux caisses régionales de crédit agricole se réunit au moins une fois par trimestre.

2. Les demandes d'avances introduites par les caisses régionales en plein fonctionnement ne seront soumises à la commission qu'accompagnées du dernier rapport des inspecteurs, dont communication aura été préalablement fournie aux intéressés.

3. Les décisions prises par le ministre sur l'avis de la commission seront motivées et communiquées sans délai aux intéressés.

4. Les caisses régionales sont tenues d'adresser au ministre de l'agriculture : — 1° Dans les huit premiers jours du mois suivant chaque trimestre, une situation donnant la balance des comptes du grand-livre et le mouvement du portefeuille ; — 2° Dans la seconde quinzaine de février de chaque année, un relevé de leurs opérations et de celles de leurs caisses locales affiliées dans le cours de l'année précédente, établi suivant le modèle de l'administration ; — 3° Le procès-verbal *in extenso* de chaque assemblée générale.

5. Les caisses régionales ne peuvent faire des opérations qu'avec des caisses locales exclusivement agricoles, organisées et fonctionnant légalement, ne donnant pas plus de 5 o/o d'intérêt à leurs porteurs de parts et régulièrement affiliées. — L'importance des avances directes pour fonds de roulement consenties par une caisse régionale à ses caisses locales affiliées ne peut dépasser, pour chacune d'elles, le montant du capital versé à la caisse régionale sous forme de souscription de parts Ces avances sont toujours représentées par des effets. — Les caisses régionales exercent sur leurs caisses locales affiliées une surveillance et un contrôle réguliers et effectifs ; elles exigent de ces sociétés des pièces justifiant

de l'emploi agricole des capitaux prêtés ; le dépôt de leurs statuts, du relevé de leurs opérations, de l'état détaillé de leurs créances actives ou passives complété par le bilan. Ce dépôt sera fait au moins une fois chaque année, au plus tard dans la première quinzaine du mois de février. — La comptabilité des caisses régionales est tenue suivant les instructions du ministre de l'agriculture.

6. Les inspecteurs du crédit agricole ont pour mission de vérifier, au moins une fois par an, la comptabilité et la gestion des caisses régionales qui ont reçu des avances de l'Etat, et de s'assurer que les prescriptions de la loi et du présent décret sont régulièrement observées par les caisses régionales. — Les inspecteurs pourront exiger la production de toutes pièces justificatives.

7. Les caisses régionales désirant obtenir une avance devront adresser leurs demandes au ministre de l'agriculture avant le 15 du dernier mois de chaque trimestre et y joindre : — Deux exemplaires des statuts ; — Une liste des souscripteurs portant mention du capital versé en espèces par chacun d'eux et du syndicat professionnel agricole auquel chacun d'eux est affilié ; — Un certificat ou une attestation constatant l'importance du capital versé ; — Une liste des membres du conseil d'administration et des commissaires de surveillance ; — Une copie des délibérations de l'assemblée générale constitutive ; — Un récépissé du greffe de la justice de paix où la société a son siège principal, faisant foi que les conditions de publicité prescrite par la loi ont été observées ; — Une liste des caisses locales affiliées indiquant la date de création, le capital, le nombre des membres de chacune d'elles et le ou les syndicats auxquels ils sont affiliés ; — Une note sur l'organisation financière et le fonctionnement de la société ; — Une note sur le service de contrôle et de surveillance des caisses locales affiliées. — Les caisses déjà pourvues d'une avance et qui en demanderont une nouvelle auront à fournir : — Deux exemplaires de leurs statuts quand ils auront été modifiés depuis l'allocation de la dernière avance ; — Copie de la délibération de l'assemblée générale ou du conseil d'administration autorisant l'augmentation du capital ; — La liste des souscripteurs des nouvelles parts émises mentionnant le capital versé par chacun d'eux et le syndicat auquel il est affilié ; — La liste des nouvelles caisses locales affiliées avec l'indication du nombre de leurs membres et du syndicat auquel ils sont adhérents ; — La balance des comptes du grand-livre à la date de la demande ; — Un relevé des effets en portefeuille.

8 Le décret du 6 mai 1900 est abrogé.

*DÉCRET du 30 mai 1907 fixant la nature des opérations
  devant être faites par les sociétés coopératives agricoles
  pour donner lieu aux avances de l'État*

ART. 1er. Pourront seules donner lieu aux avances de l'Etat, en vertu de la loi du 29 décembre 1906, les opérations de la nature suivante, faites par les sociétés coopératives agricoles désignées à l'article 4 de ladite loi : la production, la transformation, la conservation et la vente des produits agricoles ; l'acquisition, la construction, l'installation et l'appropriation des bâtiments, ate liers, magasins, matériel de transport, l'achat et l'utilisation des machines et instruments nécessaires aux opérations agricoles d'intérêt collectif.

Voir Loi du 29 décembre 1906, art. 6.

DÉCRET du 26 août 1907 portant règlement d'adminis-
tration publique pour l'exécution de la loi du 29 dé-
cembre 1906 autorisant des avances aux sociétés coopé-
ratives agricoles.

CHAPITRE Ier. — Instruction des demandes d'avances
à obtenir de l'Etat.

ART. 1er. Les sociétés coopératives agricoles qui se proposent
d'obtenir, sous la responsabilité d'une caisse régionale, des
avances dans les conditions prévues par la loi du 29 décembre
1906, font parvenir leur demande à cette caisse avec les pièces
ci-après : — 1° **Les** statuts en double exemplaire de la société
intéressée ; — 2° La liste des souscripteurs, avec mention du syndicat professionnel dont chacun d'eux fait partie, et avec indication du capital versé ainsi que de son mode d'emploi ; — 3° Les
noms, qualités et domicile des membres du conseil d'administration et des commissaires des comptes ; — 4° Une copie des délibérations de l'assemblée générale constitutive ; — 5° La désignation de la caisse locale de crédit agricole mutuel, régie par la loi
du 5 novembre 1894, à laquelle doit se rattacher ladite société
coopérative aux termes de l'article 2 de la loi du 29 décembre
1906 ; — 6° L'indication des immeubles possédés par la société et
leur situation hypothécaire, dûment certifiée, avec énonciation de
leur valeur et désignation de ceux qui sont proposés pour la garantie hypothécaire du remboursement de l'avance ; — 7° Un
mémoire justificatif à l'appui de la demande, avec projet et devis
estimatif pour les travaux à exécuter, de même que pour l'achat
et l'installation d'un matériel spécial lorsqu'il y a lieu. — La
caisse régionale pourra demander, en outre, les justifications complémentaires qu'elle jugerait nécessaires, notamment en ce qui
concernerait la régularité de la constitution et des opérations de
la société coopérative.

2. La caisse régionale, si elle acquiesce à la demande et la présente sous sa responsabilité, fait parvenir le dossier au préfet du
département intéressé, qui le transmet au ministre de l'agriculture
avec ses observations et conclusions. — A ce dossier sont joints,
sous la signature des représentants de la caisse régionale —
a) Une copie de la délibération par laquelle cette caisse aura
couvert de sa responsabilité la demande d'avance ; — b) L'exposé
des garanties prises par elle pour le remboursement de l'avance
et des conditions de contrôle à exercer sur les opérations de la
société intéressée, — c) Un tableau des engagements déjà contractés par la caisse et son dernier bilan.

3. La caisse régionale et la société coopérative doivent fournir aux personnes chargées de l'instruction de la demande et des enquêtes tous renseignements et facilités pour l'accomplissement de leur mission.

· 4. L'ensemble du dossier est soumis à la commission de répartition des avances, constituée conformément à l'article 5 de la loi du 29 décembre 1906 : — La décision motivée du ministre est notifiée à la caisse régionale et à la société coopérative agricole par l'intermédiaire des préfets des départements intéressés.

CHAPITRE II. — Statuts des sociétés coopératives agricoles appelées à bénéficier d'une avance de l'Etat.

5. Les statuts de toute société coopérative agricole voulant bénéficier d'une avance doivent déterminer la circonscription territoriale à laquelle s'étendent ses opérations, son mode d'administration et le montant du capital social.

6. Ils spécifient expressément : 1° Que les parts de sociétaires sont nominatives, qu'elles restent exclusivement réservées à des agriculteurs, membres d'un syndicat agricole et que leur taux de remboursement n'excédera en aucun cas leur prix initial : — 2° Quel nombre maximum de voix peut avoir un sociétaire quel que soit le nombre des parts possédées par lui ; — 3° Qu'aucun dividende ne sera attribué au capital ou aux fractions de capital et que le taux des intérêts ne pourra dépasser 4 o/o ; — 4° Quelles dispositions sont prévues pour la constitution d'une réserve à prélever sur les bénéfices éventuels, en vue de l'amortissement du montant de l'avance de l'Etat ; — 5° Que les excédents annuels, déduction faite des charges, amortissements, intérêt du capital, frais généraux et réserve légale, etc., ne pourront être répartis, s'il y a lieu, entre coopérateurs, que proportionnellement aux opérations faites par eux avec la société coopérative ; — 6° Que pour tous actes et opérations ayant un caractère commercial, la comptabilité sera tenue conformément aux prescriptions du Code de commerce et aux instructions ministérielles spéciales : — 7° Que toute modification projetée aux statuts sera portée à la connaissance de la caisse régionale responsable du remboursement de l'avance, qui en fera part au ministre, sans qu'aucune modification puisse être considérée comme acquise avant que le ministre ait notifié qu'il n'y fait pas objection à raison des conditions dans lesquelles l'avance de l'Etat a été consentie.

CHAPITRE III. — Surveillance à exercer sur l'emploi des avances consenties.

7. La caisse régionale ayant garanti le remboursement d'avances doit veiller à ce qu'elles ne soient pas détournées de leur affecta-

tion. — Les modifications de projets et les changements d'emploi de ressources devront être préalablement soumis par la société coopérative intéressée à l'approbation de la caisse régionale et à la décision du ministre.

8. Les avances ou fractions d'avances affectées soit à des travaux, soit à l'achat et à l'installation d'un matériel spécial, ne sont versées par la caisse régionale à la société coopérative qu'au fur et à mesure de la réalisation des projets et à charge de justifications pour l'emploi des versements antérieurs.

9. Avec les renseignements et pièces se référant à la garantie donnée à une société coopérative agricole, la caisse régionale devra conserver constamment à jour la liste des membres du conseil d'administration de cette société, le texte de ses statuts, l'état des sommes ou acomptes versés sur le montant total de l'avance. — Elle doit se faire délivrer chaque année, avant le 31 janvier, les inventaires et les bilans de l'exercice précédent, le relevé des opérations effectuées ou en cours pour l'emploi des avances consenties et la copie des procès-verbaux d'assemblée générale.

CHAPITRE IV. — Garantie et contrôle à assurer pour le remboursement des prêts.

10. Lorsque les avances destinées aux sociétés coopératives agricoles seront attribuées pour l'établissement de magasins, entrepôts, usines ou autres constructions à édifier sur des terrains appartenant à ces sociétés, hypothèque sera immédiatement consentie au profit de l'Etat, par acte notarié, sur lesdits terrains avec extension stipulée ou formellement promise, selon les cas, sur les constructions à aménager ou à élever. — Si les avances se réfèrent à l'acquisition de terrains et à la construction ou à l'aménagement de bâtiments sur ces terrains, promesse expresse d'hypothèque devra être spécifiée, au profit de l'Etat, sur l'ensemble des immeubles visés aux projets, et l'hypothèque sera réalisée, suivant acte notarié, dès l'acquisition des terrains avec extension aux bâtiments selon les cas, ainsi qu'il est dit ci-dessus. — La société coopérative doit justifier que les immeubles lui appartenant ne sont pas grevés de privilège ou d'hypothèque pouvant préjudicier à la garantie hypothécaire réclamée pour le remboursement de l'avance de l'Etat.

11. La caisse régionale doit exiger des sociétés coopératives dont elle présente la demande, soit la clause de responsabilité solidaire de tous leurs membres pour les opérations auxquelles elle attache sa garantie, soit un engagement solidaire qu'elle reconnaîtrait suffisant, signé par tout ou partie des membres du conseil d'administration.

12. Les fonctionnaires chargés d'examiner l'organisation et le fonctionnement d'une caisse régionale, ou de la société coopéra-

tive agricole à laquelle a été consentie une avance de l'Etat, ont qualité pour vérifier la comptabilité et la gestion, pour constater l'exacte observation des prescriptions législatives et réglementaires ainsi que des statuts. Ils peuvent exiger la production de toutes pièces justificatives. — Lorsqu'il s'agit de travaux à exécuter ou de l'achat et de l'installation d'un matériel spécial, ils ont la faculté, soit au cours des opérations, soit après leur achèvement, de constater s'il y a conformité avec les projets dûment acceptés et les plans ou devis régulièrement fournis. — Ils consignent leurs observations et avis concernant l'état des immeubles et du matériel. — Ils signalent spécialement les cas dans lesquels la violation ou les modifications des statuts, diminuant les garanties de remboursement de l'avance, peuvent faire exiger le remboursement anticipé, conformément à l'article 6 de la loi du 29 décembre 1906.

Voir Loi du 5 novembre 1894; 31 mars 1899; 22 décembre 1906, art. 7.

DÉCRET du 10 janvier 1907 portant règlement d'admi-
nistration publique pour l'exécution de la loi du 12 avril
1906 relative aux habitations à bon marché.

TITRE Ier. — COMITÉ DE PATRONAGE DES HABITA-
TIONS A BON MARCHÉ ET DE LA PRÉVOYANCE
SOCIALE.

ART. 1er. Les comités du patronage des habitations à bon marché et de la prévoyance sociale, institués par décret du Président
de la République et composés suivant les formes prescrites par
l'article 2 de la loi du 12 avril 1906, sont installés par le préfet ou
par le sous-préfet.

2. Dans la première séance, le comité désigne son président et,
s'il y a lieu, un vice-président. — Il nomme aussi un secrétaire
qui peut être pris en dehors du comité.

3. Le comité délibère valablement lorsque la moitié plus un
des membres qui le composent sont présents. — Les délibérations
sont prises à la majorité absolue des votants. S'il y a partage, la
voix du président est prépondérante. — En cas de vacance provenant de démission ou de décès, il y est pourvu selon les catégories, soit par désignation du conseil général dans la session qui
suivra, soit dans les conditions déterminées par l'arrêté ministériel prévu à l'article 2 de la loi.

4. Le comité se réunit sur convocation du président, quand les
besoins l'exigent, ou lorsque trois membres le demandent par
écrit. — Il doit se réunir au moins quatre fois par an, sans qu'il
puisse s'écouler plus de quatre mois dans l'intervalle de deux sessions. A défaut de convocation pendant plus de quatre mois, ou
en cas d'affaire urgente, le préfet devra convoquer le comité. —
Tout membre qui s'abstiendra de se rendre à trois convocations
successives, sans motif reconnu légitime par le comité, sera déclaré
démissionnaire par le préfet.

5. En cas de démission simultanée de plus de la moitié des
membres du comité, le comité permanent du conseil supérieur,
saisi par un rapport du préfet au ministre, émettra son avis sur la
dissolution du comité. — Il en sera de même si après deux convocations successives, la seconde par lettre recommandée, ce comité
ne se trouvait pas en nombre pour délibérer ou s'il commettait
des abus graves dans l'exercice de ses fonctions.

6. A titre transitoire et jusqu'à la constitution des comités de
patronage des habitations à bon marché et de la prévoyance
sociale, il pourra être suppléé à leur avis, dans les cas prévus aux
articles 5 et 13 de la loi du 12 avril 1906, par l'avis du comité

local institué en vertu de la loi du 30 novembre 1894 ou, à défaut, par décision ministérielle prise après avis du comité permanent et sur la proposition du préfet.

7. Dans le courant de janvier, le comité adresse au ministre du travail et de la prévoyance sociale, par l'intermédiaire du préfet, un rapport détaillé sur ses travaux et l'état de sa situation financière, avec les comptes de l'exercice écoulé et le budget de l'exercice courant.

8. Pour l'exécution des dispositions prévues aux articles 3 et 5 de la loi, le comité pourra, s'il y a lieu, déléguer à une ou plusieurs personnes telle mission spéciale à laquelle ses membres ne seraient pas en mesure de procéder par eux-mêmes.

9. Les règlements qui seraient élaborés par le comité, en vertu du dernier paragraphe de l'article 5 de la loi, ne s'appliqueront qu'aux maisons qui auront été mises en construction plus de trois mois après la publication desdits règlements au *Recueil* des actes administratifs de la préfecture.

TITRE II. — SOCIÉTÉS RELATIVES AUX HABITATIONS A BON MARCHÉ. — CONCOURS DES ÉTABLISSEMENTS DE BIENFAISANCE, DES DÉPARTEMENTS ET DES COMMUNES.

10. Les sociétés ou institutions se consacrant à l'œuvre des habitations à bon marché, notamment les sociétés de construction ou de crédit, doivent, pour bénéficier des dispositions de la loi du 12 avril 1906, indiquer dans leurs statuts : — 1º Qu'elles ont pour objet de réaliser, dans les conditions et pour l'application de ladite loi, soit l'acquisition, la construction, la vente ou la location d'habitations salubres et à bon marché, ainsi que de leurs dépendances ou annexes, telles que jardins, bains et lavoirs, soit l'amélioration et l'assainissement d'habitations existantes, et la vente ou la location de jardins formant dépendances des habitations, soit l'achat d'immeubles destinés à ces usages ; — 2º Que les dividendes sont limités à 4 o/o au plus ; — 3º Que les statuts, ainsi que toute modification qui y serait apportée, doivent être approuvés par le ministre du travail et de la prévoyance sociale, dans les conditions prévues à l'article 13 de la loi; — 4º Que, dans les trois mois qui suivent la clôture de chaque exercice, le compte rendu de l'assemblée générale de la société, accompagné du bilan, sera adressé par l'intermédiaire du préfet au ministre du travail et de la prévoyance sociale, pour être soumis au comité permanent.

11. Le cinquième du patrimoine des établissements de bienfaisance qui pourra être employé conformément aux dispositions du paragraphe 1er de l'article 6 de la loi devra être calculé d'après le cours de la Bourse pour les valeurs mobilières et,

pour les immeubles, d'après l'évaluation qui en sera faite par un expert nommé par le préfet. — Les immeubles affectés aux services d'assistance ne seront pas compris dans cette évaluation et n'entreront pas en ligne de compte. — Les biens mobiliers ou immobiliers provenant de fondations et grevés d'une charge spéciale n'entreront en ligne de compte que sous déduction de la somme nécessaire pour faire face à ces charges. — En aucun cas, la somme dont les bureaux de bienfaisance, hospices et hôpitaux pourront ainsi disposer ne dépassera le montant de leur fortune mobilière.

12, Lorsqu'il y a lieu à expertise dans les conditions prévues par les troisième et quatrième alinéas de l'article 6 de la loi du 12 avril 1906, l'expert est désigné par le préfet.

TITRE III. — DISPOSITIONS RELATIVES AUX ASSURANCES

13. L'acquéreur, le locataire avec promesse de vente ou le constructeur d'une habitation à bon marché qui veut garantir par une assurance le payement de tout ou partie des annuités d'amortissement restant à échoir au moment de son décès, adresse une proposition au directeur général de la Caisse des dépôts et consignations. — Les propositions d'assurances peuvent être transmises soit directement, soit par les comités de patronage ou par les sociétés de construction ou de crédit. Ces comités ou sociétés pourront également servir d'intermédiaire entre les assurés et la caisse d'assurances pour toutes les opérations ultérieures.

14. Les propositions d'assurances, les polices définitives et les versements de primes sont reçus à la direction générale de la Caisse des dépôts et consignations, à Paris ; chez les trésoriers-payeurs généraux et les receveurs particuliers des finances, dans les départements; chez le trésorier général, les payeurs principaux et les payeurs particuliers en Algérie. — Les propositions d'assurances sont également reçues par les percepteurs des contributions directes. — Sur la demande faite par l'assuré au directeur général de la Caisse des dépôts et consignations, les percepteurs peuvent être autorisés à recevoir les polices définitives et à encaisser les primes.

15. Le souscripteur produit à l'appui de sa proposition : — 1° Un extrait sur papier libre de son acte de naissance ; — 2° Le tableau des sommes à assurer annuellement. — Le souscripteur communique en outre le contrat d'acquisition, de location avec promesse de vente ou de prêt passé, soit avec une société de construction ou de crédit, soit avec un particulier. — Si le contrat produit n'indique pas de quelle façon sera opérée la liquidation des engagements pris par l'acquéreur de l'habitation à bon mar-

ché, il devra être accompagné de pièces permettant à la Caisse nationale de se rendre compte de la marche de cette libération. — La proposition est datée et signée par le proposant ou revêtue, soit par le préposé de la Caisse des dépôts et consignations, soit par le représentant du comité ou de la société, d'une mention énonçant que le proposant ne sait ou ne peut signer. — Elle comprend l'engagement de répondre aux questions et de se soumettre aux constatations médicales qui seront prescrites par les polices. — Elle contient en outre la déclaration que l'immeuble faisant l'objet de l'assurance a bien le caractère de l'habitation à bon marché tel que le définit la loi par son article 5.

16. Après vérification de la proposition, le souscripteur reçoit avis du montant de la prime unique ou des primes annuelles au moyen desquelles il pourra garantir le payement des sommes indiquées au tableau produit à l'appui de la proposition, et l'autorisation de se présenter chez le médecin, qui devra procéder à l'examen médical. — Avis de cette autorisation est donné en même temps au médecin. — L'assurance devra être souscrite dans un délai de deux mois après l'examen médical ; passé ce délai, le proposant aura à se soumettre à un nouvel examen.

17. Dans chaque canton où les habitations à bon marché seront construites, il sera désigné par le préfet un ou plusieurs médecins visiteurs assermentés et chargés d'examiner les proposants. — Leur serment sera reçu soit par le préfet ou le sous-préfet, soit par le juge de paix du canton où résidera le médecin. — Le tarif de la visite médicale sera fixé par un arrêté du préfet du département.

18. Le proposant, s'il n'est pas personnellement connu du médecin visiteur, doit, en se présentant chez celui-ci, justifier de son identité, soit par l'attestation de deux témoins imposés au rôle des contributions directes de la commune, soit par la présentation de pièces d'identité. — Pour chaque cas particulier, le directeur général de la Caisse des dépôts et consignations détermine celles de ces justifications que devra produire le proposant. — Le médecin doit constater, sur le questionnaire destiné à recevoir les résultats de son examen, les justifications qui lui ont été fournies par le proposant.

19. Après constatation de l'identité, le médecin adresse au proposant les questions contenues dans la première partie du questionnaire, et il y consigne les réponses qui lui sont faites ; il fait signer cette première partie par le proposant, après lui en avoir donné connaissance. Si ce dernier ne peut ou ne sait signer, le médecin en fait mention. Il procède ensuite à l'examen médical, inscrit le résultat de ses observations dans la seconde partie du questionnaire, signe et adresse le tout au directeur général de la Caisse des dépôts et consignations.

20. Le directeur général de la Caisse des dépôts et consignations décide s'il y a lieu d'accepter l'assurance ou de la refuser. — Dans le premier cas, il transmet au comptable désigné dans la proposition d'assurance la police en double expédition et un extrait de cette police qui servira au payement des primes ; il invite en même temps le proposant à se présenter chez ce comptable pour y signer les polices et y effectuer le versement de la première prime d'assurance. — Dans le second cas, il informe le proposant de son refus, qui ne doit jamais être motivé.

21. La police d'assurances énonce les nom, prénoms, profession et domicile de l'assuré, ainsi que le lieu et la date de sa naissance. — Elle mentionne la durée de l'assurance, la prime unique ou les primes annuelles que l'assuré devra payer aux dates fixées par le contrat, et le montant, pour chaque période annuelle, de la somme que la caisse aurait à payer en cas de décès de l'assuré pendant cette période. — Elle indique que l'assurance doit profiter, soit aux ayants droit de l'assuré, soit à un bénéficiaire désigné. — Enfin, elle porte l'engagement réciproque pris par l'assuré, d'acquitter les primes aux dates convenues et, par la caisse d'assurance en cas de décès, représentée par le directeur général de la Caisse des dépôts et consignations, d'effectuer le payement des sommes assurées en se conformant, de part et d'autre, aux conditions particulières du contrat et aux conditions générales imprimées dans la police. — Les deux expéditions de la police sont signées par l'assuré. — Si l'assuré ne peut ou ne sait signer, il en est fait mention sur les deux expéditions de la police par le préposé de la Caisse des dépôts et consignations. — Si un bénéficiaire est désigné, il peut donner son acceptation, au moment de la signature de la police, en inscrivant sur les deux expéditions de cet acte la mention : « Vu et accepté, le bénéficiaire », suivi de sa signature. Cette formalité n'est pas nécessaire si le bénéficiaire a déjà donné son acceptation sur la proposition d'assurance. — En cas de mort du bénéficiaire désigné, le bénéfice de l'assurance passe à ses héritiers ou ayants droit, à moins de stipulation contraire faite au moment de la souscription de l'assurance ou ultérieurement dans les conditions énoncées à l'article 37 ci-après. — Le contrat d'assurance produit son effet à partir du payement de la prime unique ou de la première prime, suivi de la signature de la police par l'assuré ou par son mandataire spécial.

22. L'assurance peut être contractée soit au moyen d'une prime unique, soit au moyen de primes annuelles proportionnelles au risque de chaque année, soit au moyen de primes annuelles constantes à payer pendant une partie de l'assurance et dont le montant ne devra pas être inférieur au plus fort risque annuel

23. Les primes annuelles autres que la première sont acquittées, chaque année, à l'échéance fixée dans la police.

24. A toute époque, l'assuré peut convertir ses primes annuelles variables ou constantes en une prime unique. — Il peut également convertir ses primes variables en primes constantes dont le montant ne devra pas être inférieur au plus fort risque annuel qui reste a courir. — La modification est constatée par un avenant à la police d'assurance.

25. Dans l'application des tarifs, la prime est fixée d'après l'âge de l'assuré à l'échéance de la prime. L'assuré est considéré comme ayant à cette échéance son année d'âge accomplie, plus une demi-année.

26. Les primes peuvent être acquittées par les sociétés de construction ou de crédit bénéficiaires de l'assurance et par toute personne munie de l'extrait de la police remis à l'assuré en vue du payement des primes. — La société ou le mandataire verbal qui effectue simultanément des versements de primes ultérieures pour le compte de plusieurs assurés produit un bordereau nominatif donnant le détail des primes versées.

27. Le versement de chaque prime, effectué soit à la Caisse des dépôts et consignations, soit chez les trésoriers-payeurs généraux et les receveurs particuliers en France, soit chez le trésorier général, les payeurs principaux et les payeurs particuliers en Algérie, est constaté par un récépissé à talon délivré par le comptable qui reçoit le versement.

28. Lorsque le versement doit être effectué entre les mains d'un percepteur autorisé à cet effet, conformément à l'article 14 ci-dessus, le directeur général de la Caisse des dépôts et consignations transmet un titre de perception à ce comptable. — Le percepteur ne peut faire aucun encaissement de prime sans être nanti de ce titre de perception. — Le versement de chaque prime effectué dans ces conditions est constaté par une quittance extraite du journal à souche.

29. Le payement des primes peut également être opéré à la Caisse des dépôts et consignations, au moyen de mandats-poste transmis par les intéressés. Il en est délivré un récépissé à talon.

30. A défaut de payement d'une prime annuelle dans les trente jours, il est dû des intérêts de retard au taux de 4 o/o à partir de l'échéance.

31. Si la prime n'est pas acquittée dans les trois mois qui suivent l'échéance, le contrat est suspendu de plein droit dix jours après l'envoi, par lettre recommandée, d'une mise en demeure restée sans effet, et résolu vingt jours après l'expiration de ce premier délai. — Dans le cas de résolution, et si l'assurance a été contractée au moyen de primes annuelles constantes, la réserve mathématique du contrat au moment de la résolution est affectée à l'assurance d'une fraction des sommes restant à garantir annuellement. Celles-ci sont toutes réduites dans un rapport tel que, calculée sur les bases du tarif en vigueur lors du contrat primitif, la prime unique de l'assurance ainsi réduite soit égale à ladite réserve.

32. Toute réticence, toute fausse déclaration de la part de l'assuré, soit dans la proposition d assurance, soit dans les réponses faites au médecin visiteur, et qui seraient de nature à atténuer l'importance du risque ou à tromper sur l'identité de l'assuré, entraînent l'annulation de l'assurance, sans préjudice des poursuites qui pourraient être exercées conformément aux lois pénales. — Dans le cas où l'assurance est annulée pour les motifs énoncés dans le paragraphe précédent, la portion des primes versées afférente aux risques postérieurs à la date d'annulation du contrat est remboursée sans intérêts à l assuré en présence du bénéficiaire de l'assurance, s'il y a lieu.

33. En cas de résiliation du contrat d'acquisition ou de prêt, ou de libération anticipée totale des sommes dues par l'assuré à son prêteur, la police peut être résolue à la date de l'échéance suivante, et, si l'assurance a été contractée au moyen d'une prime unique ou de primes annuelles constantes, il est remboursé une somme égale à la valeur, à cette date, de la réserve mathématique du contrat calculée d'après le tarif en vigueur au début de l'assurance. — Ce payement est effectué sur la quittance de l'assuré et, s'il y a un bénéficiaire désigné, sur la quittance collective de l'assuré et du bénéficiaire de l'assurance ou de ses ayants droit.

34. En cas de décès de l'assuré, les sommes garanties par le contrat d'assurance sont payées aux ayants droit de l'assuré ou aux bénéficiaires désignés, sur la production du double de la police, de l'acte de décès de l'assuré et d'un certificat de médecin constatant le genre de maladie ou d'accident auquel l'assuré aura succombé. — Outre les pièces énumérées au paragraphe précédent, les ayants droit de l'assuré ou, le cas échéant, les ayants droit du bénéficiaire ont à produire un certificat de propriété délivré dans les formes et suivant les règles prescrites par l'article 6 de la loi du 28 floréal an VII.

35. Si le décès de l'assuré résulte de suicide, de duel ou de condamnation judiciaire, l'assurance demeure sans effet et les primes versées, augmentées des intérêts simples calculés au taux du tarif, sont remboursées aux ayants droit dans les conditions indiquées à l'article précédent. Dans aucun cas le montant du remboursement ne pourra excéder la somme restant garantie au moment du décès.

36. Les sommes dues par la caisse d'assurance sont payables : à Paris, à la Caisse des dépôts et consignations ; dans les départements, chez les trésoriers-payeurs généraux et receveurs parti-

culiers des finances ; en Algérie, chez le trésorier général, les payeurs principaux et les payeurs particuliers. (*Erratum : Journal officiel*, 20 *janvier* 1907.) — Le payement a lieu sur une autorisation donnée par le directeur général de la Caisse des dépôts et consignations à qui la demande doit être adressée, soit directement, soit par l'intermédiaire des préposés et agents désignés à l'article 14 ci-dessus.

37. Les cessions ou transports de tout ou partie du capital assuré, consentis par l'assuré ou le bénéficiaire en vertu de l'article 7, paragraphe 4, de la loi, ne pourront être faits que par acte notarié, sauf s'il s'agit soit d'une cession au profit de la société d'habitations à bon marché ou du bailleur de fonds dont l'assuré est débiteur, soit d'un transport de bénéfice fait par cette société au profit d'un des établissements qui, en vertu de l'article 6 de la loi, sont autorisés à consentir des prêts aux sociétés d'habitations à bon marché. Dans ces deux cas, la cession ou le transport s'effectuera par avenant à la police d'assurance. — Les actes de cession ou transport, ou tous autres actes ayant pour objet de mettre opposition au payement des sommes assurées, doivent être signifiés au directeur général de la Caisse des dépôts et consignations à Paris.

38. La cession du bénéfice de la police d'assurance ne pourra être faite qu'au profit de la société de construction et de crédit, lorsque cette clause sera insérée dans l'acte de promesse de vente joint à la proposition d'assurance en vertu de l'article 15 ci-dessus.

39. Les registres matricules et les comptes individuels des assurés sont tenus à la direction générale de la Caisse des dépôts et consignations, qui conserve le double des polices d'assurance et les pièces produites à l'appui soit des propositions, soit des polices.

TITRE IV. — INDIVISION OU ATTRIBUTION DES IMMEUBLES EN CAS DE DÉCÈS

40. Lorsqu'une maison individuelle, construite dans des conditions édictées par la loi du 12 avril 1906, figure dans une succession et que cette maison est occupée, au moment du décès de l'acquéreur ou du constructeur, par le défunt, son conjoint ou l'un de ses enfants, il est pourvu à l'exécution de l'article 8 de la loi, conformément aux dispositions ci-après, sous l'autorité du juge de paix du lieu de l'ouverture de la succession.

41. Le conjoint survivant ou l'héritier qui veut faire prononcer le maintien de l'indivision, ou l'attribution de la maison à son profit, en forme la demande par voie de déclaration au greffe de la justice de paix. — La déclaration doit contenir : — 1° Les nom, prénoms, profession et domicile du requérant et la qualité en laquelle il agit ; — 2° Les nom, prénoms, profession et domicile du conjoint survivant et de chacun des héritiers ou successeurs, à titre universel, ainsi que de leurs représentants légaux. — Elle est signée par le requérant et contresignée par le greffier. — Il y est joint un extrait du rôle de la contribution foncière ou un certificat du directeur des contributions directes attestant que la valeur locative de la maison ne dépasse pas les maxima déterminés par l'article 5 de la loi. — Le requérant doit, en outre, consigner une somme suffisante pour couvrir les frais immédiats de procédure. Le juge de paix en détermine, s'il y a lieu, le montant.

42. Lorsque le défunt aura laissé des héritiers mineurs ayant, au moment du décès, leur domicile dans le canton où la succession est ouverte, le conseil de famille, réuni comme il est dit à l'article 406 du Code civil, sera invité par le juge de paix à donner son avis sur le maintien de l'indivision, si ce maintien est demandé et si l'attribution de la maison n'est pas réclamée. — Si tous les intéressés sont présents, il pourra être procédé immédiatement et sans convocation spéciale de la façon prescrite par les articles 46 et suivants du présent règlement.

43. Lorsque la succession s'ouvrira dans un canton autre que celui où les héritiers mineurs ont leur domicile, le juge de paix du lieu de l'ouverture de la succession transmettra au juge de paix du lieu où la tutelle s'est ouverte, ainsi qu'au tuteur, s'il y en a un, copie de la déclaration à l'effet d'appeler le conseil de famille à en délibérer.

44. Le juge de paix saisi de la demande convoque tous les intéressés, ou leurs représentants, par lettres recommandées expédiées par le greffier. — L'avis de réception de la poste est joint au dossier de l'affaire. — Les délais et formes de la comparution sont fixés conformément aux articles 411 et 412 du Code civil.

45. Si l'un des intéressés est sans domicile ni résidence connus, le juge de paix, à la requête de la partie la plus diligente, lui nomme un mandataire spécial, à moins que le tribunal, en vertu de l'article 113 du Code civil, n'ait déjà commis un notaire pour le représenter.

46. Au jour fixé, si toutes les parties sont d'avis de maintenir l'indivision pour un temps déterminé, il leur en est donné acte par le juge de paix. Le pacte d'indivision ainsi conclu est définitif, même au regard des mineurs et interdits, sans qu'il soit besoin d'homologation. — En cas de désaccord, le juge de paix statue, d'après les circonstances, en vue du plus grand intérêt de la famille, et, s'il y a lieu, prononce le maintien de l'indivision dans les limites fixées par la loi, à moins que l'attribution de la maison ne soit demandée par quelqu'un des héritiers ou le conjoint survivant.

47. S'il n'y a pas de contestation sur la valeur de l'immeuble et que toutes les parties soient présentes ou dûment averties,

conformément à l'article 44 ci-dessus, majeures et maîtresses de leurs droits, le juge de paix prononce l'attribution à celle des parties qui l'a demandée.

Lorsqu'elle est requise par plusieurs ayants droit, le juge de paix vérifie s'il existe au profit de l un d'eux une cause légale de préférence et, le cas échéant, prononce l'attribution soit à celui que le défunt a désigné, soit à l'époux survivant, s'il est copropriétaire au moins pour moitié. — Toutes choses égales, il met aux voix la désignation de l'attributaire, les héritiers qui viennent par représentation d'une même personne n'ayant droit ensemble qu'à un seul suffrage. — A défaut de majorité, il procède, séance tenante, au tirage au sort. — Il est sur-le-champ dressé procès-verbal de l'attribution, ainsi que des conventions relatives au payement des soultes et autres conditions accessoires.

48. S'il y a contestation sur la valeur de la maison, le juge de paix constate en son procès-verbal le désaccord des parties, surseoit à l'attribution et requiert le comité de patronage dans la circonscription duquel est situé l'immeuble, d'en faire l'estimation et de lui en adresser le rapport détaillé. — Il en est de même si quelqu'un des intéressés n'a pas reçu la convocation du juge de paix prévue par l'article 44 ci-dessus, ou s'il y a parmi eux des mineurs ou des interdits. — En cas de dissolution ou d'abstention du comité, l'estimation est faite par un expert nommé par le juge de paix. — Il en sera de même, jusqu'à la constitution des comités de patronage des habitations à bon marché et de la prévoyance sociale, à défaut d'estimation par un comité local prévu par la loi du 30 novembre 1894.

49. Sur le dépôt du rapport, les parties sont invitées à en prendre connaissance au greffe dans le délai de trente jours, puis convoquées à nouveau devant le juge de paix, le tout dans les formes prescrites à l'article 44 ci-dessus. — A défaut de conciliation, il fixe lui-même, d'après tous les éléments de la cause, le prix de la maison et procède, comme il est dit à l'article 47 ci-dessus, à son attribution.

50. Toutes décisions du juge de paix rendues par défaut sont notifiées aux parties défaillantes, sous pli recommandé, de la façon prescrite à l'article 44 ci-dessus. — L'opposition est recevable dans les huit jours de la réception de la lettre.

51. Il est alloué :

§ 1er. — *Aux greffiers des justices de paix, frais et déboursés non compris.*

1° Par chaque envoi de lettres recommandées, 50 cent. ; — 2° Pour la déclaration faite au greffe, tendant au maintien de l'indivision ou à l'attribution de l'immeuble, 2 fr. ; — 3° Pour copie de ladite déclaration, 1 fr. ; — 4° Pour la rédaction du procès-verbal d'indivision ou d'attribution de l'immeuble (par chaque vacation), 4 fr. ; — 5° Pour dépôt du rapport à fin d'estimation de l'immeuble, 2 fr ; — 6° Pour recherche et communication sans déplacement dudit rapport, 50 cent. ; — 7° Pour chaque copie du jugement (par rôle de copie), 50 cent.

§ 2. — *Aux experts chargés de l'estimation de l'immeuble.*

1°· Par vacation de trois heures, lorsqu'ils opéreront dans le canton où ils sont domiciliés, ou même hors du canton, mais dans la distance de 2 myriamètres, 5 fr. ; — 2° Au delà de 2 myriamètres, en dehors du canton, il sera alloué pour frais de voyage et de nourriture, soit pour l'aller, soit pour le retour, par chaque myriamètre, 2 fr. 50 ; — 3° Pour la prestation du serment et pour le dépôt du rapport, indépendamment du transport au chef-lieu de canton dans le cas où il· serait dû aux termes des dispositions qui précèdent, 2 fr.

TITRE V. — INDEMNITÉS FISCALES

52. Dans les deux mois de la promulgation du présent décret, le préfet procédera dans chaque département à la nomination de la commission prévue par l'article 5, paragraphe 1er de la loi du 12 avril 1906.

53. Dans les trois mois de sa nomination, la commission fixera, pour chaque commune, la valeur locative prévue par l'article 5 de la loi. Les maires et le comité de patronage de la circonscription seront admis à présenter leurs observations dans le délai fixé par arrêté préfectoral inséré au *Recueil* des actes administratifs de la préfecture. — La valeur locative ainsi fixée ne sera applicable en chaque commune qu'aux maisons mises en construction plus de trois mois après la publication dans la commune de l'arrêté préfectoral susvisé. Elle restera en vigueur pendant cinq années à compter de cette publication.

54. Six mois au moins avant l'expiration de la cinquième année, le préfet procédera à la nomination d une nouvelle commission chargée de fixer pour une nouvelle période de cinq ans la valeur locative.

55. Le chiffre maximum de valeur locative déterminé pour les diverses catégories de communes par l'article 5 de la loi sera appliqué aux maisons qui auront été mises en construction soit avant que la publication prévue à l'article 53 ait pu être effectuée pour la première période, soit au cours des trois mois qui suivront ladite publication.

56. Pour l'application des dispositions de l'article 5 de la loi du 12 avril 1906, les catégories de communes sont déterminées d'après le chiffre de la population municipale totale, résultant du dernier dénombrement de là population.

57. Lorsque, à la suite d'un nouveau dénombrement, une com-

mune passe dans une catégorie inférieure à celle dont elle faisait
précédemment partie, les maisons reconnues exemptes de l'impôt
ou ayant fait l'objet d'une demande d'exemption avant le 1er janvier de l'année à partir de laquelle les résultats du nouveau dénombrement doivent être appliqués en matière de contributions
directes, conservent leur droit à l'exemption, même si leur valeur
locative est supérieure au maximum prévu à l'article 5 de la loi
pour la catégorie dans laquelle la commune se trouve actuellement rangée. — Au cas de passage d'une commune dans une catégorie supérieure, le nouveau maximum ne devient également applicable qu'aux maisons construites postérieurement au 1er janvier
de l'année pour laquelle les résultats du nouveau dénombrement
reçoivent leur première application dans les rôles des contributions directes. — Les mêmes règles sont suivies dans le cas de
réunion ou de division des communes.

58. Pour déterminer les communes situées dans la grande
et la petite banlieue de Paris, on prendra la distance à vol d'oi-
seau qui sépare la mairie de la commune du point le plus rap-
proché des limites de la ville de Paris. — La banlieue des autres
communes visées à l'article 5 de la loi sera déterminée par le
ministre après avis du comité permanent et sur la proposition du
préfet.

59. La demande d'exonération temporaire exigée par l'article 9
de la loi doit contenir la déclaration que la maison qui en fait
l'objet est destinée à être occupée par une personne peu fortunée.
— Elle devra être appuyée, dans un délai qui ne pourra dépasser
trois mois à dater de l'achèvement de la construction, du certificat de salubrité prévu par le dernier paragraphe de l'article 5 de
la loi.

60. L'exemption comprend à la fois le principal de l'impôt et
les centimes additionnels de toute nature. Elle ne peut, dans aucun
cas, être étendue au sol des maisons, ni aux cours ou jardins qui
en dépendent.

61. Les immeubles admis à jouir du bénéfice de la loi, et qui
viennent à être transformés ou agrandis, sont considérés comme
ayant acquis une valeur sensiblement supérieure au maximum
légal, quand leur nouvelle valeur locative dépasse de plus d'un
dixième les maxima fixés à l'article 5 de la loi. — L'exemption
d'impôt dont ils bénéficiaient cesse à partir du 1er janvier de
l'année qui suit celle pendant laquelle les transformations ou
agrandissements ont été opérés ; les impositions sont établies, s'il
y a lieu, par voie de rôles particuliers.

62. Les dispositions du décret portant règlement d'administration publique en date du 21 septembre 1895 restent applicables
aux immeubles qui se trouvaient admis à en bénéficier lors de la
promulgation de la loi du 12 avril 1906.

TABLE ANALYTIQUE DES MATIÈRES

LIVRE Ier — Protection

CONDITIONS ET RÉGLEMENTATION DU TRAVAIL

PREMIÈRE PARTIE — Lois

DEUXIÈME PARTIE — Décrets

LIVRE II — Solidarité

DES GROUPEMENTS PROFESSIONNELS, DES SOCIÉTÉS DE SECOURS MUTUELS ET DES ASSOCIATIONS

PREMIÈRE PARTIE — Lois

DEUXIÈME PARTIE — Décrets

LIVRE III — Conciliation

DE LA JURIDICTION ET DE LA REPRÉSENTATION PROFESSIONNELLES

LIVRE IV — Prévoyance

DES ASSURANCES OUVRIÈRES

PREMIÈRE PARTIE — Lois

DEUXIÈME PARTIE — Décrets

LIVRE V — Assistance

PREMIÈRE PARTIE — Lois

DEUXIÈME PARTIE — Décrets

LIVRE VI — Épargne

DES CAISSES D'ÉPARGNE

PREMIÈRE PARTIE — Lois

DEUXIÈME PARTIE — Décrets

LIVRE VII — Lois Terriennes

PREMIÈRE PARTIE — Lois

DEUXIÈME PARTIE — Décrets

TABLE CHRONOLOGIQUE
DES LOIS ET DÉCRETS

ISLE. — Imp. EUGÈNE ARDANT & Cie.